U0098489

中俄關係史

History of Relationship Between China and Russia

（上冊）

明　驥　編著

三民書局

Diplomacy

國家圖書館出版品預行編目資料

中俄關係史(上冊) / 明驥編著. －－初版一刷. －－
臺北市: 三民, 2006
　　面；　公分

ISBN 957-14-4515-0　(平裝)

1.中國－外交關係－俄國－歷史
2.俄國－外交關係－中國－歷史

644.8　　　　　　　　　　　　　95020009

©　中俄關係史(上冊)

編 著 者	明　驥
責任編輯	陳宗蔚
美術設計	葉佩菱
發 行 人	劉振強
著作財產權人	三民書局股份有限公司
發 行 所	三民書局股份有限公司
	地址　臺北市復興北路386號
	電話　(02)25006600
	郵撥帳號　0009998-5
門 市 部	(復北店)臺北市復興北路386號
	(重南店)臺北市重慶南路一段61號
出版日期	初版一刷　2006年11月
編　　號	S571270
基本定價	捌　元

行政院新聞局登記證局版臺業字第○二○○號

有著作權‧不准侵害

ISBN　957-14-4515-1　(平裝)

陸　序

　　現行憲法下，臺灣與大陸同為中國的一部份。兩國接壤處南起喀什米爾，
向東北蜿蜒到太平洋岸，長逾四千三百公里，是世界上最長的邊界。兩國歷
史的糾纏不清，雖種因於十七世紀帝俄向亞洲發展的需要，也與清廷大吏的
顢頇無能脫離不了關係。他們認為那些比關外更遙遠的「不毛之地」，從來也
不是滿族人的家園，不具任何經濟價值，洋鬼子想要，讓他們去忍受天寒地
凍的滋味吧，大好土地與資源就這麼喪失了。

　　要瞭解橫跨歐亞兩大洲，在沙皇統治下的帝俄向東方擴張的歷史背景，
須以當年世界局勢為出發點。俄國人面對歐洲的奧匈帝國、拿破崙時代的法
國、與後起的德意志帝國總有些自卑感，因而向東方發展。所以歐美歷史學
家看彼得大帝向遠東擴張版圖與移民，相較於對英法帝國主義的評價，略多
一些同情心，認為俄國主要動機在尋找不凍港的出海口。不論這種觀點是否
合理，它確實說明了在近代史裏，歐洲各國在全世界搶奪殖民地的競爭，各
有不同的動機。

　　不要忘記，西方人從前以為歐洲才是世界中心，連美洲都不放在眼裏。
十五至十七世紀時，歐洲尚無向外殖民的觀念。哥倫布發現美洲，達伽瑪繞
過好望角，都只為了尋找免使食物腐壞的香料與絲綢瓷器等東方產品。逐漸
才因保護通商航路，有設置據點派兵駐守的需要，但仍無佔領土地的意願，
他們的心態與滿清大員倒有幾分相像。

　　今日從地域經濟學觀點，去回顧當時的歐洲史，實在是因為工業革命改
變了生產與消費形態，舊日去搶奪黃金白銀的動機減少或消失了，代之而興
的是到世界各地去尋找原料供應地和成品銷售市場。殖民地不但供應橡膠、
銅、錫、椰子油、乃至棉花、蔗糖等各種原料，也是銷售產品的廣大市場，
所謂「新帝國主義」乃應運而生。

　　在海外搶奪殖民地，以英、法、荷最為積極。它們在中東、南亞與東南
亞佔領的地區，比母國面積常常大出幾十倍，尤其英王在頭銜最後加上「印
度皇帝」幾個字後，國力驟增，令別的國家饞涎欲滴，因而在全世界掀起了
只有強權、沒有公理，從十九世紀後半到二十世紀初約半個世紀的向外殖民

風。亞洲與非洲被列強宰割，大多數發生在這段時間裏，只有帝俄蠶食滿清土地，發生在兩百多年前。

簡言之，帝俄向東方擴張，比其它歐洲國家要早兩個世紀，時機與動機都有差異，這也是明驥教授《中俄關係史》上冊討論的範圍。要到下冊，才敘述到近代在亞洲的殖民地爭奪潮。在後一段時期裏，俄國雖積極加入，要在滿清帝國分一杯羹，卻又受到日本阻擋；此期間帝俄從中國取得的利益，得力於外交手段者，反而多於赤裸裸的武力恫嚇。

十九世紀新帝國主義的誕生，與各國國力增長有直接的關連。在日本，是因為剛完成了明治維新。在德國，它肇因於一八七一年打贏了普法戰爭。連一向抱持孤立主義的美國，也因一八九八年贏得美西戰爭，拿到波多黎各與菲律賓的宗主權，食髓知味，才加入帝國主義的行列。

在第二波殖民地爭奪戰中，帝俄原也想參一腳，但一九〇五年的日俄戰爭，俄國在陸上大敗後；遠道把波羅的海艦隊調來東方，又被日本海軍在對馬海峽以逸待勞，全軍覆沒。如非俄國外交官的手段高超，從戰敗國搖身一變而成買空賣空的掮客，在斡旋中日交涉與中俄密約中取利，今天的俄羅斯聯邦恐怕不可能仍從波羅的海一直延伸到白令海峽。

以上概約描述中俄關係的演變，並非敢在專家面前班門弄斧，只是個人幾十年來一直思考中國何以積弱過程中的小小領悟。讀者要瞭解中俄關係變遷的始末，必須仰賴像明驥教授那樣的專家們，積數十年苦功孜孜不倦地研究，才能獲得正確認識。

回憶民國三十二年，我在政大前身，重慶的中央政治學校讀外交系二年級時，第二學期也曾選修俄文，作為第二外國語。對習慣於英文文法者，俄文的困難在於它僅名詞就有六個格，比英文只有三個格增加了一倍，弄得我頭昏腦脹。到了暑假，因美國軍事顧問大批來華，軍委會外事局亟需英語翻譯，我投筆從戎考取了翻譯官，派到滇越邊境服務。勝利後復員回校，一年多前學的那一點早就還給了老師，無法追上俄文組其餘同學的進度，只好放棄。因此我對明教授學俄文鍥而不捨的精神，深為欽佩。

明教授擔任過許多軍方與文化工作的職務，他掌管過的業務似乎與俄國都沒有太多關連。但他數十年如一日苦練俄文，從未間斷。退休後到中國文化大學先教俄文，後並兼系主任與研究所所長，赴俄國訪問十幾次，建立學

術合作關係，蒐集有關資料。為寫作本書，他也多次自費赴美，在國會圖書館、各大學東亞圖書館、胡佛研究所等處蒐集圖書。大陸的俄國研究比臺灣高明許多，他又到大陸，在北京、黑龍江等地各大學裏找資料。這種以幾年時間，心無旁騖地寫完一本書，在今日的臺灣已快成絕響。我不知道明教授下個計畫是什麼，但相信他這種執著的精神，才是最值得年輕人學習的。

陸以正

吳　序

　　我國俄羅斯研究的權威學者明驥教授在三年前完成了四十五萬字的巨著《蘇聯外交史》，我有幸參加了他的新書發表會。明教授當時說，他還要繼續寫作，完成規模更為宏大的上下兩冊《中俄關係史》。三年後，《中俄關係史》的上冊皇皇推出，僅僅用「嘆服」二字實在難以說盡我們這些學術後進心中的感覺。

　　明教授是在從事俄文教學和俄羅斯研究數十年退休後，開始孜孜不倦地寫作這兩本大部頭的著作。他在提筆前的準備工作驚人，從一九八四年開始的前後二十年間，明教授跑遍了俄羅斯、烏克蘭、中國大陸和美國，到莫斯科大學、聖彼得堡大學、基輔大學、北京大學、黑龍江大學、史丹福大學、哈佛大學等學術重鎮，以及各國的官方機構，搜尋購置相關的史料和書籍，總計有五百餘冊。其中特別讓人佩服的，是明教授在蘇聯解體前的一九九〇年到葉爾欽退位的一九九九年的那個巨變年代中，十一次訪問莫斯科、七次赴聖彼得堡與基輔，進行學術破冰之旅，並蒐集珍貴的研究材料。現在國內學者與年輕學生們在臺灣和俄羅斯之間絡繹於途，都應該感激當年走出「學術絲路」的明驥教授。

　　在《中俄關係史》中，明教授的開題非常有意思，他是先介紹中俄互動的舞臺。由於俄羅斯人東來是透過陸路，因此中俄關係是沿著中國的北邊展開，這就牽涉到塞北的歷史。於是本書從西伯利亞開始寫起，對於名稱、地理、民族等各方面作了很詳盡的考據。我們從中瞭解到北亞游牧民族的歷史流變，部族和朝代的盛衰興滅，而且和南方的華夏文明擾攘糾結息息相關。這中間本無任何俄羅斯因素的介入。當俄國勢力從烏拉山東漸，進入的其實是以中國人所熟知的「鮮卑」為名的廣袤大地，也就是西伯利亞（俄文 Сибирь 是「鮮卑」的轉音）。在歷史上，幾千年來這是一個廣大的漢胡互動圈。有時胡族勃興，南下牧馬，甚至建立朝代，統治華夏，例如遼、元、清三代。有時又是漢族大帝國威勢遠播，戰勝胡族，帶來了幾次撼動歐亞大陸的民族大遷徙，如漢之於匈奴、唐之於突厥。這中間也有民族融合、互相欣賞吸收彼此文化精髓的時期。不論胡漢如何互動，大體都和居於歐陸的俄羅斯無關。

所以俄羅斯東佔西伯利亞，叩中國的北關，是一個突破長期歷史格局的事實。
站在這個背後的，就是歐洲興起、向全球擴張勢力的世紀歷史背景。

　　可是中國人還是不免發出浩嘆。由於俄羅斯和中國在近代接觸較早，而
俄羅斯在歐洲各國中現代化進程又較為遲緩，因此當雙方為了疆域通商之事
相互抗頡之時，俄羅斯尚未充分西化，而中國又正當康熙盛世，於是雅克薩
城之役，清軍獲勝，接下來一六八九年的尼布楚條約中，相當程度地壓制了
俄羅斯對東方土地的蠶食鯨吞。當時康熙皇帝正值盛年，彼得大帝則剛即位。
此後雙方的歷史發展是滿清逐漸盛景不再、而俄羅斯則銳意西化革新。到了
十九世紀璦琿條約雙方再交手時，已經實力懸殊了。俄羅斯曾和中國國力相
若，但是在滿清的封閉腐敗、懵懂無知中大步超前。十九世紀的日本，則是
用更短的時間，從吳下阿蒙變成對他的文化宗主國——中國施展帝國主義的
東亞新興霸權。明驥教授帶著我們走過這段歷史，在娓娓敘述康熙帝如何妥
善布置、制服羅剎的過程當中，大片地流露出對這段故事背景時代的流連，
以及對中國沒有在關鍵時刻把握住歷史的契機而浩嘆。

　　就是在這樣的心情寫照之下，明教授寫過了早期北亞的歷史、胡漢的糾
葛、耶爾麻克和他後繼者的東來、俄羅斯人在七十年間對西伯利亞的征服、
早期的中俄接觸、明朝萬曆帝的致俄國書、雙方在黑龍江流域的短兵相接，
一路寫到根忒木爾之叛、雅克薩戰爭和尼布楚條約。這些構成了前半本書的
內容。用大筆勾勒一下，我們看到中俄雙方如何從蒙古統治下爭取獨立地位，
然後又如何開展了彼此的接觸。在俄羅斯的莫斯科大公逐漸從蒙古大汗的得
力助手爭取到平等地位（一三八〇年的庫理科福之役擊敗蒙軍），而後終於滅
亡了欽察汗國（一四八〇年）。在中國則是明朝朱元璋驅走了元廷，開啟了有
明二七六年的國祚（一三六八年～一六四四年）。莫斯科公國和明朝各自從歐
亞兩端掙脫了蒙古的統治，在興盛一時後也都遇到了重大的挫敗。在俄羅斯
是伊凡三世與伊凡四世的銳精圖治之後出現了廿五年的混亂時期（一五九八
年～一六一三年），羅列克王朝告終，羅曼諾夫代興；在中國則是明室覆亡，
滿清皇朝初立。中俄之間的關係就是在羅曼諾夫和滿清這兩個初建立的年輕
王朝之間展開。這時一方是充滿了向東開拓的雄心，一方則是剛征服了漢族
兩百多年的帝國，各自勇猛銳進，而在中國的北疆交綏。尼布楚條約給中俄
兩國暫時劃下了彼此的勢力邊界，可以說是兩強相爭的結果，沒有人是失敗

者。這時的中國，並非顢頇封閉、昧於外情的老大帝國，而是熟稔洋務、努力吸取西方器物文明、並有傳教士效命的東方新興霸主。明教授對於這一段的鋪陳異常生動，讓人印象深刻。

本書的後半描述著中俄關係在尼布楚條約架構下的發展，非常細膩。明教授寫到彼得大帝派遣義傑斯、伊茲瑪依諾夫與朗克等來華，卻由於稱謂、貿易、逃人等問題屢屢不歡而散。但是終康熙之世卻有十次俄羅斯商隊來華，獲得了很大的商業利益。筆鋒一轉提到了當時中俄相爭的焦點，即源於北疆的厄魯特蒙古（瓦剌），和彼族與俄羅斯之間的關係。厄魯特準噶爾部的噶爾丹、策妄阿拉布坦與噶爾丹策零等頭領，欲挾俄以抗清，並圖謀喀爾喀蒙古，結果迫使康熙迅速結束雅克薩之役，以回師防禦。和俄羅斯暫訂合約後，清廷便集中全力制服準部。又遣圖里琛去探詢厄魯特土爾扈特部阿玉奇汗的虛實，和土爾扈特與俄人的關係。在這裡我們看到清初中俄的勾心鬥角，以及中、俄、蒙的三角關係互動。由於俄、蒙相互為用，繼承康熙的雍正帝急切地想與俄羅斯鞏固關係，結果在倉促的情況下由隆科多、圖里琛等和俄方的薩瓦簽訂談判，簽訂了「恰克圖條約」。這是一個由俄方佔優勢的條約，也反映了清廷受蒙事牽擾的結果。同樣的考慮使得雍正帝在一七二九與一七三一年兩次派遣使節團赴俄，表面上恭賀新沙皇即位，實質上在設法斷絕準部和俄羅斯的勾連，為徹底降服準噶爾做準備。從俄羅斯方面的檔案文件當中，看出了也有聯蒙制清的意圖。所以俄羅斯成為滿、蒙之間的樞紐，從而享受了許多中方提供的便利，包括恰克圖條約中的劃界和互市。從國際關係研究的角度來看，這一段清初北亞的外交史實在是精彩。

本書在勾勒清初中俄關係之時，呈現了許多有價值的史料，而且通常都是對於同一事件，並存雙方的記載，而且加以考證，因此讓讀者可以兩面觀察，更深入地感受當時的情境。這其中俄羅斯的文獻特別引人興趣。其例隨手拈來、不勝枚舉。例如俄人視尼布楚條約為在清軍的刀尖威脅下被迫簽訂的屈辱合約，結果放棄了哥薩克和移民四十年來所開發的一大片土地；在十八世紀初葉代表俄方簽訂恰克圖條約的薩瓦曾經密奏沙皇，提出征服中國的主張和方法；尼古拉‧班蒂什—卡緬斯基在十七、十八世紀之交就編纂了兩國外交文件彙編，生動活潑地描述了當時俄羅斯人對於中國的看法，包括提出俄中這兩個幅員最為遼闊的國家相互影響，將來可能為人類帶來一種與西

方文化迥然不同的新型精神生活等等。對於中俄關係史有興趣的讀者們可以在書中隨處發現珍貴的史實，和活靈活現的描寫，這些都增加了讀這本書的樂趣，並增添了它的學術價值。

中俄在清初所劃定的疆界反映了兩個民族在當時的權力對比。從那個時候開始，中國一直積弱不振，而俄羅斯則大起大伏，但多半居於中國之上，於是從沙俄到蘇聯，都是俄方居優勢。然而自從中國大陸改革開放、而蘇聯又崩解以來，形勢驟然逆轉。今天中國無可置疑地是居於優勢，擁有快速增長的經濟實力，但又承載著巨大的人口壓力，並對資源無限飢渴。面對地廣人稀、資源最為豐富的西伯利亞，中國大陸毋須動作便自然成為俄羅斯的強大壓力。雙方的權力均衡改變了，未來有可能對現行疆界產生衝擊嗎？在俄羅斯的西伯利亞和遠東各州，對於南鄰中國的疑懼早已甚囂塵上。在中國大陸這邊，則是牢記當年俄羅斯掠奪我領土的故事。看了本書中所描繪的清初中俄如何過招交手，不由得使人對於未來的中俄關係產生許多想像。

本書的出版，代表明教授學術事業上又一次的攻頂成功。他的執著與用心、專注與堅持、對俄羅斯研究和俄語教學的巨大貢獻、開闢學術絲路的勇氣與成就、鼓勵提拔後進的不遺餘力，和不斷推出經典的學術巨著，在在令人感佩讚嘆。他隱在筆後、躍然欲出的憂國之情，也讓人由不住地感動。忝為俄羅斯研究的後學、和一個在大學教授外交史的老師，我對《中俄關係史》上冊的出書感到振奮，並相信國人可以很快見到這本書的下冊。

吳玉山

中俄關係史（上冊）　目錄

導　論

一、寫作動機

㈠研究近代史的啟發

　　歷史是前人經驗累積的寶庫。研究歷史，是研究人類社會文化發展的興衰演變，以及各民族奮鬥與成長的歷程。並藉以明瞭其因果關係。研讀歷史，就是要從歷史演變中汲取各種寶貴的教訓，避免重犯以往之錯誤，防止人類戰亂災禍之重蹈覆轍。

　　作者在學生時期，研讀近代史時，即深刻感受到中國近代史是一部中華民族遭受外國侵略壓迫的災難史。這其中尤以俄羅斯帝國與中國接觸最早，對中國領土侵略最多，也使中俄關係日趨複雜和重要。因而啟發作者研究中俄關係之意念。並開始學習俄國語文及研究俄羅斯歷史、地理、文化、民族與外交等方面之問題。至於寫書的動機，則是作者於大學教授俄國語文、蘇聯外交史及俄情研究等課程二十年後，才開始構思要寫兩部書：一是《蘇聯外交史》，一是《中俄關係史》，並以此列為個人人生重要使命之一。《蘇聯外交史》已於二〇〇三年九月完成出版，第二部《中俄關係史》（分上、下兩冊）上冊業已完稿，下冊預定於二〇〇七年三月前撰寫完成。

㈡閱讀外交史的感觸

　　外交是一種政治的最高藝術，它可以伸張國權和增強國力。在縱橫捭闔的國際環境中，一個國家對外的一切關係，可以說是以外交之能否操縱運用自如而決定其成敗。當然，我們不能否認，最後決定外交勝利的關鍵，還是操之於其國內經濟、政治的實力。但是我們必須瞭解，即使一個國家處於弱勢不利的國際地位，卓越的外交家所施展的超人外交政策和方略，未嘗不可以發揮驚人的力量，而獲得力挽狂瀾的勝利。歷史事實說明不僅弱國有成功的外交，甚至戰敗國在外交戰場上也可以打勝仗。

　　一九〇五年日俄戰爭結束，俄國處於戰敗國的地位，但俄國既不付賠款，亦不割讓重要土地，就是由於俄國有精明的外交手腕。一九二二年四月十二日，在義大利熱那亞召開的會議，有二十九個國家參加，實際上是由英國、

法國、義大利、比利時和日本握有主控權。而蘇維埃俄國（以下簡稱蘇俄）曾是一個背棄協約國單獨與德國媾和的國家，而德國則是一個戰敗國，這兩個國家在此次會議中可說毫無地位。但蘇俄代表團副團長齊切林在熱那亞會議期間深入洞悉和巧妙利用德國和協約國之間的矛盾，乃與德國代表團積極地在熱那亞郊區的拉巴洛進行秘密談判，終於同年四月十六日，簽訂了所謂俄德傑作的《拉巴洛條約》。由於俄德的聯合，才使俄國能突破歐洲重重反俄的陣線，並脫離孤立危險的環境。這次俄國外交的輝煌勝利，對蘇俄來說，具有十分重要的意義。美國駐義大利大使蔡爾德獲悉俄德簽訂《拉巴洛條約》後驚呼道：「這是震驚世界的消息，這對會議是個最大的打擊」❶。

此外，如德國過去的史特萊斯曼，他洞悉了英國與法國戰後微妙的矛盾，在洛迦諾會議，德國巧妙地利用這些矛盾，不但使德國解除危險的局面，並恢復為歐洲四強之一。再觀土耳其在洛桑會議以前，因為凱木爾一面能發揮土俄聯合的力量，一面洞視了英、法在遠東的抗衡，終於在洛桑會議中奠定巴爾幹盟主的偉業。「弱國無外交」一語，固然有相當客觀的理由存在，但決不是絕對的真理。歷史事實證明，越是弱國越需要有外交。

當我們研讀中俄外交史，真是感觸良多。自一六八九年（康熙二十八年）之《尼布楚條約》，開始中俄正式之關係。起初，由於兩國國勢蒸蒸日上，清廷為調兵塞外，鞏固邊圉，而與帝俄修好，俄廷為發展東方商務而遠交鄰國。雙方相需為用，而國勢又相埒，故兩國得有百數十年平等之友誼。此為中俄關係最單純之時期，除邊界、商務、傳教諸問題外，尚無其他外在勢力之動盪。

十九世紀中葉，清廷故步自封，內政不修，不思改革圖強，且外遭鴉片戰爭之慘敗，內有太平天國之興起，國勢凌夷，外患加深，帝俄伺機趁虛侵華，蠶食我黑龍江及烏蘇里江流域，而俄駐北京使臣則乘英法聯軍與中國作戰之機，「假和平中立者」之地位，強迫清廷簽訂喪失領土之約。清廷處於內憂外患煎迫之下，只圖隱忍讓步，以免邊疆多事，而帝俄又深恐英法勢力之擴大，在侵華過程中，復謀維持清廷之統治權，期以建瓴之勢掌握中國之東北。嗣後回疆變亂，又在西北佔據伊犁，幾致戰爭。當時因各有其內政及國

---

❶　蔡爾德，《一個外交官的眼中的歐洲》(Richard, *A Diplomat Looks at Europe*)，紐約，一九二五年版，第三八頁。

際上之顧慮，均適可而止，共謀妥協。然在此期中，中俄國勢之失衡，及英法等國勢力之東漸，使中俄關係不似前此之單純，而清廷之外交，亦日居於被動地位。

十九世紀九十年代以降，正當俄帝國主義狂烈時期，其金融及工業資本之發展，使其步入資本先進國家之後塵，以近代帝國主義之姿態，在列強劃分世界過程中，競掠殖民地。前因其屢受挫於西方，乃藉俄法同盟之協作，積極對中國作所謂「銀行及鐵道之征服」。「以帝國主義代替憲法，以亞洲代替歐洲，乃當時沙皇給人民之口號。」（見俄史權威貝爾斯教授語）尤以自甲午戰爭，中國敗於日本後，中國外交更完全喪失了自主權。北京的態度如何，往往不關重要，關緊要的是聖彼得堡、柏林、巴黎、華盛頓和東京間如何妥協或如何牽制❷。我們今天回顧這段歷史，真是不寒而慄，感慨萬千。

㈢探究史實的真相

歷史的重要與珍貴，由於它具有「以史為鑑」的偉大功能。因此，作者撰寫《中俄關係史》一書之主要目的，不僅是對兩國間發生之重大事件要作完整與詳盡之敘述，而且更重要的是以最客觀、公正和理性的觀點，來探究與維護史實的真相，為讀者提供一部值得信賴的讀物。

在蘇聯時代，有些學者在各種論著中，對於中俄關係的歷史，常有偏離或扭曲史實的言論。他們說：黑龍江流域「自古以來」就是俄國人「開拓的地區❸」；「俄國給這裡帶來了新生活的曙光❹」，「奠定了文明的基礎❺」；他們指責中國各部族人民和清政府的反侵略戰爭是「一系列軍事遠征，是對黑龍江流域的俄國村鎮進行了征服性戰爭❻」；他們歪曲中俄尼布楚會談的真相，說《尼布楚條約》是「在滿人以巨大的優勢兵力從肉體上消滅俄國代表團及其護衛部隊的威脅下簽訂的，因此應當認為條約是強加於人的❼」。「這

---

❷　蔣廷黻編，《近代中國外交史資料輯要》，上卷前言，臺灣商務印書館印刷，中華民國七十一年臺五版，第二頁。

❸　（俄）賈丕才，〈證實真相的文件〉，一九七二年十一月十三日，蘇聯《消息報》。

❹　一九七〇年八月二十一日，蘇聯《真理報》。

❺　（俄）奧克拉德尼科夫，〈從最新考古成就看蘇聯的遠東〉，《蘇聯歷史問題》，一九六四年，第一期。

❻　（俄）齊赫文斯基主編，《中國與鄰國（古代與中世紀）》，莫斯科，一九七〇年版。

❼　蘇聯科學院遠東研究所等編，《十七世紀俄中關係》，第二卷，莫斯科，一九七二年

種用武力強加於人的《尼布楚條約》，對俄國來說，仍意味著喪失了俄國哥薩克和移民四十年來所開發的很大一片土地」❽。他們為帝俄的侵華行為辯護，聲稱：「俄國政府有理由要求重新修改邊界❾」，把十九世紀帝俄侵略中國東北的大片土地叫做「收復失地」。

這種歪曲荒謬的言論，我們必須用歷史的事實還原於歷史的真相，讓世人獲得正確的認識，以端正其視聽，這是歷史家的責任，也是本書的重大使命。

㈣研究中俄關係的重要性

俄國古文獻學家尼古拉・班蒂什一卡緬斯基編著之《俄中兩國外交文獻匯編》一書，俄國政府於一八八二年核准出版，在原出版者的前言中有兩段內容頗值得我們注意和研究。茲摘錄如下：

……俄國的外交目的，從一開始是盡可能接近這個亞洲鄰邦，並同它劃定比較有利的邊界，和建立活躍的貿易關係，兩個多世紀以來，我們始終不渝地力求達到這個目的，儘管在各個時期所取得的成就不一樣，後來畢竟都完全實現了。在經濟上，中國對俄國遲早要起比西歐更為重要的作用，而我們同西歐的關係上，仍將處於一個消費者和忍氣吞聲的學徒的境地❿；

……今後，在我們和中國交往更加密切的情況下，經濟上相互影響之外，中國還可能在文化上對俄國產生影響。我們對這個與世界隔絕的國家還不甚瞭解。我們和這個國家的接觸，目前還微不足道，以致還感覺不到它對我們的影響。但是，我們同時應當承認，自數千年中獨立發展起來的中國文明，不僅有其獨特之處，而且有許多值得我們效法的地方。在這個意義上來說，我國和中國這兩個幅員最為遼闊的國家相互影響，將來可能為人類帶來一種與西方文化迥然不同的新型的精神生活。所有這一切，都使我們有責任不僅為了單純求知和瞭解歷史的真相，而且為了

版，第五三頁。

❽　（俄）齊赫文斯基主編，《中國近代史》，上冊，莫斯科，一九七二年，第六〇頁。

❾　葛樂米柯等主編，《外交辭典》，第二卷，莫斯科，一九七一年版。

❿　（俄）尼古拉・班蒂什——卡緬斯基編著，《俄中兩國外交文獻匯編》，原書出版者前言，中國人民大學俄語教研室譯，商務印書館出版，一九八二年十月第一版，第十一頁。

追求有現實意義的目的，要充分注意研究我們同中國的關係。從以往的
關係中還可以吸取許多有效益的東西，作為我們今後同中國交往的借
鑑⓫。

　　站在中國人的觀點來看，我們似乎可以與卡緬斯基得出同樣的結論。這
充分說明研究中俄關係的重要性。

二、帝俄的國家政策目標與其東進擴展之關係

　　俄羅斯的國家政策目標究竟是什麼？在清代前期、中期及後期一直都缺
乏真正的研究和瞭解，這也是清廷在和帝俄各項交涉中屢遭挫敗之主要原因。
如以通俗的話來解說俄國的國家政策目標，就是希望從西方和東方得到廣大
有陽光的土地和不冰凍的海洋與港口，於是形成它對外不斷擴展的政策。而
這種政策在彼得一世就已完全定型，以後歷代沙皇都是擴展這種政策最忠實
的奉行者。

　　俄國的廣大領域，實為過去四百年來俄國勢力向四面八方不斷擴展之成
果，其中尤以向東方之擴展最為重要。這一片廣闊的東方領域，文化低落，
土著居民的古老弓箭，終為俄人的新武器征服。征服之後，繼之以移民，一
批一批的俄國人民，由於種種的刺激，不斷向東向南湧進，黃金、貂皮與肥
沃土地，皆為誘使俄人開發之主要動機。同時，部分俄人為了逃避社會的壓
迫、暴君的虐政、宗教的迫害，或因經濟待遇的懸殊，也紛紛離鄉背井，向
東移遷⓬。

　　在帝俄的東進擴展中，當其完全征服西伯利亞後，其目標自然就指向中
國，首先是東北，繼之以西北。根據咸豐八年的《璦琿條約》，及咸豐十年的
《北京條約》，帝俄得到了黑龍江以北及烏蘇里江以東的土地，包括海參威在
內。於是俄國遂成了北太平洋的強權，使遠東為之不安。各國的政治家，尤
是英、日兩國，深恐俄國要繼續向南擴展。實際上，在甲午戰爭以前，俄國
在遠東的勢力尚是潛伏的，那時西伯利亞的鐵路尚未建築，俄國的精力又似

⓫　同⓾。

⓬　Dr. Anatole G. Mazour, *Russia, Past and Present*. 李邁先譯，政工幹部學校印，中華民
　　國四十九年三月初版，第一頁。

乎集中於中央亞細亞及巴爾幹半島。所以那時俄國在遠東雖有各種企圖的試探，尤其是在高麗，並未採取積極的政策。但基本形勢已成立，日後的衝突已播下了種❸。

甲午以後，俄國對東方的政策更是積極進行，其原因有下列幾種：第一、中國的積弱暴露，世人均以為瓜分之期已至。第二、日本獨佔高麗，在亞洲大陸上得到了根據地，《馬關條約》又顯示了日本野心之大。第三、俄國在甲午戰爭前後正修築西伯利亞鐵路，那條鐵路是世界交通史上的一件大事情，也造成國際政治的大變遷。第四、俄國國內適時有少數的少壯野心家得到了尼古拉二世的信任❹。

但九十年代及二十世紀初年，俄羅斯帝國之積極政策正是向著滿洲。此一政策決定了日、俄戰爭衝突的發展，並因而增加國際局勢的紛亂。最後，這種政策斷絕了俄國政府在世界帝國衝突中擒縱的自由，而經過日俄戰爭與一九〇五年革命之後，這政策又把俄國拉進了協約國，於是，專制政府就遇到一九一七年的死滅❺。列寧領導的十月革命推翻了克倫斯基的臨時政府，建立了全世界第一個共產政權，以無產階級的國際主義為號召，以推翻資本主義為目標，它的政策，仍然是利用東方來擊敗西方，以完成它所謂無產階級世界革命的夢想。

三、清代的中衰與對俄外交之失敗

㈠尼布楚條約之意義

清代早在康熙時期，中俄兩國國力可謂相等，而兵力也足以抗衡俄軍，這在兩次雅克薩戰爭中國均獲勝利得到證明。因而才有一六八九年（康熙二十八年）《尼布楚條約》之簽訂。這是中國同外國締結的第一個條約，也是一個平等互利之條約。在中國方面，因為這個條約確定了額爾古納河、格爾必齊河及外興安嶺至海的國界，從法律上肯定了黑龍江流域和烏蘇里江流域的

---

❸ （俄）羅曼諾夫著，《帝俄侵略滿洲史》，民耿譯，蔣廷黻序，第一頁，商務印書館印行，中華民國二十五年四月二十四日。

❹ 同❸。

❺ （俄）羅曼諾夫著，《帝俄侵略滿洲史》，民耿譯，商務印書館印行，一九二八年九月二十日初版，序言第一至二頁。

廣大地區均是中國的領土。同時也收回了被俄國哥薩克人和一般亡命之徒侵佔的一部分領土，制止了帝俄對黑龍江進一步的侵略。在俄國方面，雖然證明了它侵略黑龍江流域為非法，卻能通過此條約把清廷所讓予的貝加爾湖東南岸以至尼布楚一帶廣大地區正式納入版圖，並獲得了重大通商之利❻。此外，自《尼布楚條約》簽訂以後，使中俄兩國關係保持和平與穩定長達一百五十年之久。此期間東方的日本軍國主義尚未興起，西方英、法等帝國亦未進入，倘清廷政府能夠積極推動政治、經濟與國防建設，學習近代科學文明，妥訂國家發展目標與外交政策，爭取擴展國際友好關係，不僅可以達到國家維新圖強之目標，更可避免中華民族而後遭受內外造成之種種災難，惜清廷政府昏庸無能，錯失良機，實為中國近代史中最大之憾事。

㈡清代之中衰

　　清朝到了乾隆末年已經開始衰敗。有關這方面所表現出來的現象，擇其要者有下列五項：

　　1. 政治方面

　　乾隆晚年，政府腐敗，貪污橫行。乾隆本人不僅荒怠政事，而且疏遠忠貞大臣，善於逢迎之人則樂於接近。如和珅聚斂自肥，各省督撫為了祿位，都需賄賂和珅，上行下效，官吏貪污成風。且自乾隆以後，政治不修，綱維敗壞，九卿無一人奏陳時事之得失，司道無一人析言地方之利弊，相率緘默，已成當時風氣。

　　2. 軍事方面

　　軍備日漸廢弛，當初八旗兵雖能作戰，但人數有限，既要守衛京師，又要駐防各地。爾後所建的綠營，也成為清廷政府的常備軍，但八旗兵因養尊處優而日漸喪失鬥志，綠營也因太平日久，而暮氣日沉。且綠營薪餉菲薄，視出征為致富之道，戰守不足，擾民有餘，不再是一支保國衛民的武力了。因此，乾隆以後內亂迭起，政府已無力徹底蕩平，後來與西方和日本的武力接觸，當然也就無役不敗。

　　3. 財政空虛

　　康熙時期，國家歲收四千餘萬兩，歲出以軍餉、河工、百官之俸祿為主，收支可以相符。雍正時且有剩餘。乾隆時，歲入可達七千萬兩，但軍費浩繁，

---

❻　李齊芳，《中俄關係史》，臺北：聯經，二〇〇〇年十二月初版，第五六至五七頁。

加以屢次出巡，舉行慶典等，揮霍無度，已漸感支絀。嘉慶以後，內亂、河決頻仍，需款甚鉅，不得不加徵於民，財政日益匱乏。

　　4.學術方面

　　清初屢起文字獄，讀書人的思想和自由研究風氣，受到嚴格的限制，且知識分子多把全部時間從事於考據工作。雖然在乾隆與嘉慶時代也有不少漢學名家，可惜他們忽略了明道救世的宏旨，對於當時中國的政治和社會生活，未能產生改進的效果，不像西方新文化的潮流，能直入近代自然科學的核心，創新科技之運用，替歐洲國家帶來現代的文明與進步。

　　5.民族方面

　　滿清取得國家統治權後，所採取的高壓政策，不僅未能使人完全信服，且更激起漢人反滿清之意識與行動。乃有漢人反滿清的組織與民族革命的秘密團體之相繼產生，而連年戰亂的結果，更造成社會不安與人民生活困苦。到了乾嘉以後，中國內部秩序已不易維持，滿清的政權已漸失穩固❶❼。

㈢穆拉維耶夫武力逼簽璦琿條約

　　《璦琿條約》談判之時，正當清廷內有太平天國之亂未平，外有英法聯軍之進迫白河，攻陷大沽砲臺，國勢危如累卵之際。尤以東北邊疆毫無防衛，以致臨事無所措手足，俄人穆拉維耶夫竟得以少數兵力，乘清廷之危，大施威脅，乃於一八五八年五月十六日（咸豐八年四月十六日），與當時黑龍江將軍❶❽奕山簽訂《璦琿條約》。奕山對俄國既缺乏正確之瞭解與判斷，更昧於國際外交常識，而且超越了清廷對他所授權的範圍，在條約中割讓了黑龍江以北，外興安嶺以南，加上烏第河未定界地區，共計六十多萬平方公里的大片土地給俄國，還把烏蘇里江以東的領土置於與俄人共管之下，使俄國進一步索求之依據，造成邊疆禍患之根源。所以《璦琿條約》乃是中國近代史上喪權辱國極甚之第一個不平等條約❶❾。

㈣中俄天津條約俄人得到陸海通商之權利

---

❶❼　趙叔鍵等編，《中國近代現代史》，臺北：今古文化，中華民國九十一年八月修訂八　　版，第三〇至三四頁。

❶❽　清代駐防各地的八旗兵最高長官。在邊疆地區即為統轄全區的軍事、行政長官。

❶❾　施達青等著，《從璦琿條約到北京條約（沙俄國侵略我國東北領土一百多萬平方公　　里的罪證）》，北京中華書局，一九七七年版，第一八頁。

當《璦琿條約》簽訂後，接著俄國欽差大臣普提雅廷又於同年六月一日（咸豐八年五月三日）與清廷大臣桂良及花沙納簽訂《天津條約》。該條約將俄國陸路通商之權，隨海洋列強之後而擴大及於中國之上海、寧波、福州、廈門、廣州、臺灣、瓊州七處海口通商，並同時取得了多種新權益，以及最惠國待遇。而這個條約之簽訂，完全靠著普提雅廷外交權謀所促成。他一方面對清廷用婉言忠告或危詞要脅；另一方面對英、法，則為之出謀劃策，或懲惎、或規勸，竟使雙方均誤信他確為有助於促成和局，且具熱忱之良友。

㈤伊格那提耶夫與中俄北京條約

一八五九年三月，帝俄政府改派沙皇的侍從武官步兵少將伊格那提耶夫代替彼得洛夫斯基為俄國駐中國代表。於同年六月二十七日到達北京❷。伊氏即要求清廷從速簽訂「補續和約」，將烏蘇里江以東「共管」之地割予俄國，遭到清廷的嚴峻拒絕，但伊氏則利用後來英法聯軍與中國第二次開戰，在北京淪陷，清廷發生危機之時，乃出面調停。迨聯軍退出北京後，伊格那提耶夫自認調停有功，強迫清廷於一八六〇年十一月二日（咸豐十年十月初二日）簽訂《中俄北京條約》（又名《中俄續增條約》）。從中國奪去自烏蘇里江以東四十萬零九百一十三平方英哩的大片領土。伊氏自一八五九年六月到達北京以來，在短短的一年又五個月的時日裡，憑其詭譎的外交伎倆，竟能在古老之中華帝國與西洋列強的衝突之中，從中操縱利用，博得雙方利益衝突者之信任，未費一兵一彈，終於達到坐收漁利的重大政治目的，實為世界史中罕見之特例❷。

㈥崇厚與俄擅自簽訂伊犁條約

同治五年，新疆叛亂之回人侵據伊犁。帝俄乃於一八七一年八月二十二日以護商及搜索逃犯為名，進兵伊犁，由俄七河省科爾帕科夫斯基 (Kol-pakivsky) 率兵越過霍爾果斯河，擊敗伊犁蘇丹叛軍後，佔領伊犁。並聲言俟清廷恢復統治權後，即歸還佔地。光緒四年（一八七八年）清廷始略復新疆，而俄人之霸佔伊犁仍然如故。清廷即派總理各國事務大臣吏部左侍郎崇厚為出使俄國全權大臣，前赴俄京交涉，向俄索還失地。而崇厚誤解全權二字之意義，竟未先行向北京朝廷報准，即依照俄方所提條件定議，擅自簽訂《伊

❷　同❶，第二四頁。

❷　同❶，第一九七至一九八頁。

犁條約》，將帖克斯河兩岸土地割讓給俄國，因此地形勢衝要，如入俄人之手，可切割我方交通，威脅新疆全境。崇厚昏庸辱國，朝議大譁，清廷不得已拒絕批准該約 ❷，並將崇厚下獄論死。

一八八〇年（光緒六年）二月，清廷任命駐英法公使曾紀澤兼任駐俄欽差，前往俄京協商改約，帝俄政府起初仍動輒以崇約為言，視為已得權益，不允改約。然此時正是俄土戰爭之後，俄國更陷於財殫力竭，無力再啟釁端，曾氏洞見此點，竭力折衝，俄始就範。但仍要求崇約以外之補償。曾氏嚴詞拒絕，僅酌讓索倫右翼四旗，並給通商權利，增償代守費用，帝俄政府乃允廢棄舊約，另訂新約。於一八八一年（光緒七年）二月二十四日，在俄都彼得堡簽訂。英國駐俄大使德弗林爵士 (Lord Dufferin) 稱曰：「中國令俄吐出已吞之領土，此俄國之未嘗為者！」另俄國外相帕吉爾斯 (Giers) 云：「我辦外國事件四十二年，所見人才甚多，今與貴爵共事，始知貴國非無人材。❷」

㈦李鴻章與中俄密約

自一八八一年俄國與清廷政府訂定《伊犁條約》之後，原可彼此相安無事，但帝俄向遠東侵略的圖謀卻未曾稍懈。一八九一年帝俄經周密策劃之後，決定自莫斯科修築一條橫貫西伯利亞到符拉吉瓦斯托克 (Vladivostok) 即海參威的鐵路，並計劃延伸到滿洲境內，及見日本要割佔遼東半島，認為對俄國的權益有損，不能容忍，於是聯合德、法採取以武力脅迫日本放棄遼東半島的共同行動。雖然三國干遼的結果，中國將遼東半島收回了，卻直接促成了所謂《中俄密約》的締結。

一八九六年五月十四日（光緒二十二年四月十四日），俄國沙皇尼古拉二世 (Nicholasil) 舉行加冕典禮，清廷初派湖北布政使王之春為致賀專使，俄方藉口王之春位望未隆，與各國遣使相形，難於接待。暗示應派一親王或大學士前往，方顯隆重。清廷乃改派李鴻章為欽差頭等出使大臣，赴俄致賀加冕，並前往英、法、德、美等國訪問，聯絡邦交。李鴻章請辭未准，乃於一八九六年三月由上海起行赴俄，於四月十八日抵達俄都彼得堡。因距離加冕時間尚有二十餘天，帝俄財政大臣維特早有預謀和精心設計，乘此間隙時內雙方舉行秘密會談。維特向李鴻章提出互結同盟與借地築路兩大議題，李鴻章立

❷　曾紀澤撰，《金軺籌筆》，卷一，金序，第一頁，商務印書館印行。

❷　同❷，第二頁。

即反對。五月十三日，俄方逕自將單方面擬就之密約全稿交予李鴻章，請他轉奏清政府，李氏以事關重大，當即電告北京總理衙門。五月三十日李鴻章得總理衙門回電，受命與俄方簽訂《中俄密約》❷❹。

　　帝俄強迫中國簽訂密約之主要目的，乃是假共同禦敵互相援助之名，而使整個滿洲都納入其勢力的壟斷之下，作為伸張其勢力的工具，於是在密約第四條中要求俄國建一橫貫黑龍江、吉林兩省而達海參威的鐵路，這便是中東鐵路。這個密約對中國領土主權之破壞及其他種種之影響，都是非常嚴重而且深遠的。也由於這個密約種下了諸多惡因：使德佔膠州灣；俄佔旅順、大連；法租廣州灣；英租威海衛；日劃福建為勢力範圍等不幸的事件，接二連三的發生了。甚至爾後庚子事變，日俄戰爭，歐洲大戰，以及數十年來糾紛莫解的滿洲問題等，都莫不與此密約有直接的重大關係❷❺。

四、日俄四次密約合謀侵略中國

　　一九〇四年至一九〇五年日俄戰爭，俄國被日軍擊敗之後，雖然尚能保有原本侵佔中國的北滿權益，但實力已經大減，而且國內興起罷工的浪潮席捲歐俄各地，農業歉收，工業蕭條，財源枯竭，社會經濟已面臨破產的危機。於是自一九〇七年起，乃改採對日妥協和由敵對轉向共同攜手之政策。

　　戰後的日本，也是野心勃勃，企圖獨佔我東北，但遇著兩種阻力，一是中國欲引英、美的經濟力為助，自行開發東北三省的資源。二是美國要積極投資於東北的各項實業，將其建設為國際經濟開發區，以打破日、俄任何一方獨佔之壁壘。日本為加強自己的聲勢就響應俄方的呼籲，與之合作，並締結一系列的日俄密約，結合雙方的實力，共同抗拒美國，合謀侵掠中國，以劃分兩國之勢力範圍。特將日俄四次密約的主旨及其對中國領土主權嚴重損害之情形，分述如下：

㈠日俄第一次秘密協定

　　一九〇七年二月十八日，日俄兩國代表開始談判，俄國方面為外交大臣伊茲沃爾斯基，日本方面為駐彼得堡公使本野一郎，經過五個多月之討論，

---

❷❹　「電稿」，一八九六年四月十八日，北京總理衙門致李鴻章電。

❷❺　何漢文編著，《中俄外交史》，中華書局印行，中華民國二十四年四月版，第一六九頁。

於同年七月三十日，雙方代表在彼得堡簽署了《日俄協定》。此項協定是由公開協定兩條、秘密協定四條、附款及換文之四部分組成。八月十四日，雙方依約將協定全文分別通報英、法兩國政府。對於包括中國在內的其他國家，除公開協定外，其餘條款及換文均嚴加保密。

第一次日俄密約係發動於俄國，立約的主旨是劃分雙方在南北滿洲的勢力範圍，也是日俄企圖瓜分中國領土的起步。在談判過程中，俄方乘機將範圍擴大到外蒙古，要求日方承認俄國在外蒙古特殊的利益。按此次密約的規定，日方所獲得者少，俄方所獲得者多，日本得到的僅限於南滿洲利益之承認，俄國除獲得北滿特殊利益之保障外，還獲得享有外蒙古特殊利益之承認❷❻。

㈡日俄第二次秘密協定

自一九〇七年日俄締結密約之後，美國鑑於日本強迫中國簽訂《六案條約》，及其在南滿之急進，頗感不滿，並盡力爭取俄國之同情。一九〇九年十一月初，美駐俄大使柔克義 (Rockhill) 向俄外交大臣伊茲沃爾斯基表示：「俄國對於滿洲事務，須與美國共商進行，立一國際界限，以防日本今後之侵略。」伊氏認為此種計劃縱令實現，並不能阻撓日本在太平洋之擴展。甚至日本在南滿之優越地位，如一旦因外來壓迫而失去，難保不侵及俄國沿海濱省，以求補償。美使離去不久，日使本野一郎迅即訪問伊茲沃爾斯基，提議將日俄現存關係變為一種「形式之同盟」。日俄同盟如能成立，俄國即可「以日本為支柱，堅決維持中東鐵路。根據一八九六年之合同，獲得若干權利」❷❼。

一九一〇年五月十五日，日使本野與俄外交大臣伊茲沃爾斯基開始會談，十七日，本野一郎向俄方正式提出協定草案，雙方多次會談，至六月十六日雙方意見趨於一致，並於七月四日，俄方代表伊茲沃爾斯基與日方代表本野一郎在彼得堡簽署第二次《日俄協定》。這次協定也是由公開協定三條和秘密協定六條兩個文本組合而成。從締結此約的經過顯示，第二次日俄密約之訂立，全係日本所發動，其主要目標在結合帝俄的侵華野心，維護他們在中國已經佔有的權益，共同排拒美國的經濟勢力於滿洲之外。事實上，一九一〇年之《日俄協定》，就是日俄暗自將滿洲瓜分的協定，它對中國領土主權之侵

❷❻　同❶❻，第三六四頁。

❷❼　同❶❺，第四六九頁。

害，較之一九○七年之協定尤為嚴重。按一九○七年之公開條約，尚「承認中國之獨立與領土主權完整及各國在華工商業之機會均等主張」，以掩美、德諸國之耳目。而一九一○年之《日俄協定》，對於侵害滿洲現狀之第三國，則含有威脅之意。按該約第五條規定：「為保證相互約定之工作，兩締約國對於一切彼此在滿洲特殊利益範圍有共同關係之事，應隨時以和衷誠意商討之，特殊利益受威脅時，兩締約國同意採取防衛此種利益之辦法」。儼然為一軍事防守同盟條款，以抵抗凡威脅兩國在滿洲特殊利益之第三國，即暗指美國而言。

(三)日俄第三次密約之簽訂

　　第二次日俄密約訂立之後，俄國憑藉與日本之結盟，增強了它在遠東的地位，並以捲土重來的聲勢，在中國的北滿與外蒙謀取更多的權益。此時，日本一方面擔心俄國在滿蒙積極的侵略活動過甚，損害其權益，另一方面日本也有染指內外蒙古之野心。

　　當辛亥（一九一一年）革命發生時，日俄兩國均認為又獲得了侵略中國的大好機會，日本對中國革命具有直接干涉之意，但結果未能成功，於是它知道要想在中國求得更多的權益，必須採取一種與他國取得諒解的協同行動不可。一九一二年一月二十四日，日本乃提出其具體方案與俄國協商，至七月初雙方達成協議。一九一二年七月八日，日本駐俄大使本野一郎與俄國外交大臣沙佐洛夫在彼得堡簽訂密約三條，其主旨在劃分日俄兩國於內蒙古之勢力範圍。但最堪注意者，該密約前文之內容指出，「為確定並完成一九○七年七月三十日及一九一○年七月四日兩次之密約，並防止關於滿蒙特殊利益可能之誤解起見，日俄兩國政府決定展長一九○七年七月三十日密約之分界線（第一條），並劃定內蒙古之特殊利益範圍（第二條）」。

　　此次密約，實係一九○七年所訂第一次日俄密約，及一九一○年所訂日俄密約的補充，將兩國對中國侵略圈由東三省擴展到內蒙古。依以往的慣例，兩國將密約的條文於簽字前通知了英、法政府，同時在國際間也未認真的保密，各國報刊多有評論。英、法認為如此可將日俄納入協約國的陣營，增強聲勢。美國雖能認清日俄的協合有損中國的權益，但亦未認真協助中國擺脫國際間的困境❷，至此，日俄兩國對中國之侵略，已由秘密的勾結轉變為公

---

❷　同❶，第三五八至三五九頁。

開的行動，國際間的法理與正義，也已蕩然無存。

㈣日俄第四次密約之簽訂

當第三次日俄密約簽訂之後，首先是俄國帝國主義之作風，在北滿、呼倫貝爾、外蒙、唐努烏梁海、新疆等地區重新復活，對中國毫無顧忌的執行強硬政策。日本則乘此時機，將其從密約瓜分到各項有關滿蒙的權益，迫使中國承認。

一九一四年六月，歐戰爆發，俄國加入戰爭，傷亡慘重。由於俄國軍械缺乏，乃急求日本予以軍品供應。日本乘此機會，向俄索取最高之代價，要求俄國將長春至松花江岸的鐵路線讓予日本；松花江至哈爾濱段的鐵路交日經營；俄國承認日本在松花江有航行權。俄方堅不同意，談判幾達兩年之久，嗣經英、法從中協調，始於一九一六年七月達成協議。

一九一六年七月三日，日本駐俄大使本野一郎與俄國外交大臣沙佐洛夫在彼得堡簽訂日俄「公開協定」二條，「秘密協定」六條。從這次密約的內容看，頗具有軍事同盟的性質。我們再從日本代表本野一郎的談話，便可知道日俄簽訂密約的陰謀所在了。本野說：「中國將來之命運如何？自難預測，日本外交的重心在中國，則不待言，姑無論日本為開發在滿洲所獲得之權利需要多大資本，其必須仰賴英、法兩國，當無疑義。所以我們一方面要維持英日同盟，他方面與俄國締結同盟，以鞏固帝國之地位」 ㉙。

綜觀日俄從一九〇七年簽訂第一次密約起，至一九一六年簽訂第四次密約止，在這整整十年中，他們侵華的野心日益擴大；侵華的行動更加積極；壓迫與掠奪的手段也是日新月異和殘酷惡毒。事實上，這兩個帝國主義者並不以取得中國滿蒙特殊利益或控制權為滿足，其最終目標就是要瓜分及滅亡中國。

日俄四次密約也直接種下了一九三七年（民國二十六年）七月七日，日本發動全面侵華戰爭的禍根。中國在八年對日抗戰中犧牲軍民達三千五百萬之眾，財產損失之大更為空前，難以計算。此一血淚交織的慘痛史頁，炎黃子孫應永記勿忘。

五、本書研究範圍與參考史料

㉙ 《日本外交政策之史考察》，第三二〇頁。

　　中俄兩國雖然早有接觸，早期史料甚為缺乏，且在清代以前兩國並未簽訂任何協定或建立正式外交關係。故本書所述之範圍，仍是以清代之中俄關係為重點，即上自中俄雅克薩戰爭與《尼布楚條約》之締結，下迄帝俄沙皇政權之崩潰為止。在這二百餘年間，中國主政者為滿清政府，俄國的主政者為羅曼諾夫王朝。中國當康、雍、乾時代，海內安穩，國勢鼎盛，為清代之黃金時期，後因宮廷腐敗，內政不修，致有道光年間之鴉片戰爭，與光緒年間甲午戰爭的慘敗，啟列強侵略之端，國勢逐漸衰落。而俄國的羅曼諾夫王朝，自彼得一世以後，國勢日益強大，直到一九一四年第一次世界大戰爆發時，始終是世界強國之一。在此時期，清廷之對俄政策，以維持現狀，權衡利害，以保東北與西北邊疆之安全為原則；而帝俄的對華政策，則是一貫的以「和平侵略」為主。但有時也採取以武力相威脅，作為達到「和平侵略」之手段。例如：一八九八年（光緒二十四年）俄國派太平洋艦隊提督托巴索夫率部南下佔領旅順、大連；一九○○年（光緒二十六年）俄國又派大軍佔領東三省全境。

　　本書之內容，除以中俄二百餘年來外交關係為主軸外，同時對兩國在政治、軍事、商業貿易、宗教及文化學術等方面交往之情形，亦作全面之研究與探討。希望做到對所有重大歷史事件，均有比較詳細與完整之說明。全書分為三編，和上、下兩冊。第一編「中國歷史上早期之中俄關係」，第二編「清代前期之中俄關係」合為上冊；第三編「清代後期之中俄關係」為下冊。

　　關於本書所有參考史料蒐集經過之情形大致如下：早在二十年前，作者即有意要寫兩書，一為《蘇聯外交史》；一為《中俄關係史》，也從那個時間起，就開始蒐集有關的史料，包括中俄兩國檔案文件及其他書刊等。

　　一九八六年七月，作者接受美國史丹佛大學胡佛研究所之邀請，以訪問學人身分，在該所作為期一個月之研究，曾獲得六十餘冊有關蘇聯外交史與中俄關係史之珍貴史料。旋赴哈佛大學燕京圖書館、哥倫比亞大學、喬治城大學兩校圖書館及美國國會圖書館等單位，又獲得一百一十餘冊頗有參考價值之史料。二○○五年五、六月，再度赴史丹佛大學東亞圖書館及國會圖書館，又獲得四十六冊重要史料。不過，以上這些資料均為複印或照相者，其中有部分內容有不夠清晰之處，在寫作引用時，就必須參考數本相關資料，加以比對和取捨，方不致有錯。

　　自一九九○年七月至一九九九年九月，作者曾十一次訪問俄羅斯莫斯科大學，七次訪問聖彼得堡大學及烏克蘭基輔大學，以及其他學術研究機構、莫斯科中央圖書館等單位，每次停留時間大約三週至九週。此外在當地書店選購有關的俄文書籍十年來共獲得一百五十餘冊。大多為俄國史學家、退休外交人員或其他人士所撰寫關於中俄關係方面之書刊，然而值得注意者，他們多以俄國利益為出發點，在見解上多缺乏客觀性，甚至有意扭曲和偏離史實。因此，在參考應用時，自然要謹慎以對。

　　一九九六年七月上旬，作者應黑龍江大學之邀請，擔任俄文系博士研究生畢業論文之口試委員，乃利用此次行程，在黑龍江大學、北京大學、北京外國語大學及北京中國外交學院圖書館，以及哈爾濱、北京兩地之書局共計獲得二百餘冊之參考書刊。全書之重要參考資料目錄將於下冊出版時一併刊出。

　　二○○○年七月作者自教職退休，首先撰寫《蘇聯外交史》，該書已於二○○三年九月由黎明文化公司出版。嗣於二○○四年八月開始寫作《中俄關係史》，現上冊已完稿，交付出版。下冊預定於二○○七年三月前撰寫完成。

六、作者願景

　　作者以八十有餘之齡，總是本念念不忘之毅力和鍥而不捨之心情，撰寫這本為時長達二百餘年的《中俄關係史》一書，既不是為了個人的聲譽或賺取稿費，也不是要對俄羅斯這個國家算老賬、討舊債，或要挑起兩國的歷史仇恨，而是完全本著公正的立場與客觀的態度來敘述全程史實，以還原歷史真相。其最大之心願，一方面希望國人能夠正確瞭解到中國與帝俄長期交涉中，中國無論在領土和邊民的生命財產均遭受極為嚴重之損失，是千真萬確的事實。另一方面就是要促成中俄關係史正式走向歷史化和學術化，今後能成為國人在歷史學術研究領域中重要課題之一。

　　中國《三字經》一書中有云：「昔孟母，擇鄰處」，就是當年孟母擔心兒子同鄉居不良的孩童玩在一起會學壞，曾三遷居地，傳為佳話。然而，國與國為鄰，是絕對無法選擇的。中俄兩國陸地國境線長達四千餘公里，中俄兩大民族世世代代之子孫，天命註定要永久為鄰。因此，深盼中俄兩國人民要確使過去不幸之歷史事件成為往蹟，並針對國際情勢與彼此根本之利益，以建立真正和睦相處之友好親密關係，相互尊重其歷史文化，互相尊重其領土

主權。攜手合作，互助互利，創造兩國和平安全雙贏之局面，進而為世界和平與人類幸福作出貢獻。

　　但國人必須深刻體認到一個事實，那就是我們要求和某一鄰國建立或保持睦鄰友好與和平關係時，自己一定要具備相當的國力，否則將不會有任何成就。例如，日本這個鄰國，自明治維新，國勢日強，走向軍國主義以後，立即以侵略與併吞中國為其首要之目標。而中國於滿清道光以後，由於鴉片戰爭與甲午戰爭慘敗之影響，受到列強種種不平等條約之壓迫和剝削，致使國力耗盡，淪為次殖民地之困境。此時，要與日本談睦鄰友好問題，要求日本不侵略中國，那不等於是與虎謀皮嗎？因此，作者誠懇盼望國人能夠體察時勢，奮起圖強，團結合作，大家一起共同努力，提高國家在政治、經濟、軍事、文化與科技等方面之實力，建設一個和平富強的國家。上述要件，才是我們國家對外實施睦鄰，與鄰和平共存政策之基本。

　　本書撰寫的責任雖然由作者一人負擔，但自資料開始蒐集起至上冊之完成及出版，曾得到國內外許多朋友及學生之幫助：承蒙陸大使以正先生、中央研究院政治研究所所長吳玉山教授撰寫序言，北京外國語大學前校長王福祥教授，北京大學俄研所所長李明濱教授，黑龍江俄文系前主任張家驊教授，上海外國語大學俄文系前主任李勤教授，北京經貿大學俄文系吳君教授，俄羅斯莫斯科大學前校長陸谷諾夫院士、舒麗嘉教授，俄羅斯聖彼得堡大學校長薇爾望碧斯卡雅教授、伊勒娜教授，俄羅斯外交學院副院長巴讓夫教授暨夫人，烏克蘭基輔大學校長斯可賓柯院士、語文學院院長科洛寧柯教授，美國史丹佛大學胡佛研究所馬若孟 (Rauon) 教授、郭岱君教授、林孝庭研究員，史丹佛大學東亞圖書館圖書館專家王繆麗女士、戴天禾女士，哈佛大學燕京圖書館前館長吳文津教授，美國國會圖書館居密教授、李固華先生，在哈佛大學研究之政戰學校教學部主任劉建鷗教授，臺灣新竹明新科技大學徐瑞雯副教授，王國琛將軍，著名文學家吳東權先生，中國文化大學俄文系主任李細梅教授，哲學系博士生林素瑜同學，友人孫光、孔祥祺先生，中央電影公司侯建文、岳萬里、夏漢英等友好對於本書協助蒐集資料、繕稿、校對或提供寶貴意見、或給予最熱情之招待，尤以承蒙臺北三民書局董事長劉振強先生慨允出版，作者在此一併敬致最誠摯之謝忱。

第一編
中國歷史上早期之中俄關係

第一章　中俄關係之形成

第一節　中俄交點北亞之地理

一、中俄兩國陸地邊界

　　中俄兩國陸地接壤之處，三百年以來，邊地糾紛即時有發生。亞洲北部，今稱西伯利亞，其地理概念是隨著歷史發展不斷變化的。現在所指的西伯利亞，包括整個亞洲的廣大地區，即北鄰北冰洋，南接中國、蒙古、朝鮮及俄羅斯的亞洲部分（不包括中亞部分）。但在歷史上，西伯利亞的範圍卻不包括如此廣闊的地區。十六世紀和十七世紀初，俄國人所統治的西伯利亞僅指鄂畢河中游、額爾齊斯河中、上游一帶地方。隨著俄國人不斷向東推進，才逐漸將北亞稱作西伯利亞了 ❶。

二、西伯利亞名稱的由來

　　提起西伯利亞之名稱，自然引起中國人之歷史思想及注意。對於西伯利亞名稱之由來，則有下列幾種的論說：

1. 《西伯利亞誌》

　　關於西伯利亞之名，考其起因，厥有數說。據俄羅斯人之說，昔托博爾斯克附近，有一部府，名西伯利亞，此府本為韃靼人庫程汗之居城，為此地貿易之中心點，名既著，遂為哈薩克人耶爾麻克所攻略。後更蠶食額爾齊斯、托波爾及塔甫達等諸河流，併有其地，統以西伯利亞名之。自是西自烏拉山，

---

❶　徐景學編著，《俄國征服西伯利亞紀略》，哈爾濱，黑龍江人民出版社出版，一九八四年四月第一版，第二頁。

東至太平洋，凡俄領這一廣大土地，皆名西伯利亞；然而土人於庫程汗居城之地，稱伊蘇格爾，而不稱西伯利亞。然在一五七○年時，有德人哈伯西丁為奧國王之使臣，駐莫斯科，曾調查西伯利亞各地地圖，記載西伯利亞府之位置，則此府似可足證。或曰西伯利亞者，出自俄語雪威爾（俄語 Север；Seven 英語譯音）即北方之意。又據德人弗晒爾之說，從前白耳穆人與鄂畢河人貿易，悉其風土，傳之於俄，故西伯利亞之名，謂出自白耳穆人，東洋語學家或謂出自伊北里，而西伯利亞，然究出自何處之語，不能詳之，要以出自鮮卑為有據❷。

2. 何秋濤著《朔方備乘》

錫伯利路本鮮卑舊壤，故有錫伯之名，考《漢書・匈奴傳》云：「黃金犀毗一。」顏師古注曰：「犀毗，帶鈎也；亦曰鮮卑，語有輕重耳。」據此，知鮮卑音近錫伯，今黑龍江境有錫伯種，亦作席伯；既非索倫族，亦非蒙古族，即鮮卑遺民也。此路在俄羅斯屬境各部中，最為廣大。《一統志・四裔考異域錄》並作西畢爾斯科，南懷仁圖作西伯利亞，一作細密里亞。《總記》作悉北釐阿，又作西北里阿。《法國途志》作悉畢爾斯科，又作悉密里。《志略全志》並作西伯利，《志略》又作悉北釐，又作西卑里亞。《海國聞見錄》作細密里也顛林。《圖說》作什卑釐國。《大地全球說》作什卑釐也，又作悉畢爾亞，又作昔北利牙，皆一地也。又《謬祐孫俄游彙編》：聞諸俄國之學者雅德琳擇夫云，悉畢爾實「鮮卑兒」三字之音轉。另丁謙《匈奴傳》考證：大鮮卑山在俄屬伊古斯克北，北通古斯河南，今稱其地為悉北里亞，「悉北」即鮮卑音轉來，以地皆此種人所居❸。再據洪鈞《元史譯文證補》謂：「……今俄國名烏拉嶺一帶曰西悉卑爾，黑龍江一帶曰東悉卑爾，或作錫伯利，審音考地皆屬鮮卑」。此由鮮卑轉音以考證西伯利亞名稱之由來。

3. 包爾漢、馮家升的考證

他們兩人確切認為西伯利亞係鮮卑的轉音。鮮卑族在古代生活於中國北疆，其活動範圍向西曾達額爾齊斯河中、下游和鄂畢河中游一帶，因此，後來俄國人把鮮卑人生活過的地方稱西北爾或西伯利亞。而鮮卑之意又是一種

---

❷　文公直編著，《中俄問題之全部研究》，上海洪興印書局出版，中華民國十八年十月初版，第二至三頁。

❸　同❷，第三頁。

「瑞獸名」，相當蒙古語的動物「貙」，即特殊的五爪虎，鮮卑人崇拜這種瑞獸，將牠刻在金屬帶鈎上，以別於其他部落人民❹。

三、西伯利亞的概況

㈠西伯利亞地理位置

西伯利亞位於亞洲北部，其地西起烏拉山，東止白令海峽，北鄰喀拉海和北冰洋，南與中國、蒙古、朝鮮接壤，東南與日本，東北與美國阿拉斯加隔海相望，土地面積實有亞洲全境三分之一。從地理上看，這一片茫茫大地主要由三部分組成。從烏拉山到葉尼塞河是西伯利亞的平原，有鄂畢河流貫其中；從葉尼塞河到勒那河是世界上最大高原之一的中西伯利亞高原，那裡河流縱橫交錯；勒那河以東主要是峰巒起伏的西伯利亞山地。

《西伯利亞誌》：西伯利亞位置在亞細亞北部，北緯線自四十二度二十三分之圖門江起，至七十七度三十四分之北東岬止，其間共有三十五度十一分。東經線自六十度之烏拉山起，至西經一百七十度之白令海峽止，其間共有百三十度。

㈡西伯利亞之地勢

西伯利亞之地勢及氣候，可區分為四個地帶：

1. 凍土帶

在北緯六十五度以北，沿北冰洋海岸，地勢卑下，時起暴風，波濤搖撼，湧上海岸即結為冰，故冬季水陸界不分，河口泥冰突起如築冰山，一逢春季，冰漸融化，所浮冰塊，復流過冰岸之間。夏季凍土外面融解，變為渺茫澤地，但為時極短。至八月，即有嚴寒侵入凍土帶，初寒後，凡經四十天，溫度銳降至冰點下四十五度，人畜均無法在此生息。

2. 森林帶

自北緯六十五度至五十五度之間，皆森林地。這個地區多湖沼，蚊虻叢生其中，害及人畜，雖猛獸亦不能堪。森林帶之寒氣亦極酷烈，嚴寒之際，溫度常降至零下四十度至四十五度不等。

3. 曠野帶

---

❹ 包爾漢、馮家昇，〈西伯利亞名稱之由來〉，見《歷史研究》，一九五六年，第十期，第五七至六二頁。

　　所謂曠野帶者，在北緯五十五度以南，即巴拉巴、密努新及布拉特等曠野。巴拉巴曠野，在西伯利亞中當推為田土廣闊人煙稠密之地。密努新曠野，人口繁殖眾多，土地沃饒，所產穀物輸出西伯利亞各地，夙有「西伯利亞大倉」之稱。布拉特曠野，四面山嶽圍繞，雨水充沛，所產小麥品種甚佳。

　　4.山嶽帶

　　西伯利亞東部、南部，總稱為山嶽帶，合此山地，劃為七部：烏拉山脈；阿爾泰山脈；薩彥山脈；達湖爾諸山；斯塔諾威山脈；黑龍江諸山；堪察加諸山。山脈各地，緣有森林湖沼，故多長大河流。其顯著者有鄂畢河、葉尼塞河、勒那河及黑龍江等四大河。湖其大者有貝加爾湖及興凱湖。

　　自來部落之可考者多在曠野與山嶽二帶之間。如《唐書》稱，骨利幹地北距去京師最遠；又北渡海，則晝長夜短；日入烹羊胛熟，東方已明。似為極北之部落，然亦不過在貝加爾湖畔，不能遠及於森林帶。又如《新唐書》稱：骨利幹處瀚海北，其地北距海，去京師最遠，又北海，則晝長夜短，日入烹羊胛熟，東方已明。丁謙《回紇傳》考證：骨利幹北距之海，即今俄屬伊爾古斯克東貝加爾湖；一作拜喀勒湖，又稱白海。至渡海而北，至通古斯河一帶，距北極僅二十餘度，過夏至節，晝極長夜極短，正合傳中所言；但近冬至則又晝短夜長，與傳言相反，當時蓋只知其一，不知其二。他書每謂骨利幹晝長夜短，則漏讀「又北渡海」之句。總之北橄大雖廣闊，其適於建設部落者，要只在北五十五、六度之間。又以其南山嶺綿亙，其勢不易發展，非踰小嶺，至中國外蒙古境內，不能大有所為❺。

㈢西伯利亞居住之民族

　　1.西伯利亞北部和東北部各民族

　　西伯利亞北部地區主要有薩莫耶德人（其中包括涅涅次人、艾涅次人和恩加納善人）、漢特人和曼西人；西伯利亞東北部有楚科奇人、堪察加人、尤卡吉爾人和科里亞克人等古亞細亞人。

　　薩莫耶德人分佈在西起白海，東至葉尼塞河的廣大凍土帶和森林凍土帶。係現代涅涅次人、艾涅次人、恩加納善人和謝爾庫普人的祖先。「薩莫耶德」一詞，解釋各異，如有的學者認為係指「自己相食」、「獨居的」或「吃鮭魚的」等意思。也有人認為「薩莫耶德」是俄國人對東遷的歐洲「薩阿姆」人

❺　同❷，第五至六頁。

的稱呼。時至今日，尚無統一說法。涅涅次人為薩莫耶德人的一支，他們自稱為「涅涅次人」即「人」的意思❻。十六世紀，俄國人稱涅涅次人為薩莫耶德人和尤拉克人，具體地說，稱鄂畢河下游的涅涅次人為薩莫耶德人，稱葉尼塞河涅涅次人為尤拉克人❼。當時（十五世紀末），莫斯科政府為了擴大領土和鞏固自己的政權，曾三次派兵遠征薩莫耶德人居住的地區❽，這也是俄國對他們最初的侵犯❾。到了十七世紀初，薩莫耶德人世世代代居住的廣大地區，終於被俄軍全部佔領，所有薩莫耶德人被迫接受俄皇的統治。

2.西伯利亞南部各民族

十七世紀，在西伯利亞南部的廣大地區，居住著突厥的後裔韃靼人、阿爾泰人、吉爾吉斯人和圖瓦人，以及雅庫特人、布里雅特人、達幹爾人等許多民族。

十三世紀，蒙古西征時，許多突厥語族的部落也隨著遷徙，其中生活在西伯利亞南部和西部、烏拉爾地區和伏爾加河流域的，沿用「韃靼人」名稱。金帳汗國崩潰以後，韃靼人也四分五裂，分別從屬於當時的各個汗國。

㈣西伯利亞各民族之語言

西伯利亞各民族語言十分複雜，分屬於不同的語系和語族。韃靼人、阿爾泰人、吉爾吉斯人、雅庫特人的語言屬突厥語族。布里雅特人、達幹爾人的語言屬蒙古語族。埃文基（通古斯）人赫哲人等的語言屬通古斯──滿州語族。突厥語、蒙古語和通古斯──滿州語均係黏著語，在詞彙和語音方面也都有許多共同之處。這三個語族同屬於阿爾泰語系。奧斯恰克人和沃古爾的語言屬於芬──烏果爾語族。薩莫耶德人的語言屬於薩莫耶德語族。芬──烏果爾語族和薩莫耶德語族均屬於烏拉爾語系。西伯利亞東北部的楚科奇人、科里亞克人、堪察加人、尤卡吉爾人、吉里亞克人（尼夫黑人）的語言屬古亞細亞語族，為編插語。愛斯基摩人和阿留申人的語言則屬於愛斯基摩──阿留申語族。居住在葉尼塞河中游小民族開特人的語言，和上述各民族的語言毫無共同之處，是一種獨特的語言，究竟屬何種語族，迄今尚無定論❿。

---

❻　Л. М. Хомин, Ненцы, М. Л. 1966. С. 24–25.

❼　Народы Сибири, М. Л. 1956. С. 608.

❽　Очерки истории СССР (конец XV в.–начло XVII в.) С. 683.

❾　Л. М. Хомин, Ненцы, М. Л 1966. С. 43.

四、西伯利亞與中國的關係

西伯利亞地區的古代人民早就同中國建立了密切的政治、經濟和文化聯繫，對此中國典籍史乘已有大量記述，其中一些地方，歷史上曾是中國組成部分。據《漢書・匈奴傳》說：「匈奴其先夏后氏之苗裔，曰淳維」。《魏書》也說：「鮮卑出於黃帝」。這雖然是沒有確切根據的說法，但是鮮卑與匈奴等，自秦漢以來，與中國本部均有密切的關係，這是有很多事實可供查考的。其確實有據者，蘇武和李陵常至北海（貝加爾湖），當時蘇武與李陵俱為漢朝之侍中官職。

直到十五世紀，俄羅斯統一國家形成之際，西伯利亞大部分地區卻不僅同俄國不接壤，而且長期以來，俄國同那裡毫無聯繫，對那裡的情況也不瞭解。俄國在一四〇七年的歷史文獻中最早出現「西伯利亞」一詞，那時所指的範圍僅限西伯利亞一隅之地，即鄂畢河中游地區，遠非今日所說的地理概念⓫。

第二節　中國對北疆之經營

一、漢初之征匈奴

鮮卑在漢以前，本東胡之一支，為匈奴⓬名汗冒頓所破，遁居於遼東塞外。在秦代時，因為始皇帝的長馭遠駕之才，努力安內攘外，建築萬里長城，

⓾　西伯利亞各民族的語言分類問題，學術界看法頗不一致。此處根據《西伯利亞民族志》一書的觀點作介紹。見該書第一〇至一一頁。

⓫　同❶，第三至四頁。

⓬　據白鳥庫吉之研究，如果匈奴及東胡確定為「以蒙古為主體而屬於通古斯」的雜種，則此二種「構成分子」民族之本土必須求之於背後。徵之過去紀錄，再索之現在人種之分佈，松花江及黑龍江之中游流域以東，當係通古斯民族之根據地。而貝加爾湖以東，黑龍江上游流域，當係蒙古民族之搖籃。此二種民族自太古以來，即時時企圖侵入中國而集合於其北部，故於其間自相混合而形成吾人所稱之「胡族」。佔據東方西喇木倫河流域者，稱為東胡，而佔有西方陰山山脈者稱為匈奴。白鳥庫吉著，王古魯譯，《塞外史地論文叢書》，第二章，第一一五頁。

於是匈奴遠遁漠北，後久不敢侵入中國邊境。及漢代初期，匈奴又向南侵略，白登之役，高祖也為其所困，因為中國內亂未平，所以漢高祖僅以和平的方法，與之和親；因此，匈奴氣燄更盛，自是屢次入患狄道（甘肅狄道縣），兩寇雲中（綏遠歸化城土默特西），漢文帝時，為患尤甚。武帝即位以後，對於匈奴的政策，由和親改採武力征服，繼衛青、霍去病等多次征戰後，匈奴勢衰。於武帝元狩二年（西元前一二一年），渾邪王率其部眾遠來求降，漢置為五屬國，分處其眾。於是金城（郡名，治允吾，今甘肅），河西（黃河以西）以及南山（即南祁連山），鹽澤（羅布淖爾）等地，再無匈奴蹤跡。元狩四年，更大發士卒粟馬十萬，令衛青、霍去病分道追勦。衛青追至寘顏山（外蒙古土謝圖左旗北訥拉特山），趙信城（在訥拉特山、高喀山之間），燒其積粟而還。霍去病去代他，過大沙漠，封狼居胥山（察哈爾多倫縣北德爾山）至瀚海（內蒙古蘇尼特旗大戈壁）。於是匈奴遠遁，漠南已無蹤跡。武帝太初四年（西元前一○一年）又下詔伐胡，出五原，至盧朐（山名，即今外蒙古肯特山），匈奴盡降。武帝天漢元年（西元前一○○年）令蘇武送匈奴使北上。蘇武到匈奴以後，單于轉驕，徙武於北海無人處（按北海即今俄屬貝加爾湖）。以後漢兵出擊匈奴，多大受損失，如李廣、李陵等名將，都先後敗亡。及漢宣帝本始三年（西元前七一年）又大發兵，分五路出擊匈奴。而匈奴大起恐慌，向西方遷徙，同時以烏桓攻其東，丁零（今科布多北）擊其北，烏孫襲其西，匈奴原有的人民畜產，因此都喪失殆盡，部落大為衰弱，原來隸屬匈奴的國家，此時都一起叛離瓦解，匈奴從此便完全式微。

在此期中，匈奴原有的根據地，本為外蒙古及貝加爾湖一帶，自漢代以武力向北討伐以後，匈奴便被迫向西方遷徙，於是漢代的領土，已北迄西伯利亞、貝加爾湖一帶了 ⓭。

二、東漢續平南北匈奴

在東漢初年，匈奴本無南北之分，當時和中國時和時叛，光武帝建武六年（西元三○年），始命歸德侯劉颯使匈奴，匈奴也遣使來貢，自此匈奴對漢漸驕。建武九年，遣大司馬吳漢等攻擊之，歷時年餘未見戰功，而匈奴勢力更漸轉強，自此常常入侵北方一帶。不久匈奴內部分裂為南北兩部，南匈奴

⓭ 何漢文著，《中俄外交史》，中華民國二十四年四月，中華書局印行，第二四頁。

向漢稱臣，北匈奴也遣使求和。建武二十六年設匈奴中郎將，置兵防衛。明帝永平十六年（西元七三年）又大興兵戎，伐北匈奴，擊走匈奴呼衍王，追至蒲類海（新疆巴爾庫勒淖爾），取伊吾盧地（即伊吾），置宜禾都尉，實行屯田。以後因為西域諸國附漢，北匈奴勢力益形衰落，加以其部屬叛變，不能自立，於是便形成了北匈奴大遷徙。章帝章和二年，又命竇憲等討伐北單于，翌年大破北單于於稽落山（據《讀史兵略》稽落山疑今外蒙古三音諾顏左翼右旗額布根山），至私渠北鞮海（據《通鑑地理今釋》疑今科布多之烏布薩泊，《讀史兵略》疑鄂羅克泊），諸部先後投降者，共計八十一處，抵燕然山（今三音諾顏之杭愛山），勒石記功而回。及和帝永元三年，大將軍竇憲命耿夔等出塞，又大破北單于於金微山（據《通鑑地理今釋》，疑今阿爾泰山），北單于逃走，不知去向，其餘殘部便西走康居、龜茲一帶。原有北匈奴所據的地方，據《後漢書·鮮卑傳》說：「耿夔擊破匈奴，北單于逃走，鮮卑因此轉徙，據其地。匈奴餘種留者，尚有十餘萬落，皆自號鮮卑，鮮卑由此漸盛。」由此，可知在後漢時匈奴的勢力已向南侵至蒙古一帶。同時因為漢民族第二次的向北發展，不但使匈奴勢力衰落，失去其根據地，並且因而引起匈奴與鮮卑等民族的遷徙與混合❿。

三、晉代胡人之南侵

　　晉代是漢代民族勢力衰落到極點的一個時代。因此，過去被征服的漠北胡人，如匈奴、鮮卑、羯等，都向南侵襲，釀成中國大騷亂——五胡亂華。當時匈奴人在中國內地建立的國家，其重要者如下：

(1)前趙（即漢）：晉懷帝永嘉二年，匈奴部將石勒、王彌擾亂橫行，到處燒殺擄掠，當時冀、青、司、豫、徐、袞、南至淮水一帶，都被其統治。至晉成帝威和四年（西元三二九年）始亡，凡二十六年。

(2)北涼：匈奴的別支，有所謂臨松（甘肅張掖縣）盧水胡建國於涼州一帶，自晉安帝隆安五年至宋文帝元嘉五年（西元四〇一至四二八年）共二十八年。

(3)夏：又匈奴南攻單于之後吉卑，據新興（甘肅武山縣西南）稱夏，自晉安帝義熙三年至宋文帝元嘉七年，凡二十四年亡。

⓮　同⓭，第二七至二八頁。

　　此外，匈奴的別部羯種還建有後趙國。除匈奴、羯種當時在中國建有上述國家外，這個時候最為猖獗的要算鮮卑。鮮卑和中國發生關係最早，據《魏書》所載，鮮卑出於黃帝，在《楚辭・大招》中有「小腰秀頸若鮮卑只」。大約在戰國的時候，鮮卑和中國已經有了關係。在歷代的史書中，如《後漢書》及《三國志》等，對於鮮卑都立有專傳。以後鮮卑和我國的歷史很密切了，其中最著名的如拓跋氏、慕容氏等，都曾經在我國北部如河北、山西一帶建立國家。據梁啟超〈論國家思想〉一文中，對於鮮卑在中國所建國家，曾列為表，茲摘錄如下：

表 1-1　鮮卑在中國所建國家

國　名	國　祖	國　都	今　地	興起年代	滅亡年代
燕	慕容	鄴	河北順德	三三七（西元）	三七〇（西元）
代	拓跋猗盧	盛樂	山西大同	三〇九	三七六
後燕	慕容垂	中山	河北定縣	三八三	四〇八
西燕	慕容沖	長子	山西潞州	三八四	四一七
南燕	慕容德	廣固	山東益州	三九八	四一〇
西秦	乞伏乾歸	苑川	甘肅鞏昌	三八五	四三一
南涼	禿髮傉檀	廉州	青海西寧	四〇二	四一四
後魏	拓跋珪	平城	山西大同	三八六	五六四

　　就中慕容氏自三國時起，即已入居遼西，所以沾受中國的文化最早。此外拓跋氏較晚，但是創業最久，元魏和南朝平分中國幾乎有三百年之久（西元三八六至五五七年），以後鮮卑在內地完全和漢族同化的也很多。

四、隋代對於北狄之威德

　　隋代與漠北民族關係較為密切的為突厥和契丹兩種：突厥在隋代以前的情形，據《周書・突厥傳》說：或云：突厥之先，出於索國，在匈奴之北。其部大人曰阿謗步，兄弟十七人，其一曰阿賀泥斯都，狼所生也。阿謗步等性愚癡，國遂被滅。泥斯都娶二妻，一孕生四男。其一國於阿輔水與劍水之間，號契骨；其一國於處折水，其一居於拔斯處折施山，即大兒山也。山上有阿謗步種類，共奉為王，號為突厥，即訥都六也。訥都六有十妻，生子皆

從母姓，阿史、那其小妻之子，眾奉為王，號阿賢設。其後土門稍盛，始通中國。西魏大統十一年，周文帝遣使至其都，國人相慶。廢帝元年，土門擊蠕蠕，大破之懷荒北。土門死，子科羅立，又破蠕蠕鄧叔子於沃野北賴山，病且死，捨其子而立弟俟斤。俟斤西破噠，東走契丹，北併契骨，威服諸國。其東自遼海，西至西海、萬里；南自沙漠，北至北海，五六千里，皆屬焉。

按索國在匈奴北部，當即鮮卑古名，阿輔水即今阿布薩泊，劍水即謙河，今稱烏魯克穆河，在唐努烏梁海境內，契骨即「高平傳」中之議骨，「鐵列傳」之紇骨，都是漢書中堅昆的轉音，在今西伯利亞與葉尼塞河上流一帶。處折水當指葉尼塞河，拔斯處折施山，當即《唐書・黠戛斯傳》之白山，今稱汗騰格爾山。由此可知突厥在當時是據有西伯利亞及外蒙古一帶的大國。

隋煬帝好事巡幸，突厥啟民可汗，自塞北入朝，請襲用中國冠帶。及煬帝北巡榆林，欲出塞耀兵，經突厥境內，當時大肆鋪張，令宇文愷作一大帳，可坐數千人，宴啟民可汗及其部落，作散樂，於是胡民駭悅，此時，漢民族對於漠北的勢力，又漸次恢復。

在隋時北方的第二大國為契丹，其起源據《唐書・契丹本傳》說：契丹本東國種，其先為匈奴所破，保鮮卑山，魏，青龍中，部酋比能，稍桀驚，為幽州刺史王雄所殺，眾遂微，逃潢水之南，黃龍之北。至元魏，自號曰契丹。地直京師，東北五千里而贏，東距高麗，西奚南營州，北靺鞨，室韋，阻冷陘山以自固。射獵、居處無常。其大君賀氏，有勝兵四萬，析八部，臣於突厥，以為俟斤。凡調伐攻戰，則諸部畢會，獵則各部得自行，與奚不平，每鬥不利，輒遁保鮮卑山，風俗與突厥大抵略侔。

隋文帝時，契丹因受突厥的壓迫，乃率領其部眾入塞，請求收容，隋納之，聽居其故地。不久，因諸部相攻擊，又與突厥衝突，勢漸強盛，入寇營州，隋與突厥聯軍，將其擊敗，於是契丹歸服❶❺。

五、唐代平定北方

唐太宗即位，整軍經武，乘統一之餘威，應付內部日益分化之突厥，貞觀二年（西元六二八年）突利可汗與頡利可汗不睦，求救入朝，願為內應。太宗於翌年遣李靖、李世勣統兵出塞，大破突厥兵，俘獲二十餘萬人，擒頡

❶❺　同❶❸，第三一至三二頁。

利而歸。自此，東突厥勢力瓦解，諸部紛紛投降。緣其所轄陰山以北之薛延陀、回紇、拔也古等十餘部落，多散居山谷間，自裏海往巴爾克什湖東以迄於貝加爾以外，迤邐不絕。此時，已不堪東突厥賦重役繁之苦，均叛變自立。拔也古回紇獨居洛水（今庫倫西恰克圖南之土拉河），薛延陀居呼倫貝爾及俱倫水（今外蒙古車臣汗克魯倫河內），其諸部中以薛延陀為最強大，既稱可汗，雄視漠北，據東突厥故地。貞觀二十年，太宗遣李世勣破之於鬱督軍山（今外蒙喀爾喀），擄獲三萬餘人，回紇繼居其地，遂服屬於唐。乃置軍於都護府，領狼山（今綏遠北境）、雲中（今綏遠歸化上爾默特南）等都督，蘇農等二十四州，瀚海都護府領金微等七都督，仙萼等八州（均今外蒙境），擢領酋為都督刺史。凡遊牧於漠北，迄貝加爾湖一帶，昔屬東突厥之諸部落，如骨利幹、都波、僕骨、同羅、拔也古、多覽葛、阿拔、大漢、白霤、鞠諸地皆為羈縻郡。其遠者如流鬼等部落（今庫頁島），先此，亦入貢寶服。貞觀十四年，太宗大喜詔曰：「朕卿命備師，遂擒頡利，始宏廟略，已滅延陀，鐵勒百餘萬戶請為州郡。混兀以降，殊未前聞，宜備禮告廟，仍頒示普天。」

　　唐代是中華民族的全盛時期，其疆域之廣，為各朝之冠，所以現今西伯利亞一帶，幾乎大都併入了唐代的版圖，茲摘錄列如表 1-2：

表 1-2　唐代北部州府表

部　落	府　州	改　置	今　地
回紇	瀚海府	安北都護府	何秋濤考證回紇舊國在今俄羅斯境 丁謙考證在今科布多城西北沙果布拉克河
多覽葛	燕然府		何考證在今俄羅斯境通古斯河旁 丁考證在今哈拉河土拉河處
僕骨	金微府		何考證在今肯特山北楚庫河附近 丁考證在今土拉河北庫倫城一帶
拔也古	幽陵府		何考證在今俄羅斯國巴爾古錫穆城地 丁考證在今克魯倫海拉爾兩河北境
同羅	龜陵府		何考證在今俄羅斯冬古薩河旁地 丁考證在今土拉河與鄂爾坤河相會處
思結'	盧山府		丁考證在今阿爾泰山地
渾	臬蘭州		丁考證在今涼州邊外楚渾山一帶
斛薛	高闕州		何考證在今俄羅斯北境多羅三色吉城 丁考證在今科布多西南

阿跌	雞田州		何考證在今俄羅斯境薩達里蕚阿斯城 丁考證在今俄屬費爾干省
契苾羽	榆溪州	賀蘭都督府	丁考證在今焉者府西北裕勒都斯河
奚結	雞鹿州		丁考證在今哈拉達爾河地
思結	蹛林州		丁考證在今阿爾泰山地
白霫	寘顏州	居延州	何考證在今尼布楚城以北地 丁考證在今內蒙阿魯科爾沁旗南
結骨 （即點戛斯）	堅昆府		何考證在今塔爾巴哈臺以北地 丁考證在今唐努烏梁海境
骨利幹	玄闕州	余吾州	何考證在今俄羅斯國伊矗謝斯科地 丁考證在今車臣汗北中俄交界處
俱羅勃	燭龍州		
薛延陀	嶍彈州		
謀落	陰山州		丁考證此三部在今塔爾巴哈臺境及巴勒哈什泊東南
熾俟	大漢府		
踏實力	玄池府		

　　唐代對於北部中俄交境一帶的管轄，大致如表 1-2 所列。然而由以上所述的史實，不但可以看出唐代對於西伯利亞一帶關係密切，並且可以想見當時中華民族是何等的偉大，這個時候北方各民族對於中國是何等的敬畏。其中與中國關係最為密切者，為突厥與鐵勒兩部：

⑴突厥：突厥自魏、齊及周以來，便屢次為患中國，至隋代也僅能以和親羈縻。在唐初邊境謀亂者，大都假援於突厥。此時突厥分為東西兩部。唐高祖時，屢次與之啟釁，高祖七年，大破東突厥，以後屢經叛變。貞觀十三年（西元六三九年）遣右驍衛郎高侃會回紇部兵擊之，翌年獲突厥別部車鼻可汗，送京師，於是突厥諸部，盡行臣服，唐因置單于、瀚海兩都護，十都督，二十二州分治之。

⑵鐵勒：突厥被平定以後，鐵勒諸部，繼之以起。其中最初以薛延陀為最強，自突厥衰弱，北部多叛離，共歸薛延陀，推其俟斤夷男為可汗。太宗貞觀二年，冊封夷男為真珠毗加可汗，使擊東突厥。夷男受封以後，建牙於大漠鬱督軍山（外蒙古喀爾喀地），回紇諸部都受其管轄。夷男死，為回紇所滅。其餘部亦先後為唐所平定。

第三節　中俄接壤西域之關係

一、中國西部和俄國關係之地理位置

　　西域之名，始自前漢，有廣狹二義。以廣義而言，包括今新疆全境及葱嶺以外之中亞、西亞、印度、高加索、黑海一帶；以狹義而言，指天山、葱嶺、崑崙三山脈間之塔里木盆地，即今之新疆南北路❶。

　　中國西部和俄國關係的地理範圍，為我國外蒙古西部、新疆北部和中亞細亞一帶。大致自北緯四十度至五十度，南自帕米爾高原北至薩彥嶺。兩國間天然境界為帕米爾高原延出的塔爾巴哈臺山脈。

　　西方的中俄交界地境，就其氣候、土壤等天然條件而言，都較北方一帶為好，但是因為有帕米爾高原的隔絕，所以兩國發生關係，較之北方一帶要遲得多。不過在葱嶺以西，因為天然條件較北方為好，這些地方的民族文化也較為發達，並且在海路未通以前，中國和西方的交通，大都是以越帕米爾高原為唯一捷徑。因此，自漢以來，中俄在西方的關係，反而較北方更加頻繁。

二、漢初通西域

　　中國和俄國屬中央亞細亞一帶發生關係，始於漢初。據《漢書‧西域傳》云：西域以漢武帝始通。漢初，天山北為匈奴右方諸王所遊牧。匈奴右部之西伊犁河流域，為由河西東部遷徙之烏孫❶。烏孫本突厥種，佔地數千里，

---

❶　今之新疆，即古西域。出肅州嘉峪關而西，過安西州，至哈密，天山橫穿其間，南北兩路，從此而分。由哈密循天山之南，迤邐西南行曰土魯番、曰喀喇沙爾、曰庫車、曰阿克蘇、曰烏什、曰葉爾羌、曰和闐、曰英吉沙爾、曰喀什噶爾，是為南路；由哈密踰天山之北，迤邐由北而西，巴里坤、曰古城、曰烏魯木齊、曰庫爾喀喇烏蘇、曰塔爾巴哈臺、曰伊犁，是為北路。《漢書‧西域傳》所載：南道北道，皆在天山以南。今之所謂南路北路，則合天山南北而中分之，總屬於伊犁。全境之地，東界安西州，東北界阿拉善及喀爾喀蒙古，北界科布多，西北界哈薩克部，西南界布魯特及浩罕安集延等部，南界西藏，東南界青海蒙古。東西七千餘里，周圍兩萬餘里。祁韻士，《西陲紀略》。

❶　烏孫之種族為何，學者迄無定論，有謂為韃靼種者，有謂為芬種者，亦有認為印度、

人口六十餘萬。天山南路本三十六國，其後稍分至五十餘國，最顯著者為于闐、龜茲諸國。漢武帝苦匈奴為患，建元二年（西元前一三九年）遣張騫聯絡匈奴敵國大月氏⓱，以夾攻匈奴，大月氏原據河西之西部（今甘肅之涼州、甘州、肅州、安西一帶），後徙大宛二、三千里，居嬀水北，南為大夏，西為安息，北為康居，「隨畜徙移，與匈奴同俗，控弦二十萬，勢頗強大，時凌匈奴。西漢初，冒頓立，攻破月氏，老單于復殺月氏王，以其頭為飲器」。未幾，逃往伊犁河流域，旋被烏孫戰敗，始逾葱嶺至阿姆爾河流域，征服亞歷山大部將所建立之大夏王國⓲，轉據其地。騫之奉使大月氏，原欲與之共擊匈奴，不意中途為匈奴所捕，留十三年，於元朔三年三月遁歸。後又使大宛、康居、大月氏。及至月氏，月氏已臣大夏而君之，地肥饒，少寇患，無報匈奴之心，騫竟不得要領。元狩二年（西元前一二一年），漢擊破匈奴右部，奪取祁連山敦煌之地，於是到達西域之路大通。

　　騫又建議：厚賂烏孫，招於東居故地，既可斷匈奴右臂，復藉以招徠其西之大夏。武帝嘉之，拜騫為中郎將，攜金帛西行。騫至烏孫，未得要領，因分遣副使使大宛、康居、大月氏、于闐、大夏、安息、身毒⓳國。西域諸國始正式通聘於漢。事實上，張騫之專使西域，其動機因出於政治上之使命，及親訪西域諸國，獲見珍奇頗多，乃銳意致力調查西域諸國物產及運輸路線，尤注重於東西交通路線，故對當時南北道要衝，詳記無遺。

　　當時天山以南各部居民，血統至為複雜，蓋自遠古以來，阿里安民族自葱嶺東進，日久與突厥人種混合，故種族不純，既非純粹之韃靼種，亦非純粹之阿里安種，可稱為韃靼化之阿里安種。從葱嶺以西，裏海以東之國家，不見於漢代以前之紀錄。及張騫奉使西域，此諸國之文物地理，始為漢人所熟悉。其後經使節之往返，軍隊之派遣，僧侶之旅行，商人之媒介，於是漢

　　日耳曼種者，晚近俄國學者則斷定為西突厥種，日人白鳥庫吉亦主是說，似以此說為最有力。

⓱　大月氏之種族，學者亦聚訟不決，但多數學者如 L. Hirth 及白鳥庫吉均斷定為突厥種。

⓲　大夏即西史之 Bactria，其地在阿姆爾河南岸。

⓳　身毒又名天竺，即今之印度，武帝嘗遣張騫從西南夷通身毒未達，和帝時數遣使來貢，後西域反叛，乃絕。桓帝延熹二年及四年，身毒從日南（今安南之一郡名）徼外來獻，是為中印海上交通之始。

人對西域之見聞益廣。當時西域諸國之記載於前後《漢書》及西史中足資考證者為大宛、大月氏、栗弋、驪靬、大益、康居、木鹿，其建國之地區，即在今之中央亞細亞諸國。

漢得祁連、敦煌地後，武帝先後置張掖、酒泉、武威、敦煌四郡，是為河西四郡。南有祁連山，北據沙漠，為中原通西域之天然走廊。又沙漠一帶防禦殊難，易遭匈奴襲擊，帝乃將秦代之長城自令居（今甘肅永登縣境）向西北展築至酒泉，漢代稱為塞垣。沿河西四郡之東至居延澤折向西行，至敦煌之西，置玉門、陽關，為通西域門戶。劉歆云：「孝武表河曲，列四郡，開玉門，通西域以斷匈奴右臂，隔絕南姜月氏，單于失據，由是遠遁，而幕南無王庭」。漢以來歷代經營及籌設西北防務，均先注意於此，蓋武帝奠下之基也。

西漢太和二年（西元前一〇二年），以大宛劫殺漢使，武帝以李廣利為貳師將軍伐大宛，西域震恐，多遣使來貢，漢使西域者益得職。自是山南城郭三十六國，始叛匈奴內附，帝乃設都護，治烏壘城（今喀喇沙爾境）以統之。後卒用烏孫，及諸國兵馬，以收平匈之功。按西漢經營西域，武昭宣三帝孜孜不息，與強大之匈奴角逐於西域達四十餘年之久，然僅能保衛南道諸國，至北道諸國，則未能及也❹，迨匈奴內亂，西域完全內附，置西域都護以統之。

茲根據《漢書·西域傳》及《和漢西域圖》考所載當時西域諸國地勢之大略，分別略加考證，列表如下：

表 1-3　西域諸國地勢大略考

國　別	性質	所在地考
鄯善國 （即樓蘭）	行國	李光廷考證淪為戈壁 丁謙考地在羅布泊東南
且末國	居國	李光廷考證淪為戈壁 丁謙考證地在羅布泊西及南
精絕國	居國	李光廷考證淪為戈壁 丁謙考證當在車爾成西一帶（車爾成屬和闐，今新疆和闐縣）
扜彌國	居國	李光廷考證今和闐所屬之克勒底雅城
于闐國	居國	王先謙考今為和闐直隸州

❹　西漢時，自中土至裏海有南北二道；北道經疏勒、大宛沿真珠河而達黑海、裏海之北，奄蔡、康居即屬北道諸國；南道經莎車越西蔥嶺、大月氏渡阿姆爾河至裏海而越高加索山脈之南，驪靬、大益諸國即南道必經要衝。

莎車國	居國	王先謙考今為莎車直隸州（今新疆莎車縣）
婼羌國	行國	李光廷考在陽關西淪為戈壁 丁謙考地在柴達木郭斯特等處
小宛國	居國	李光廷考證淪為戈壁 丁謙考當在阿勒騰塔格山南
戎盧國	居國	李光廷考證淪為戈壁 丁謙考當在車爾成東南山間
渠勒國	居國	李光廷考證淪為戈壁 丁謙考當在和闐東南之波魯地
狐胡國	居國	李光廷考今闢展西魯克沁地
車師前國	居國	李光廷考今土魯番地（今新疆土魯番縣）
車師都尉國	居國	李光廷考今喀喇和卓
山國	居國	李光廷考今羅布淖爾之北廣安城之西 丁謙考當在博斯騰泊南呼爾圖克達山間
危須國	居國	李光廷考今喀喇沙爾 丁謙考當在博斯騰泊北今烏沙克塔爾臺地
尉犁國	居國	李光廷考今博斯騰羅布兩淖爾中間之地
烏壘城		王先謙考今策爾地為喀喇沙爾屬境
渠犂城		李光廷考今喀喇沙爾所屬策特爾車爾楚軍臺之南
焉耆國	居國	王先謙考今喀喇沙爾之直隸廳（今焉耆縣）
龜茲國	居國	李光廷考今庫車
姑墨國	居國	李光廷考今阿克蘇屬之喀喇裕勒袞軍臺地
溫宿國	居國	李光廷考今阿克蘇境
尉頭國	行國	李光廷考今喀克善山之南奇里克布魯特部地 丁謙考即今烏什
疏勒國	居國	李光廷考今喀什噶爾（今疏勒縣）
休循國	行國	李光廷考今那林河南喀爾提錦布魯特地 丁謙考在蘇約克山口地
捐毒國	行國	李光廷考今巴爾琿之南 丁謙考在察提爾湖邊地
蒲類國	居國	李光廷考今巴里坤地（今新疆鎮西縣）
蒲類後國	居國	李光廷考又在蒲類國之北 丁謙考其前後部當前巴里坤湖南北地
車師後王國	居國	李光廷考今濟木薩地 丁謙考今烏魯木齊地（即今迪化縣）
卑陸國	居國	李光廷考今阜康縣地 丁謙考當在今迪化州西呼圖壁山間

單桓國	居國	李光廷考今烏魯木齊地 丁謙考當在阿爾輝河濱
烏貪訾離國	居國	李光廷考今綏來縣地
東且彌國	居國	李光廷考東西且彌國在今呼圖壁河至馬納斯河一帶 丁謙考當在今烏魯木齊東阜康縣地
西且彌國	居國	同上
烏孫國	行國	李光廷考今阿克蘇北境木素爾嶺之北伊犁南境特克斯河之南 丁謙考在伊犁河特克斯河濱
車師後城長國	居國	李光廷考今奇臺縣北
郁立師國	居國	李光廷考今古城西國 丁謙考即當今羅克倫河地
卑陸後國	居國	李光廷考今阜康城東北
劫國	居國	李光廷考今昌吉城北 丁謙考當在瑪拉斯河南
皮山國	居國	李光廷考今噶爾察回之乾竺特部東境 王先謙考今葉爾羌東南和闐之西
西夜國	行國	李光廷考今乾竺特之西境
子合國	行國	李光廷考噶勒察回之博洛爾部南境
蒲犂國	居國	李光廷考今乾竺特之北境
依耐國	居國	李光廷考今博洛爾北境 王先謙考今英吉沙爾直隸廳（今英吉沙爾縣）
無雷國	居國	李光廷考今噶勒察回之八達克山部東北境
難兜國	居國	李光廷考今八達克山部西境
烏托國	居國	李光廷考八達克山部南境
桃槐國	行國	徐松考葱嶺西小國 丁謙考當在後阿賴山北距大宛國不遠
大宛國	居國	李光廷考今浩罕八城皆其地 丁謙考故浩罕國南境
大月氏國	行國	李光廷考今布哈爾國南境 丁謙考並有今布哈爾及阿富汗北境
康居國	行國	李光廷考今哈薩克右部地
奄蔡國	行國	李光廷考今俄羅斯國東境西伯利亞部
罽賓國	居國	李光廷考今阿富汗地。徐松考《舊唐書》一作在葱嶺南 丁謙考今克什米爾本若兩部地
烏戈山離國	居國	李光廷考今波斯山南境 丁謙考今俾路芝國
安息國	居國	李光廷考今波斯北八部之地

當時西域諸國中最大的，為大月氏、大宛、烏孫三國。大月氏與大宛兩國都在今俄屬中央亞細亞一帶。漢武帝自張騫通西域以後，尤其對於大宛諸國風土特別注意，每年使節往來總在十餘次，樓蘭、車師當道苦之，攻劫漢，又常為匈奴耳目，因此帝遣趙攻匈擊破之，於是漢與中亞各地往來無阻。武帝太初元年（西元前一〇一年），又遣廣利伐大宛，破其首都，殺其王母寡，立昧蔡為王，與盟而還。自此西域諸國都歸附漢室。

西域諸國，過去本受匈奴的統治，自西域與漢通好以後，素與漢不睦的匈奴，感受一種新的威脅，於是匈奴也用武力來劫制西域，漢與匈奴又發生爭奪西域的戰爭。最初樓蘭對於雙方持模稜兩可的態度，昭帝遣兵斬其王，於是樓蘭附漢。此後又發生烏孫兵擊匈奴，此時西域各國大都附漢，因此匈奴抗爭的結果大受打擊，加以其內部單于更立之不得人，以致漸弱，西域與匈奴全部歸降於漢❷。

三、東漢與西域之關係

自漢武帝通西域後，西域各國都與匈奴斷絕關係，歸服中國。及王莽篡漢，因失恩德於西域，於是西域又棄中國而事匈奴。光武帝即位，西域因怨匈奴賦斂苛重，民不堪命，因此，皆願內屬，請漢設置都護，但漢未准許。至章帝時，因班超使西域，於是西域各地又為漢所平定，據《漢書・和帝本紀》云：章帝建初二年，復罷屯田伊吾，匈奴因遣兵守伊吾地。時軍司馬班超留于闐，綏集諸國。和帝永元元年，大將軍竇憲大破匈奴。二年竇憲因遣副校尉閻槃，將二千餘騎，掩擊伊吾，破之。三年，班超遂定西域。因以超為都護，居龜茲，復置戊已校尉，領兵五百人，居車師前部，高昌壁又置戊部侯，居車師後部，侯城相去五百餘里。

六年，班超復擊破焉耆，於是五十餘國，悉納貢內屬，其條支、安息諸國，至於海瀕，四萬里外，皆重驛通貢。

九年，班超遣掾屬甘英，窮臨西海而還，皆前世所不至，《山經》所未詳，莫不備其風土，傳其珍異焉。於是遠國蒙、奇、兜勒皆來歸服，遣使貢獻。及和帝晏駕，西域背叛。

---

❷　何漢文著，《中俄外交史》，上海中華書局印行，中華民國四年四月，第四二至四三頁。

在當時甘英所到之處，據史籍所載，出使大秦（今歐洲東南境古羅馬帝國），抵條支國（今波斯西南），臨大海（今波斯灣）而止。由此可知此時漢族在西方的勢力，已經遠過西漢，已越過中央亞細亞了❷。

四、北魏時與西域之關係

漢以後，自三國、兩晉以來，因為中國國內的紛亂，西域與中國本部或絕或通。至北魏太延時，此種關係又經恢復。據《魏書‧太武帝本紀》云：太祖初，經營中原，未暇及於四表，既而，西戎之貢不至，有司奏依漢氏故事，請通西域，可以振威德於荒外，又可致奇貨於天府。太祖曰：漢氏不保境安人，乃遠開西域，使海內虛耗，何利之有？今若通之，前弊復加百姓矣。遂不從，歷太宗世，竟不招納。太延中威德益以遠聞，西域龜茲、疏勒、烏孫、悅槃、渴槃、鄯善、焉耆、車師、粟特諸國王，始遣使來獻。

由上所述，當時一般人對於「通西域」的意義，已經不只是單純的宣示威德，並且認為此種關係是含有經濟的意義，可以「致奇貨於天府」。但是可惜當時的當局，只求保持中國現況，不想向外發展，所以對於此種提議加以駁斥，後來西域諸國，雖然自動與中國恢復關係，但始終沒有進展，反不如前代之密切了。

五、隋代與西域之關係

隨著時代的進展，是不能完全停止的，西域和中國除政治的關係外，到了隋代更發生了顯著的經濟關係。《隋唐‧裴矩本傳》云：「矩轉吏部侍郎。及煬帝即位時，西域諸蕃，多至張掖與中國交市，帝令矩掌其事。矩知帝方勤遠略，諸胡至者，矩誘令言其國俗、山川險易，撰《西域圖記》三卷，入朝奏之。其序曰：臣聞禹定九州，導河不踰積石，秦兼六國，設防袛及臨洮。故知西域雜種，僻居遐裔，禮教之所不及，書典之所罕傳。自漢氏興基，開拓河右，始稱名號者，有三十六國；其後分立，乃五十五王，仍置校尉都護，以存招撫。然叛服不恆，屢歷征戰。後漢之世，頻廢此官，雖大宛以來，略知戶數，而諸國山川，未有名目，至於姓氏、風土、服章、物產全無纂錄，世所弗聞。復以春秋遞謝，年代久遠，兼併誅討，互有興亡，或地是故邦，

---

❷ 同❷，第四四頁。

改從今號，或人非舊類，因襲昔名；兼復部民交錯，封疆改移，戎、狄音殊，事難窮驗。于闐之北，蔥嶺以東，考於前史，三十餘國；其後更相屠滅，僅有十存，其餘淪沒掃地俱盡，空有丘墟，不可記識。……臣既因撫納監知關市，尋討書傳，訪採胡人，或有所疑，即譯眾口，依其本國服飾儀形，王及庶人，各顯容止，即丹青模寫為《西域圖記》，共成三卷，合四十四國，仍別造地圖，窮其要害。

　　從西頃以去北海之南，縱橫所亙，將二萬里。諒由富貴大賈，周遊經涉，故諸國之事，罔不偏知。復有幽荒遠地，卒訪難曉，不可憑虛，是以致闕。而二漢相踵，西域為傳，民戶數十，即稱國王，徒有名號，乃乖其實。今者所編，皆餘千戶，利盡西海，多產珍異。其山居之屬，非有國名，及部落小者，多亦不載。發自敦煌，至於西海，凡為三道❷，各有襟帶；北道從伊吾，經蒲類海鐵勒部、突厥可汗庭、度北流河水，至拂菻國，達於西海。其中道從高昌、焉者、龜茲、疏勒，度蔥嶺，又經鏺汗、蘇對沙那國、康國、曹國、何國、大小安國、穆國，至波斯，達於西海。其南道從鄯善、于闐、朱俱波喝、繄陀、度蔥嶺，又經護密、吐火羅、挹怛、帆延、曹國至北婆羅門，

❷　三道之中，中道通過今日 Turfln, Kucha, Kashgar 越 Pamir 又過 Fergana（今吉爾吉斯共和國）Ura-tude, Samarkand（今烏茲別克共和國）Bakhara，而入波斯，達西海（今之波斯灣）；南道則自今之 Lobnor 南方，沿南北麓過 Karghalik Tashkurgan 越 Pamir 越 Makhan, Tekhan Tokhara, Bamigankahul 而入印度西北部，然後南達印度洋。北道則自今之 Khami 越天山，出 Barkul 湖邊岸，然後沿此山脈北麓西行，經 Alexandria 山脈北方越 Syr 河，過裏海北方，入東羅馬帝國而達地中海。南、中兩道自出發點至西海間之途徑及沿途所經國名，均詳記無遺，惟北道途徑甚為模糊，所經國名亦未提及。據《塞外史地論文叢書》考據，《隋書》所載北道所經之鐵勒部係 Turk 民族之總稱，當時分屬於東西突厥，居天山以南，拂森國以東，佔鹹海至黑海之地域。在此廣大地區內，有佔據烏拉爾與 Kama 河流域間之北海九澌（Baskir），有佔據 Volga、Kama 二河流域之伏溫昏（Balgar），均係 Turk 種與 Finn 種之混血民族；又有居蘭以北之恩屈及阿蘇亦即 Alan，別名 Alan Asu 之譯音，實即漢時當中西交通北路之奄蔡（漢之奄蔡國即隋之阿蘇聊國，與康居同俗，後漢時屬康居，三國時始獨立為阿蘇國）。此四民族當張騫使西域時業已成立，由《史記·大宛列傳》之記載可為證明。由以上考證，可知隋代之拂蘭國實位於黑海之邊，狹義言之，即係小亞細亞；廣義言之，尚遠及包括君士坦丁之巴爾幹半島一帶（見白烏庫吉著，《塞外史地論文叢書》，第一輯，第三二八頁）。

達於西海。其三道諸國，亦各自有路，南北交通。其東女國、南婆羅門國等，並隨其所往，諸處得達。故知伊吾、高昌、鄯善，並西域之門戶也。總湊敦煌，是其咽喉之地。

由上述的這段話，我們可以知道，甘肅一帶在隋代已經成為一個和西方各國貿易的總樞紐，到這些地方經商的商人，不僅限於當時新疆一帶的國家，便是中央亞細亞以至裏海一帶國家，都有了很密切的商業關係。

隋代與西域諸國的關係之所以較前代密切的最大原因，是由於隋煬帝楊廣好大喜功的影響。大業五年（西元六〇三年），親自西巡至燕支山（今甘肅山丹縣），因此，高昌、伊吾以及西域諸國，都來朝見。於是煬帝都令其佩金玉，披錦罽，焚香作樂，歌舞喧噪，並令武威、張掖士女盛飾縱觀，衣服車馬不鮮者，由郡縣督課之，這樣來誇耀中國的偉大。大業六年，西域諸胡俱來朝，陳百戲於端門街，執絲竹者一萬八千人，自黃昏達旦，終日作樂始罷，所費甚鉅。自此歲以為常，這樣，對於文化幼稚的西域諸胡，固然可以使其羨慕，而歸服中國。但是因此而民不聊生，隋朝的政權始漸趨崩潰❷⑤。

六、唐代與西域之關係

唐代是中國漢民族的極盛時代。其兵威之盛和土地之廣為歷代所未有。在唐太宗時，其疆土南至安南，西抵裏海，其南界與波斯並行，其北界從點尬戛斯草原 (Kirghis Steppe) 沿阿爾泰山而達戈壁之北。此時，俄屬的中央亞細亞以及高加索附近一帶，不但和中國有了經濟上的關係，並且直接已經成為中國的藩屬。

唐代因為與中央亞細亞一帶發生了密切的經濟和政治關係，同時更發生了文化的關係。例如在西元六三五年，波斯的景教徒，由中亞來到中國，太宗待以殊禮，聆其教條，並且令其把基督教的經書譯成中文，以茲研究。在貞觀十二年（西元六三八年）更宣言對於此類新教完全滿意，可以任意在中國傳播，並且特許建立教堂和僧院。

太宗乃乘內部統一之有利形勢，便開始著手解決由突厥造成的邊患問題。貞觀二年（西元六二八年），突利可汗因與頡利不睦，請救入朝，願為內應。太宗於翌年遣李靖、李世勣統兵出塞，大破突厥兵，俘二十餘萬，擒頡以歸，

---

❷⑤　同❷②，第四六頁。

自此東突厥勢力瓦解，諸部紛紛投降。緣其所轄陰山以北薛延陀、回紇、拔也古等十餘部落多散居山間。自裏海經巴爾克什湖東以迄於貝加爾湖以外遼不絕。

此時因不堪東突厥賦重役繁之苦，均叛變自立。拔也古回紇居獨洛水（今庫倫西，恰克圖南之土拉河），薛延陀居乎倫貝爾及俱倫水（今外蒙古車臣汗克魯倫河內），上述諸部中以薛延陀為最強大，既稱可汗，雄視漠北，據東突厥故地。貞觀二十年，太宗遣李世勣破之於鬱督軍山（今外蒙古喀爾喀），俘獲三萬餘人，回紇繼居其地，遂服屬於唐。乃置軍於都護府，狼領山（今綏遠北境）、雲中（今綏遠歸化上爾默特南）等都督，蘇農等二十四州；瀚海都護府領金微等七都督，仙萼等八州（均為今外蒙境），擇領酋為都督刺史。凡遊牧於漠北迄貝加爾湖一帶，昔屬東突厥之諸部落，如骨利幹、都波、僕骨、同羅、拔也古、多濫葛、阿拔、大漠、白霫、鞠，諸地皆為羈縻郡。其遠者如流鬼等部落（今庫頁島），先此，亦入貢賓服。貞觀十四年，太宗甚為高興，詔曰：「朕聊命偏師，遂擒頡利，始宏廟略，已滅延陀、鐵勒百餘萬戶請為州郡。混元以降，殊前聞，宣備禮告廟，仍頒示普天。」此為唐初對漠北經營之大要。至於宋代因兵威不振，未能應付契丹女真二族之南侵，尚且自顧不暇，自然不足以言之經略北徼。

貞觀三年（西元六二九年）唐代著名僧人玄奘，曾自西安出發，經帕米爾高原，入中亞細亞經塔什干及撒馬爾干，略循亞歷山大之舊跡，向南至開伯爾嶺（Khyber Pass）及白沙瓦（Peshawar）而達印度。其歸也取南道，從阿富汗越帕米爾至喀什噶爾，沿七百年前月氏人退歸故道，反其方向而行，經葉爾羌，沿崑崙山麓返國，前後共經歷十六年之久（自西元六二九至六四五年），玄奘這次的遊歷，雖然目的地不在中亞細亞以及高加索一帶，但是中亞一帶的風土人情等，在他的遊記中都描寫得很詳細。例如，他曾述及匈奴裔的突厥人❷，在那時不僅擁有今土耳其斯坦的全部，並且包括其所經北道一帶的地方。他在沿途，因為各國的君王都是唐代的藩屬，或為唐之與國，所以對

❷　回紇其先匈奴之裔也。在後魏時號鐵勒（Tolos）部落，其眾微小，其俗驍強，依託高車，臣屬突厥，近謂之特勒，無君長，居無恆所，隨水草流移，人性兇忍，善騎射，貪婪尤甚，以寇抄為生（沙畹著，馮承鈞譯，《西突厥科》，商務印書館出版，第七一頁）。

於玄奘都很禮遇，據《法師傳》中敘述在西突厥的情形說：「帳以金華裝，眩爛入目，諸達官於前列長筵兩行侍坐，皆錦服赫然；餘仗衛立於後。觀之，雖穹廬之君，亦為尊美矣。法師去帳三十餘步，可汗出帳迎拜，傳語慰問訖，入座，須臾，引見漢使及高昌使人，入通國書及信物。可汗自目之，甚悅，令使者坐，命陳酒設樂，可汗共諸臣，使人飲，別索葡萄漿奉法師。於是相互酬勸，窣渾鍾椀之器，僆休交錯遞傾，兜離之音，鏗鏘互舉。雖然番俗之曲，亦甚娛耳目悅樂心意，少時更有食至，皆烹鮮羔犢之質，盈積於前，別營淨食進法師，具有餅飯、酥乳、石蜜、刺蜜、葡萄等。食訖，更行葡萄漿，乃請說法。法師因誨以十善，愛養物命及波羅蜜多解脫之業，乃舉手信受。」（《法師傳》卷二）

他又記述撒馬爾干城的情形說：「異方寶貨，多聚此國，土地沃壤，稼穡備值，林樹蓊鬱，華果滋茂。多出善馬，機巧之伎，特上諸國。」（《大唐西域》記卷一）

綜觀在軍事政治勢力遠於西伯利亞大部分者，則為元蒙。何秋濤在其《元北徼圖說》有云：「自古能征服北徼者罕矣。至胥北徼之地而全有之，則更罕；胥北徼之地全有之，而盡設藩封郡邑者，則尤罕矣。唯元太祖盡取俄羅斯東西之地，悉王悉臣，厥後太宗、憲宗屢世經營，杰赤海都等封拓日廣，又設謙州、益蘭州，隸於嶺北行省，駸駸乎，欲以中原之治治之北徼矣。惜乎處置失宜，尾大不掉，遂未能竟其陶冶漸摩之功，蓋亦運會使然耳」。緣蒙古自太祖西征，奄有中亞東歐，分為四大汗國，以金山（今阿爾泰山）之東西，天山以北，葉尼塞河以西，巴爾喀什湖東面，封第三子窩闊臺（太宗），稱為窩闊臺汗國，領有額爾齊斯河葉密立（今額敏河），及謙河（唐努山北發源，自東西流轉而北流入俄界，為葉尼塞河）諸流域，即乃蠻故壤。元武帝時，始收入元室，額爾齊斯河以西迄波蘭境之區域，則屬欽察汗國。是則，實際兵威及於西南部西伯利亞者，惟元蒙耳❷❼。

---

❷❼　陳復光著，《有清一代之中俄關係》，雲南崇文印書館出版，中華民國三十六年八月，第一五四頁。

第四節　俄人對早期中俄關係之論述

一、尼古拉・班蒂什——卡緬斯基編著的《俄中兩國外交文獻匯編》（一六一九至一七九二年）

尼古拉・班蒂什——卡緬斯基在一七七六年即已開始編寫《俄中兩國外交文件匯編》（是從摘錄關於歷屆赴華商隊的史料入手的），而於一七九二年完成。就在這年，他把這部著作呈給外務大臣茲鮑羅德科伯爵，但似乎並未引起應有的重視。一八〇三年，尼古拉・班蒂什——卡緬斯基又把這一著作呈送給沃隆佐夫伯爵，並附上他呈亞歷山大一世皇帝陛下親筆的奏摺，為此得到了一枚鑽石戒指的賞賜，但這部著作仍未獲出版。直到一八二一年，根據御前大臣卡波季斯特里亞伯爵的奏請，亞歷山大一世陛下才准用公費出版這部著作❷❽。

尼古拉・班蒂什——卡緬斯基的這一著作，對一般研究俄國歷史仍不失其價值，而對研究西伯利亞的歷史尤為重要。他在這部著作中指出：「中國和西伯利亞的疆土毗連，有著漫長的陸上邊界，因而使它們相互發生緊密的聯繫，從這一點來說，西伯利亞往後還有許多問題和任務要由我們子孫後代運用勞動的智慧到鄰邦中國去解決，整個西伯利亞的生活重心，很快就會移向這裡，移向這些南部邊界。中國對俄國的意義，早在我們和這個幅員遼闊的國家開始接觸時，就已為人們所正視❷❾。」

二、尼古拉・班蒂什——卡緬斯基關於中國幾個基本問題之論述❸⓪

以下係引自尼古拉的著作：
㈠中華帝國的名稱

---

❷❽　尼古拉・班蒂什——卡緬斯基編著，《俄中兩國外交文件匯編》（一六一九至一七九二年），中國人民大學俄語教研室譯，北京，商務印書館一九八二年版，第九頁。

❷❾　同❶❼，第十頁。

❸⓪　同❶❼，第十四至二十頁。

　　在敍述俄中兩國自始以來，有關各種事務的公文往來情形之前，有必要對中國的國名、中國統治者、他們的領土與俄國毗鄰的情況，加以扼要的說明，並介紹一些用以闡明這本《外交文件匯編》的其他方面的資料。

　　中國是世界上歷史悠久、人口最多的國家之一，歐洲人稱之為支那 **❸❶**。過去，中國在不同姓氏的朝代都有一個不同的國號 **❸❷**，過去的這些國號，都是隨著朝代統治多久而存在多久。根據迪·荷爾德的計算，從基督降生前二三五七年起到現在，中國已經歷了二十二個朝代，因此這個國家也就有過同樣多的國號。清朝前一個朝代稱大明，這個王朝從定都北京後，自一三六八年一直統治到一六四四年，其末代皇帝為懷宗愍帝 **❸❸**，他在位的年號為崇禎。一六四四年當叛逆李自成圍困北京時，這位皇帝撇下所有的人跑到一座山上自縊而亡。當時滿人佔領了中國，平定諸王，統一中國所屬各地。滿人在各方面仍沿襲中國舊制，稱這一帝國為大清，意即非常清明或極其聖潔的國家。滿人的汗順治首先在北京稱帝。至今，這一王朝的名稱仍被用來稱呼中國，而在中國的一切敕令和國書上，也都冠以該王朝的名稱。但是大清這個國號也不會永世長存，一旦改朝換代，這個國號也將隨之而消失。

　　滿人稱中國人為尼堪人，蒙古人則稱中國人為「基塔特」人，由此也產生了「基泰」這個詞。俄國人最早是通過蒙古人得知中國人的，因此把中國人同滿洲人一起，統稱之為「基泰齊」 **❸❹**。真正的中國人則自稱為「漢人」，也有稱他們為蠻子的，這是根據中國的一個古老的民族「蠻」（多居於中國南方各省）的名稱而來的。

㈡中國統治者的稱號

　　中國帝王最古老的稱號是天子，即天的兒子，滿人按照這一習慣，對滿清中國的統治也這樣稱呼。中國帝王的第一個稱號是皇帝，這個稱號的意思

---

❸❶ 見菲舍爾先生著，〈中國的不同名稱及汗的稱號〉一文，載《益樂月報》，一七五六年十月六日。

❸❷ 俄文此處作為 Хина——譯者

❸❸ 明朝末代崇禎皇帝朱由檢死後謚思宗，又稱懷宗，清兵入關後，改謚莊烈愍皇帝。——譯者。

❸❹ 基泰齊，俄文為 Китай（即中國），基泰齊，俄文為 Китайцы（即中國人）。根據《蘇聯大百科全書》的解釋，俄文「基泰齊」來自契丹一詞。——譯者

是統治普天下的君主，即最大的帝王。伊姆佩拉托爾❸所有稱號中，最常用的是博格德汗（蒙語），滿族為延杜林格汗❸，漢語為「聖主」，意即是聖明的帝王。中國的統治者只用這一稱號來尊稱自己，對其他任何國家的帝王概不授此尊號。因此，俄國人不但稱中國的汗為博格德汗，而且還稱滿人為博格德人，即聖潔的人民。

㈢中國統治者的名和號

中國的統治者都有各種各樣的漢文和滿文名和號。首先是乳名，這個名字，除其雙親外，任何臣民都不應，也不可口說和書寫，否則就要受到嚴屬的懲罰。第二個名號是他們在位的年號。年號極其重要，因為中國人沒有其他的紀年方法，而是用他們歷代統治者在位的年數來計算所有年代。有些汗其在位期間，多次改立年號，有些汗則是只有一個年號。第三個名號是當統治者死後由其繼承者追諡的，藉以表彰死者對於國家的功績。在中國，統治者給自己在位年代建立年號的制度，始於基督降生前二世紀，而在此以前，古代的中國統治者，都只是從登基之日起計算在位年代，不另給自己執政時期立年號。

㈣中國是由那些民族組成的

這個國家內最主要的民族有以下三個：漢人、滿人及蒙古人。後者同俄國毗鄰。

1.漢人或尼堪人，是這個奇異國家最主要的居民，其人口之多居全國首位，他們不僅在語言方面，而且在文字書寫方面，都有別於世界上所有的民族，他們的語言至今仍和三千年前一樣。過去他們同其他國家人民沒有任何交往，他們的語言和習俗保留至今未變。

2.滿族或滿人，起源於無一定住地的貧苦的韃靼人，他們分為移居到中國的「老滿族」，和居住在本土的「新滿族」。他們的統治者最初住在赫圖阿拉城，滿語稱之為片根，漢語稱之為興京❸，後來又移居到東京❸，從一六

---

❸　俄文為 Император（皇帝），來自拉丁語 imperamor（元首、統帥），為過去歐洲某些君王的稱號，是國王君主的最高稱號。——譯者

❸　這是滿族對明朝皇帝的稱呼，意思是神聖的汗。——譯者

❸　此處係指興京老城，即建州老營，在今遼寧省新賓縣。——譯者

❸　即今之遼陽。——譯者

二五年起遷至奉天。滿人最早的汗——太祖，於一五八三年，在戈利明—尚英—亞林❸❾附近建立了某種形式的政府，並且奪佔了中國的許多地盤。當漢人於一六一六年，想要把一五八六年侵入遼東地方的這些韃靼人趕走時，就發生了一場不幸的戰爭，這場戰爭最終使漢人淪為韃靼帝國的臣民❹⓿。漢人的內訌對此起了極大的促進作用。滿人在佔領京城，繼之有採取籠絡人心和種種狡猾手段，佔領全中國所有遊牧蒙古人的領土以及其他許多地方之後，因襲了漢族的一切舊制，在各方面都原封不動地加以仿效。如今，這些滿人在北京統治著整個強大的國家。這個國家在古代及近代史上都是世界上極其強盛的國家。此外，還有兩個民族也可以歸併到滿人之中：其一是達古爾人或達呼爾人（滿語），俄國人稱之為達爾幹人。他們居住在阿穆爾河（Амур）、結雅河（Зея）及諾尼江（Нуньцзян）❹❶沿岸。當光榮的俄國的哥薩克佔領阿穆爾河❹❷時，這個民族曾多次被哥薩克征服過，如今達爾幹人的全部領土都歸中國人所有。然而過去的一個世紀裡，俄國人一直把涅爾琴斯克（Нерчин-ск）❹❸和色楞格河（Селенга）附近俄國人所佔領的地方，也稱為達爾幹地區。其二為索倫人（Солон），俄國人稱之為通古斯人。索倫人遊牧於阿穆爾河和結雅河沿岸。上述達爾幹人和索倫人，都與滿人起源於同一民族，和滿人幾乎說同一種方言。

　　3.蒙古人（漢語為蒙古，俄語為蒙加爾），是一個遊牧民族，由屬於成吉思汗後裔的各汗所統治。蒙古人居住的草原與俄國接壤。這個民族有他們自己的汗和臺吉❹❹。大約在一五五〇年時，他們的領地分為兩部：第一部分是

---

❸❾　即長白山。——譯者

❹⓿　見《滿州韃靼人佔領中國史》，一七八八年，莫斯科版。

❹❶　即腦溫江（今稱嫩江）。——譯者

❹❷　即黑龍江。——譯者

❹❸　即尼布楚。——譯者

❹❹　關於前往俄國蒙古一些使團的情況，在《中國事務檔案》第九冊一至六章上有所記述，在克拉斯諾雅爾斯克附近遊牧的蒙王公阿勒坦汗，於一六三四年，連同其全部領地歸順俄國。一六三六年，俄國還就此事同阿勒坦汗簽訂了條約，阿勒坦汗之子羅卜藏汗，於一六六二年派遣使者前往莫斯科重申此項條約。阿勒坦汗孫子斡齊爾賽英汗及其弟巴圖爾臺吉，又於一六七三年派遣使者前往俄國，請求俄國不要同他們作戰，而要與他們和睦相處。

蒙古東部遊牧區，離中國的長城不遠，因這個地方叫察罕❹，故稱為察哈爾蒙古；另一部分是戈壁❹沙漠以北地區，叫做喀爾喀❹，即保衛和防衛之意。喀爾喀蒙古族同俄國恰克圖毗鄰，本身又分為七個愛馬克❹，歸三個汗統轄，其中管轄喀爾喀西部遊牧區的，稱札薩克圖汗；管轄中部遊牧區的，稱士謝圖汗；管轄東部遊牧區的，稱車臣汗。一六八九年所有這些喀爾喀領主和王公都歸順了滿人。一六九一年，滿人將這些地方劃分為七十四個旗。上述喀爾喀蒙古三個汗管轄的遊牧區，東面一直延伸到黑龍江將軍所轄的地區；西面延伸到阿爾泰山和準噶爾領主的土地；南至戈壁沙漠，北面直到俄國。除了聚居的奉天地方以及蒙古地方以外，中國共分十五個省。全中國的首府或京城為北京，本來漢語叫北京，意即北方的京城，是中國明朝皇帝訂名的。如今，滿人稱此城為「金一赫欽」（漢語為「京都」或京城之意），而蒙古人則稱之為別真❹，俄國人正是按照他們的稱呼稱該城為北京，即順應天命的城市❺。但為什麼在早期俄國人稱此城為「漢八里」，就不得而知了。按照曾出使過中國的斯帕法理的意見，漢八里一詞即汗的城市，這是韃靼人卡爾梅克人或布哈拉人的方言。這些民族中有人曾因經商常到北京，因而也把「漢八里」這一名稱傳給俄國人了。

　　中國的遼東地方，即東部地方，或滿語所稱之奉天，與俄國毗鄰。遼東境內有許多城市、鄉村和大河，其中包括阿穆爾河，中國人稱之為黑龍江，滿人稱之薩哈連烏拉，蒙古人稱之為喀拉木倫，意即黑河。主要城市為奉天府。遼東以大興安嶺迤東至海與俄國為界，現在的滿人即發祥於遼東。這個地方自古以來對中國人就是一個威脅，因為蒙古的成吉思汗正是從這裡出發並佔領中國的。由阿穆爾到北京一千九百三十俄里，由奉天至北京為一千零二十俄里。

――――――――――――――――――――――――――

❹　明代作「插漢」，近代作「察哈爾」。——譯者

❹　戈壁為蒙古語，意即沙漠。商隊越過戈壁相當艱難，因為這裡水草缺乏，而通過涅爾琴斯克商道則方便得多。

❹　這一地區由哈拉哈河沿俄國邊界延伸，包括克魯倫河、鄂嫩河、捷拉河和鄂爾渾河直到色楞格河上游諸河流域。

❹　愛馬克：蒙古語，即部、盟之意。——譯者

❹　別真為俄文 Беджин 一詞的譯音。——譯者

❺　漢語北京並無順應天命之意，疑作者有誤，可能是指順天府而言。——譯者

㈤中國人如何稱呼俄國人

漢人稱俄國及其居民為俄羅斯，而滿人稱之為鄂羅斯。漢人、滿人和蒙古人無論在口語中，還是在公函中，對於俄國君主的稱號均為俄國的察罕—汗，或哈敦—汗。察罕一詞，表示白色之意，而哈敦則表示后妃之意。這兩個詞都是蒙文。漢人、滿人迄今一直沿用上述蒙文稱號，而不加翻譯。附在察罕和哈敦後面的汗這個詞，表示擁有至高權力者的稱號，即皇帝。在汗這個詞前面要加連讀號，有無此連讀號，是事關重大的。因為在汗前面不加連讀號，表示具有無限權力的國王，而加連讀號，則表示臣服於他人之國王。中國皇帝或因自尊自大，或因沿襲慣例，對於任何與他們自己平等的專制君主，概不賜以親善國書。即使他們有時也寫給國書，卻採用一些蔑視的說法，使用「上諭」等字眼。書寫這些公文的任務，由管理外藩事務衙門（或稱蒙古衙門）辦理。這一機構滿語稱之為圖列爾基—戈洛—別—達札拉—朱爾甘，漢語稱之為蒙古理藩院，這個機構類似俄國的外務委員會。蒙古理藩院不僅管理蒙古事務，而且同許多國家及俄國就各種事務互通信函。此外，理藩院還接納和派遣使臣、信使和一切商隊。俄國同中國在一七二七年簽定和平條約時，這個機構同俄國樞密院平行，並照耶穌會❺教士的譯法，把它叫做大部。

㈥俄國人是何時知道中國的

在征服西伯利亞之前，俄國似乎還不知道中國的名稱。西伯利亞各城市的居民越過一片又一片的草原，最後到達了阿穆爾河。這條河流使西伯利亞居民同這個各種貿易❺均極發達的國家接近起來，俄國的邊境官員和管理官員為了進行貿易，而更多的情況是出於他們個人的一些奇奇怪怪的想法，時常自行派遣使節❺去中國。在彼得二世皇帝陛下在位時，以全權使臣的身分

---

❺ 耶穌會教士利瑪竇是第一個到中國的耶穌會教士，他是在中國萬曆帝在位時，於一五八一年首先乘船到達廣州的。他曾住在香山澳島，於一六○一年入北京，賄通宦官，博得萬曆帝特殊恩寵，從此耶穌會教士在中國得以立足，人數開始逐漸增多。

❺ 關於西伯利亞的貿易情況，米勒先生曾在《益樂月報》一七七六年，三、四、五月號有過詳盡敘述。

❺ 見米勒先生著，〈俄國人到中國的最初幾次旅行和出使〉，載《益樂月報》，一七五五年七月號。

出使過中國的弗拉季斯拉維奇伯爵曾順便報告❺❹說，北京檔案記載，在一六八九年簽訂《涅爾琴斯克條約》之後，這種使團有五十多個，然而是那些使團，在我國檔案中卻無記載。

三、蘇聯科學院對於俄中關係形成的說法

俄中關係的歷史約有三百年，兩國的關係始於十七世紀的前十年，雖然早在十三世紀蒙古人入侵時期，以及在十五至十六世紀，從中亞細亞商人和歐洲地理學家那裡，就有關於中國某些片斷消息傳到俄羅斯。但是到了十七世紀，俄羅斯人彷彿才從地理、政治和經濟方面發現中國，因為正是這個時期，兩國邊界才逐漸接近起來❺❺。

十七世紀時，烏克蘭與俄羅斯重新合併，同時，西伯利亞遼闊土地併入俄國，和向西伯利亞移民，在這方面起了重大作用。在對外政策方面，俄國竭盡全力解決它所面臨的任務：鞏固西部邊界，打開波羅的海的通路，與克里木汗國和土耳其作鬥爭，發展與東方各國的貿易。與十六世紀相比，俄國在對外政策上的新因素是擴大與中亞各國、蒙古和中國的舊關係，和建立新關係。這是俄羅斯人通過西伯利亞的遼闊地帶，向東方迅速推進的結果❺❻。

十七世紀初，俄中建立關係時，兩國之間有一片遼闊地帶，居住著遊牧和半遊牧民族。當時，在莫斯科，人們對於俄國東部邊界，和大明帝國之間的遼闊土地幾乎一無所知。由於缺乏確切的知識，便產生了一種錯誤的看法，認為中國是在鄂畢河發源地附近的某一地方，進入中國的道路，也推想為比它的實在要短，由於西伯利亞大片土地併入俄國，和俄國人向西伯利亞移民，到十七世紀初，又在那裡建立了許多設防的居民點，俄國新土地發現者，便著手調查西伯利亞俄國前哨，即托博爾斯克和托姆斯克以南和東南地域，試圖探索通往蒙古和中國的道路❺❼。

---

❺❹　見該使臣的第八號報告，第五頁。

❺❺　蘇聯科學院遠東研究所等編，《十七世紀俄中關係》（一六○八至一六八三年），第一卷第一冊。廈門大學外文系十七世紀俄中關係第一卷翻譯小組譯，見《俄中關係之形成》，第一頁。

❺❻　同❺❹，第一至二頁。

❺❼　同上，第三至四頁。

第二章　元明兩朝之中俄關係

第一節　蒙古人之西征

歐洲人在古代與東方人的交往甚少，但是經過元代的西征以後，俄國的學者乃大肆宣傳「黃禍論」，關於蒙古人西征的影響，威爾斯在其所著《世界史綱》中說❶：

塞姆民族與以欄民族之侵略撒馬利亞，西羅馬帝國為大平原之遊牧民族所蹂躪，波斯為阿拉伯所征服，東羅馬帝國為阿拉伯人所震撼矣。當文化為其過度之富裕，債負，及勞役所壓抑而致奄奄一息之時，當宗教逐漸衰頹而墮入犬儒主義之時，並當發展能力日淪衰竭，無復希望之時，遊牧民族每闖然以入，有若耕犁，盡破所有之桎梏，使世界得以重闢新道焉。如與十三世紀共始之蒙古侵略，蓋可謂為人群組織中所有犁庭掃穴之最鉅最後者矣。

威爾斯對於蒙古人西征這段批評，雖然充滿了白種人的偏見，但是他也不能否認蒙古人西征是人類有史以來最偉大的一幕。而這幕偉大歷史事蹟的開演場合，又正是以中俄兩國境內為其活動中心。自遼金以來，蒙古民族便已據有中國東北部一帶，不過當時蒙古民族的文化都是很幼稚的，他們的生活只是「毳幕騎獵，飲酒食酪」的遊牧民族，但是因為生活如此，便養成了他們勇敢好鬥的習慣。尤其自與金戰爭以後，更獲得了中國所有的軍事知識，所以到十二世紀末葉，蒙古人便已經變成了卓絕善戰的民族了。

---

❶　《世界史綱》，第五九八至五九九頁。

一、第一次西征

　　元太祖成吉思汗於第十三世紀初葉，滅遼降金後，以六十萬雄師大舉西征，所向披靡，破布哈爾（Bochara，漢時之安國），陷撒馬爾干（Samarkand，漢時之康國），一二二〇年進克花剌子模（Khoarizm，突厥大帝國）❷，西南至報達（直波斯灣西北，據底格里斯大河）抵今底格里斯河 (Tigris) 下游，西北越太和嶺（高加索山），達今歐俄南境。時烏拉嶺西裏海之北，有奇卜察克人（Kiptehaes，即欽察），為突厥族之遊牧民族，佔歐洲東南部大平原，俄人稱之為普羅甫茲 (Polovts)，即平原民族之意也。奇卜察克納蒙古蔑爾乞部酋長脫脫，太祖索之不與。一二二一年，命速不臺進軍裏海之西以討之，汗製鐵車以賜曰：「蔑爾乞脫脫，吾深仇也。敗而速遁，如馬帶干，如鹿負箭。若飛，汝作鷹鸇；若入穴，汝作鋤；若入海，汝作網；與汝鐵車，以堅汝志」。翌年，速不臺等率師自阿索卓海 (Azov) 踏冰至黑海，入克勒姆 (Crimen) 地。奇卜察克酋長庫灘大敗，遁入俄羅斯境，乞援於其婿哈力赤王麥斯第士拉甫 (Mstislav)。蒙古人與俄羅斯人之正面衝突自是開始。時俄羅斯八萬二千，分屯南北，南軍為基輔 (Kiev) 車耳尼哥等部之兵。北軍為哈力赤等部及奇卜察克兵。哈力赤王輕敵，不謀於南軍，獨率北軍渡聶伯河 (Dnieper)，戰於孩兒桑 (Knerson) 大敗，得渡河而逃者無幾，餘盡殲滅。南軍不知蒙古軍猝至，圍之三日，誘使出，疾攻之，俘獲無算，基輔王及車耳尼哥王均被虜殺。是役也，俄羅斯亡六王，七十侯，兵士死十之八九，舉國大震。時諸城皆無守備，惟俟兵至乞降而已。速不臺等未深入，僅西抵諾甫哥羅德城 (Novgorod)，大捷而還。此蒙古第一次之征伐俄羅斯。

二、第二次西征

　　捷聞，成吉思汗於一二二五年，定四子分地，長子朮赤先死，其子拔都領俄羅斯東南部，以西遼舊地（伊犁天山南路與西域之河中）畀第二子察合臺；第三子窩闊臺分得乃蠻舊地（即塔爾巴哈臺葉密立科布多等地），根據蒙古幼子守產之習俗，以第四子拖雷長幹難河，及怯綠連河孛兒只斤族祖業（女

---

❷　花剌子模之疆域，東北跨錫爾河，東南抵印度河，北至裏海，西北界阿薩爾拜然（即亞塞爾拜然之譯音），西鄰報達，南瀕阿濫海東界帕米爾高原。

真地及蒙古本土）。一二二七年成吉思汗崩，窩闊臺繼承，是為太宗。即位未久，遂滅金，並征服高麗、波斯。一二三五年（元太宗七年），以拔都為元帥，皇子貴由（即定宗），皇姪蒙哥圖（元憲宗），皇孫海都等從之，老將速不臺等為副元帥，領前鋒，率師五十萬西征。翌年，滅不里阿爾。一二三七年破奇卜察克，其酋八赤蠻敗逃裏海島中，蒙哥圖追擒之，其子拜都察克迎降，東北濱伏爾加河 (Volga) 諸部落咸臣服。拔都乃轉鋒征俄羅斯。俄羅斯諸王在孩兒桑遭慘敗已十有四年之久，不以蒙古兵為意，惟事內鬨。此時，蒙古兵自東南再度侵入，遣使招安列也簪 (Riazan) 諸侯，命獻十分之一，諸侯拒之，蒙古兵進攻，屠其城，遂北陷莫斯科。一二三八年春，圍弗拉第米兒，城陷，所至城墟盡毀。時攸利二世督戰錫第河 (Sit River，伏爾加河支流)。大軍至，攸利戰死，全軍殲滅。復北趨諾甫哥羅德，未達，退轉西南；一軍攻克捷爾斯克 (Koxelsk)，並屠其城。一軍東南下瓦爾加河及頓河，敗奇卜察克兵，酋長庫灘遁西北，餘眾皆降，阿速等部遂平。此蒙古第二次之征伐俄羅斯。

三、第三次西征

蒙古軍休養一年後，於一二四〇年，進攻南俄，破珀列思弗哀勒城 (Perezaslavl) 及車耳尼哥城，佔領基輔，征服加利西亞 (Galisia)。俄諸侯王公陸續西遁告急。南俄既定，乃橫渡高原，攻孛烈爾（波蘭），馬扎爾（匈牙利），均下之。南入波希米亞 (Bohomir)，渡多瑙河，分軍西行奧地利境，直抵地中海北之威尼斯 (Venice)，有一軍擾奧地利之柯倫城。時全歐震動，聯軍抗拒。適太宗崩，拔都遂於一二四六年下令班師東返。此蒙古第三次之征伐俄羅斯。

拔都退師高加索山北，復討平奇卜察克叛者。一二四三年，至瓦爾加河，建奇卜察克汗國，即欽察汗國，亦謂金帳汗國 (Golden Horde) 於歐亞交會點，定都曰薩萊 (Serai)，位轄西亞東歐各地❸。自是俄羅斯全境受金帳汗國之統治。

四、蒙古在俄羅斯統治勢力的消長與崩潰

關於拔都平定俄羅斯全境，建立欽察汗國以後，其子孫統治勢力消長的

---

❸　拔都建鄂爾多於浮而嘎河（伏爾加河）下游曰薩萊。每歲春，沿浮而嘎河東岸北至布而嘎爾之嘎爾多，秋南駐薩萊，名曰阿勒泰鄂爾多（意謂金頂之帳殿）（見洪鈞，《元史譯文證補‧拔都補傳》）。

情形，以至失敗與崩潰，日本人坂本健一所著《世界史》中，載述甚詳，茲摘錄如下：

蒙古拔都西征，建欽察汗國，都亦的勒河畔之薩萊。自伊蘭汗國北，花剌子模，海寬甸吉思境，額兒的石忽章西耳河以西，遙及禿納河，跨有歐亞，乃拔都偉業。當時其兄斡爾朵領東方吉利吉斯荒原，稱白黨汗。弟昔班居拉海西北，稱月即別汗。弟脫哈帖木兒子孫據有阿索海地方，稱哥里米汗。皆藩屏欽察汗國。傳數世而至皇慶二年，欽察汗國以月即別嗣位，乘伊蘭汗國衰弊，數侵之；又尚希臘帝國公主，交通歐洲諸國，傳承文化，獎勵工商業，埃及等國船舶，皆集於阿速港口。天曆元年，莫斯科大公伊凡一世，奉命伐幾富有功，封俄羅斯大公，假以征收賦稅特權，由是經營家門，為露西亞發祥之始。至正六年（一三四六年）月即別殂，子扎尼別立，善紹父遺圖，侵伐波蘭、匈牙利、伊蘭汗國，威揚四方。然至正六年扎尼別殂歿，子巴爾的白克立，後廢立相仍，二十年間易十五汗，欽察勢威墮地，群雄爭霸。白黨王烏魯斯汗一時最熾，通中央亞細亞諸酋帥，逐其侄哥里米汗拖克塔迷失，拖克塔迷失乃走投帖木兒求援，得復國。時明洪武九年事也。然俄羅斯諸侯伯乘欽察室亂，皆謀自立，哥里米汗伐之，洪武十五年陷莫斯科，威服諸侯伯，乘勢背舊恩，出鐵門關，侵薩萊末韃。帖木兒大怒，親率大軍北征，渡扎弟黑水，破其眾於臺爾克河，前後攻戰五年，勢不支，奔幾富。洪武十七年，帖木兒渡特尼伯河，剿略莫斯科，焚莫斯科及阿斯特拉干，以烏魯汗子庫洛克特代為欽察汗。自後白黨、哥里米兩汗相爭。至正統二年，哥里米汗曰烏魯古瑪哈末特者，為白黨汗庫克伊庫擊破，遁入布里阿爾之喀山，別為喀山汗祖。天順四年，庫克伊庫子阿邁特立正汗位，此時欽察汗為舊統喀山、哥里米、月即別、吉利吉斯諸汗，領土分裂，大汗威令不出薩萊都城附近。阿邁特即位後二年，俄王伊凡三世先已剿滅諾甫哥羅德，及蒙古族自鬨，遂連喀山、哥里米二汗，同盟背阿邁特，破其軍。並為其下所弒，薩萊之欽察汗國遂亡，時成化十六年。自拔都西征，立帳南俄，凡經二百四十餘年。然阿邁特子孫尚佔領端河，烏拉爾兩河間地，號大幹耳朵國，其從兄弟別建阿爾干河下游阿斯塔拉汗國，通波斯

以防伊凡。宏治十五年，哥里米汗又滅大斡耳朵國，勢轉大，別封次子為喀山汗。及伊凡四世立，當嘉慶三十一年（一五五二年），滅喀山汗，後二年併阿斯塔拉汗國，獨哥里米得土耳其後援，久與俄抗，此亦日俄土戰爭所由起也。

總之，當忽必烈去世的時候，主要的蒙古帝國是以北京為首都。其在俄羅斯境內，則有蒙古人所建立的欽察汗國，是蒙古的第二汗國；旭烈兀復於波斯及中亞細亞南部一帶建伊兒汗國；此外，欽察與蒙古之間，又建立了一個西伯利亞國（窩闊臺汗國），土耳其斯坦一帶，更建一大土耳其國（即察合臺汗國）。

雖然蒙古人在武力的發展方面，已達登峰造極之勢。但是他們始終脫不了民族的性質，缺乏高深文化之素養，因此，所征服各地，僅只有武力的表現，而沒有政治與文化教育等建設，而一切的事情都是臨時隨遇而安，並無長遠而有系統的規劃；故蒙古軍與被征服之各地，除在戰爭時予人民以掠奪屠殺外，便是在平時也只是徵收賦稅以給軍事。

五、蒙古統治對俄羅斯人之影響

由於俄羅斯人被蒙古人統治長達二百四十餘年之久，自然也產生許多深刻的影響，這些影響最顯著的有下列幾項❹：

⑴促成了歐亞民族的大轉移：蒙古人所到之處，把土著民族趕走，如鄂圖曼土耳其人 (Ottoman Turks) 向西南一帶的遷徙，東方吉普賽人 (Gipsies) 之被逐而流入歐洲（在日耳曼者稱為匈牙利或韃靼人，在法國的則稱為波希米亞人）。尤其是在俄羅斯境內，因為蒙古人統治時間的久遠，戰事頻仍，所以民族的轉移更多，因此造成了近代俄國境內民族複雜的情況。

⑵生活習慣的改變：蒙古人的生活是遊牧民族的習慣，因此使斯拉夫人與蒙古人混合而成的塞種，也返入於遊牧的習慣。此後信奉基督教的遊牧民族哥薩克人，便成了阻止韃靼人侵入歐、俄一帶的長城。同時蒙古人的自由不羈的生活，使波蘭及立陶宛 (Lithuania) 的農民都很羨慕，因此而有大批

---

❹　何漢文著，《中俄外交史》，中華民國二十四年，上海中華書局出版，第五三至五四頁。

農民自耕地轉為草原，使政府不得不明令禁止。尤其是一般擁有農奴的地主，對於哥薩克人更是深惡痛絕，因此常發生戰鬥。這樣便洗除了俄羅斯人萎靡不振、拘泥不動的習慣，而創成了今日俄羅斯堅忍、強悍、努力進取的優美民族性。

(3)產生了近代的俄羅斯：俄國的歷史普遍多認為起於九世紀羅列克（羅列克建國於唐咸通三年，即西元八六二年），但是當時既無城市，又無一定的國家制度，加以其內部變亂時起，當時俄羅斯分為六十四個公國，同時稱雄者有二百九十三人之多，在元代以前，俄羅斯只可謂之部落，並沒有形成國家的形式。及蒙古人侵入以後，俄羅斯境內各部落完全歸服，於是久在瓜分豆剖的俄羅斯，此時反因外力而統一了。加以蒙古人從中國學去的政治、法律、兵制、財政等，此時也都傳入俄羅斯，為形成近代俄羅斯的一個重要因素。所以自蒙古人的統治力量衰弱以後，俄羅斯人便得以襲其成規，創成獨立的國家。

第二節　俄羅斯國的建立

一、莫斯科公國的由來

㈠莫斯科公國的興起

史書上第一次提到莫斯科是在一一四七年，當時它還不過是弗拉基米爾王公尤里·多爾哥魯斯（一一二五至一一五七年）統治下的一個小居民點，之後，尤里王公在這裡築城，莫斯科城逐漸興盛繁榮。蒙古軍入侵時，它也未能倖免於難，遭到破壞。但不久即開始復興，十三世紀末從弗拉基米爾—蘇茲達爾公國分離出來，形成一個獨立的小公國。

和平與秩序一天能夠充分維持，蒙古人就一天不願干涉俄人的行動，但是管制一旦鬆弛之後，各邦諸侯之間立即自起摩擦，蒙古可汗為終止此項內在糾紛，後來建立了一套聰明的制度，規定除非得到駐在首府薩萊的可汗之授權，任何俄羅斯王公均無權統治其領域內之一切行政。此種權力之特許，稱為「雅里克」(Yarlick)。在眾多的俄羅斯諸侯中，蒙古人將特許權賜給了莫斯科大公，並提高其地位為「大公」(Grand Prince)，莫斯科獲得此項特權後，

就發生了顯著的結果。

　　蒙古人為了達到更為有效的政治、財政控制，其後更將警察權委由莫斯科大公代管，莫斯科對於擾攘不馴之各邦諸侯，於是取得了更為堅強更可左右一切的政治權力，對於過去一向不與行政當局及莫斯科大公密切合作的「維契」❺議會，也同樣可以加以駕馭了。另一項有助於莫斯科發展的因素，為來自君士坦丁堡的政治影響，拜占庭帝國除了將基督教義傳播到俄國以外，更將其君權神授的政治哲學輸入北方，此項思想與「維契」制度整個衝突，依照「維契」制度的理論，行政首腦應由代表人民利益的「維契」選舉產生，並自「維契」取得權力。總而言之，蒙古可汗對於莫斯科大公之授權，拜占庭帝國的君權神授思想，以及「維契」傳統的微弱力量，就是造成諾甫哥羅德及皮茲柯夫等民主邦國日趨崩潰的三項主要原因。

㈡統一國家的形成

　　一三八九年，頓河王季米特里 (Дмитрий Донской) 辭世，在遺詔中把「自家的世襲領地大公國」賜給長子瓦西里‧季米特里維奇 (Василий Дмит-риевич)，並說：「上帝要改換金帳汗國，吾子不應向其納貢。」這再次表明莫斯科公國要擺脫金帳汗國控制的決心。

　　瓦西里‧季米特里維奇在位三十六年，他繼承父志，繼續兼併其他公國，使莫斯科公國的版圖進一步擴大。一四二五年瓦西里病故，傳位其子瓦西里‧瓦西里耶維奇 (Василий Васильевич)，是為瓦西里二世。瓦西里二世即位時年僅十歲。其叔父加利奇王公尤里‧季米特里維奇不服統治。欲即大公位，從此，莫斯科公國開始了長達二十年的內閧。這場內閧，叔侄相爭兄弟殘殺，上演了一齣爭權奪利的人間悲劇，在這場內閧中瓦西里二世被其堂兄季米特里‧舍米亞卡 (Дмитрий Шемяка) 剜去了雙眼，從此成為「失明大公」。直到一四四六年，失明大公瓦西里二世 (Василий II Темный) 進軍莫斯科，趕走自稱莫斯科大公的季米特里‧舍米亞卡，才結束了內亂。

　　瓦西里二世復位後，繼續其組織兼併鄰國、統一俄羅斯的事業。到其統治末年，莫斯科大公國在政治上已控制大多數公國，其版圖也已達東北羅斯的一半。

　　一四六二年，瓦西里二世辭世，其子伊凡繼位，這就是著名的伊凡三世

---

❺ 為「民間議會」(Popular Assembly)，斯拉夫語稱為「維契」(Vieche)。

(Иван III)。伊凡三世在位長達四十三年，據史書記載，他處事謹慎，「連一口櫻桃都要分兩次吃」。但歷史證明，他又雄圖大略，正是在他在位期間，俄羅斯擺脫了蒙古人的統治，基本實現了統一，形成了一個中央集權的國家。

伊凡三世即位後，首先兼併了雅羅斯拉夫爾公國（一四六三年），使雅羅斯爾公國的王公貴族淪為莫斯科大公的侍從。十一年後，又吞併了羅斯托夫公國。在伊凡三世統一俄羅斯的事業中，最具決定意義的是征服吞併諾甫哥羅德。當時的諾甫哥羅德是一個獨立的封建共和國，由於其經濟發達，擁有領地遼闊，被稱為「羅斯諸公國中的首領」。

(三)莫斯科政權之鞏固

「俄羅斯統一」之獲致，主要的角色是一批莫斯科的領袖人物，彼等能將過去一切歷史教訓、文化遺產加以說明和利用，並以不屈不撓之精神，追求全國統一的既定政策，任何代價，任何歧見，以及任何反應，一律不再顧及。以奧林匹克的忍耐精神，輔以精細的堅定意志，環境順利時則持續前進，遭遇阻礙時則暫時偃伏，等候適當的時機。包括克服一切困難的時間延誤在內，俄國之擴張行動，竟能在一百五十多年的短短時間中，以驚人之速度，獲得成功。在伊凡三世及瓦西里三世 (Василий III) 兩朝統治期間（一四六二至一五三三年），莫斯科公國的疆域自 150,000 方哩增加到 400,000 方哩。在以後的另一個世紀中，復將基輔外圍的各地諸侯全部兼併，同時更以緩緩的速度向東發展。兼併之土地，凡能說服者則說服之；凡須使用武力者，則軍臨之；凡須以婚姻或收買為手段，始能達成目的者，則出之以上手段；如果在政策上須向蒙古太上統治者表示屈服，以避免引起此一強大敵人之敵視時，則不惜以謙卑姿態表示屈服，甚至莫斯科大公亦願自行從事一段千里迢迢的艱苦旅行，由莫斯科前往蒙古首府薩萊，向可汗呈獻「雅沙克」(Yasak) 及貂皮等貢品，以期換得蒙古可汗之特殊授權，然後再利用此項特權，繼續完成其鞏固政權之工作，進而達到自蒙古統治下獲得解放之最終目的 ❻。

在另一方面講，當莫斯科感到本身力量業已充沛，力足向蒙古之龐大統治勢力挑戰時，彼將毫不遲疑，立採行動。莫斯科伊凡大公 (Prince Dmitri Donske) 即曾把握時機，拒絕納貢，然後和蒙古人開始了一場激烈的戰爭，並

---

❻　Dr. Anatole G. Mazour, *Russia, Past and Present.* 李邁先譯，中華民國四十九年三月，政工幹部作戰學校出版，初版，第八一頁。

於一三八〇年在「庫里科福」(Kulikovo) 地方取得勝利。這一場戰爭是一個重要的歷史轉捩點，這是第一次與蒙古人作戰的勝利紀錄，同時表示莫斯科的勢力已告成熟。自此以後一百年間，國勢日強，蒙古駐軍，時遭敗績，蒙古政權之正式推翻，雖然到了一四八〇年始告完成，但是早自從一三八〇年「庫里科福」戰役以後，蒙古即已經日趨崩潰了 ❼。

二、俄羅斯的混亂時期與羅曼諾夫王朝的建立

一五八四年，伊凡四世 (Иван IV) 死後，低能的福特爾一世 (Fedor) 繼位，內戚哥德諾夫 (Godunov) 乘機奪權，作威作福，成了俄國的無冕皇帝。一五九一年伊凡的末子特米得利 (Dmitsy) 被殺，羅列克王朝的正統斷絕，因此，引起的繼承問題，展開最激烈的內部鬥爭，完全動搖了俄羅斯的根本，從此開始了二十五年之久的混亂時代 ❽。

一六一三年一月，縉紳會議在莫斯科克里姆林宮烏斯賓大教堂開幕，來自全國五十個城市約七百名代表出席會議。這些代表成分各異，代表各個等級，既有大貴族、中小貴族、僧侶的代表，也有小土地所有者、工商兵、國有農民的代表，當然，操縱會議的，還是那些大貴族、達官顯貴和僧侶，會議就沙皇人選問題進行了激烈的爭論，最後，米哈伊爾·費多羅維奇·羅曼諾夫 (Михаил Федорович Романов)，似乎成為眾望所歸的人物，此人和羅列克王朝有親戚關係，是伊凡四世元配夫人阿納塔西雅的侄孫，雖無羅列克血統，卻也沾親帶故。其父費多爾·尼基季奇·羅曼諾夫，當年曾和大貴族痛恨的戈都諾夫爭奪皇位，失敗後遭受迫害，被削髮為僧，押往北方，判當四十年苦行修士。一六〇五年被「季米特里沙皇」召回，一六〇八年被偽季米特里二世宣佈為總主教，一六一〇年奉派去和波蘭國王談判，被扣押，當時仍被拘留在波蘭。他威望極高，人們尊稱他為費拉列特長老，也同情他的遭遇，視他為俄羅斯受苦受難的聖人。父親的輝煌，往往給子女帶來炫目的光輝，使其子女在人們心中也變得神聖。這樣，二月七日，縉紳會議選舉米哈伊爾·羅曼諾夫為沙皇，二月二十一日正式即位。一個新的王朝——羅曼

---

❼ 同❻。

❽ 李迺揚著，《俄國通史》，中華民國四十五年五月，香港亞洲出版社，初版，第二四頁。

諸夫王朝開始執政。這個王朝雖沒有羅列克王朝那樣長久，卻也有長達三百零四年的壽辰❾。

第三節　明代俄羅斯之通中國

一、明朝初期的外交任務與政策

明朝第一代皇帝朱元璋（一三六八至一三九八年）是一位反蒙古人戰爭起義的領袖。他的最重要的外交任務是恢復中國作為一個宗主權國家所享有的國際威望，並制止異族入侵。其以外交手段與軍事行動的交互運用，主要目的是制止蒙古人侵擾和倭寇從海上入侵，以及確立印度支那各國之藩屬地位。明朝的外交在這一點上也確頗有成就❿。

當時中國對外政策積極活動的主要目標是南進。明朝曾遣使經海路和商路南下，希望建立經常的貿易和外交聯繫，特別是在馬來群島和印度支那諸國中建立中國的殖民地，確立中國的宗主權。使節們帶著皇帝的文書和貴重禮物，要求各地的統治者承認「天子」是他們的保衛人，要求他們行君臣之禮，並派遣正式代表朝拜中國的宮廷和進獻貢品。此外，他們經過努力，使各地統治者同意給予中國使節、商人、移民和航海者以特權和保證。中國與俄國最初交往係在十六至十七世紀⓫。

二、俄羅斯最初之通中國

俄羅斯之通中國，元朝以前因無確實資料可考，已不可知。明朝中國方面亦少記載，惟於外國書籍中，尚可查知一二，以資參考。威廉氏 (S. Wells Williams) 於其所編《中國》(*The Middle Kingdom*) 一書中言：第一次所記之俄羅斯交通中國，為西元一五六七年哥薩克人彼得羅夫 (Petroff) 及雅里西夫

---

❾　白建才著，《俄羅斯帝國》，二〇〇〇年五月，西安市三秦出版社，第一版，第一〇一至一〇二頁。

❿　（俄）波將金等編，《外交史（從古代到十九世紀七十年代初）》，第一卷，上冊。史源譯，一九八二年四月，《生活·讀書·新知》三聯書店重印版，第二八二頁。

⓫　同❿，第二八二至二八四頁。

(Yallysheff) 之至北京，適於其時隆慶皇帝 (Emperor Lung-King) 初登基，二人因未攜帶禮物，故未得瞻仰龍顏。

是明代中葉已有俄人來通中國。據吾人所知，此乃為俄國交通之第一次。然英人巴德雷 (John F. Baddeley) 等反對有此，謂於一五六七年俄國無交通中國之可能。不知中西陸路交通，於蒙古西征歐洲之後，已臻頻繁。元時，俄人來中國者，已然極多。有明承元朝中西交通既盛之後，與俄羅斯雖隔有韃靼，然當不至毫無交通。何況其後裴德林 (Ivan Petlin) 於其遊中國歸後所上之報告中，亦言及彼得羅夫曾至科布多，曾至蒙古。蒙古與中國接境，來北京已非難事，此益足以說明彼得羅夫等二人有於一五六七年來通中國之可能。

俄羅斯第二次通中國，約在一六一八至一六一九年間（明神宗萬曆四十六年至四十七年）。其時有阿爾丁可汗 (Altin Khan) 使者由俄歸國，俄親王庫拉金 (Ivahko Kurakin) 遣哥薩克人裴德林 (Ivan Petlin) 與蒙多夫 (Ondrushka Mandoff) 二人護送之，並命採訪中國情形。彼等一行由托姆斯克 (Tomsk) 起程，歷吉利吉思 (Kitgkiz) 兩河、阿巴甘河 (Abakon)、金乞納克河 (Kimchinak)、烏布薩卓爾 (Uhsa-nor) 而至阿爾丁可汗。可汗為供馬匹食物，並使西藏喇嘛達爾罕 (Tark Han) 與畢立地 (Bilikti) 等伴之行。彼等遂再經託爾莫興部 (Tor-moshin)、喀拉庫拉部 (Karakvla)、札薩克圖 (Chakti Tsar)、車臣汗 (Kichon)、塔什哲萊克洋部 (Taschig Cherekhiayn)、哲庫爾部 (Chekur)、車臣納顏 (Chichin Noyan)、臺古塔同部 (Taikutatun)、白書梯汗 (Bushukti)、麥爾果清部 (Mulgoehin)、張家口 (Shirokalga)、施羅城 (Shiro)、雅爾城 (Yar)、泰密城 (Taimui)、白城 (White City)，而抵中國城 (Great China)——北京城。既抵北京城，中國因其無國書，又未帶有禮物，亦未允其朝見皇帝，僅與其國書一封，命持與俄皇而已。莫斯科圖書館藏有明萬曆皇帝之國書，惜原文無法獲得，取英文轉譯之，則如下：

> 中國萬曆皇帝諭俄羅斯國二使：爾可往來通商，爾為大國，而中國亦不小也。可將吾兩國路途上障礙掃除，俾得往來便利。爾可將爾國實物攜來，朕亦將我國絲綢贈給爾等，使汝等歸回也。下次來時，可偕爾國王之使人同來，爾若有國書，朕亦給爾國書也。爾有書來，朕甚歡迎。貴國與中國相去萬里，言語不通，故朕不能遣使爾國，朕今給爾此書，使

爾喻曉朕意，我國皇帝不離本國，亦不許其臣民商人等遠離本國也。……

　　然中國素有自大之習，對於外國使臣恆存藐視之心。且此次彼得羅夫與雅里西夫並未齎貢物，故拒絕其謁見。其後俄皇又使裴德林來北京，求通好，然亦因未攜貢物，不得謁見而返。其後以迄明末，俄國未嘗再派使臣來華❷。

---

❷　蔡元培、吳敬恆、王雲五主編，陳博文撰述，《中俄外交史》，上海商務印書館出版，中華民國十七年十一月，初版，第六頁。

第三章　帝俄東侵之起步

第一節　帝俄早期的東方政策

一、彼得一世的外交政策

　　陳翔冰在《中華民國開國五十年文獻》中撰文論及「帝俄繼續東侵與中俄之訂約」時稱，昔之作者論俄皇彼得大帝（一六八二至一七二五年）之外交政策，有曰：「以彼得大帝之雄才大略，無時不思發揚國威，尤寤寐反側以求一二冬不結凍之出海通路，況其目光如炬，無遠弗屆，故於中國，亦多所眷戀焉，嘗曰：『吾必於黑龍江口大洋之面，建一都府』，壯哉斯言也！顧其時俄國方經略北歐之波蘭、瑞典，又欲南下君士坦丁堡、印度、波斯，推其用心，無非欲通波羅的海、黑海、波斯灣以及印度洋耳。且以當時之形勢論之，英、法方蠶食印度，俄國與之大陸相連，愈思插足其間，冀與英、法抗衡，爭一日之短長，豈獨睥睨東歐，顧盼自雄而已耶？蓋其外交政策，時而通好日耳曼諸國，以離間奧地利，時而聯奧地利，以抑制法國、日耳曼，其縱橫捭闔，每極波瀾雲譎之奇觀，誠一世之雄主也。至其行軍，亦復忽離忽合，忽東忽西，歐陸無論矣？且復挾其重兵以壓迫土耳其、波斯。不特此也，又欲縱鐵騎於印度，然則其於黑海以至於印度洋，莫不處處與英、法、奧為敵，致無暇東顧，此實為中國之大幸！抑其時清室方入關，兵壯馬肥，亦不容臥榻之畔，有人酣睡。而康熙帝尤能奮發有為，方揚兵邊陲，戮力平定蒙部之反叛，深知不與俄國講睦鄰之道，反增長邊氛，則諸部落將依之為奧援，或叛或逃。此當日所以有《尼布楚條約》也。且知不速殖邊，終難防止俄國之覬覦，因於精奇里河畔置兵屯田以守藩籬，獨惜後世不能繼其謀慮，致復

啟俄人之野心，殊堪扼腕耳。」❶

二、帝俄最早的東方政策

帝俄之東方政策，其對象初有三：一為中國之東方國境，即沿黑龍江流域以達大海是也；二為中國之西方國境，即欲使新疆獨立是也；三為高麗之角逐。而就後來之演變論，高麗、東三省先後為日本所把持，新疆自左宗棠平亂後，亦漸安定，故帝俄東方政策之顯明成就，僅最近外蒙古之獨立是已。然帝俄為達到其東方政策之目標，首先就以侵佔西伯利亞為起點。因為控制西伯利亞這個面積達一千一百五十萬平方里的土地後，一方面可以大量移民於西伯利亞，以充邊疆，開發富藏，備他日進可以攻，退可以守；另一方面欲出黑龍江口，以建一港口。雖江水循地勢東北流，急注韃靼海峽，而通航仍稱快便，惟至海口處則漸多暗礁，頗多險阻，然自庫頁島至尼古拉維斯克(Nikaievsk) 城，則嚴冬猶可通大橇，因認黑龍江為俄國向東發展之唯一出路（按：後因黑龍江口夏日多霧，乃改由烏蘇里江南下，以出日本海，因於一八五八年建海參威）。由上觀之，最初俄人之東方政策，雖以開發西伯利亞為目標，然實欲建立一東方不凍之港也❷。

第二節　俄人圖謀近東之不順

俄羅斯在十七世紀中葉與末葉期間，曾積極圖謀控制近東地區，希望獲得進出地中海與印度洋之通路，但實際上卻遭遇許多的抗爭與挫折，並未達到預期之目標。根據陳登元之研究，要言之，約有下列三項❸：

一、海之門戶

「海之門戶」一詞，海耶斯 (Hayes) 在他的《歐洲近世政治社會史》(*A*

---

❶　見《現代學報》，第四、五期，陳翔冰撰，「清初之中俄關係」。

❷　陳翔冰撰，《帝俄繼續東侵與中俄之訂約》，見《中華民國開國五十年文獻》，〈帝俄侵略之開端篇〉，第二一一至二一二頁。

❸　陳登元著，《中俄關係述略》，一九二八年五月，北京商務印書館出版，第四至一四頁。

Political and Social History of Modern Europe) 裡曾說過:「從彼得大帝（一六八二至一七二五年）以後,俄羅斯之君主,均努力以求通地中海之門戶。海的競爭,到目下也不能免除。」也有許多預言者,以為他日國家所爭之一塊肉,布雷 (Prey) 說:「當在廣大無垠的大氣上;然而海的門戶之要緊,依舊不減。」引用萬隆 (Van Loon) 之論述如下:

> 尼羅河及幼發拉底河平底之船,漸代之以腓尼基、希臘、迦太基、羅馬之帆船;此等船,更代之以葡萄牙人及西班牙人裝有橫帆之船;後則更為英國、荷蘭滿帆之船,遂出於大洋。雖然至今日……飛行事業,開始替代帆船、汽船,以後文代之中心,將依賴於飛行事業之發展;而海,將為纖維、小魚類平安無擾之居民 (*The Story of Mankind*)。

觀之上文,我們可知十八、十九、二十世紀之事業,總不外乎海之競爭。我們從波留氏所述的俄羅斯,便知俄國的氣候與地域,不利俄人的發展。俄人本來是東方化的,因為受蒙古統治之影響太深,所以在彼得大帝以前,俄國也是個持門羅主義的國家,試看日人海邊千春之《現代中俄大勢論》便說:

> 當十七世紀之初,俄國持鎖國攘夷主義,除政府所派使節,及特許之商賈外,設有私出國境,或仰慕西歐文物者,均屬犯罪,處以刑辟,酷似日本維新以前情形,故俄國偶派使節聘問西歐列國,多不嫻辭令,往往縱酒失儀,列國君主,皆擯斥之。

但是到了彼得大帝的時代,情形就不同了。大帝是立意求強,雅慕西法之第一俄皇。他用了許多警士,站在大道之旁,把俄國人東方文化之鬚髮,強迫剃完。他又跑到西洋,去學造船術,他的兒子反抗他。他的姊妹要復古,但是終敵不過他的雄才大略。然而在此地,與其稱彼得以興俄者,寧可稱他是為俄羅斯尋海之門戶者。《哥薩克東方侵略史》的序文曾說:

> 俄國版圖,一千六百年代之末,不過二十萬平方英里。首都莫斯科,僻在一隅,更無一好港灣。於是彼得帝雄心勃然,欲向西南求得好港灣,以為伸其驥足之基,先期南浮艦隊黑海之上。屢試遠征殖民之策,帝之親遊歐洲諸國,研究造船之術,實當此時也。

　　我們再看李泰棻之《西洋近百年史》:「俄羅斯國土,雖大而偏在北方,缺乏良港,欲雄飛於地中海上,非有軍艦出路不可。故自大彼得以來,屢欲佔據君士坦丁。」然俄羅斯何必急急然,要求海之出口?我們只看《俄土戰史》裡,俄土戰爭之原因,和波留氏所言之俄國地勢,則此中的消息,便可參透了。《俄土戰史》說:

> 蓋以土京君士坦丁,握有地中海之咽喉,俄若取之,可置重鎮。俄據歐、
> 亞二洲之北,有全世界六分之一,為地球上三大國之首。……然其壯麗
> 之都邑,富厚之部落,在國陋偏,至於東北,皆荒寒不毛之地。

　　可知俄國受了自然環境之壓迫,實在是很深重的。而大彼得臨死之遺言,亦把「取得地中海門戶」算做一種遺憾(見 Hayes, *A Political and Social History of Modern Europe*)。這是無可疑置的,傳統諸君,因此皆有覬覦地中海的野心了。所以 H. G .Wells 在他的鉅著 *Outline of History* 裡,也道「俄皇尼古拉第一為移向戰爭之第一人,而從事於遺傳的大彼得主張。」

　　恰好君士坦丁之主人,適值萎靡不振之土耳其人。俄國人就常常以東方病夫四字謚之。俄人既然這樣熱烈的要海口,從病夫身上掠劫,真是很好的機會!

二、到近東去

　　我們於是可知俄人的發展,在那時,自以到近東去為便,對於遠東之侵略與發展,自然不起勁了。到近東去,就是俄國專和土耳其開戰。他出力的和土耳其打仗,一共打了六次,現在分述於下:

⑴一七三六年彼得二世,以瑣事為名伐土。

⑵一七六八年凱薩琳二世時,復與土戰。

⑶一八二八年尼古拉一世時,又伐土,大擴領地。

⑷一八三二年,希臘人脫土之絆而獨立,俄又以應援為名,率大軍穿越巴爾幹半島,迫土耳其國都君士坦丁;土耳其與戰,再割地與和。

⑸帝之晚年,又與土開釁,即克里米亞戰爭是也。若無英、法二國之援,則土全為俄吞。

⑹一八七七年,俄以救基督教民為言,又伐土耳其。(以遂彼得之遺志。以上

錄自《俄土戰史》）

可知十九世紀之中，平均每二十年，俄、土兩國總要兵戎相見一次。世界上不少戰爭；久戰也有，大戰也有，但是如此好戰，就不由人不奇怪了！

我們現在不談其他的俄、土戰爭，而專談第五、第六兩次。克里米亞戰爭，我們看《西洋近百年史》即可知道，他說：

> 克里米亞戰爭，本為俄、土兩國之反目，後英、法及撒丁三國，聯盟助土，俄遂失敗。⋯⋯初，俄國屢欲滅土，伸其權力於地中海。及見土政府擾紛腐敗，不堪言治，因思有機可乘，達其宿願。當一八五二年一月，英國駐俄大史觀見時，尼古拉帝曰：「雖有名醫，不能治瀕死病人」。因欲以歐洲土耳其為俄之保護國，亞洲土耳其、埃及及克利地等島，為英之保護國。英以既云保護，不啻為俄之領土，遺禍於地中海、印度至大，拒之。

所以可知土耳其之存亡，英、俄兩國之利害關係，各自背道而馳。但俄人承繼彼得大帝之遺志，何肯把機會輕易放過？後來便以聖地問題，與土耳其以兵戎相見了。但是英國也老實不客氣，於一八五四年三月板起臉孔，和法國起兵援土伐俄。俄人到底屈服了！一八五六年二月，便締結《巴黎條約》。約文大旨是：

⑴土耳其絕對獨立，各國不得侵略。

⑵黑海中立，俄、土不得設海軍工廠。

⑶俄國不得於阿蘭島設海軍要塞及行營。

但是，俄並不以此結果而灰心。也不過認為計畫中挫，並不認為完全失望。所以一八七五年黑色哥維拿和玻斯尼亞叛土，俄國便躍躍欲試。隨後，門的內哥羅及塞爾維亞也反抗土耳其了，俄國便假借名義，以為土人虐待基督徒，遽爾向土宣戰。俄羅斯常持大斯拉夫主義，以為俄人是斯拉夫人，巴爾幹諸小國，也是斯拉夫人種，所以自居於長兄 (big brother) 之地位（詳 Hayes 書）。況且因普法戰爭（一八七〇年）的結果，黑海中立的束縛，也無形中取消了（見 Panaretoff: *Near Eastern Affairs and Conditions*）。不在這個時候向地中海擴張勢力，還待何時？然而目的終達不到，彼得一世飲恨無窮！

三、此路不通

俄人固然激烈地求地中海的勢力。但是英國始終不肯放鬆。英國的態度，我們在美國名史學家 Robinson and Beard 所著的 *History of Europe: Our Own Time* 裡可以看出：

> 爵士比康裴爾 (Beuconfield) 以為助巴爾幹斯拉夫之叛亂於蘇丹，（土耳其）將使彼等叛國，與英之仇敵俄羅斯聯合。……英人誠欲為維持其商業起見，必不願壓制土耳其，土耳其者，尚未至如俄之為強國，足以妨害英人東方之商業者也。
> 俄人最覬覦的是君士坦丁，但是英國則極力主張君士坦丁當始終握於原主之手。《俄土戰史》說：無論任何強國，均不得妨害蘇伊士運河通航之路；且君士坦丁府，宜常保存於原主之手，達達兒海峽及海普魯斯所行之規則，將來仍須行之。

觀此可知，俄之侵略土耳其，乃英國人所最不願聞的。因為俄國有勢力於地中海，可以妨及英國本部與印度的交通之安全，「海是英國人的，尤其是地中海」。這是英國人爽氣而得意的話。臥榻之旁，豈容他人酣睡？

此外，俄羅斯還有一個勁敵，就是法國人。法國人在土耳其的地位，本來是很優越而穩固的。俄國和土耳其單獨解決近東問題，是法國莫大的損失。奧地利也是關心於土耳其的巴爾幹半島。而義大利，也不能坐視俄人之生吞活噬，所以巴爾幹問題——近東問題——便為歐洲列強之問題，俄、土兩國馴致不能私下解決這個問題了（本節參考 Panaretoff 之 *Near Eastern Affairs and Conditions: Lecture VI*）。

所以土耳其雖被俄國打敗了，但是俄國人沒收到勝利之報酬。俄土兩國，雖則私下裡訂了《聖士提反條約》（一八七七年三月三日），俄羅斯似乎佔了不少的利益，然而各國的妒忌與恐怖心，大起而特起。奧、義均積極備戰，而英國的財政大臣，且更明目張膽，說英國已有海陸軍費六百萬鎊，以備不時之需。印度兵第一隊也航行於地中海以示威。

戰爭似乎迫近了，德相俾斯麥乃召集所謂柏林會議 (Congress of Berlin)，要各國代表前來解決這個問題。那時英國代表的態度最為強硬，《俄土戰史》

上有一段寫得很精采：

> 英人第士雷里侯之至柏林，往訪俾斯麥公，贊其功績。公卒然起曰：「請
> 休冗語；請問足下，此來欲和乎？欲戰乎？」侯從容答曰：「欲和耳；雖
> 然如希望不達，亦惟有戰，余固具有和戰之準備者也。」加之俾斯麥又是
> 袒英的，所以柏林會議之結果，俄人失敗了。然而俄人仍不忘克利米亞
> 戰役之教訓，不敢公然與英國抗，俄國在這戰役中，空有下列的條件：
> (1)土耳其以巴透港割與俄羅斯，但俄皇當宣言以巴透港專闢為通商之口
> 　岸。
> (2)以聖士提反條約割與俄國之亞歷山他路得地方及伯給納府，仍還給於
> 　土耳其政府。

　　照著以上所說，俄羅斯在近東之位置，完全被牽制了。巴爾幹問題之當
由國際共同解決，差不多成了一條空的合約 (convention) 了。可憐的俄羅斯，
他非打倒海上霸王的英吉利，要想得一地中海之出口，實在是千難萬難了！

　　因為俄國在近東的失敗，於是更把遠東問題，留心而努力進行了。《柏林
條約》的成立是一八七八年，十三年後，俄人即毅然築西伯利亞大鐵路，就
是證據之一。這就是俗諺所說的「東頭不著西頭著；不開南門開北門」。

　　不過，吾人所當注意者，俄人在近東方面，兩次見阻於英國，但是到了
遠東，想求太平洋之出口，卻又與短小強悍之日本帝國起衝突。一九〇五年
之日俄戰爭，就是俄國道出遠東之一個阻力。而弱小的中國，則成為別人的
俎上之肉，太平洋也就從此不太平了！

第三節　帝俄侵佔西伯利亞之經過

一、西伯利亞與中國之關係

　　據何秋濤著《朔方備乘》所載西伯利亞本為鮮卑族的故土，所以即以其
民族之名稱作為地名——西伯利亞。

　　綜觀中國歷史，西伯利亞的地域，在漢為堅昆、零丁、烏揭諸國，同時
為匈奴的北境，後漢為鮮卑北境；後魏為烏洛侯、大鮮卑諸國地，同時為蠕

蠕北境；周、齊、魏時為契、渭諸國，及突厥、西突厥北境；唐初為鐵勒、流鬼諸國；遼為轄嘎斯及乃滿部地，金為乃蠻、克列諸部落；及元太祖在朔漠一代興起以後，其武功最盛，因此，西伯利亞全部都歸入了元代的版圖，在各時代中，都和中國有相當的關係。到明代中國本部和這些地方的關係稍疏，於是俄人便乘機侵入了。

二、俄人早期之入侵西伯利亞

據史籍記載，當蒙古人尚未興起時，俄人便已經知道西伯利亞的富饒廣大，極想加以侵略。在十一世紀時，即有諾甫哥羅德 (Novgorod) 商人冒險穿入此地，以尋找皮貨，不過當時俄人自身的力量很薄弱，所以尚無力量佔據此地。根據《西伯利亞地理誌》一書說：

> 西伯利亞自古為曠土，其地理風土及各種民情，茫然未現於世。初與西伯利亞土人交涉者，為諾甫哥羅德人，諾甫哥羅德人當時有獨立之權，其主權皆歸議會掌握，議員由侯伯中選舉，委以軍事，民政廢立，皆議會主之。諾甫哥羅德人專務遠征、擴張商業，其得互市於西伯利亞者，以兵力制勝居多。一○三二年（宋仁宗明道二年），諾甫哥羅德人烏勒將兵向烏拉山征土人，失利而歸。先是，一○一四年（宋真宗大中祥符七年）諾甫哥羅德人聞西伯利亞皮毛富甲他處，希冀遠征，嗣有勝負參半之說。諾甫哥羅德人屢為遠征，遂勝維吾爾人，以其地為諾甫哥羅德府藩屬，徵收金、銀、牙、毛皮、海馬等物。維吾爾人反覆無常，屢萌叛志。一一八七年（宋孝宗淳熙十四年），諾甫哥羅德人遣兵伐之，大敗，失去兵士百餘名。繼因屢征維吾爾，始知西伯利亞之情勢。一一九三年（宋光宗紹熙四年），由諾甫哥羅德遣雅士勒攻維吾爾，乘勝進圍韃靼汗城，攻之月餘，韃靼汗遣使詐降，約定期納皮毛稅，雅士勒許之。防禦稍懈，敵軍乘間來襲，猝不及備，雅士勒以下十二人皆被殺。此後諾甫哥羅德人屢戰屢敗，韃靼邊徼，蹤跡遂絕。

以後在蒙古人統治俄國的時候，俄人對於西伯利亞西北一帶，還是屢加侵略，《西伯利亞地理誌》說：一三二○年（宋仁宗皇慶七年），諾甫哥羅德人復發兵侵維吾爾，大勝而歸。一三六四年（元順帝至正二十四年），諾甫哥

羅德人征西伯利亞，分兵為二隊，其一下俄比河（即鄂畢河），攻略河岸各地，遂達北洋冰海；其一溯俄比河，侵略河岸各地。一四三○年（明宣宗宣德五年）俄人至喀麻河河岸，興創製鹽一業，志在擴張殖民，後遂開設索里噶穆斯克府。一四九九年（明孝宗弘治十二年），俄人大舉遠征烏拉爾地方，襲擊薩墨額土人凡五十人，進擊西伯利亞各地，陷韃靼三十三城，擒漢族五十名，士民一千餘名❹。

三、俄人侵佔西伯利亞之過程

　　俄人侵略西伯利亞，自宋代以後，便屢經發動，如上所述，但是當時還沒有形成一種有組織、有計劃、大規模的侵略，所以在事實上還不能達到他的目的。自十六世紀中葉以後，一方面因為蒙古人在俄國的統治勢力崩潰，一方面俄國的國家已較為統一進步了，因此，對於覬覦已久的西伯利亞，便開始以全力侵入。但是，這個侵略依然經過長時間的掙扎，最初僅和韃靼人戰於韃靼的鄂畢河流域一帶，繼則進至葉尼塞河流域，達到了貝加爾湖，又進勒那河及黑龍江流域。其間經過的時間有七十年，大略可以分為三期如下❺：

㈠第一期

　　自耶爾麻克（Yermak）東征，到耶爾麻克之死，經過七年。據《東邦近世史》說：

一五七八年（明神宗萬曆六年），耶爾麻克溯窩瓦河，渡喀瑪河至斯脫羅加拿夫之殖民地，率哈薩克八百餘名，欲攻西伯利亞府，失路不能達。一五七九年（萬曆七年）六月十四日，耶爾麻克再出征，溯楚孛瓦雅河，於其地冬居。翌年五月十三日於塔吉里河之岸，破韃靼汗之部下，取其城（今圖林斯克）。八月十三日略取都城狄姆演。一五八一年（萬曆九年）五月二十一日耶爾麻克發兵狄姆演城，下圖拉河，於河口會韃靼六汗之聯軍，劇戰數日，大勝之。六月二十日，出托波爾河，又與韃靼兵戰，

---

❹　何漢文著，《中俄外交史》，中華民國二十四年四月，中華書局出版，初版，第五五至五六頁。

❺　同❹，第五七至六四頁。

且戰且退。八月二日於塔巴孫破韃靼馬美托克立。八月十三日奪庫程汗部下加拉佳之居城加拉基拏。九月二十六日於托波爾河口破韃靼人，略取阿奇克，定冬居之策。十月十三日，庫程汗率兵擊耶爾麻克於楚瓦西山麓，大敗之。庫程汗由西伯利亞比奇克土拉（即今托波爾斯克附近）阿巴拉克諸城，攜妻子財物遁於伊錫穆曠野。十一月七日，耶爾麻克入西伯利亞城。

以後耶爾麻克又和庫程汗部下大將馬美托克立及加拉佳屢經戰爭，進入額爾齊斯河鄂畢河一帶。據《東邦近世史》所載如下：

> 哥薩克人之一隊，生擒馬美托克立。馬美托克立者，韃靼中之勇將也，庫程汗甚倚之，今為所擄，而加拉佳又叛去，庫程汗不知所為。耶爾麻克乃命其部下攻略額爾齊斯河之沿岸。一五八三年（萬曆十一年）五月十三日耶爾麻克率兵下鄂畢河，陷加托威姆城。七月十三日溯塔甫達河征服阿克爾人，大戰於哈君加河畔，略取各地。一五八四年三月十四日，加拉佳嗾俄斯札庫及韃靼人圍西伯利亞城，欲絕其糧道，以困哈薩克人。耶爾麻克率哈薩克人出城迎戰，大破敵軍，獲兵器、糧食無算。是年夏，耶爾麻克復溯額爾齊斯河追擊加拉佳，長驅圍克爾拉羅城，攻之五日，不能下，棄之，出希希河，進至曠野，終不見加拉佳之蹤跡，乃歸西伯利亞城。

但是耶爾麻克的勢力到底很單薄，與韃靼人戰爭的結果，卒為其所襲擊，死於額爾齊斯河中。於是俄人初侵入西伯利亞的勢力，遂全部消滅。西伯利亞城依然為庫程汗之子所據。據《西伯利亞地理誌》所載，當時的戰爭情形如下：

> 初，耶爾麻克略取西伯利亞城，遣使於布哈爾，開通商市。於是布哈爾商人取路額爾齊斯河，往復於西伯利亞城，庫程汗之兵欲因布哈爾之通商，襲取額爾齊斯河。耶爾麻克率哈薩克人五十名，直向額爾齊斯河岸，然不見韃靼人之蹤跡，回軍至瓦噶伊河口附近，時日已暮，野營河岸，適風雨暴作，哨兵弛不防備，為韃靼人所襲，耶爾麻克苦戰不得脫，乃沿額爾齊斯河以遁。體倦甲重，為波浪所激而沒。西伯利亞諸城軍聞耶

爾麻克死，咸氣沮。韃靼人、窩克爾人、俄斯札庫人等，乘勢攻擊俄兵，俄將軍克爾利軍力單薄，勢難支久。七月二十七日，率哈薩克兵百五十名，棄西伯利亞城，歸莫斯科。俄兵既去西伯利亞城，其地遂為庫程汗子阿勒所居，後以塞約克領之。

關於耶爾麻克的來歷，和其與俄國當局的關係，蘇俄岳翰托夫 (Yakhontoff) 在其所著《俄羅斯與遠東問題》一書中，有下列的一段記載：

一五八一年（或一五八二年）Stroganoff 族中的軍事領袖瓦西里・梯莫福也夫 (Vasili Timofeieff) 冒名為耶爾麻克率哥薩克人 (Cossacks) 八百名，東越烏拉山脈。屢與庫善的韃靼人小戰，肅清一切。俄人漸漸沿托波爾河 (Tobol) 而下，於一五八二年九月到伊爾土施 (Trtysh)，最後到達庫程汗的都城西伯利亞城 (Sibri)。這時此城已將廢棄了。佔下了這些地方以後，耶爾麻克遣使至莫斯科，貢獻皮貨，甚為豐富，很謙恭地祝賀可怕的伊凡 (Ivan IV, the Terrible)，因為獲得新西伯利亞王國，並且從前因為他的部下行為不檢，俄皇曾宣佈處以死刑，現在他又請求俄皇赦宥了。

由這段敘述，我們可以知道俄人在這個時期的侵略西伯利亞，開始還只是一種小規模的私人行動。不過後來侵略得手了，乃與其政府發生了聯繫，得到了政府的幫助。耶爾麻克在西伯利亞的勢力被消滅以後，俄政府還屢次遣兵來救應，維持其在西伯利亞的殘餘勢力。據《東邦近世史》記載，當時政府出兵援助的情形如下：

先是，一五八四年（萬曆十二年），俄帝伊凡四世殂，其子嗣位，以曼斯羅為將軍，附哥薩克兵百名，大礮二門，遣至西伯利亞，曼斯羅之去路，與克爾利之歸路相左，及至額爾齊斯河，始聞耶爾麻克戰事。時已冬季，不能返兵，乃築造壘柵於額爾齊斯河與托波爾河之間，以防土人來襲，為居冬之計，是為華波爾斯克砦。翌年，克爾利歸莫斯科，俄廷更命蘇欽及密雅斯尼古二人率哥薩克兵至西伯利亞。七月，蘇欽等至圖拉河，以狄姆演城為根據地，先攻伐附近之土人。一五八八年（萬曆十六年），將軍楚爾古誘韃靼汗錫嘉克、加拉佳等，自西伯利亞府至托博爾斯克，執之，送至莫斯科，韃靼人遂去西伯利亞城，爾後此府荒蕪無居住者。

在十六世紀時，莫斯科的外交政策集中於兩個目的：⑴壟斷自歐洲至亞洲，自波羅的海經過倭爾加河以至裏海的水道；⑵使俄國能有一個海洋出口，以與西方國家接近。至於東方，伊凡四世以為征服喀山 (Kazan) 及阿斯托拉罕 (Astrakhan)，把他的土地擴充到烏拉山脈以後，韃靼人的恐怖便可以免除了。在當時他沒有更向亞洲侵略的野心。所以當時耶爾麻克等人在西伯利亞西部一帶的行為，只是一種私人的行動，事先並沒有經過政府的命令和允許。不過耶爾麻克侵略的成功，便不免使俄皇很高興了。所以他不但赦免了耶爾麻克過去的犯罪，並且賜給他一件袍子和一個獎牌，以嘉獎他的盡忠王室（據《俄羅斯與遠東問題》所載）。因此，耶爾麻克也立刻成了俄國人所歡呼的偉大英雄了，其成功的事蹟，至今在俄國的民間還當作一種英雄式的傳說。

經過耶爾麻克的侵略成功以後，不但使俄國人民對於西伯利亞都生了黃金的探險夢，在政府方面，也以更大的力量和注意來從事對西伯利亞的侵略工作了。

㈡第二期

在十六世紀的末葉幾年間，俄人達到鄂畢河 (Obi)，這些地方的土著阿斯狄俄克人 (Osteioks)、瓦加爾人 (Voguls)、以及韃靼人等，都是文化很低，並且是很貧窮的獵人和漁人，對於俄人的侵入，都是毫不知抵抗，很順從地承認了俄人的統治權。雖然最初韃靼人有些反抗，但是不久就漸漸平息了，於是俄人便開始專心於實際的殖民。一五六八年規定對於遣往新地耕作的人，負有納稅的義務，以為進貢和防禦韃靼人侵略的費用。一五九〇年（萬曆十八年），便開始移農民三千戶到西伯利亞來，從事這些處女地的墾殖工作。

在一六二九年以前，還沒有設立新政府於托姆斯克 (Tomsk) 的時候，行政的中心在梯約門 (Tinmen) 和托博爾斯克 (Tobolsk) 兩地，土著的生活，和在蒙古人統治的時候，沒有什麼區別，唯一不同的，便是他們現在不進貢於蒙古人，而進貢於代表莫斯科政府的官吏；此種貢稅，叫做 Voyevodas。當時俄國官吏所收到的 Voyevodas 在表面上看來，是用以維持地方的治安，但是實際上十分腐敗，都用以蹂躪百姓，中飽私囊，使土人感受痛苦。

到米哈伊爾‧羅曼諾夫為帝的時候，始注意經營西伯利亞。他侵略的初步便沿葉尼塞河 (Yinissel) 一帶發展。到了一六一九年哥薩克人至葉尼塞河，一六二八年他們渡葉尼塞河至勒那河 (Lena)，一六三六年他們便到達了葉尼

塞河口。一六三七年於勒那河岸建築雅庫次克 (Yakutsk) 要塞，為其向黑龍江流域發展的重要根據地。從此，他們的主要根據地在勒那河流域，其勢力及於鄂畢河及葉尼塞河流域。同時更不斷地向四處探險，以求繼續發展。

在第二期中的顯著進步，便是他們在這侵佔的地方，已經有了政治的組織，以作為統治的機關；有堅固適宜的要塞，以作侵略的根據地；開始徵收賦稅，以作為侵略的給養；同時更開始移民墾殖，以作永久孳息的起點。要而言之，俄人第二期在西伯利亞的侵略工作，已經把各種規模都樹立了，所以在第三期中，其侵略便有長足驚人的發展，而完成其野心了。

㈢第三期

自一六三〇年至一六五〇年間，俄人在西伯利亞的侵略，有重大發展。在起初十年中（一六三〇至一六四〇年），他們在極北的地方達到了北冰洋（一六三六年），在極東的地方達到了太平洋鄂霍次克海（Sea of Okhotst，一六三九年即崇禎十二年）。在這五十七年中（一五八二至一六三九年），他們竟由歐洲大陸的這端，達到了亞洲大陸的那端。茲將《東邦近世史》所載，當時俄人侵入黑龍江一帶的經過情形，摘錄如下：

一六四〇年（崇禎十三年）將軍鄂羅文赴雅庫次克之任。越三年，命哥薩克人保耀谷夫向黑龍江遠征，保耀谷夫率士卒百二十七名，譯官二名，鍛工一名，攜鐵礮一門，火藥一普特，鉛八普特，以是年六月發雅庫次克，自勒那河出阿爾丹河，達烏米爾河口，又進喀那特河口，捨舟駕橇，越斯塔諾威山脈，出普亮達河之上流，即沿該河岸達精奇里河。一六四四年（崇禎十七年）春，始達黑龍江，於是更造小舟，下黑龍江，過松花江之會流處，征服費雅克人，於安格尼河口附近卒歲。翌年，江水冰解，又乘小舟沿鄂霍次克海岸北航，三閱月之後，達烏得河口，又冬居。一六四六年（清順治三年）發烏得河岸，越斯塔諾威山脈，至瑪雅河，造新船，乘之出雅爾丹河，又航勒那河。秋季歸雅庫次克。復命鄂羅文曰：「所過之地，有達夫爾人、費雅克人之部落，以精兵三百，可一舉而取為俄羅斯之版圖」。保耀谷夫遠征黑龍江，閱三寒暑，而達其望。其間經七千公里之長程，俄國之圖黑龍江，實肇於是役。

四、俄人能夠快速征服西伯利亞的原因

俄人在七十餘年的時間中，能夠以快速的諸種手段，征服了整個西伯利亞一千一百多萬平方里之廣大土地，實是世界帝國主義侵略中之奇蹟。歸納其主要原因，有下列兩點❻：

第一，俄國在西伯利亞發展之速得了天然交通的資助。西伯利亞有三大河流系統：即鄂畢河系統 (Obi River System)、葉尼塞河 (Yenisei) 系統及勒那河 (Lena) 系統。而鄂畢、葉尼塞及勒那三大河雖皆發源於南而流入北冰洋，但其支河甚多，且大概是東西流的。一河流系統之支河與其鄰近河流系統之支河往往有相隔甚近者，且二者之間有較低之關道可以跋涉。俄人過烏拉山就入鄂畢河系統；鄂畢河系統轉入葉尼塞河系統；再轉入勒那河系統，就到極東了。

俄人在西伯利亞所養成的交通習慣，與日後中俄兩國在黑龍江的衝突有很大的關係。因為黑龍江及其支河可說是亞洲北部的第四大河流系統。其他三大河皆由南向北流，惟獨黑龍江由西向東流而入海。所以在自然交通時代，黑龍江是亞洲北部達東海便捷之路。並且俄人有好幾處可以由勒那河系統再轉入黑龍江系統。黑龍江上游有一支河名石勒喀 (Shilka)；石勒喀有一支河名尼布楚河 (Nertecha) （尼布楚因此河而得名）。尼布楚河發源之地離威提穆河 (Vitim) 發源之地甚近。威提穆河就是勒那河上游之一支。這是由勒那河系統轉入黑龍江系統道路之一。黑龍江上游另有一支河名格爾必齊河 (Gorbitsa)，其發源地與鄂列克瑪河 (Olekema) 之發源地甚近，而鄂列克瑪河也是勒那河的一支。這是由勒那河轉入黑龍江的第二路。黑龍江的中游有一支河，中國舊籍稱為精奇里河，西人稱為結雅河 (Zeya River)。精奇里河發源於外興安嶺之山陽，其流入黑龍江之處，在其東有俄屬海蘭泡，亦名布拉國威什臣斯克 (Blagoveshehensk)，對岸稍南即中國之璦琿。自勒那河者可溯雅爾丹河 (Aldan) 或鄂列克瑪河之東支而轉入精奇里河的上流的支河，這是由勒那河系統入黑龍江系統的第三條路。在清初的國防上，這條路尤其要緊，因為最毗近東北的腹地。

第二，俄國十七世紀在西伯利亞拓展之速，多因當地土人缺乏抵抗的能

❻　蔣廷黻著，《最近二百年東北外患史》，第二至四頁。

力；俄人用游擊散隊的戰術，就足以征服之。彼時，西伯利亞戶口稀少，土人文化程度甚低，政治組織尚在部落時代，抵抗力尚不及北美的紅印度人。比較有抵抗能力的要算鄂畢河上游的古楚汗國 (Kuchum Khanate)。這個國就是蒙古大帝國的殘餘。耶爾麻克 (Yermak) 於一五八三年奪取了其京都西伯利亞城。一五八七年（明萬曆十五年），俄人在西伯利亞城附近建設托博爾斯克大鎮 (Tovolsk)。事實上，自耶爾麻克在鄂畢河戰勝古楚汗國之後，直到鄂霍次克海，俄人再沒有遇過強有力的抵抗。

第四節　俄人策動及助長準噶爾部噶爾丹叛亂

一、準噶爾述略

　　準噶爾 (Джунгария) 為中國西部蒙克瓦剌的後裔，在歷史上同中國各民族有著密切的聯繫。瓦剌在《蒙古秘史》作斡亦剌惕，原來住在謙河（葉尼塞河上游）流域。十二世紀以前，蒙古族分散為許多部落，斡亦剌惕也是其中的一部。十二世紀末，十三世紀初，成吉思汗把蒙古統一起來。一二〇七年成吉思汗長子拙赤去統一和林西部諸部，斡亦剌惕部長忽都合別乞來降[7]，自此歸附於成吉思汗，十三世紀中葉，忽必烈統一中國，建立元朝。瓦剌所在地區，屬於嶺北行省，在元朝中央政府直接管轄之下。瓦剌在元朝末，有的向西遷入天山北路的準噶爾盆地；有的向東南遷入匜盆河流域。明朝初，瓦剌分為三部，由馬合木、太平、把禿孛羅分別統轄。一四〇九年夏，明朝政府封馬合木為順寧王，太平為賢義王，把禿孛羅為安樂王，賜給印誥[8]。

　　十六世紀時，瓦剌分為綽羅斯（後稱準噶爾）、和碩特、杜爾伯特和土爾扈特四部，是為四衛拉特，清時總稱之為厄魯特。綽羅斯遊牧於巴爾克什湖以東伊犁河流域；和碩特遊牧於烏魯木齊地區；杜爾伯特遊牧於額爾齊斯河兩岸；土爾扈特遊牧於塔爾巴哈臺地區。一六三七年，作為四衛拉特之首的和碩特部頤實汗遣使向清廷進貢，是為厄魯特蒙古臣服於清朝之始。一六四六年，頤實汗奉表進貢，清朝政府賜頤實汗甲冑弓矢，令其管轄厄魯特，此

---

[7]　《蒙古秘史》，一九五六年，中華書局印本，第二三四頁。

[8]　《明史・瓦剌傳》。

後間崴輒遣使至。包括綽羅斯即準噶爾部長巴圖爾渾臺吉在內的許多厄魯特酋領都「附名以達」，向清廷表示臣服❾。

二、俄人對準噶爾之圖謀

一六三五年，巴圖爾渾臺吉成為準噶爾部首領，就在同年，俄國駐托姆斯克總領羅莫丹諾夫斯基派遣軍役人員五名前往準噶爾部，企圖勸使巴圖爾「歸順」俄國。第二年，帝俄政府又派彼得羅夫到準噶爾進行分裂活動，但這兩次均未達到預定之目的。

一六三九年，帝俄政府採取賄賂手段，特派專人向巴圖爾贈送金色錦緞、呢絨和高腳杯等禮品，以示「關懷」。一六四〇年，俄皇政府又派托博爾斯克貴族士官明索伊·雷米佐夫向巴圖爾贈送各種銀器、寶石、呢絨和綢緞，在舉行贈禮儀式時，雷米佐夫要求巴圖爾「恭敬地起身接受俄皇的賞賜」，巴圖爾斷然拒絕，端坐不動❿。

一六五〇年，帝俄政府又派克列皮科夫到準噶爾部活動，但仍舊一無所得⓫。巴圖爾深知俄皇派來準噶爾的人都是口蜜腹劍，居心難測，因此一六五一年向俄國「使者」巴伊加切夫聲明，他不願再和俄國人有任何往來，並要求俄皇政府今後不要再派使者來準噶爾⓬。

一六六三年巴圖爾逝世⓭，次子僧格繼任準噶爾部首領。他對帝俄深為痛恨，堅決抵制其不法行為。一六六五年，俄皇又指派貴族士官布別諾伊攜帶水獺皮、狐皮和布疋等禮品來到準部，以圖收買僧格，並要求他「熱忱效忠沙皇，接受其崇高統治」⓮。僧格在盛怒之下，逮捕布別諾伊，將他拘留一年才釋放回國。

❾　《皇朝藩部要略》，第九卷。

❿　戈利曼·斯列沙爾楚克編，《一六三九至一六五四年俄蒙關係文件集》，一九七四年莫斯科版，第四七頁。

⓫　巴德雷編，《俄國·蒙古·中國》，第二卷，第一二六頁。

⓬　戈利曼等編著，〈關於十七世紀三十至五十年代俄蒙關係的俄國檔案資料〉，載蘇聯科學院《亞洲民族研究所簡訊》，第七六期，一九六五年莫斯科出版。

⓭　契米道爾熱拉夫，《十七至十八世紀蒙古與俄羅斯的相互關係》，一九七八年莫斯科出版，第五四頁。

⓮　同⓫，第一七七頁。

一六六六年秋，俄國政府又派庫爾文斯基等六人攜帶俄皇阿列克謝・米哈伊洛維奇 (Алексей Михайлович) 的信和禮物，往見僧格及其叔父楚琥爾臺吉，「敦促他們歸順俄國」❺。庫爾文斯基到達後正值僧格外出，便往見楚琥爾，並要他行臣屬之禮「恭立接受大君主的信件和禮品」❻。楚琥爾斷然拒絕，派人通知他立即離境。庫爾文斯基接到驅逐令，藉口等待僧格，而在準部過冬。

同年六月，僧格回到駐地，庫爾文斯基前往會見，又要求僧格「畢恭畢敬地接受大君主的信件和禮」；但是「僧格臺吉搖搖頭，坐著接受俄皇的信件」，「未向俄皇問候」，即將來「使」斥退❼。以上帝俄政府屢次運用「禮物」等之手段，就是為了實現誘使準噶爾臣屬俄國之計謀。

三、帝俄扶植噶爾丹叛亂

一六七〇年末，僧格去世，巴圖爾的第五子噶爾丹 (Галдан) 於一六七三年奪取了準噶爾部的統治權，自立為汗，性兇狡❽。一六七七年，噶爾丹襲殺和碩特部的鄂齊圖，佔有青海❾。一六七八年，噶爾丹征服了回部（新疆天山南路）❿。一六八一年，噶爾丹向西面的哈薩克、布魯特進攻，渡過楚河，沿著西天山的北麓，一直攻到賽拉姆（今江布爾西南）⓫。

一六八七年底，俄國參加中俄邊界談判的全權會議代表戈洛文，在伊爾庫次克停留的途中，專門接見了噶爾丹的代表，陰謀策動噶爾丹擴大叛亂，支持他進攻喀爾喀蒙古⓬。第二年，戈洛文在給俄國外交事務衙門的報告中，建議立即派「使團」到噶爾丹處，和他建立聯盟。戈洛文在報告裡竟然說什麼：與噶爾丹建立聯盟就使臣服於俄國的「異族貢民將始終不渝地臣服俄國，

---

❺　同⓫，第一八〇頁。

❻　同⓫，第一八一頁。

❼　同⓫，第一八四頁。

❽　何秋濤著，《朔方備乘》，第四卷，《準噶爾蕩平述略》，第三頁。

❾　同❾。

❿　張星烺著，《中西交通史料匯編》，第二冊，第一六三節，〈鄂本篤訪契丹導言〉。

⓫　哈薩克科學院人類考古研究所編，《哈薩克歷史》，第二三三至二三四頁。

⓬　齊赫文斯基主編，《十七世紀俄中關係文件集》，第二卷，一九七二年莫斯科出版，第六二一頁。

而許多其他蒙古臺吉也將起而效法，投歸陛下崇高的專制統治，永為臣民❷」。這段話清楚反映了俄人勾結噶爾丹計謀分裂中國的用心。

在俄人的策動下，一六八八年噶爾丹悍然率領叛軍向東大舉進攻喀爾喀蒙古各部。當時，中國喀爾喀土謝圖汗正進行著反抗俄國侵略者的英勇戰爭，噶爾丹的進攻，迫使土謝圖汗撤除了對俄人侵略據點色楞格斯克的包圍。顯然，噶爾丹這一叛亂活動，正是與入侵中國東北的俄國侵略軍互相配合，遙相呼應的。喀爾喀蒙古的首領們不只一次地，從俘虜的噶爾丹叛軍中得知，噶爾丹這次的進攻同俄國的軍隊是「聯合行動的」，有大批的俄國軍隊，並有大量火器、大炮協同作戰❷。

在俄國軍隊的配合下，噶爾丹叛軍佔領了喀爾喀蒙古各部的遊牧地區。蒙古族人民遭到空前的災難，許多人被殺，草原被強佔，牲畜被掠奪一空。喀爾喀蒙古各部被迫南遷，清朝政府將他們安置在科爾沁草原（今內蒙古北部）。

一六八八年十一月，噶爾丹又派「使者」到伊爾庫次克，就訂立「軍事同盟」一事與俄方會談。此次，他又就這一問題多次與帝俄有關人員密商。直到一六八九年七月，即《中俄尼布楚條約》簽訂前夕，噶爾丹還派佐圖克為「使」，再次到伊爾庫次克同俄方商討同盟。此時，帝俄一方面表示願同中國和平解決邊界問題；另一方面卻在暗地與噶爾丹勾結。這種兩面的作法，正是帝俄外交的一大特點。

一六九〇年三月，戈洛文又和噶爾丹的「使者」達爾汗就訂立軍事同盟問題，在伊爾庫次克進行密商。達爾汗向戈洛文說：「阿爾巴津建寨的地區原本是蒙古的，不是博格德汗（指清朝皇帝）的，統轄蒙古人和這個地區的是他博碩圖汗（指噶爾丹），倘若俄皇陛下有意在這裡重建城堡，博碩汗願將這片土地讓給陛下，博格德汗同這片土地無關」❷。

---

❷　同❷，第一卷，第十八頁。

❷　同❷，第二卷，第三〇六、三〇七頁。

❷　同❷，第一卷，第三〇頁。

四、清廷討伐噶爾丹叛亂的經過

一六八八年，噶爾丹在帝俄策動與扶植下，發動大規模叛亂，進攻喀爾喀蒙古，佔領漠北，已嚴重威脅到清朝的統治。此時，康熙帝決定對噶爾丹用兵討伐，消弭叛亂，並親率大軍前往進剿，在烏蘭布道（今遼寧省昭盟克什騰旗南境）將噶爾丹的先鋒部隊全部擊潰。一六九六年，清軍在昭莫多（今土拉河及克魯倫河之間）又大敗噶爾丹。次年，康熙帝又第三次親征準噶爾。這時準噶爾部人民對噶爾丹日益不滿，噶爾丹之侄策妄阿拉布坦乘機襲據伊犁，奪取了統治權。噶爾丹面臨眾叛親離，走投無路乃仰藥自殺[26]。

十八世紀初，策妄阿拉布坦向中亞進攻，兵鋒遠及阿利斯河（今克孜爾奧爾達東北方)[27]。一七一六年，策妄阿拉布坦派兵入藏。一七二〇年，清廷乃派大軍入藏討伐，大敗準噶爾兵，驅逐其出西藏。與此同時，清兵又從巴里坤和阿爾泰兩次進攻準噶爾，雖取得局部勝利，但未能深入[28]。一七二七年，策妄阿拉布坦死，子噶爾丹策零，繼續同哈薩克、布魯特進行戰爭，追擊哈薩克遠到烏拉河上的奧利河。在同布魯特作戰時，他的零星部隊曾遠到帕米爾的南面[29]。但是他在雍正年間（一七二三至一七三五年），兩次進攻喀爾喀均遭失敗，終於在一七三九年議定以阿爾泰山為喀爾喀與準噶爾的遊牧界限。一七四六年，噶爾丹策零死，準噶爾又生內亂，勢力漸衰。一七五七年，清軍從烏雅蘇臺和巴里坤兩路出師平亂，在格登山（今昭蘇西北）擊潰準噶爾主力(準噶爾首領達瓦齊逃往烏什，隨即被維吾爾族城主霍吉斯擒獲)，初步平定了準噶爾的叛亂。不久，原來已投降的輝特部的負責人阿睦爾撒納叛變。一七五七年，清軍再次兩路出師，長驅直入，會攻伊犁，阿睦爾撒納逃入俄國（後病死）。清軍搜捕其殘部，徹底平定了準噶爾之叛亂。清廷乃立即設伊犁將軍以蒞治之，建官屯田，築城開渠，遂為西北一大都會[30]。

---

[26]　同[18]，第七頁。

[27]　同[21]，第二三三至二三四頁。

[28]　同[27]。

[29]　《蒙古與烏梁海邊區》，第六七四至六七五頁。

[30]　同[18]，第一九至二〇頁。

第二編

清代前期之中俄關係

第四章　中俄直接交涉之開始

第一節　十七世紀介於中俄間的三種民族

一、三種民族的相互關係

　　十七世紀末葉，介於中俄之間有三種民族❶：㈠土爾扈特人，他們聚居西部，位於伏爾加河河口及烏拉爾河流域；㈡喀爾木克人或厄魯特人，他們是位於鄂畢河和葉尼塞河發源地一帶；㈢蒙古人，他們居於外貝加爾地區。

㈠土爾扈特人與厄魯特人

　　土爾扈特人在種族上與喀爾木克人相親，最初定居在準噶爾，後來於十七世紀中葉遷移到伏爾加河下游；在十七世紀末葉時，其首領阿玉奇汗，成為阿斯特拉罕和烏拉爾河之間的各遊牧民族的最高領袖。俄國總想設法使他成為自己的附庸，連續訂立的幾個條約表明，這純屬幻想。

㈡蒙古人與喀爾木克人

　　在西伯利亞另一端的蒙古人，一六八六年於基蘭·布遲爾地方召開的會議上，由於感到自身太軟弱孤立，於是決定委身於中國。可是，隨著喀爾木克人逐漸向東推進，他們的地位變得更不穩固了。厄魯特人是在野心勃勃的首領們領導下的戰士，他們居住的地方正控制著從南部進入西伯利亞以及從西部進入中國的各條道路，因此他們有獨霸中亞細亞之心。十七世紀末，他們降服了突厥斯坦的不花喇人,並使他們成為自己在外交和商務上的代理人；

---

❶　（法）加斯東·加恩著，《彼得大帝時期俄中關係史》（一六八九至一七三〇年），江載華、鄭永泰譯，商務印書館出版，一九八〇年三月，北京，第一版，第四至五頁。

他們又自己充當西藏的保護者，保衛喇嘛佛教，使之免受中國黃教支派的侵害。在把中俄兩國隔開的各個民族中，實際上只有厄魯特部族對這兩個帝國真正構成威脅。

二、三種民族與中俄間關係

中國是瞭解這一點的，為了易於壓服厄魯特人，中國著手運用全力去孤立他們。鑑於蒙古人已經依附於中國的宗主權之下，中國此時所要做的，只不過是使這種從屬關係成為不可分離的而已。土爾扈特人對於與他們信奉同樣宗教的中國人方面的召喚，是不是會比蒙古人更為冷淡呢？土爾扈特與喀爾木克首領之間的競爭，使得土爾扈特人也置身於反對厄魯特人的行列中。在西方人和亞洲人之間，在遊牧的佛教信徒和信正教的俄國人之間，不可避免地發生摩擦，這結果會不會使他們與俄國疏遠呢？中國的外交任務，似乎由於這種情況而變得容易，只要知道如何加以利用。

厄魯特人由於既和蒙古人又和土爾扈特人對立，除了從俄國方面外，得不到任何支援，這種可能性是可怕的。中國因此有必要以一切代價來阻止敵對雙方聯合起來，因為它們的聯合力量將會非常強大，足以破壞勢力的均衡而損及中國的利益。喀爾木克人由十七世紀末葉起，作為敏感的亞洲人，不斷地考慮著這種聯合會產生什麼作用，一直在散佈著這方面的謠言，並且要求建立這種聯合。但是俄國對於厄魯特人也不過是和其他通過條約附屬於它的遊牧民族一樣看待，俄國關心的僅僅是自己的商業利益。因此俄國接待了喀爾木克人派來的代表不花喇人，並在與他們進行貿易時給予優待；而對於喀爾木克人本身，則只要求他們在從屬關係方面作出外交上的保證。

俄國人和厄魯特人的這種關係，當然逃不脫中國的密切注意。中國不會因他們之間的敵意而不快，而且中國還可能設法挑起這種敵意。因此，得到中國人友誼必不可少的條件，就是俄國方面至少應該嚴守中立。而有關俄國和厄魯特人互派使臣和成立協議之事，稍有謠傳，都會立刻使中國人改變他們的友好態度，並且狂怒起來。為了對抗俄國人，中國掌握了一項足以打擊敵人弱點的武器，那就是收回給予俄國的各種商業上的特權。中國在政治上對俄國的不滿，很快就會表現為阻撓俄國人進行貿易，憤怒則表現為與俄國經濟關係完全破裂。但是中國人不能同時與厄魯特人進行頑強的鬥爭，又與

俄國人發生公開的敵對行動。因此中國的策略就不得不是使它的兩個敵手中的一個解除武裝，以便轉而與另一個為敵。如果我們說俄國所以希望與中國保持和平是為了它的商業利益，那麼中國所以同樣希望與俄國達成諒解，就是為了它在中亞細亞的政治利益❷。

第二節　十七世紀末葉中俄兩國的交涉

一、早期來華的俄國使節

㈠裴德林和蒙多夫來華

　　第一次有據可考的俄國使節來華，是一六一八至一六一九年裴德林和蒙多夫出使中國之行。一五九八年，沙皇伊凡四世的兒子費多爾（一五八四至一五九八年）早夭，羅列克王朝絕嗣。俄國經過十幾年的混亂時期之後，大貴族米哈伊爾・羅曼諾夫繼任為俄國沙皇（一六一三至一六四五年），從此開始了羅曼諾夫王朝統治俄國的時期。這一時期直到一九一七年二月革命為止。羅曼諾夫繼皇位後，繼續執行俄國的東進政策。當時俄國的大貴族托博爾斯克總督伊凡・謝苗諾維奇・庫拉金公爵，為了瞭解鄂畢河上游以及中國情況，派遣了兩名哥薩克人東行進行勘查，並出使中國。其中一人是伊瓦什科・裴德林，另一人是昂德魯什卡・蒙多夫。裴德林一行取道托姆斯克，途經外蒙古，在一六一八年到達北京，一六一九年返回俄國。回國後寫有出使蒙古、中國的《出使報告》，報告中詳細記載了他們的行程路線以及沿途見聞。

　　當時西方人對於西伯利亞地區以及中國瞭解還很少，裴德林的《出使報告》及個人的經歷，第一次詳細地介紹了這些地區的各方面的情況，所以《出使報告》引起了西方人士的廣泛重視。原文最初存於聖彼得堡皇家圖書館。一六二五年，珀切斯在其《遊記》中首次把該報告譯為英文，題目是：「兩名俄國哥薩克人從西伯利亞去中國及其鄰近地區記事」。

　　然而，當時因裴德林等在一六一八年九月到達北京，明廷由於他們未攜貢品，不符合外夷入觀的禮節，所以不許朝見，僅賜國書一封和禮物。裴德林等在北京住了十天後，帶著明廷賞賜的禮物，以及萬曆給沙皇的國書回國。

---

❷　同❶。

這封國書當時的譯文還保存在莫斯科的檔案館裡❸。

㈡菲德爾・伊・巴依科夫來華

　　巴依科夫在順治十一年，即西元一六五四年奉俄國政府之命出使中國。同時攜帶有沙皇政府致中國皇帝的國書。國書的內容比較簡單，自稱是羅馬皇帝凱撒・奧古斯都和羅列克大公的後裔，聲威遠播歐洲各邦，然後說俄國迄今沒同中國交往，表示希望同中國建立牢固的友誼，和睦相處，互通信函❹。除國書外，巴依科夫還另外得到一份訓令，其中有要他保持沙皇尊嚴的一系列具體指示。如：要把國書直接交給中國皇帝，不准轉呈，不准遵照中國禮儀行叩跪禮等。同時要他秘密探明：中國對俄國的態度如何，是否打算派人到俄國經商？中國人的信仰如何？中國的人力、財力、兵力有多雄厚？有多少城市？他們是否在與別人進行戰爭？原因何在？他們有哪些貴重首飾及寶石？是當地的手工製品？還是外來貨？是從何處和如何運去的？俄國人同中國人之間通商能否持久？中國政府向進口貨物徵收多少稅？糧食、辛香作料及蔬菜的收成怎樣？最後還要探明由俄國邊界到中國走哪條道路最近？由西伯利亞去中國沿途有那些領主？他們歸順於誰？等等。應當說這些是他使華的主要使命。

　　另在歷史文獻中極為普遍的看法是，俄國政府派遣菲德爾・伊・巴依科夫的原因，是想要解決阿穆爾河上的衝突。這種意見乍看起來，無論多麼合乎情理，但並沒有實際資料可佐證。在說明成立使團的文件中，絲毫也沒有指出這兩件事的關聯❺。毫無疑問，如果俄皇阿列克謝・米哈伊諾維奇政府準備就阿穆爾河流域的土地所有權一事達成協議，或者菲德爾・伊・巴依科夫的出使與阿穆爾河發生的事件那怕只有一點聯繫，那麼這件事就不能不在給使臣的秘密訓令中反映出來❻。

---

❸　張維華、孫西著，《清前期中俄關係》，山東教育出版社，一九九七年六月，第一版，第十三、十八頁。

❹　（俄）尼古拉・班蒂什一卡緬斯基編著，《俄中兩國外交文獻匯編》（一六一九至一七九二年），商務印書館，一九八二年，第二二頁。

❺　蘇聯科學院遠東研究所等編，《十七世紀俄中關係》，第一卷，第一冊（一六○八至一六八三年），第七○至七三號文件。

❻　同❺，第七十一號文件。

㈢佩爾菲利耶夫和阿布林來華

他們於順治十五年，即西元一六五八年三月攜國書來華，康熙元年，即西元一六六二年十月返回莫斯科。

順治年間俄國使節來華事，中文載籍中也有記載。順治十二年《清世祖章皇帝實錄》（卷九十一）中說：「五月，乙巳，諭鄂羅斯國察罕汗曰：爾國遠處西北，從未一達中華，今爾誠心向化，遣史進貢方物，朕甚嘉之，特頒恩賜，即俾爾使人賫回，昭朕柔遠至意。」順治十七年《清世祖章皇帝實錄》（卷一百三十五）中又說：「五月丁巳，先是鄂羅斯國察罕汗，於順治十二年，遣使請安，貢方物，不具表文，因其始行貢禮，賫而遣之，並賜敕命，每歲入貢，後於十三年又有使臣至，雖具表文，但行其國禮，立而授表，不跪拜。於是部議來使，不諳朝禮，不宜令朝見，卻其貢物遣之還。後閱歲，察罕汗復遣使賫表進貢，途經三載，至是始至。表內不遵正朔，稱一千一百六十五年，又自稱大汗，語多不遜。下諸王大臣議，僉謂宜逐其使，卻其貢物。奏入，得旨：察罕汗雖恃為酋長，表文矜夸不遜，然外邦從化，宜加涵容，以示懷柔。鄂羅斯遠處西陲，未沾教化，乃能遣使奉表而來，亦見意慕之忱。來使著該部與宴，貢物查收。察罕汗及其使量加恩賞，但不必遣使報書。爾衙門可即以表文矜夸不遜，不令陛見之故，諭其使而遣之。」張玉書的《外國記》也載有此事「順治十二年、十三年，俄羅斯兩有使者至，皆以不習跪拜遣還。十七年復至，朝議仍應逐其使去，朝廷寬之，命禮部諭以不遜之罪。」這裡的記載與順治十七年《清世祖實錄》基本相同。根據這些記載，知道順治年間俄國使節來華共有三次，一次在十二年、一次在十三年、一次在十七年，與國外記載好像不相符。

其實，順治十二年來華的人，並不是俄國正式使節，而是與巴依科夫同行的阿布林。當巴依科夫出使中國的時候，曾派阿布林先行來華，所以阿布林比巴依科夫早一年到達北京。《清世祖實錄》稱他「不具表文」，是指國書而言。阿布林不是正使，自然不能攜帶國書，這與事實相合。至於順治十三年來華的人則肯定是巴依科夫。巴依科夫來華途中詳細調查各地情況，很費時間，所以比阿布林晚一年到京。《清世祖實錄》稱他「雖具表文，但行其國禮，立而授表，不跪拜」等。與當時巴依科夫來華情況相合。所以順治十三年來華的使節，必然是巴依科夫。順治十七年來華使節，自然是指佩爾菲利

耶夫而言。《清世祖實錄》稱他「途經三載」，他自一六五八年離俄，至一六
六〇年（順治十七年）到京，正是三年的時間。至於出使結果，二使僅得清
帝之恩賚，皇帝亦未准朝見。故此次通使，其外交使命亦未順利完成。

㈣米洛凡諾夫來華

在阿布林來華的同時，米洛凡諾夫 (Милованов) 也奉涅爾琴斯克俄國官
員雅爾辛斯基之命出使中國。他的出使主要是由中國達呼爾族的一個酋長根
忒木爾 (Гантимур) 叛逃事件引起的。根忒木爾於一六六七年到涅爾琴斯克
（即尼布楚）後，中國政府曾數次與之交涉，要求遣返根忒木爾。駐索倫總
管卜奎（齊齊哈爾）副都統孟格德先後兩次派人去尼布楚交涉此事，第一次
在一六六九年十二月不得結果而返。第二次在一六七〇年四月。中國使者帶
去理藩院以清聖祖名義寫給帝俄尼布楚軍政長官達・達・雅爾辛斯基的
信❼。信中質問雅爾辛斯基：「根忒木爾原向何人納貢？是向大君主還是向朕？」
提出要求引渡根忒木爾。並提議俄方派人前來北京，以期解決有關問題，改
善兩國關係。同年（康熙九年）五月十三日，康熙帝為索還逋逃根忒木爾，
又致俄沙皇國書，其中說：「先，我捕貂頭目等曾報稱：黑龍江一帶有羅剎國
之宵小，劫擾我捕貂之朱舍里、達斡爾等，並有我根忒木爾叛逃投靠羅剎等
情。……今據爾所奏，願求永遠和好，則應還我逋逃根忒木爾，嗣後勿起邊
釁，以求安寧❽。」雅爾辛斯基接國書後，決定派遣伊格納季・米洛凡諾夫出
使北京。

季・米洛凡諾夫是駐涅爾琴斯克的哥薩克十人長，他奉命帶領軍役人員
瓦西卡・米洛凡諾夫、安東・希列夫、格里戈里・科比亞科夫等人，以使臣
身分前來中國。在他們帶來的文書中，充分表明他們沒有和平談判的誠意，
而是要康熙皇帝臣服於沙皇：

> 諸多國家之國君和國王已率其臣民歸依於我大君主阿列克謝・米哈伊諾
>
> 維奇大公，……而我大君主沙皇對彼等來歸者亦無不賞賚有加，關懷備
>
> 至。彼博格德汗（指中國皇帝）亦宜求得我大君主阿列克謝・米哈伊諾

---

❼　同❸，第三二至三三頁。

❽　譯自《滿文俄羅斯檔案》，引自《清代中俄關係檔案史料選編》，第一編，中華書局，
一九八一年，第二二頁。

維奇大公，大俄羅斯、小俄羅斯及白俄羅斯全境之專制君主，眾多國家之統治者沙皇陛下恩澤，歸依於我沙皇陛下最高統治之下；我大君主……眾多國家之統治者沙皇陛下，則定將對博格德汗賜以恩典與眷顧，必保護博格德汗不受敵人侵犯。望彼博格德汗本人歸順於我沙皇陛下最高統治之下，永世不渝，向我大君主納貢；並允許我大君主阿列克謝·米哈伊諾維奇大公，大俄羅斯、小俄羅斯及白俄羅斯全境之專制君主沙皇陛下之臣民，同彼國臣民在彼之國土及雙方境內自由通商。彼博格德汗作何決定，希交由沙皇陛下使者帶回，及時放行無阻。

至於根忒木爾問題，他們回答：「無君主諭旨，軍政長官不敢將根忒木爾遣返。」關於哥薩克佔領雅克薩問題，他們回答：「阿爾巴津（即雅克薩）之哥薩克曾向我涅爾琴斯克軍政長官報稱『達斡爾人和久契爾人（即女真人）曾來攻打阿爾巴津，在該處附近殺死我軍役人員十二人，並將彼等之馬匹、牛羊劫走……。』阿爾巴津之哥薩克軍役人員見彼等無端前來尋釁，遂出兵討伐之。❾」把他們的侵略說成合理之舉。

攜帶著這樣的文書，米洛凡諾夫使團於一六七〇年四月從尼布楚出發，經過通古斯人的地區達額爾古納河，由額爾古納河轉到根河，再經巴爾古特人地區海拉爾河和扎敦河，然後過達呼爾人地區而達嫩江。在嫩江，康熙帝親自派遣了兩位中國官員前去迎接他們。並把他們迅速送往北京。到北京後，由於中國政府沒能及時瞭解俄國文書中的內容，米洛凡諾夫使團還是被優禮款待。康熙帝親自接見他們並贈予帽子、緞料、腰帶、綢布等禮物。他們在北京住了五週又三天，然後帶著康熙給沙皇的國書回國。孟格德以中國使臣身分率領護送隊，把米洛凡諾夫一行一直護送回尼布楚。關於達斡爾總管孟格德隨同米洛凡諾夫出使尼布楚一事，見《平定羅剎方略》康熙二十二年七月戊戌命理藩院作書宣諭羅剎條，其中說：

前遣孟格德等至尼布楚，曾與爾約，各毋收納逋逃，並以先年逸去根忒木爾歸我。乃背前約，入我地，坑害達呼爾索倫，焚劫艾雅喀奇勒爾，故今命將出師。……

❾ 以上訓令內容見《清代中俄關係檔案史料選編》，第一編，第二三至二四頁，譯自俄羅斯原文檔。

　　由此可知孟格德去尼布楚的主要使命，是為了索還根忒木爾。按根忒木爾逃亡一案，是康熙初年對俄交涉中的一個重要事件。清廷曾先後派遣孟格德三次去尼布楚，以索還逋逃，但是帝俄不但不肯交還，而且繼續四出劫掠強佔土地，使清廷忍無可忍，這也是以後康熙帝決心用兵羅剎的重要原因。

(五)斯帕法里來華 [10]

　　一六七五年，俄國政府為了打通與中國的貿易關係，進一步調查中國情況和表面上緩和同中國在黑龍江流域的緊張關係，決定再向中國派遣一個外交使團，並選定斯帕法里 (Спафалий) 作使團團長。使團成員包括兩名在莫斯科供職的外國貴族，一為希臘人、一為阿拉伯人，兩名擔任文書工作的外務衙門書吏，另外還有六名軍役貴族，六名馴隼人員，一名神父，一名通譯及四十名哥薩克步兵和騎兵。關於此次出使的目的，在俄國政府於一六七五年二月二十八日簽署的致中國皇帝的國書中，僅說是因為中國致俄國的國書用中文寫成，在俄國無人通曉中國語言，所以不知道裡面究竟寫了些什麼，特讓尼古拉把原件帶來，希望中國皇帝找人把國書翻譯成拉丁文，然後讓尼古拉帶回。另外希望同中國作最親密的鄰居，彼此和睦友愛相處，並經常互通信函。然而在同一天俄國外務衙門給斯帕法里的出使訓令中，內容卻遠不止這些，其中包括要斯帕法里完成的十幾項任務。該訓令內容很詳細，篇幅很長，原文見《十七世紀俄中關係》第一卷，蘇聯科學院遠東研究所等編，商務印書館漢譯本，一九七八年版，第一八二號文件，第五〇三至五一八頁。在《俄中兩國外交文獻匯編》一書，第四一至四二頁，有該訓令的摘要十四項，內容如下：

(1)同中國大臣商定大君主的國書應怎樣書寫和用什麼文字書寫，才便於博格德汗瞭解；至於中國致俄國的信函，則希望用拉丁文或土耳其文書寫。

(2)關於書寫兩國皇帝稱號的問題，擬按下述辦法解決：把大君主的稱號抄送一份給中國大臣，同時讓中國大臣把博格德汗的稱號抄送一份給俄國。但是，如果斯帕法里發現博格德汗盜用鄰國其他大君主的稱號，應予以拒絕。

(3)要仔細審查中國致大君主信函中所寫的大君主稱號，不允許和大君主國書中所寫的有絲毫不同。

---

[10]　彼得羅夫和亞歷契夫通使中國事，見 W. Sheldon Ridge: *Early Russo—Chiness Relation*, chap. 1, 第四八至五三頁

⑷如果在中國有俄國俘虜，則請求無償釋放，或者付給一定的贖金，但每名俘虜不得超過三十盧布。

⑸要求派遣真正的中國人擔任使節，攜帶友好親善文書，以及寶石、銀錠、絲絨、花緞和各種草藥等禮品前往俄國。

⑹要同中國方面商定，允許去俄國的中國使節每次可自北京運往莫斯科一至三千乃至更多普特的白銀以及各種寶石和各色絲綢。俄國方面將用大君主國庫中為中國使節所中意的各種貨物來交換。

⑺要探明自中國經由鄂畢河、亞內舍爾河、色楞格河或額爾齊斯河前往俄國的水路。

⑻聘請中國建造石橋的工匠去俄國作短期服務。

⑼極力勸說中國商人攜帶貨物到俄國去，答應他們一定會得到俄國大君主的恩典。

⑽自北京返回俄國邊界時，應派遣兩名軍役貴族和一名書吏去探明由邊界到阿斯特拉罕的道路，以便以後自莫斯科能經阿斯特拉罕前往中國經商。

⑾力求在北京的耶穌會教士將中國早期給俄國的四封中文公函譯成拉丁文，因為在莫斯科過去沒有、現在仍然沒有中文翻譯，以致俄國大君主對中國朝廷當時的要求至今仍無所悉。

⑿請求允許兩國商人自由往來於雙方國境。

⒀盡力探明一條可通往俄國的較近的路線，特別是水路（經由大海或江河），如果能找到的話，他——斯帕法里最好能得到允許走此路線返回。

⒁最後，要說明中國大臣以友好親善的態度接受上述各點，因為俄國大君主一貫希望同他們的博格德汗永遠友愛相處。

　　這些訓令內容大致為禮儀、商業貿易、交通路線等，這些是俄國當時所最關心的問題。經過充分準備後，斯帕法里帶領使團於一六七五年三月自莫斯科出發，沿途經過彼列斯拉夫爾——查列斯克、羅斯托夫、雅羅斯拉夫爾、沃洛格達至大烏斯秋格，然後由索爾——維契戈德斯克、凱鎮至索爾——卡姆斯克，再經西伯利亞城市維爾霍都里、都林斯克堡和秋明，於一六七五年四月初抵達西伯利亞首府托博爾斯克。在托博爾斯克找到了前述出使過中國的米洛凡諾夫，並帶他同去中國。河流解凍後，斯帕法里率使團沿水路航行，經額爾齊斯河、鄂畢河和克特河，路過蘇爾古特城和納雷姆堡，於七月中旬

到達葉尼塞斯克。他在這裡派遣米洛凡諾夫先行通報清廷，並請求清廷為使團備好馬車，七月二十八日他們由葉尼塞斯克溯河而上，八月初來到下安加拉河河口，九月十五日到達伊爾庫次克。在這裡，斯帕法里會見了根忒木爾，並向他保證絕不會把他交給中國。兩天後，他們繼續航行，經安加拉河、貝加爾湖到色楞格河，由色楞格河河口起改走陸路，途經色楞格斯克堡、扎伊姆卡村、葉拉夫尼亞堡和捷連賓斯克堡，於十二月中旬到達尼布楚。十二月底，他們從尼布楚出發，沿石勒喀河、鮑爾肖夫卡河、溫達河、根忒木爾河、額爾古納河、哈布爾河、莫爾格勒河、塔尼卡爾河、海拉爾河、扎頓河、烏涅爾河行走，一六七六年一月中旬到達塔爾加欽嶺。翻過山嶺沿雅魯河行進，然後在二月到達都統孟格德的駐地嫩江。清廷得知俄使到達嫩江，特派禮部侍郎馬喇前去迎接，雙方在嫩江就哥薩克在黑龍江流域的侵略行徑，以及關於遞交國書的程序問題，進行了一個多月的談判，由於斯帕法里頑固堅持一定要把國書面交中國皇帝，又顛倒黑白為哥薩克侵略罪行辯護，談判毫無結果，清政府為了顧全大局，還是准許俄國使團進京。

　　四月二十七日，斯帕法里帶著一百五十六名隨員，乘坐中國政府為使團準備的一百輛雙輪大車進京，他們於五月二十五日到達北京。到北京後，為了遞交國書的程序，又經過了十數日之爭論，最後清政府決定以妥協的辦法處理爭執，在午門設一張鋪黃綢的御案，讓斯帕法里把國書放在案上，遞交給中國政府，這才了結此事。不久，斯帕法里又向清政府提出釋放俘虜，允許自由貿易等十二個問題，要求清政府答覆。對於清政府提出的停止侵略和引渡根忒木爾問題避而不答。斯帕法里在京期間，還同耶穌會士南懷仁等進行了秘密會晤，以便爭取他們為俄國服務。斯帕法里受到了康熙的優禮相待。據《康熙起居注》（中華書局一九八四年版第一冊）記載：（康熙十五年丙辰五月）「十五日丙申，早，上御太和殿視朝。文武升轉官員謝恩，次進貢俄羅斯部落察罕汗來使的尼古拉‧噶窩里雷齊‧斯帕法里等行禮，賜茶畢，回宮。❶」（康熙十五年丙辰六月）「十二日癸亥，早，上御乾清門，聽部院各衙門官員面奏政事，未時，上御保和殿，賜進貢俄羅斯部落尼古拉等食畢，上命侍衛酌酒，就尼古拉坐次賜飲，餘俱召至御前，賜酒。❷」但是，由於

❶　《康熙起居注》，中華書局，一九八四年版，第一冊，第二五八頁。

❷　同❶，第二六一頁。

中國政府的要求一直不得答覆，清政府決定不給沙皇回覆國書。九月上旬，清政府又讓斯帕法里轉達俄國政府中國方面提出的三項條件：(1)由俄國使者把根忝木爾送至北京；(2)派來的俄國使者必須是一位通情達理的人，中國方面根據中國習俗命令他做的，他都應一一做到，絲毫不得違背；(3)在邊界地區居住的俄國人應永遠安分守己。如果俄國方面履行了以上三條，中國不僅答覆俄國的十二條款，即便是一百二十條款也將答覆。但是，如果不能履行上述三項條件，所有的俄國人不管是使節還是商人，都不要到中國來。這就是斯帕法里出使中國所得到的最終回答。

(六)戈洛文・費耀多爾來華 [13]

十七世紀末葉，俄國宮廷已準備與中國朝廷進行商談，以便停止兩國在黑龍江流域的敵對行動，這時恰好出現了一個適當的機會。一六八四至一六八五年十一月十五至二十五日，莫斯科接到中國皇帝寫給沙皇的兩封拉丁文信件，寫信的日期是康熙二十四年四月四日，即西元一六八三年五月六日，這兩封信都提到中國以前曾來過不少信件，可是並沒有得到答覆。信中要求俄國人撤離雅克薩，不過中國方面的態度似乎是願意和解的 [14]。

俄國無意規避，於一六八五年十一月二十六日，決定不久將派遣使團到中國去 [15]，次日（十一月二十七日）立即派遣信使前往北京，把這個消息通知中國。信使是米起佛兒・魏紐高及伊凡・法俄羅瓦，他們曾伴隨尼古拉 (Милеску-Спафарий Николай Гаврилович) 來華 [16]。他們所攜帶的信件通知中國皇帝說，沙皇伊凡和彼得受到和平意願的鼓舞，惋惜未經宣戰就輕易動干戈，並說他們派遣一個大使前來商談 [17]。

俄國選派戈洛文・費耀多爾 (Головин Федор) 為這次出使的外交代表 [18]，他被任命為「全權大使」，有權在色楞格斯克與中國的一個或數個代表

---

[13]　同❶，第一七至二一頁。

[14]　《中國宮廷集》，第七章，第一至七頁，第三四頁背面至四八頁背面。

[15]　同⓫，第七章，第五八頁。

[16]　魏紐高自一六七〇至一六七一年起就是使節部的二秘，法俄羅瓦則是自一六七三至一六七四年起。參閱畢耶洛庫羅夫著作《補遺》，D 第一六四頁，A 第一三一至一四一頁。

[17]　同[16]；《中國宮廷集》第七章，第一〇七頁背面至第一五二頁背面；第八章第一至二頁背面。

會談⓳，派給費耀多爾的助手是尼布楚的行政長官伊凡‧維拉索夫和葉尼塞斯克的秘書官 (Diacre) 西蒙‧庫爾尼茲柯伊。使團還附有一支不小的軍隊，約一千五百人，其中一千人左右是射手，有上校四人。

　　發給費耀多爾的頭幾個訓令，應追溯到一六八六年年初⓴，其內容可以歸納為主要兩點：政治和通商。兩國應以黑龍江為界，否則就以其左岸的支流比斯特拉河和結雅河為界，再其次以雅克薩為界，但俄國在黑龍江及其支流有通商的權利，這是俄國讓步的最後限度。為了在這項外交任務中得到幫助，戈洛文與蒙古王公阿洽賚僧汗取得聯繫；他向後者提到其父及其祖父都是與俄國友好的榜樣，並許以如訂立攻守同盟即可與俄國通商的諾言，來極力勸誘他支持俄國。

　　有關商務方面的命令特別重要，其中有幾項重複了給尼古拉的訓令。大使應打聽有關假道鄂畢河、葉尼塞河（雅木柴夫河?）、額爾齊斯河和色楞格河等進入中國的各條水路的情況。他應要求中國准許交納關稅，以從事進出口貿易。他應極力促使中國皇帝派遣本國人擔任的大使，攜帶寶石、銀、絲絨、花緞、香料等物到莫斯科去，同時也派遣商人攜帶金銀錠和絲絨到俄國去，這些東西由俄國財政部照市價收買⓴。

⓲　我們不知道戈洛文出生年月，只知道他是托博爾斯克長官列克雷斯‧彼得洛維奇‧戈洛文的兒子，前者是俄皇彼得的擁護者。一六八二至一六八九年，戈洛文被派到外貝加爾地區，在一六八五年，戈洛文已是司賓，這時被任命為布里昂斯克總督。詳情參閱尼古拉‧班蒂什──卡緬斯基，《俄國名人辭典》，莫斯科，一八三六年八開本，五卷；《補遺》，聖彼得堡，一八四七年八開本，三卷。

⓳　《中國宮廷集》，第十章，第一頁正面。關於這項任命的日期，《中國宮廷集》第九章，第六頁記明是一六八五年十二月十二日。

⓴　訓令 (Пакач) 僅轉載於《中國宮廷集》中，第九章，第六頁正面；第一五頁正面；第五八至八八頁；第九三頁正面；第一一二、一一四頁背面；第一一五頁正面；第二五一頁正面；第二五六、二五七頁正面；第二五九至二六五頁；第二七〇頁正面；第三六一、三七〇頁背面；第三七一頁正面；第三七三、六七二頁背面；第六七三頁正面；第六七七頁正面；第八二一頁背面；第八四五頁背面；第八四九頁背面；第八九六頁。

㉑　如果我們瞭解「阿爾瑙‧保爾森」絲綢廠的歷史，我們就更能瞭解有關絲和綢的訓令：阿爾瑙‧保爾森是荷蘭人，定居漢堡，俄皇於一六八一年把他召來莫斯科，叫他織造一些能同波斯及中國產品匹敵的絲綢，他持續努力到一六八九年，雖然有官

　　戈洛文帶著這些訓令，率同他的外交上和軍事上的扈從人員，於一六八六年一月二十六日離開莫斯科❷，一直到一六八七年九月十日他才到達外貝加爾地區的烏丁斯克，一六八七年十月二十二日才到達色楞格斯克，這離開他的啟程期已將近兩年。在烏丁斯克至色楞格斯克一線上，他又逗留了將近兩年，即直到一六八九年六月二十四日。在這次旅途和逗留在西伯利亞的四年期間（一六八六至一六八九年），在莫斯科、中國以及外貝加爾區都發生了重大的變化。

　　俄國派往中國的信使於一六八六年十月三十一日到達北京，在北京停留到同年十一月十四日❷。他們到達後立刻通知戈洛文，並且告訴他，中國皇帝同意放鬆對雅克薩的包圍。戈洛文於一六八七年二月十八日收到他們的信❷；他們在返回莫斯科途中，也於一六八七年四月十四日遇到了戈洛文❷。他們由北京帶回兩封信，一封是蒙文的，簡短地通知俄國政府收到了信件；另一封是拉丁文的，寫於康熙二十五年十月六日即一六八六年十一月二十一日❷。中國皇帝在這封信中訴說對尼古拉的不滿，要求引渡根忒木爾，並且

方的支持，但終於失敗了。參閱：《史料補遺》，第十章，第五一號，VII–XXIII，第一七三至一九八頁。

❷ 《中國宮廷集》，第十章，第四頁正面，第九章，第一五四、一五五頁背面，一月二十/三十日；《中國宮廷集》，第九章，第八三一頁背面（事後摘要）；穆勒，《月報》，一七五七年十月號，第二九一至三一一頁。

❷ 《中國宮廷集》，第七章，第一〇七頁背面至一六七頁；第八章，第二頁背面；七五頁正面；一五三頁背面；《中國事務》，一七三〇年，第五號摘要，班蒂什，第四〇至四九頁。

❷ 《中國宮廷集》，第十章，第九八頁正面至第一〇四頁；二月十五日戈洛文給沙皇的信，同上引第一二七頁正面；第九章，第二五〇頁背面至第二五二頁；第二七〇頁背面；第二七一頁。

❷ 《中國宮廷集》，第十章，第一四五頁至一四七頁背面；第九章，第二八二頁背面。

❷ 《中國宮廷集》，第七章，第一五二頁背面至一六七頁正面，這些信隨同信使於一六八七年七月十七日到達莫斯科。《中國宮廷集》，第八章，第一五八頁；一封信是用蒙文寫的，另一封是拉丁文寫的，拉丁文這封信的日期如文中所述；這兩封信的俄文譯本在《中國宮廷集》，第七章，前引頁數。根據戈洛文的公務日誌，這封信是用中文寫的，附有拉丁文譯本。《中國宮廷集》，第一四七頁背面；一四八頁正面；五四一頁正面；第九章，第二六六頁背面；二六七、二八四、三六七、四〇三頁背

通知沙皇，在一接到俄國要派大使到中國來的消息以後，就已下令放寬對雅克薩城的包圍❷。除了這兩封公函外，信使還帶回一封私人信件，寫於一六八六年十一月二十四日，是南懷仁神父寫給尼古拉的❷。南懷仁神父信中保證他自己以及徐日升神父對俄國的忠誠；並且說明信使高紐只通曉俄文和西部韃靼語，不能夠談多少話，因此以後派來的大使或使團裡人員一定要懂得拉丁文。中國皇帝委託回羅馬去的閔明我神父❷帶給沙皇的一封信，信中提及的問題和他以前寫給沙皇的許多信一樣，但是從前那些信都沒有收到答覆。同時中國皇帝又把這些信的一份抄本交給荷蘭的大使❸。南懷仁神父在信中又請求尼古拉，假如閔明我神父途經沙皇的國家時，請求尼古拉按照自己的

　　面；四〇四頁正面；四二二頁。根據《中國宮廷集》，第十章，第一五九頁背面至一六六頁，這封信的日期是康熙二十五年十月七日，即西元一六八六年十一月二十二日。

❷　雅克薩之圍最初於一六八七年五月六日放鬆，然後於一六八七年八月三十日至九月九日完全解除。《中國宮廷集》，第十章，第二〇二頁以下，第二一二頁正面；二四三頁背面；二五三頁正面；二八三、二八四、二八五頁正面；二八八頁！穆勒，《月報》，一七五七年九月號，第二一〇至二二七頁。

❷　《中國宮廷集》，第七章，第一三六頁背面至第一六七頁正面。

❷　閔明我神父，一六三九年出生於義大利庫尼城，一七一二年十一月八日死於北京，一六七一年即來到中國，繼南懷仁神父（死於一六八八年一月二十七日）任欽天監正，確曾於一六八六或一六八七年回過歐洲一次，除了南懷仁神父的陳述外，還可加上以下的資料：「聽人家說在我們到來的前一年，他給了閔明我神父整個帝國最大的榮譽，把閔明我神父派到莫斯科公國去。」參閱布韋神父，《中國皇帝的歷史寫照》，巴黎，一六九七年，十二開本，第一六六頁。

❸　在前引信使們帶給戈洛文的信件中說：「一六三六至一六八七年來進謁中國皇帝的大使中，有幾個說德語的同我們住在一個館裡……中國人稱他們為西洋人；他們帶著所謂貢品來朝（『貢品』是中國人給外國君主送來的禮物的名稱，僅僅由於這些貢品，中國人就把他們視為臣屬，關於這點參閱克拉普羅特，《亞洲回憶錄》，巴黎，一八二四至一八三三年，八開本，第三卷、第一卷，第八二至八三頁）；但是中國人還不讓任何人到四夷館同我們接近，我們等於被囚禁。」《中國宮廷集》，第十章，第一〇三頁背面至一〇四頁正面；而這些講德語的大使們是不是南懷仁神父所說的荷蘭人呢？比較派克，〈滿洲與俄國的關係〉，載《中國評論》，第十六期，第四四至四六頁；又同上作者，〈中國與俄國〉，載《亞洲評論季刊》，一八九六年，七月號，單行本八開本，第七頁、第一一頁。

諾言，給他以幫助 **❸**。

俄國宮廷甚至在沒有接到北京這些信件以前，就已經決定進一步對中國讓步。一六八七年六月十四日俄國政府起草一道給戈洛文的「上諭」，共七條，戈洛文於同年九月三十日收到。這份新的訓令是由杜馬秘書官西奧多爾·列昂捷維奇·沙克洛維奇簽署的秘密訓令。訓令中授權戈洛文可以割讓雅克薩以換取商務關係，除非在必要的情況下，他應避免流血，如果盡一切努力仍屬無效，戈洛文應向中國要求在更合適的時機再派遣使團到中國來 **❸**。

到一六八七年年底，俄國宮廷對這樣的解決辦法仍感不滿，又想出新的妥協辦法，根據信使們的報告，它認為中國方面也很可能要求在它的領土上舉行兩國外交會議。為此，一六八七年十月二十九日俄國政府頒發一道新的訓令給戈洛文，禁止他離開西伯利亞，但是命令他先派遣攜帶這一訓令前來的伊凡·洛吉諾夫，攜帶重申前次訓令中的條款的一封信件前往北京。同時戈洛文應請求「喀爾木克的呼圖克圖」出面為俄中兩國調停，即使要呼圖克圖特地為此事到北京跑一趟也在所不惜。但當這份文書和其中的五項交涉條款於一六八八年七月七日送到戈洛文手中時 **❸**，中國和外貝加爾區的形勢已經有了變化。

戈洛文從一六八六年年底起即不斷設法與蒙古的呼圖克圖取得聯繫，並

---

❸ 中國皇帝給沙皇的一封信，一式三份；一份中文、一份拉丁文、一份俄文，日期是康熙二十五年七月三十日，即西元一六八六年九月七日；於一六九〇年一月二日到達莫斯科。這是由荷蘭人阿伯拉罕·阿道爾夫的兒子，吉特芒從阿爾汗格斯克轉過來的，他自己又是從巴達維亞經阿姆斯特丹收到的。《中國宮廷集》，第九章，第八二一頁背面至第八二八頁正面。

另外一封中國皇帝給沙皇的信，也是一式三份；一份滿文、一份拉丁文、一份俄文，日期是康熙二十五年八月五日，即西元一六八六年九月二十二日，到達使節部的日期是一六九〇年三月十八日。

❸ 《中國宮廷集》，第十章，第二四六至二五二頁正面；七七〇頁背面；第九章，第三六〇頁背面至三六六頁背面；六七二頁背面；六七三頁背面；六七四、七三六頁背面；七六四頁背面；七六五頁正面；八四六頁正面；八九六頁背面；八七九頁。

❸ 《中國宮廷集》，第十章，第五四三至五四七頁；五項條款，五四七頁背面至五五一頁。信件的樣本，五五一頁背面至五五六頁正面；同時參閱六八四頁背面；六八五頁正面；七七一頁正面；第九章，第三六九頁背面至四〇五頁正面；第四一二頁背面至四一七頁正面；第八五三頁正面至八五六頁正面；八九八至八九九頁。

且用禮品籠絡他。他又在一六八六年十一月十六日派遣扈從人員科洛文到色
楞格斯克，以便再送一封表示友好的信件和禮物給庫倫的呼圖克圖❸❹，就在
進行這些事情時，俄國宮廷派來協助戈洛文的尼布楚行政長官維拉索夫，於
一六八七年十月通知戈洛文說，中國軍隊已解除對雅克薩城的包圍，並已回
到中國去了❸❺。戈洛文立刻派遣使者卡昌諾夫到蒙古去，為他派遣到北京去
的外交事務官的過境做些準備工作（一六八八年十一月二十日）❸❻。戈洛文
接著又收到了直接的報告，證實了維拉索夫傳送來的消息，一六八八年一月
六日戈洛文收到中國皇帝給他的一封信，信上的日期是康熙二十六年十一月
十一日，即西元一六八七年十二月十五日，信中宣稱中國皇帝已命令軍隊撤
離雅克薩，並請戈洛文寫信給他❸❼。這時卡昌諾夫已動身往庫倫去了，他在
那裡從一六八八年一月二十五日逗留到一月二十七日，他於二月十三日回到
色楞格斯克。在他之後，戈洛文派遣科洛文到北京去，科洛文從一六八七年
十二月七日至一六八八年二月二日被扣留在蒙古❸❽；後來才脫身，越過蒙古，

---

❸❹　《中國宮廷集》，第十章，第六九頁背面；第七〇頁正面；七二頁正面；七五頁背
　　　面；七六頁正面；十一月十四日同上引第十五頁正面。伯夫列夫是負責把信和禮品
　　　送到庫倫去的。他在蒙古從一六八七年四月二十二日逗留到五月二十日。給伯夫列
　　　夫的訓令沒有日期，見《莫斯科外交部檔案》，「卷冊」，尤尼資料袋第十號，戈洛
　　　文於一六八七年六月二十三日收到科洛文給他的信，《中國宮廷集》，第十章，第一
　　　九四頁背面至一九九頁正面。

❸❺　《中國宮廷集》，第十章，六八五頁背面；六八六頁正面。

❸❻　《中國宮廷集》，第十章，二三八頁背面至二四二頁正面；二八〇頁背面至二八二
　　　頁；三三五頁至三五九頁；四一三頁至四二四頁；第九章，第四八一頁至四八四頁；
　　　四九七頁正面；五六八至五六九頁；五八六至五八八頁。

❸❼　這封信一式三份，一份蒙文、一份拉丁文、一份俄文，像信使們從北京帶回來的信
　　　一樣，蓋了皇帝的朱紅色大印。《中國宮廷集》，第十章，三七八至三八二頁背面；
　　　《史料補遺》，第十章，第六七號，XXX，第二七三頁。

❸❽　《中國宮廷集》，第十章，第三二四頁背面至第三二六頁正面；四二四頁背面；四
　　　七四頁背面；四七五、四七七頁背面至四九一頁正面；戈洛文的公務日誌第五〇〇
　　　頁至五二八頁，六一二頁正面，六一三、六一四頁正面；第九章，第五三二頁背面
　　　至五四〇頁正面；五八一頁背面；五八八頁背面至五九二頁正面；五九四至五九五
　　　頁；六〇五至六〇七頁正面；六〇九、六二六、六四〇頁正面；六六二頁背面；八
　　　六二頁正面；九四八頁；《史料匯編》，第五章，第一七五號，第三〇六至三〇七頁，

於一六八八年三月十四日抵達北京，他在北京逗留到一六八八年四月十七日
才離開。他帶回一封中國皇帝於康熙二十七年三月二十七日即西元一六八八
年四月二十七日寫的信；信中指定色楞格斯克作為兩國開會的地點 ❸，這也
是俄國政府指定的地方。看來一切都非常順利，俄中兩國的代表的會議即將
舉行了。中國代表於一六八八年五月三十日離開北京，但在七月二十二日他
們停頓下來，並且從原路返回中國，送了一封信給戈洛文（該信於八月一日
或二日送達），通知他兩國會議要推延到下一年 ❹。

　　到底發生了什麼事情呢?正當中國對俄國在黑龍江上的戰爭節節勝利（一
六八五至一六八六年），俄國不斷讓步（一六八六至一六八七年）的時候，意
外地發生了一個使中國感到憂慮的新因素，這個新因素起初迫使中國推遲了
與俄國的和談，後來又因這個危機的嚴重性，相反地促使中國趕快結束這個
會談。這個新因素就是喀爾木克人或厄魯特人對蒙古的突然入侵。

　　由於對喀爾木克人和蒙古人的歷史資料缺少研究，人們對於他們在十七
世紀末葉的歷史瞭解得很少。

　　所謂和多親王公是額森的第七代直系子孫，所有準噶爾的王公都自稱是
額森的子孫。和多親王公的頭銜是巴圖爾渾臺吉（西方人音譯成 "Kon-
taicha" ❹）。他死於一六五三年，遺下十一個兒子，其中兩個大兒子車臣汗和
卓特巴巴圖爾爭奪繼承權，殺死另一個兒子僧格（一六七一年）。他的另一個
兒子噶爾丹（他後來得到博索克圖的稱號），居住在西藏，準備做喇嘛，聽到
兄弟僧格被殺的消息就回到準噶爾，藉著另一個兄弟烏常的幫助，約在一六
七六年殺死了車臣汗。卓特巴巴圖爾逃到青海，烏常約死於一六八二年。

　　這樣，噶爾丹便成為喀爾木克人或厄魯特人的唯一的統治者 ❹。對於一

《史料補遺》第十章，第六七號，XXX，第二七四頁。

❸　《中國宮廷集》，第十章，四九六、六〇六、六九三、六九四頁正面；第十三章，
　　四五七頁背面；四五八頁。

❹　迪・荷爾德，《中國概述》，一七三五年，第四卷，第八八、一二〇頁；一七三六年，
　　第四卷，第一〇四至一〇五頁；一四三頁；萊布尼茲，《中國近況》，第二版，第一
　　期，一六九九年，十二開本，第一七二至一七五頁。

❹　波茲尼葉夫，〈準噶爾的喀爾木克人史論稿〉，載：韋塞洛夫斯基，《炮兵上尉伊凡・
　　溫閣甫斯基出使準噶爾渾臺吉策妄阿喇布坦朝廷》，《地理學會人種分組札記》，第
　　十卷，第二分冊，抽印本，聖彼得堡，一八八七年，八開本，第二三九至二四〇頁。

個野心勃勃而且好戰的王公來說，這樣的成就還不算大，於是他首先轉向新疆，於一六八〇至一六八五年間征服了新疆❸，然後插手蒙古。

一六八六年蒙古人的議會在基蘭・布遲爾開會，噶爾丹前往出席。他抓住一個不成其為理由的藉口，宣稱自己代表達賴喇嘛，在席位問題上受到了侮辱，因而向蒙古人宣戰❹。他在一六八八年率領全軍由準噶爾到了奧洛該（位於烏里雅蘇臺與昂崗之間❺），遇到了蒙古王公們，進行了持續三天的大戰，徹底打敗了他們；然後兵分兩路，他派遣手下的一個軍官帶領一支軍隊到北方去掠奪鄂爾琿河上游富庶的額爾德尼昭寺院；他自己則親率軍隊的主力繼續進軍，直至克魯倫。呼圖克圖以及一些蒙古王公逃向南方，一直逃到戈壁以南，尋求中國的保護❻，康熙的使臣由北京向色楞格斯克進發時，在一六八八年年中遇到噶爾丹由蒙古西部往東部去的勝利大軍，因此不得不折回。

不僅是中國方面受到了喀爾木克人戰勝蒙古人的影響，就是外貝加爾地區也立刻感受到這些事件的反響。

也許是由於喀爾木克人在一六八八年入侵蒙古，因此蒙古人向北遷徙到外貝加爾區。他們在那裡遇到了戈洛文，並將戈洛文圍困在色楞格斯克，直到一六八八年三月二十七日❼。戈洛文終於脫身回到烏丁斯克，決心報復。

---

❷　波兹尼葉夫，同❶，第二四〇至二四七頁。波兹尼葉夫根據喀爾木克編年史《額爾德尼・額爾罕》，見上「緒論」，也根據蒙古的歷史故事 (Sain noyad'oun aimagoun chastir) 來改正炮兵上尉溫閭甫斯基（於一七二〇至一七二二年被派到喀爾木克人那裡去）的報告，尤其要駁斥在荷爾德的著作中所提到的張誠神父的資料。比較迪・荷爾德，《中國概述》，一七三五年，第四卷，第三九至四三頁；一七三六年，第四卷，第四六至五〇頁；畢楚林，《奧伊特拉人（厄魯特人）簡史》（俄文），聖彼得堡，一八三四年，八開本。

❸　波兹尼葉夫，《準噶爾的喀爾木克人史論稿》，第二四七至二五七頁。

❹　波兹尼葉夫，《蒙古及蒙古人》，聖彼得堡，一八九六至一八九八年，八開本，第一卷，第四九八至四九九頁；同上作者《蒙古編年史》，第五四至七四頁，第二七五至三六六頁。

❺　俄國亞洲部分南部邊界地圖，由總參謀部軍事地圖組編輯，XIV 於庫倫，由副隊長拉法伊洛夫於一八八八年在博爾舍夫上校的領導下繪製；一九〇三年由國務參贊華西里葉夫增補和改正。奧洛該標示在那連河邊，那連河以北流入杰嘎蘭圖湖。

❻　波兹尼葉夫，《蒙古編年史》，第七四至八一頁；第二七五至三六六頁。

他於一六八八年八月二十八日從烏丁斯克出發去尼布楚，突然折而向南（九月十六日），在色楞格河右岸支流的昔洛克河岸與蒙古人相遇，一六八八年九月三十日打敗他們 ❹，並於一六八九年一至三月迫使他們簽訂了表示降服的條約 ❹。關於戈洛文以後同中國交涉以及其他各種活動情形，在「尼布楚條約章」另作說明。

二、俄人武力強佔雅克薩城

清廷康熙帝自二十一年起，即決心派兵征伐入侵黑龍江流域的俄國人，而其用兵的主要目標，是收復被俄國人以武力強佔和盤據的雅克薩城 ❺。

雅克薩城位於黑龍江上游左岸地方，俄國人稱之為阿爾巴津。《盛京通誌》城池部，稱其在黑龍江城西北一千三百餘里。《龍沙紀略》方隅門，稱其為在璦琿城西北一千一百餘里。《水道提綱》稱其城在東六度四分，極高五十三度弱。《清史稿·天文誌》據乾隆年間實測，稱其城在極高五十一度四十分，偏西十七分。現代地圖則把雅克薩城置於北緯五十三度以北，東經一百二十四

---

❹ 自一六八八年一月十九日起，巴圖爾渾臺吉（不要誤認為是喀爾木克的渾臺吉噶爾丹博索克圖）包圍了色楞格斯克。晚上可以看到圍城部隊的火光。一六八八年二月二十九日一次夜襲被擊退了。《中國宮廷集》，第十章，四一〇頁背面以下；四五九、四六二頁正面；四六三頁以下。第九章，五二六頁背面至五二九頁正面。一六九一年二月二日在戈洛文回國時發給他的表示對他滿意的證明文件上寫道：「你，皇上的近臣和行政長官，你被蒙古人包圍在色楞格斯克十三個星期」。《中國宮廷集》，第九章，九二六頁；《保藏在外交部的官方函件和正式條約匯編》，第四卷，第二〇八號、第六二三至六二五頁。

❹ 《中國宮廷集》，第十章，第六一六頁正面；六二〇至六二三頁；六二五頁背面；六二八、六二九頁正面；六四五、六四六頁背面；七七四頁正面；七七六頁背面；八一五頁；第九章，第五七二頁正面；五七四頁背面，八月二十九日《中國宮廷集》，第九章，第六八二頁背面；六八三頁背面；六八四頁正面；七〇九頁背面；七七一、七一七至七一九、七二八頁正面；七三二頁正面；七三九頁背面，八月三十日《中國宮廷集》，第九章，七〇七頁背面；七六七頁正面；七六八頁。

❹ 一六八九年一月十五日《俄羅斯帝國法律匯編》，第三卷，第一三二九號，第三至七頁；一六八九年三月十二日同上引，第一三三六號，第一五頁；《保藏在外交部的官方函件和正式條約匯編》，第四章，第一九七號，第五九六頁。

❺ 同 ❿，第六一頁。

度之東，恰在精奇里河之支流托姆河河口的對岸。

關於此城的建立，以往的說法是最先由俄國人築城，其實不然。崇德五年《清太宗實錄》（卷五十一）載當年三月征索倫事說：

> 往征虎爾哈部落，薩穆什喀索海等，遣牛錄章京法談、宜爾格得德奏報：
> 臣等至忽麻里河。分兵各旗照派定地方攻取。因道路遙遠，共同議定，
> 四十日至鑲藍旗派定兀藍海倫屯。乃令梅勒章京承政伊孫率每旗章京一
> 員，每牛錄下兵二人，往喇里闊地方。薩穆什喀、伊孫即行，有鐸陳、
> 阿撒律、雅克薩、多金四木城人，拒敵不降，因令右翼梅勒章京率兵來
> 助。葉克、韋拜、阿哈尼堪、譚布、藍拜、吳巴海率……助戰，遂克雅
> 克薩城。當攻城時，先舉火焚燒城南關廟，綏黑德汛地。因獲其地，八
> 旗章京各一員各率兵二十人前進，時和托率纛先入，朱瑪喇次進，俱以
> 火攻克之。

由這段記載中已見雅克薩的名稱，而以圍攻的情況來看，還是一個較大的城池。何秋濤在《朔方備乘‧雅克薩城考》中，說雅克薩城為索倫人最先建築，是有一定根據的。索倫人本來是指鄂溫克人，但是在清朝初年，「索倫部」是對居住在黑龍江上、中游的索倫、達斡爾、鄂倫春等族的總稱，這是需要注意的。其實，雅克薩城是由索倫部的達斡爾人最先建立的。

雅克薩居水陸要衝，它西通尼布楚，東達黑龍江下游各地，是重要的戰略要地。我國歷代王朝都很重視這一地區，據《明太宗實錄》卷四十五記載，明朝政府於永樂四年（一四○六年）在達斡爾族聚居的托摩河（又稱脫木河，即今托姆河）流域設立脫木河衛，以鎮守北部邊陲。清朝建立後，脫木河衛受到清政府的重視，清政府定期在這一地區徵收賦稅和征調兵員，並在寧古塔設官鎮守，一六三六年皇太極就曾任命吳巴海為鎮守寧古塔副都統。清初，索倫部有兩個重要的頭領，一個是巴爾達齊，一個是博木博果爾，他們都率眾先後歸附清政府。其中博木博果爾就轄有雅克薩城、多金城、鐸陳城、阿薩津城等地，而雅克薩城則為達斡爾頭人阿爾巴西的駐地。當時在雅克薩附近，還有四座達斡爾城寨，在烏爾喀河口向下的黑龍江沿岸一字排開，這些城寨的達斡爾人都向清政府納貢，他們也是這些城寨的建立者。

俄國哈巴洛夫於一六五○年侵入烏爾喀河河口以下的黑龍江沿岸，並以

武力打敗阿爾巴西，強佔了雅克薩城，在鞏固了雅克薩的工事之後，把它作為侵略據點改名阿爾巴津，但不久即率眾撤走。此後，切爾尼果夫斯基率眾又竄到這裡，在哈巴洛夫建立的阿爾巴津堡寨的廢墟上，重建了一座木城堡居住下來。隨後此城成為黑龍江左岸俄國人的一個重鎮。俄國更以此城為據點，四出侵擾，對東北邊疆構成嚴重威脅。這就是清聖祖選擇雅克薩為主攻目標用兵的原因。

三、根忒木爾叛逃降俄事件

清代初期，雖然俄國數次派遣使節來華，但事實上，中俄兩國交涉始終未能順利進行，彼此所提出的要求也未能獲得適當的解決。當時清廷最感覺急迫的問題：一是要求俄國政府把叛逃的要犯根忒木爾交還中國；一是俄羅斯人退出黑龍江流域；此外，就是要求來的俄使必須按中國廷儀行覲見禮。

在上述三大事件中，根忒木爾之叛逃投俄一事對於中國東北邊陲地區之安全、少數民族之團結與對清廷政府之向心等甚有影響。根忒木爾原是達呼爾族一個酋長，駐牧在尼布楚附近。當俄國人勢力進入並經營貝加爾湖及額爾古納河上游時，當地人民受到嚴重的威脅，並經常遭到侵掠。當時根忒木爾也感覺不安，就在順治十年，率其部眾越過額爾古納河向南，進入索倫部的境內居住下來。

清廷對根忒木爾部很照顧，為之編置了三佐領，順治十五年（西元一六五八年），清軍圍攻斯捷潘諾夫，根忒木爾臨陣不前，恐受責罰，遂有逃意。以後在俄人切爾尼果夫斯基的策動下，終於在康熙六年（一六六七年）叛逃到俄境，在阿穆爾河畔居住下來，清廷對於俄國擅自收納中國逋逃，助長邊患，非常氣憤，曾多次派遣孟格德到尼布楚城交涉。康熙十五年，斯帕法里來華，清廷也提出遣返根忒木爾的要求，在與俄國的交涉中，又多次提出引渡根忒木爾的問題，但是，俄國一直拒不送還，根忒木爾於是長期滯留俄國。根忒木爾叛逃後，先在尼布楚附近居住，以後轉到阿穆爾河地區。他替俄國人出謀劃策，誘騙附近各部族人逃奔俄境，直接參與俄國人的軍事活動，一直與清廷為敵。由於清廷一再強烈要求遣還根忒木爾，根忒木爾害怕再把他送回中國，經俄皇批准，乾脆加入俄國國籍，在一六八四年又信奉了東正教，並取名彼得。一六八四年根忒木爾應召前去莫斯科見俄皇，同年在去莫斯科

的途中死於納雷姆。

清廷對於根忒木爾問題很重視，不肯輕易罷休，每遇機會必提出交涉。康熙二十二年，有俄國俘虜來北京，清廷令其攜帶理藩院的一份公函，去投遞給俄方，其中亦提及索還根忒木爾的事。康熙二十二年《清聖祖實錄》（卷一百十二）載當年九月丁丑清聖祖諭理藩院尚書阿穆瑚琅說：

> 俄羅斯國羅剎等，無端犯我索倫邊疆，擾害虞人，肆行搶掠，屢匿根忒木爾等逃人，過惡甚多。……今雅克薩尼布楚之羅剎等若改前過，將根忒木爾等逃人送來，急回本地，則兩相無事，於彼為益不淺，倘猶執迷不悟，留我邊疆，彼時必致天討，難免誅罰。……

康熙二十四年又提起此問題，《平定羅剎方略》載當年正月聖祖諭議政王等說：

> ……姑再傳旨羅剎云：前屢經遣人移文，命爾等撤回人眾，以逋逃歸我，數年不報。
> ……爾等欲相安無事，可速回雅庫（當指雅庫次克而言），於彼為界，捕貂收賦，毋復內地搆亂。歸我逋逃，我亦歸爾逃來之羅剎。果爾，則界上得以貿易，彼此安居，兵戎不興。

康熙二十七年，兩國息兵談判，清廷派遣索額圖到尼布楚訂結條約，這時又一次提出了根忒木爾逃亡問題。《平定羅剎方略》載當年五月癸酉聖祖對索額圖說：

> ……因諭索額圖等，羅剎侵我邊境，交戰於黑龍、松花、呼瑪爾諸江，據我屬所居尼布楚、雅克薩地方，收納逃人根忒木爾等。……至爾等奉使前往，有應酌議者，即詳議以聞。索額圖等奏曰：……又我之逃人根忒木爾等三佐領，及續逃一、二人，悉應索還。如一一道行，即歸彼逃人，及大兵俘獲招擾者，與之畫邊分界，貿易往來，否則臣當即還，不與彼議和矣❺❶。

清廷對於根忒木爾的逃亡，為什麼如此重視呢？推其原因，主要有以下

❺❶　同❸，第五四至五六頁。

三點：⑴根忒木爾是當時的一大部酋，轄有三佐領的人眾，清制，一佐領為一百五十人，三佐領是四百五十人，連其家屬當有近千人。清初東北荒寒，人口稀少，近千人口，就是一個很大的數目了。這些人逃往俄國，清朝所受損失之重大可想而知。積恨在懷，對於根忒木爾自不肯甘心，所以一定堅持把他要回。⑵根忒木爾在左右各部族中頗有影響，若他誠心歸服於清，則索倫各部族也就不會有異志。如果他叛逃降俄，影響所及，必然會人心動搖，叛服無常，清廷在各部族中的威信，或將不能保持。清聖祖深明此理，所以對於根忒木爾逃亡一案，不肯等閒視之。⑶俄國自侵入西伯利亞後，其領域漸漸與中國接壤，圍繞中國北疆，西起巴爾喀什湖，東至黑龍江流域，境地相接，人民雜處。這中間的厄魯特、喀爾喀、黑龍江流域各部族等，雖然都在清政府的統一管轄之下，但時生叛亂。又因這些部族地處中俄之間，當他們有時不滿意於清政府的統治時，往往舉而投奔俄國，並以俄境為逋逃藪。清軍進而追捕，則受到俄國人的干涉，退而不問，又恐其捲土重來，邊地因而不寧，兵革由此重起。這種實例，當清政府用兵準噶爾和喀爾喀時，已數見不鮮。知道這些史實，然後方能明白清聖祖對於根忒木爾逃亡一案的重視。以及《尼布楚條約》所以有互不收納逋逃的明文規定，實際有很深遠的用意。

由上所述，可知康熙初年，東北局勢已成僵局。俄國人在黑龍江流域的侵略行動，有增無已，根忒木爾逃亡異國，屢索不還，兩國使節關係，因障礙重重也沒有解決什麼問題，凡此種種，都使清廷不可能再容忍下去。康熙二十二年九月丁丑清聖祖諭理藩院尚書阿穆瑚琅時還說：

> 朕不忍即遣大兵剿滅，屢行曉諭，令其自釋過愆，速歸本地，送還隱匿逃人。前次所差彼使尼古拉已經曉諭，但羅剎尚執迷不悟，反遣其部下人，於飛牙喀、奇勒爾等處，肆行焚掠；又誘索倫、打虎兒、俄羅春之打貂人額提兒徽克等二十人入室，盡行焚死。此曹雖經曉諭，貌不畏法。因特遣將軍統兵駐守黑龍江、呼瑪爾等處，不許羅剎仍前恣意妄行，遇即擒殺。……

由此數語，已可見清聖祖用兵羅剎的苦心。康熙二十四年《清聖祖實錄》（卷一百二十一）又載這年六月癸巳清聖祖諭諸大臣說：

……治國之道，期於久安長治，不可圖便一時，當承平無事，朕每殫心
籌度，即今征羅剎之役，似非甚要，而所關最巨。羅剎擾我黑龍江、松
花江一帶，三十餘年，其所竊據，距我朝發祥之地甚近，不速加翦除，
恐邊徼之民，不獲寧息❷。

此外，法國人加斯東・加恩在所著《彼得大帝時期俄中關係史》一書中，
對於根忒木爾叛逃一事曾有如下的記載❸：

……另外有兩件事使中國人更為憤怒，一件是一個中國屬民改信東正教；
另一件事是雅克薩城的重建。約在一六六七至一六七〇年間，有一個叫
根忒木爾的通古斯王公帶著他的家人和奴僕逃到俄國那裡，俄國人就給
他們洗禮，並且拒絕把他交還給中國❹。

其次蘇聯科學院遠東研究所等編《十七世紀俄中關係》（一六〇八至一六
八三年）第一卷，第一冊，對於根忒木爾叛逃降俄也有如下的記載❺：

---

❷ 同❸，第五七至五八頁。

❸ 同❶，第二頁。

❹ 同十七世紀俄中關係的其他事實一樣，根忒木爾的歷史也是模糊不清和不明確的。
第一個困難是清楚他逃亡或受洗的日期。班蒂什（第一四頁以下）自相矛盾，起先
說一六三四年，是根據一七一〇年十二月三十日至一七一一年一月十一日的一份文
件，他引用這份文件就不甚精確，僅說是「給西伯利亞的公函」，過了幾頁，他又
說是一六六七年。《史料補遺》第四八一頁上的一個註解說是一六八四年，可是斯
洛夫措夫他的《西伯利亞簡史》（莫斯科一八三八至一八四四年，八開本，二卷，
第一卷，第一八三至一八四頁；第二三九頁註解，第二四〇頁註解）裡引用資料（由
舒金整理過的伊爾庫次克檔案，但他沒有說出摘引的資料出處何在）說根忒木爾在
一六七〇年以前從齊齊哈爾到尼布楚來（班蒂什引用中國使團＝K.D?，第三頁、第
二七〇頁所說的一六六七年，同伊爾庫次克文件的日期頗相一致；一六八四年會不
會錯印為一六三四年呢？班蒂什所根據的文件被斯洛夫措夫闡明了：那是一道給尼
布楚行政長官卡察諾夫的御旨，命令他賞賜拉里翁親王，保爾的兒子根忒木爾）。
根忒木爾的洗禮教名為彼得。尼古拉於一六七六年十二月經過尼布楚時可能答應
他，不將他交給中國。見班蒂什，第一五頁，註一引用《中國宮廷集》，第四章，
第五五頁。

❺ 蘇聯科學院遠東研究所等編，《十七世紀俄中關係》（一六〇八至一六八三年），第
一卷，第一冊，廈門大學外文系譯，商務印書館出版，一九七八年九月，北京，第

謝·阿布林兩次到中國，當時他在北京所進行的商務活動的成就，促使
俄皇政府於一六六六年再次派遣大型商隊前往清帝國的首都。謝·阿布
林被任命為商隊的隊長，雖然阿布林到中國僅是「為了經商」，但他在理
藩院（主管清帝國藩省的衙門）受接待時，清朝官員請他轉告俄皇政府，
要求遣返原為滿洲人的鄂溫克王公根忒木爾。從此以後，根忒木爾的事
在中俄的外交談判中便發生了爭論。

第三節　俄人之探察與佔領黑龍江

一、首次得到黑龍江的消息

四十年代在新土地發現者和獵戶當中，關於富饒的達爾幹地區和阿穆
河❺❻的消息，傳聞頗多。到阿穆爾河共有兩條路；一條是從勒那河上游到貝
加爾湖，再從那裡到石勒喀河；另一條是從雅庫次克沿勒那河、雅爾丹河、
烏丘爾河到精奇里河。當地居民除了達爾幹地區的情況外，還給哥薩克提供
一些有關中國饒有趣味的傳聞。尋找通往阿穆爾河流域一帶的道路，同時也
就是尋找到中國的新路線。因此，對俄國人來說，東西伯利亞各民族是繼蒙
古之後傳來中國消息的第二個源泉❺❼。

二、波雅爾科夫等人到達黑龍江

首次來到阿穆爾河的是以瓦·達·波雅爾科夫 (Поярков) 為首的一批
軍役人員，這些新土地發現者於一六四三年七月從雅庫次克動身，「再去探尋
不納實物貢的人，尋找銀礦、銅礦鉛礦和糧食」。他們沿勒那河、雅爾丹河、
戈諾姆河航行到達精奇里河，後來到阿穆爾河流域，沿阿穆爾河航行，在它
的河口過冬，出了海到達烏利亞河口，於一六四七年六月由那裡返回雅庫次
克❺❽。

一版，第一七至一八頁。

❺❻　阿穆爾河即黑龍江。——譯者

❺❼　同❺❺，第七頁。

❺❽　（俄）《歷史文獻補編》，第三卷，聖彼得堡，一八四八年，第五〇至五六頁。

　　瓦・達・波雅爾科夫搜集了有關阿穆爾河下游和中游各民族，諸如達爾幹、鄂文克、久切爾、納特克和基利亞克等民族的確切情況，阿穆爾河沿岸的土著居民大都是獨立的過著定居的生活，從事農業、狩獵和捕魚。「納特克人住在阿穆爾河兩岸，過著烏盧斯式的生活」，瓦・達・波雅爾科夫的遠征報告告訴我們：他們不向任何人繳納實物貢。經過基利亞克人居住地區，航行到大海歷時兩個禮拜；沿阿穆爾河兩岸一直到海邊都有定居的基利亞克人的烏盧斯，就是在海上各島嶼和海灣的地方，也有很多定居的基利亞克人的烏盧斯。他們靠捕魚為生，他們基利亞克人不向汗繳納實物貢❺❾。

三、哈巴洛夫擴大對黑龍江佔領區

　　一六四九年（順治六年）雅庫次克的一個投機的富商葉・帕・哈巴洛夫(Yark Pavlov Khabarof) 呈請總管允許他用自己的資金組織遠征隊到黑龍江去。是時俄人已從土人那裡知道由鄂列克瑪河的路比由雅爾丹河的容易。總管弗蘭茨別科夫 (Franzbekof) 對此事雖不甚熱心，但哈巴洛夫的提議既無須政府出錢，萬一成功，政府反可藉私人的力量徵收黑龍江流域土人的皮貨，就允許了哈氏的呈請。其實政府的批准不過是一種形式而已；事實上，在呈請之先，哈氏業已組織好了遠征隊，大有必行之勢。四月初，他率領隊員前進，溯鄂列克瑪河直到河源，於是跋山而轉入黑龍江的支流烏爾喀 (Urka)。此河近額爾必齊惟稍東。哈巴洛夫到黑龍江的時候，兩岸的村落已聞風遠逃，哈氏對所遇的少數土人雖竭力巧言誘騙，但土人總以哈薩克是食人的一語答之。除在土坑裡發現匿埋的糧食外，其餘一無所獲，雖然在其給總管的報告書中，哈氏仍誇大黑龍江流域的富庶及積糧之多，他深信有六千兵士足以征服全區域，征服之後雅庫次克的糧食問題可得解決，而皮貨的收入亦可大大增加❻❿。

　　哈巴洛夫初次的遠征雖無直接成績可言，但他確親自到了黑龍江，知道了當地的實際情形。他決志組織第二遠征隊，並改良行軍的方法。一六五〇年的夏季出發，所走的路線大致與第一次相同。這次他行軍極圖迅速，以免

---

❺❾　同❺❽，第五七頁。

❻❿　蔣廷黻專論，〈雅克薩之役與尼布楚條約——中俄初次在東北的衝突與尼布楚條約〉，見《中華民國開國五十年文獻》，第七章，〈帝俄侵略之開端〉，第一四二頁。

土人聞知遷徙，在雅克薩附近，他襲擊了一個村莊，土人與之相持一下午，終究弓箭不敵鎗炮，雅克薩遂為所佔。土人乘夜攜家眷牲口逃避，哈氏即夜派一百三十五人去追截，次晨就趕上了。一戰之後，哈薩克奪了一百一十七隻牲口，高興地返回雅克薩。哈氏在雅克薩建築了防守的堡壘，留下了少數的駐防隊，自己遂率領隊員及鎗炮，乘用冰車駛往下游。十天之後，於十一月二十四日，他遇著駛馬的俄倫春。此處也是弓箭不敵鎗炮。一時土人惟有屈服，遵命貢送貂皮。哈氏的冒險計劃總算得到相當的收穫。於是他又回雅克薩過冬 ❻。

次年六月二日，哈巴洛夫帶著三百餘名哥薩克人，配備鎗炮出發往下游去，此次更求迅速，以圍攻人之不備。正隊之前，他預備了八隻小船作為先鋒，連行四天，不見人煙，沿岸村落皆遷徙一空。第四天晚間，在黑龍江折南的角落，發現尚未遷走的吉瓜托村 (Guigudar)，此處居民約有一千，並有五十名八旗馬隊適在該處徵收貢物。中國的記載全未提及，故其虛實難明。哈氏率隊乘夜進攻。據俄人的記載，交火之初，滿人就逃了。次晨村落失守，土人欲逃不能，死於炮火之下者約六百六十人，婦女被擄者二百四十三人，小孩一百一十八人，馬二百三十七匹，其他牲口一百一十三匹。俄人死四名，傷四十名。可惜中方關於此事全無記錄以資對證。

哈巴洛夫在吉瓜托村停留約六星期，他派出的調查隊均說直到精奇里河口，土人早已遷徙，惟聞在河口尚有未遷走的村落。哈氏乘坐小船趕到現在的璦琿城左右，土人事前全無所知，既不能逃，又不能戰，大部分都成俘虜。哈氏命土人長老召集會議，到會者三百多人，均說剛向中國皇帝進了貢，餘存無幾，一時只能奉送貂皮六十張，以後當陸續補送。哈氏令土人以貂皮贖俘虜，當時土人盡全力應酬他，好像他們已甘心投順哥薩克。但到了九月三日，全村忽遷徙一空，僅留下兩個當質者及兩個老婦人。此舉給哈氏一個很大的打擊，他原擬在此過冬，不料周圍突然變成全無人煙之地。他把四個未逃的土人付之火中，遂開拔向下游去了 ❻。

九月二十九日，哈巴洛夫行抵烏蘇里江與黑龍江合流之處，此地被稱之為哈巴洛夫城，即紀念哈氏為俄羅斯擴張新土地之功績者，中國命名為伯力。

---

❻　同 ❻，第一四二至一四五頁。

❻　同 ❻，第一四三頁。

哈氏在此建立土壘，準備過冬。赫真人表示和好，因之哈氏不為設防，時常派遣隊員出外捕魚。十月八日，赫真人忽乘虛進攻。相持之際，適外出的隊員歸來，加之軍器相差太遠，赫真人大受挫敗。從此哥薩克就作了當地的主宰者。

大家都知道在整個十七世紀，俄國穿越西伯利亞，和一直推進到原為中國屬地的黑龍江流域，而哈巴洛夫在後者方面都扮演了特別重要的角色。惜當時清廷政府對這段史實不是記載簡略，就是完全缺乏記錄。為了方便讀者對這個問題有較多的研究參考資料與瞭解起見，特將蘇聯科學院遠東研究所等編撰之《十七世紀俄中關係》一書中，有關哈巴洛夫在黑龍江流域一帶活動情形摘錄如下：

> 阿穆爾河沿岸地區於一六四九至一六五二年最後併入俄國領地，當時由葉‧帕‧哈巴洛夫統一指揮的幾批哥薩克人把俄國的行政權力擴展到這個地區，向當地各民族征收實物貢，在這裡耕種，開始對邊區進行墾殖。

在裝備考察隊時，雅庫次克軍政長官德‧安‧弗蘭茨別科夫為哈巴洛夫提供大量的官家貸款，把官庫的武器、呢料、鐵鍋和農具借給他，以安置墾荒的移民。軍政長官訓令哈巴洛夫要用和平的手段引導阿穆爾河沿岸地區各民族歸順俄國，加強俄國行政權力；並強調指出：派遣哥薩克新土地發現者「並非為了打仗」。同時，給哈巴洛夫的指令也反映了俄國政府打算歸併這個地區的嚴肅態度。假如有哪一個達斡爾酋長不歸順俄國，則命令哈巴洛夫「用戰爭手段制服嶺南那些不繳納實物貢的人們」，並向他們徵收實物貢，使皇庫獲得不少的收益[63]。

哈巴洛夫沿鄂列克瑪河溯流而上，在土基爾河口過冬，於次年，即一六五〇年到了阿穆爾河，哥薩克所到的達斡爾村鎮已經都是半空了，這些村鎮的居民對於俄國遠征隊的到來都存有戒心[64]。

達斡爾人對俄國人說，有一個「博格德王公」即滿洲的汗，他有時試圖派遣間諜和軍人到靠近阿穆爾河中游的南面地區去抓俘虜和掠奪獵獲物。這時果斷的軍政長官德‧安‧弗蘭茨別科夫指示哈巴洛夫應使「博格德王公」

[63]　(俄)《歷史文獻》，第 IV 卷，聖彼得堡，一八四二年，No. 31/I，第六八頁。

[64]　同[63]，No. 72，第二五八至二六〇頁。

（俄人早期稱清廷皇帝為「博格德王公」——作者註）也歸順俄國 ❻ 。

一六五一年春，哈巴洛夫在阿爾巴津城設防固守。雅庫次克官署決定派出以特·葉·切奇金為首的使團到「博格德王公」那裡，去勸說他歸順俄國，或者至少也要搜集到有關他的確切情報。可是俄國使團於一六五三年秋竟在途中覆沒。

哈巴洛夫隊伍裡的哥薩克於古依古達爾城下與達斡爾人武裝衝突之後，俄國人第一次見到了滿洲人。當時在城中的達斡爾營裡有幾個滿洲人（博格德人），但他們沒有參加戰鬥，只是在旁觀戰。達斡爾俘虜證實，這些滿洲人住在古依古達爾王公的烏盧斯。俄國人得勝之後的第二天，滿洲人就來找他們談判，但是俄國遠征隊的通譯不懂滿語，彼此難以交談。不過滿洲人還是向哈巴洛夫說明，他們的皇帝「沙姆沙康沒有叫我們同你們打仗，我們的皇上沙姆沙康吩咐同你們哥薩克以禮相見」。當時哈巴洛夫同樣「給那個博格德人以禮遇，贈送君主的禮物，讓這個博格德人回到他的博格德國土上去 ❻ 」。

但是一年以後，清政府卻開始使用武力要把俄國人趕出阿穆爾河沿岸地區。俄國人活動的地區，對清朝來說，是通往其固有的滿洲發祥地的邊遠要地。因此，把俄國人趕出阿穆爾河的問題對於北京新政府來說，是極其重要的。一六五二年三月，哈巴洛夫被一支強大的滿洲軍隊圍困於阿檜城內，六百名滿洲人帶了六門大炮和其他火器，在從達斡爾人和久切爾人當中徵集的擁有一千五百人的隊伍的支援下，進攻二百零六名哥薩克；而且滿洲軍隊的指揮官下令要活捉俄國人。然而哈巴洛夫卻使滿洲人和達斡爾人的聯軍遭到慘敗。

❻ 同 ❺，第一八一至一八三頁。

❻ 見第六一號文件，正如滿洲和中國史料所證明的十七世紀六十年代時，「博格德」的疆界，即滿洲人的領地，還在阿穆爾河以南很遠的中滿地區，並以一六七八年開始建築的所謂柳條邊為界。甚至像寧古塔和吉林 (Цзилин) 以及與它們毗連的那些地區都未列入清帝國的版圖，而被認為是外部地方（見 T. B. 麥利霍夫，〈十七世紀八十年代滿洲人進入阿穆爾河上游地區的經過〉，載《滿洲人在中國的統治》文集，莫斯科，一九六六年，第一一三至一二七頁）。

第四節　中俄初期之武力衝突

一、第一次衝突（一六五二年）

　　清軍與俄國軍隊第一次衝突在順治九年，即一六五二年。按俄國的記載，黑龍江的土人受了兩年的擾害之後，均向中國要求保護。中方的記載亦提及此事，但不詳細，《平定羅剎方略》說：「駐防寧古塔章京海色率所部擊之，戰於烏札拉村稍失利 ❻❼」。俄國方面的記錄說海色帶有二千零二十騎兵；至於戰爭的經過則各說不一。海色與哈巴洛夫的戰爭是中俄初次的交鋒。在中國史乘從順治九年起始有「羅剎之亂」的記載。按「羅剎」這個名詞，是索倫、俄倫春、達呼爾諸部落給俄人的稱呼。這一戰，俄國方面的人數至多不過四百人，中方加入戰爭者必較多，但是否有二千餘名，頗難斷定。

　　一六五二年三月二十四日（俄曆），黎明，中國兵到達俄羅斯土壘之前，俄國人正酣睡之中。但中國兵不久即施放火鎗——他們放鎗大概是要示威——哈巴洛夫或將不能生還。幸而他被鎗聲驚醒了，即時禦防。中國兵把炮安置以後，就向土壘開火。不久打穿一個洞口，衝鋒者即向洞口猛進，俄人火速在洞之後安放一門炮，向衝鋒者開放極有效力的子彈，衝鋒者因此止住了，而一百五十名俄人從營壘中衝出來，以短兵相接。他們從中國兵手中奪取了兩尊火炮，其他的火鎗也大部分被毀，俄人就成為這場戰爭的勝利者。除上述所說的兩尊炮外，俄人尚得到十七桿火鎗、八面旗幟、八百三十匹馬及幾個俘虜。中國兵死者據說有六百七十六人遺留在戰場上，俄人僅死十人，傷七十人 ❻❽。

　　交戰之初，中國人得了勝利。一時他們好像能把俄國營壘攻下來，後不知因何原故？或者因中國的主將過於自信或者因為他遵守訓令——在俄人受迫最緊急的時候，他忽然下令，要他的士兵不殺也不傷哥薩克兵士，只活捉過來。這一戰的關鍵即在此。俄人瞭解這種情勢之後，決志不被活捉，於是一面宣誓，一面衝鋒，一步步的把中國人趕退了 ❻❾。

---

❻❼　《平定羅剎方略》，卷一，第二頁。

❻❽　Ravenstein, p. 21.

這一戰，中國確是敗了，但先勝而後敗。致敗的原因，除策略或有其他關係外，尚因軍器不及敵人。至於戰敗之程度，很難說了，此戰之後，俄國方面的報告多說哥薩克一聽見某處有中國兵就戒嚴不敢前進，而且這時起土人又敢抵抗了❼。

二、第二次衝突（一六五四年）

中俄第二次衝突，發生於順治十一年（一六五四年），當順治九年即西元一六五二年，海色退軍之後，哈巴洛夫再次溯江而上，進抵卓倫奇山，他們在那裡遇到自莫斯科派來的援軍一百八十二人，於是合兵一處，進軍至精奇里河，因為哈巴洛夫欺壓部下，部下發生譁變，一部分人逃往黑龍江下游駐紮。哈巴洛夫率眾趕到那裡，攻克了譁變者的冬營，在那裡渡過冬天。

為了增援哈巴洛夫，調查黑龍江地區的情況，俄皇又派遣莫斯科貴族季諾維耶夫帶領一百五十名援軍前往黑龍江。他們於一六五二年自莫斯科出發，第二年八月到達精奇里河，在河口找到哈巴洛夫，對他傳達俄皇的命令，命他立即回國彙報。留在黑龍江的哥薩克，則由哈巴洛夫的部下奧努弗里·斯捷潘諾夫領導。俄皇命令斯捷潘諾夫在精奇里河及額爾古納河等地廣築城寨，耕作播種，積蓄糧食，以備下一步侵略行動中作軍糧。斯捷潘諾夫因為既找不到人進行耕墾，施行屯種計劃；也找不到糧食以維持生計，只得在一六五三年冬天率眾自黑龍江順流而下，到達松花江江口，掠奪糧食後，轉往烏蘇里江江口。順治十一年，即西元一六五四年六月，斯捷潘諾夫一伙到達松花江口，在這裡遇到清朝的軍隊，斯捷潘諾夫倉惶應戰，在遭受重大傷亡後，撤離松花江，向黑龍江上游逃命。這是中俄第二次衝突❼。

三、第三次衝突（一六五五年）

中俄第三次衝突，發生在順治十二年（一六五五年），《清世祖皇帝實錄》（卷八十七）載：「順治十一年十二月，丁丑，命固山額真明安達理統率官屬兵丁，往征羅剎於黑龍江。」《八旗通志·明安達理傳》也記載：「順治十一年，

---

❻ Golder. p. 49.

❼ 同❻。

❼ 同❸，第三〇至三一頁。

明安達理自京師統兵往征羅剎，敗敵於黑龍江。」《平定羅剎方略》說：「順治十二年，尚書都統明安達理自京師往討，進抵呼瑪爾諸處，攻其城，頗有斬獲，旋以餉匱班師。」這次戰鬥，還是指與斯捷潘諾夫的戰鬥而言的。當斯捷潘諾夫在松花江被中國軍隊打敗後，在逃跑途中遇到自貝加爾湖而來的俄軍共六十三人，首領是別克托夫，別克托夫告訴斯捷潘諾夫，黑龍江上游沒有糧食，於是他們合兵一處，來到呼瑪爾河口，準備集中全力在這裡修築一個堡寨，取名呼瑪爾斯克，打算在這裡長期居住。

別克托夫是奉葉尼塞斯克總督帕什克夫的命令，前往色楞格河流域進行探險的。他率領人馬於一六五二年六月出發，第二年春天，溯色楞格河而上，到達石勒喀河地區，終因孤立無援，無以為生，只得帶領人馬去投奔斯捷潘諾夫。斯捷潘諾夫所築的呼瑪爾斯克，處於呼瑪爾河口對岸，順治十二年初，明安達理奉清廷的命令，率領萬人大軍隊前來征討，圍困呼瑪爾斯克。斯捷潘諾夫督師堅守不敢出戰。清軍圍城十餘日，在大量殺傷敵人之後，因為軍糧缺乏，解圍而去。清軍解圍後，斯捷潘諾夫不敢再停留在這裡，很快就轉移走了 ❼❷。

四、第四次衝突（一六五七年）

中俄第四次衝突，發生在順治十四、十五年（一六五七、一六五八年）之間。《平定羅剎方略》說：「順治十四年，鎮守寧古塔昂邦章京沙爾呼達敗之尚堅烏黑。十五年，復敗之松花、庫爾瀚兩江之間。」《清世祖皇帝實錄》（卷一百十九）說：「順治十五年七月，庚戌，鎮守寧古塔昂邦章京沙爾呼達等疏報，擊敗羅剎兵，獲其人口、甲仗等物。命兵部察敘，以所俘獲分賜有功將士。」《八旗通志·沙爾呼達傳》也提到這件事：「順治十五年七月，俄羅斯犯塞，沙爾呼達擊走之，斬獲甚眾。」這次衝突，仍然是對斯捷潘諾夫的一次戰鬥。

斯捷潘諾夫自呼瑪爾斯克撤退後，依然往來於黑龍江流域，伺機蠢動。順治十五年，即西元一六五八年，他們自呼瑪爾河口出發，下至黑龍江江口，然後又來到松花江，在兩江之間，靠劫掠為生。這時沙爾呼達率軍進擊，在松花江口附近追上俄軍，中國軍隊共有一千四百人，俄軍有五百人，結果這

---

❷　同 ❸，第三一至三二頁。

場戰鬥中國大勝,俄軍僅逃出一百八十人。斯捷潘諾夫也在這次戰鬥中喪命。這是順治十五年的事,至於順治十四年的衝突,當是沙爾呼達在行軍途中,於尚堅烏黑遇到俄軍並打敗了他們 **❼❸**。

五、第五次衝突(一六六〇年)

中俄第五次衝突,發生在順治十七年(一六六〇年),俄羅斯犯邊境,巴海同副都統尼哈里等,率兵至黑龍江交會處,偵賊在費雅喀西境,即疾趨使犬部界,分布舟師,潛伏江隈,賊船踵至,合擊之,賊敗卻,棄船登岸竄走,巴海督兵追戰,斬六十餘級,溺水死者甚眾,獲其船及槍炮、軍器,因招降費雅喀百二十餘戶,敘功加一等騎尉。這次戰役發生於黑龍江下游的費雅喀下游的費雅喀地區,即使犬使鹿部地區。這些地區都在清朝管轄範圍之內,所以當費雅喀等部族受侵略時,數次派人到清廷告急,清朝也一再派遣軍隊前往征討俄軍。

再則,《平定羅剎方略》中還記載道:「順治十七年,巴海大敗之(指俄羅斯)古法壇村。」古法壇村在伯力北面,據說這次戰役是帕什科夫派遣的哥薩克打的。當時俄國對中國東北地區的入侵,主要沿兩條路線進行:一條自雅庫次克出發,越外興安嶺,向南進入黑龍江地區。波雅爾科夫、哈巴洛夫、斯捷潘諾夫都是沿這條路線而來。另一條路線是自葉尼塞斯克出發,向東南進軍,越過貝加爾湖進入黑龍江地區。一六四七年,沿這條路線東侵的俄國軍隊越過了貝加爾湖,一六五〇年進入石勒喀地區。一六五二年,葉尼塞斯克指揮官帕什科夫想在黑龍江上游建立一個進一步東侵的根據地,曾命百人長別克托夫到尼布楚去築城,後來失敗。帕什科夫不死心,在一六五六年七月親率一支五百六十人的隊伍東征,他們於一六五八年到達石勒喀河流域,在尼布楚河口強築了涅爾琴斯克堡,這就是最初的尼布楚城。隨後帕什科夫又率兵東下,在雅克薩築城以遙相呼應。順治十七年,即西元一六六〇年,巴海率軍在伯力北面的古法壇村與他們相遇,兩軍大戰,帕什科夫的軍隊大敗,放棄兩城而逃。這就是《方略》所記載的古法壇村之戰 **❼❹**。

---

❼❸ 同 **❿**,第三〇至三三頁。

❼❹ 同 **❿**,第三四至三五頁。

第五章　雅克薩戰爭

第一節　康熙帝的備戰措施

一、偵察地勢瞭解敵情

　　康熙自決定以武力征討俄國人後，即開始制定周密的作戰計劃，進行細致充分的戰備工作。並於同年藉到盛京謁陵之機，親自視察東北防務，先後到撫順、興京、哈達城、吉林船廠以及松花江等地，親自佈置備戰工作。首先因為對於東北水陸交通情形還不十分清楚，對於俄國人內部的虛實也不很明瞭，不便貿然用兵，先派遣郎談等人以捕鹿為名，到雅克薩附近偵察地理形勢和水陸交通情況。二十一年八月庚寅《清聖祖實錄》（卷一百四十）記載這件事說：

> 八月庚寅，初俄羅斯所屬羅剎，時肆掠黑龍江邊境，……上遣副都統郎談（《平定羅剎方略》作郎坦）公彭春等率兵往打虎兒索倫，聲言捕鹿，以覘其情形。將行上面諭之曰：「……爾等此行，除自京遣往參領侍衛護軍外，令畢力克圖等五臺吉，率科爾沁兵百人，寧古塔副都統薩布素等率烏喇寧古塔兵八十人，至打虎兒索倫，一面遣人赴尼布楚諭以捕鹿之故，一面詳視陸路近遠。沿黑龍江行圍，徑薄雅克薩城下，勘其居址形勢，度羅剎斷不敢出戰，若以食物來饋，其受而量答之。萬一出戰，姑勿交鋒，但率眾引還，朕別有區劃。爾等還時，須詳視自黑龍江至額蘇里舟行水路，及已至額蘇里，其路直通寧古塔者，更擇隨行之參領侍衛，同薩布素往視之。」

郎談奉命後即率所部赴黑龍江視察，其視察結果，在《八旗通志·郎談傳》中有記載：

> 康熙二十一年八月，聖祖以俄羅斯屢擾黑龍江邊境，久踞雅克薩地，命郎談同副都統彭春，率兵沿黑龍江行獵，覘雅克薩情形，相度水陸往來遠近。十二月疏言：俄羅斯久踞雅克薩，恃有木城，若發兵三千，攜紅衣炮二十具，即可收取。陸行自興安嶺以往，雖無險山，而林木叢雜，途經窄隘，冬雪之時，沙結堅冰，夏日遇雨，泥深淤阻，惟輕裝可行。水程自雅克薩還至愛滹城（即璦琿城），於黑龍江順流行船，僅需半月。觀兩岸悉可纖挽，若逆流行船約需三月，視從陸路倍期，於運糧餉炮具輜重為便。現有大船四十，小船二十六，宜增加小船五十餘。奏入，詔寧古塔將軍巴海等造船備炮，擇要地駐守，暫緩進兵。

由以上記載知郎談赴黑龍江視察，最注意的是自雅克薩至璦琿，或至額蘇里等地的水上交通，以及自璦琿或額蘇里等地至寧古塔的陸上交通情況。

二、確定用兵路線與作戰部署

額蘇里地方，在璦琿的西北，約八九十里，《黑龍江外紀》說：在黑龍江城（即璦琿城）西北者，二十里曰眾安城，城東薩哈連部故壤；八十里曰額蘇里城。何秋濤《朔方備乘》卷二十四「艮維諸水考」、「黑龍江考」認為額蘇里城的名字，來源於厄蘇里必拉哈河，而厄蘇里必拉哈河是精奇里河以北數道小支流之一。璦琿與額蘇里的方位既然確定了，於此則知清聖祖的用兵路線，是準備自寧古塔直趨璦琿或額蘇里，再由此溯流而上，直撲雅克薩城。因為這條道路最便捷，所以首先注意到它。

用兵的路線勘定好之後，康熙帝就開始為此次軍事行動作周密的部署和充分準備，遣將命帥，築城設守，準備糧餉軍器，並製造船艦，以利水運。《平定羅剎方略》載康熙二十一年十二月庚子諭諸大臣說：

> 十二月庚子，副都統郎談等自達呼爾索倫還，以羅剎情形具奏，諭議政王大臣等：攻取羅剎甚易，發兵三千足矣，朕意亦以為然。第兵非善事，宜暫停攻取，調烏拉、寧古塔兵一千五百，並製造船艦，發紅衣炮鳥槍，

及演習之人，於璦琿、呼瑪爾二處，建立木城，與之對壘，相機舉行。
所需軍糧，取諸科爾沁十旗及錫北烏拉之官屯，約可得一萬二千石，可
支三年。且我兵一至，即行耕種，不至匱乏。璦琿距索倫村不遠，五宿
可到，其間設一驛，俟我兵將至精奇里烏拉，令索倫接濟牛羊，甚有裨
益。如此，則羅剎不得納我逋逃，而彼之逋逃者，且絡繹來歸，自不能
久存矣。其命寧古塔將軍巴海、副都統薩布素統兵往駐璦琿、呼瑪爾。

又說：

十二月戊子，命戶部尚書伊桑阿赴寧古塔督修戰艦；時鎮守寧古塔等處
將軍巴海等，以寧古塔戰艦稍有損敗，請修物料用資修整，工部議如所
請。上諭修整戰艦，所關甚重，其令戶部尚書伊桑阿往董其事。

三、開闢漕運與陸上交通路線

此次勘察的漕運路線，是利用遼河、伊屯河，以達松花江。自遼河溯流
而上，其要津是巨流河，再往上是等色屯，自此向東北即是伊屯河的上游。
伊屯河即是現在的吉林省伊通河，發源於今吉林伊通縣，歷經長春農安
等縣，向東北流入松花江。伊屯門是伊屯河上游的一個要津，現代地圖稱伊
通門，該地方在伊通縣北部，長春以南。伊屯口可能就是伊屯河入松花江的
入口處。自伊屯河河口，順松花江而下，可直達松花江與黑龍江的交會處。
再由此溯黑龍江而上行，就可到達璦琿、額蘇里等地。東北的河流大多脈脈
相通。
清聖祖之所以加緊開這條漕運路線，是準備利用這條路線把京師的糧食
運往前線。按清聖祖本來的打算，出征軍隊的軍糧，原命令由蒙古科爾沁十
旗及錫北烏拉（按：錫北烏拉即錫北河，發源於內蒙古南部，經赤峰入老哈
河，是遼河的上游）的官屯供給，但是因為東部蒙古土地荒寒，物產不豐，
況且距黑龍江遙遠，運輸困難，因此不能滿足戰爭的需要。此外，自索倫、
吉林、盛京等地的官屯中雖然也能得到一些糧食，但數量不多，恐不足用，
故特地開闢新路，以運輸京師的糧食。
漕運開闢後，交通也隨之發展起來，自北京沿運河可直達天津。自天津

入海，直達遼河口。溯遼河而上，歷伊通、松花等江，可達黑龍江北部邊防。沿途舟車往來，立倉設站，一時很繁榮。所以聖祖這次征討俄國人，結果不僅平服了羅剎，而且對於東北交通的發展，也有很大的影響。

為了充分做好戰前準備，清聖祖不僅注意開闢漕運，而且對於陸上交通也很關心。康熙二十二年四月，寧古塔副都統薩布素 (Сабсу) 移師駐守額蘇里，聖祖即命令他自駐地至索倫村莊設置四驛，事見《平定羅剎方略》。索倫村莊的確定地點不詳，據推測應指索倫部族屯聚的地方。索倫部屯聚之地，《龍江紀略》「方隅」門中曾談到其大概位置：黑龍江以南，拖心河（或稱拖根河，是綽爾河的一個支流，位置在黑龍江的西南部）以北，諾尼江（即嫩江）以西，額爾古納河以東，八圍人索倫地。據此可知索倫人分布的地區，實際上佔有今天黑龍江省西北部的大半，自額蘇里過嫩江即是索倫地界，相距不算很遠，所以僅設四驛。

清軍駐守額蘇里等地，為什麼必須與索倫等部族保持密切的聯繫呢？主要有以下幾方面的原因：⑴索倫部族駐地與雅克薩尼布楚等地交錯分佈，可以探聽俄國人的虛實。《方略》載康熙二十二年十一月戊寅，聖祖諭理藩院說：「羅剎增發人眾，亦未可料，其移文馬喇等加意防禦，不時偵探，應奏事速行奏聞。」馬喇是在同年四月奉命去索倫的，他所偵察到的俄國人消息，不僅傳達京師，也需傳達到額蘇里等地，為了通達軍情，設驛站保證聯絡是很重要的。⑵索倫部族地處黑龍江上游，對於雅克薩可說是後方，如果在索倫駐兵，可以收牽制之效。《方略》載康熙二十二年四月丙子上諭議政王等語說：「今我兵移駐黑龍江，當乘此發烏朱穆秦兵聲言捕鹿，以疑羅剎。……其令理藩院尚書阿穆瑚琅往烏朱穆秦。」烏朱穆秦即索倫地區，調發這裡的軍隊來疑惑羅剎，就是要利用索倫等地的軍隊以牽制俄國人的後方。⑶索倫可以供給清軍馬匹和軍需。《方略》載康熙二十二年四月己卯巴海奏疏：「索倫近墨克頂，宜令選肥馬五百匹送呼瑪爾河口，酌量給用。」又載聖祖諭議政王等：「郎談言取馬蒙古不能即得，可選兵部上駟院馬二千匹，於本年七月內，預發索倫地方牧放，俟禁旅到後，留其羸馬，更以所備肥馬前往。」索倫地方便於牧放，是產馬的地區，可以供軍用。至於軍需的供給，索倫也是重要地區。馬喇去索倫，不僅為偵探軍情，也為籌備糧餉。其事也見《方略》，其中說：「康熙二十二年六月甲戌，命馬喇等市易牛羊諸物，以備軍需……可於戶部

支銀四千兩，量買諸物，馳驛抵彼換取牛羊米糧。」由於以上種種原因的存在，所以聖祖置驛站以利陸路交通。

四、增設驛站傳遞信息

康熙二十二年，除在額蘇里至索倫間設置四驛站外，又在璦琿、吉林、烏拉設置了十個驛站。《方略》載同年九月丁丑，聖祖諭議政王等說：

> ……自璦琿至烏拉置十驛，驛夫各五十人，遇有警急，乘蒙古馬疾馳，尋常事宜，則循十驛以行。……

又載同年十月甲子遣官勘視設驛地方事說：

> 戶部奏璦琿至烏拉須設十驛，但設驛之地，不行相度，難以懸議。應俟來年三月雪消，遣戶、兵二部，理藩院官各一員，並令寧古塔將軍選熟知地勢者陪行，就近派郭爾羅斯二旗，杜爾伯特一旗嚮導各二人，詳加丈量。上允之，尋遣戶部郎中包奇，兵部郎中龍特，理藩院郎中額爾塞前往。

此次所置驛站，詳情不可考，但據《龍江紀略》「方隅」門所載，康熙自吉林至璦琿的道里及驛站數目如下：自吉林西北行五百二十五里，至白都訥（驛站數不詳）。自白都訥北行八百里，至卜魁（即今齊齊哈爾）共七站。自卜魁東北行四百二十里，至墨爾根共六站。自墨爾根再東北行三百四十里，至璦琿共五站。這雖然是以後的驛站，但最初設置的驛站所經過的地方，應當距此不遠。

由以上驛站數目可以看出，康熙時為了征討入侵的俄軍，在東北新設驛站十幾個，本來自京師至吉林、寧古塔等地，舊驛站已設立很多，今又增置了自吉林至璦琿的新驛站，邊地與京師的聯繫更加密切了，東北交通又有了新的發展，自水路漕運開通後，糧餉藉此運輸，東北京師等地的米糧，可以直達璦琿，軍無缺糧之憂。陸路則可以通達軍情，從此璦琿與京師之間信息不致稽遲，當時清廷為了對付俄國人的侵略，其用心甚為良苦。

五、調兵遣將完善作戰準備

交通運輸準備好之後，第二件事就是調兵遣將。早在康熙二十一年，清聖祖就命寧古塔將軍巴海、副都統薩布素領兵前往黑龍江呼瑪爾處駐守，後因故沒有立即執行。二十二年四月，聖祖因為巴海與薩布素不合，恐調度失宜，就派遣薩布素、瓦禮佑以副都統銜共同率兵前往額蘇里駐紮，而巴海則仍然留鎮烏拉。

額蘇里地處璦琿呼瑪爾兩城之間，濱江之地，可以藏船，附近區域可以墾耕，是一個駐軍的好地方。薩布素到達額蘇里之後，就在那裡建立木城，駐兵防守（此城應當建在江的南岸）。同年九月，聖祖又命令薩布素移駐璦琿，並授薩布素為鎮守璦琿等處將軍。禮部侍郎溢岱，工料給事中雅齊納為副都統。鎮守璦琿等處將軍又稱鎮守黑龍江等處將軍，黑龍江設將軍，就是從這時開始的。

清初東北三省地方，歸三將軍統理，一是盛京將軍，設置最早。二是鎮守寧古塔等處將軍，設於康熙元年，十五年移鎮烏拉。三是鎮守黑龍江等處將軍，建置最晚，黑龍江地區原歸鎮守寧古塔等處將軍統轄，自從設立鎮守黑龍江等處將軍之後，才開始分開治理。實際上這時已經具有了三省分割的雛形。康熙三十二年，薩布素因為墨爾根居於兩鎮之間，首尾易制，奏請移節，於是在璦琿改駐副都統。康熙三十八年，又因為墨爾根土地貧瘠不易墾種，又奏請移駐卜魁，而自墨爾根增置副都統。自此以後，就成為定制。

薩布素移駐璦琿後，在那裡建立木城，屯兵駐守，使璦琿逐漸成為東北的重鎮。《龍沙紀略》「經制」門，記載康熙年間璦琿駐有滿、漢軍隊及索倫達呼爾兵士一千二百人，人口一萬三千二十四，官庄二十個，每庄二十夫，每夫輸穀十石，草五百束。以東北荒寒的情況來說，這裡是一個很有發展性的地方。除璦琿之外，在卜魁還駐有滿、漢、索倫、達呼爾、巴爾虎兵二千零四十人，人口二萬零二十七，官庄數目與璦琿相同。墨爾根有索倫、達呼爾兵九百人，人口五千七百三十八人，田庄十一。

薩布素進駐額蘇里後，曾派士卒四出巡邏，其目的是清除黑龍江中、下游的俄軍，因此與俄軍進行了幾次小規模的戰鬥。一六八三年（康熙二十二年）七月，薩布素的部下索倫總管博克率領部眾巡邏，在精奇里河口遇到從

雅克薩來的六十六名俄軍，雙方發生戰鬥，除少數人逃跑外，大部分俄軍被清軍俘虜。康熙二十二年九月《東華錄》記載這件事說：「頃者羅剎諸人，經過黑龍江地方，遇我將卒，降其三十餘人。」《平定羅剎方略》同年七月戊戌命理藩院作書宣諭羅剎條也記載了這件事，其中說：「先是馬喇等奏索倫總管博克等所獲羅剎及軍前招降者，共選五人，遵旨送京，餘二十六人，皆迫於大兵，始行投誠，索倫距羅剎近，不宜久留，應一律解至議政王等，詔送交戶部安插。」外籍也記載了這件事，說一六八三年閏六月，有一個俄國軍官梅利尼克率兵六十六人，自雅克薩出發，準備襲掠黑龍江下游，途經精奇里河，遇到了清廷的艦隊，俄軍狼狽登陸，棄船逃走，清軍包圍了他們，生擒梅利尼克等三十餘人，並進兵焚毀俄軍佔領的多倫禪和西林穆賓斯克兩個據點。《方略》和《東華錄》所記載俘虜的人數與此基本相同，說明記載的是同一件事❶。

在上述局部戰爭中，清軍俘獲了不少俄軍。清廷對於俘獲的俄軍及其投誠來歸者，特別給以優待，把他們編成一佐領，隸鑲黃旗。康熙二十二年九月《清聖祖實錄》（卷一百十二）記載說：「戶部議復：羅剎歸順人吉里果禮等，應交與正白旗，編入佐領下。上曰：羅剎歸順人頗多，應合編為一佐領，令其彼此相依，庶有資籍」。《八旗通志・旗分志》說：鑲黃旗滿洲第四參領之第十七佐領，係康熙二十二年以尼布綽地方取來俄羅斯三十一人，及順治五年來歸之伍朗格里，康熙七年之宜番等，編為半個佐領，即以伍朗格里管理。後二次，又取來俄羅斯七十人，遂編為整個佐領。

在投誠的俄國人中，還有數人因為軍功受到封賞。《方略》康熙二十二年十一月癸未，命授投誠羅剎吉里果禮等官條中說：「……應乘此時酌給新投誠羅剎吉里果禮、鄂佛那西、馬克西木等官職。舊投誠羅剎宜番、鄂爾噶番、席圖頒三人效力勤勞，亦宜給以官職。上諭：宜番近已授驍騎校，鄂爾噶番、席圖頒及新投誠之吉里果禮、鄂佛那西、馬克西木，俱授以七品官職。其新投誠羅剎內鄂佛那西費里普，令馳驛至薩布素處，酌遣招撫。」清廷之所以優待被俘和投誠的俄軍，旨在以此作為號召，影響俄戰鬥意志並削弱其戰鬥力。

康熙二十三年，清廷繼續備戰。為了徹底清除黑龍江下游的俄國侵入勢

---

❶　張維華、孫西著，《清前期中俄關係》，山東教育出版社，一九九七年六月，第一版，第六七至七二頁。

力，清軍又與自鄂霍次克海趕來增援的俄軍在恆滾河口發生戰鬥。《平定羅剎方略》載同年正月薩布素的奏疏說：

> 正月乙酉，黑龍江將軍薩布素等奏，牛滿羅剎抵恆滾，同來自北海之羅剎，與飛牙喀戰，退居河洲，若不速計劃剿撫，則赫真、飛牙喀、奇勒爾人民必被殘害，且恐羅剎復增發前來，宜乘四月冰解時，即遣夸蘭大二員，率官兵三百人，並發紅衣炮具四具，令附近恆滾口、飛牙喀、噶克當阿等嚮導，抵羅剎所踞地，先行招撫，不即歸降，則進行剿滅。如羅剎聞風先遁，則所發之兵，即乘機安輯赫真等處人民，未經來附者，亦招撫之。報聞。

早在康熙二十二年夏，混同江下游的使犬、使鹿等部就遭到一伙俄國人的襲擊，以後又有來自鄂霍次克海的俄人前來增援，飛牙喀、奇勒爾等部落雖然英勇抵抗，終因武器不精而失敗。於是向清廷求援，清廷派鄂羅舜率領三百兵士，冒寒前去支援，結果消滅了這股俄軍，驅除了在混同江流域的俄國人。隨後，薩布素又派軍四出，徹底清除了黑龍江中、下游的俄軍。

清廷備戰的另一項重要內容，是斷絕俄國人的供給，使之困難不能自支。《方略》康熙二十三年五月命將軍薩布素等取羅剎田禾條，說：

> 時馬喇等奏：臣至索倫，屢密詢羅剎情形，皆云現在雅克薩、尼布楚二城，各止五六百人，其得以盤踞多年者，惟賴額爾古納河口至雅克薩十餘處，雅克薩至布爾馬夫河口十餘處，築室散居，耕種自給，因以捕貂，但取資納米雅兒諸姓貢賦，喀爾喀、巴爾呼人，時販牲畜等物至尼布潮，亦捕貂與之交易，得以生存。……臣請敕喀爾喀、車臣汗收其所部附近尼布潮者，兼禁止交易。再請敕黑龍江將軍水陸並進，作攻取雅克薩狀，因取其田禾，則羅剎不久自困。而伊屬索倫、俄樂春諸姓人，亦難以竊據，再量遣輕騎，剿滅似易。上諭兵部：據馬喇等奏，取羅剎田禾，當不久自困，又據侍衛關保來奏，將軍薩布素等亦以取羅剎田禾為然，則羅剎盤踞雅克薩尼布楚惟賴耕種，若田禾為我所取，誠難久存。其令薩布素等酌議，或由陸路進，或水陸並進，盡刈其田禾，不令收穫。由陸路進以所刈之禾，投江下流，水陸並進，以所刈之禾，船載以歸。……

並將馬喇等奏，移文車臣汗知之。

據此可知，清廷斷絕俄國人供給的方法主要的有二種，一是禁止巴爾呼人與他們交易；一是割傷他們的田禾，使他們得不到收穫。巴爾呼部落散居在今呼倫海以南，哈爾哈河（或喀爾喀）以西，即蒙古車臣汗的東北境。康熙時隸諾爾布屬下，俄人佔據尼布楚後，巴爾呼人常與他們互市，俄國人也就依賴他們維持生活所需，所以清聖祖特令車臣汗禁止他們交易。至於俄國人在雅克薩一帶屯墾，是維持他們生活的重要來源，如果能割傷他們的田禾，確實能斷絕他們的生活來源。可惜薩布素沒能依命辦理，有失軍機，後來竟因此獲罪❷。

備戰的再一項內容，是調用福建藤牌兵。《方略》康熙二十三年十二月乙巳命選擇藤牌官兵條說：

> 上諭兵部剿羅剎，所需藤牌官兵，應分遣司員至山東、河南、山西三省於安插墾荒福建之投誠官兵內，選擇善用藤牌願行效力五百人，令地方大臣給銀贍其妻子，兼為整裝遣行。又傳令八旗漢軍，容明福建等處投誠官兵內善用藤牌及滾口長刀者，勿論主僕，開列職名並器具送部。其在天津鄭克塽、馮錫範諸處，亦遣人察明前項人員、器具。尋又諭，聞福建有雙層堅好藤牌，移文提督施琅，選取四百柄長刀，速送至京，毋誤軍機。

福建投誠的兵士，應當指耿精忠的部下而言。耿精忠於康熙十五年十月歸誠，其士兵分散安排在山東、河南、山西等地，其中有善用藤牌的人，所以傳令調遣。鄭克塽、馮錫範二人自臺灣平定後，清廷把他們安排在天津，他們的部卒中也有善用藤牌的人，所以也派人察取，隨後共得藤牌兵四百人，都於第二年調至東北，從事征剿的戰役。

康熙中為徵剿羅剎，先後征調了幾千人前去作戰。其中有烏拉、寧古塔、盛京等處的官兵，還有索倫、達呼爾等部部眾，以及從內地調漢軍、藤牌兵、各省熟習火器的士卒，甚至於調用京師禁旅，軍容之盛，是羅剎所不能比擬的。

---

❷　同❶，第二四至二五頁。

第二節　清廷的和平努力與俄人執意頑抗

一、康熙帝仍盼和平解決爭端

清廷雖然作了充分的戰爭準備,但是清聖祖康熙帝仍然在作最後之努力,仍盼以和平解決爭端。事實上,聖祖之征勦羅剎,其主要目的在於使俄國人退出雅克薩、尼布楚等地。而以雅庫斯克為界,使外興安嶺以南,黑龍江流域各部落各安其居,不再遭受侵擾蹂躪之苦,而清廷也可不必再擔憂邊疆遭受侵略。如果不必勞師動眾,訴之於戰爭,俄國人就會接受這些條件,率眾北返,那是清廷所最盼望的。所以康熙帝雖然積極準備戰爭,但仍希望和平解決。一六八四年初,清廷讓俄俘宜番,米海羅莫羅給雅克薩城的俄國人送去一份咨文,內有理藩院用滿、蒙、俄文三種文字抄錄康熙皇帝的諭旨,勸說他們交還根忒木爾、率眾離去,免動干戈,其中說:⋯⋯今雅克薩、尼布潮羅剎等若改前過,將根忒木爾等逃人送來,急回本地,則兩相無事,於彼為盜不淺。倘猷執迷不悟,留我邊疆,彼時必致天討,難免誅罰❸。

二、俄人拒不撤走及設防增援準備頑抗

當時雅克薩城的俄方首領是一名哥薩克,他接到清廷的信函後,抗命不從,立即準備死守抵抗,同時向西伯利亞總督乞求軍火的援助。根據《平定羅剎方略》康熙二十三年七月辛己命將軍薩布素等偵察羅剎情形條,內載馬喇偵察雅克薩報告,從中可以見到羅剎積備戰頑抗的情況:

時馬喇等奏:臣等遣打虎兒副頭目倍勒兒等偵探雅克薩城情形,路遇羅剎,殺其二人,生擒一人。據生獲之費耀多洛云,大兵未來之先,雅克薩城已加修造,昨歲聞大兵進發,城外復增木柵,所在農人盡調入城內,打獵、收貂亦皆罷止,田禾未熟,即行割獲。因今春不見兵至,遂於臥旁一帶,仍舊遣人耕種,昂古墨阿山頂設五人更番瞭望,今夏自尼布潮復增發四百人,計見在雅克薩者九百人,在尼布潮者不知其數。雅克薩

---

❸　《清實錄》,康熙朝,第一一二卷。

設丁壯八十人耕種，以收獲之糧支給兵食，每人月一斗，餘悉造房收貯，一遇歉歲，不能如數支給。在前豐歲僅僅足用，今已增人，諒必不數。雅克薩舊有船八艘，吉里果禮等運糧前行，被大兵擒獲，故雅克薩無船，大兵未來，於野諾西納城復造船二百艘，各城派兵運糧，不知兵數多寡，並運往何處。吉里果禮黨內人逃回雅克薩，云必兵勢盛，戰艦絡繹不絕，眾驚失措，今見尼布潮曾發人眾，大兵進時，不知時勢若何？……

　　雅克薩備戰的情況，得自俘虜費耀多洛之口，自然比較可靠。因此，俄軍既然在雅克薩城積極設防增援，準備頑抗，清廷雖然努力避免戰爭，和平解決問題，但已是不可能的事，於是只能使用戰爭這一手段了。

第三節　雅克薩戰爭之經過

一、彭春發表康熙帝的招撫書

　　當三藩之亂平定後，康熙帝就決定要大舉北伐，徹底清除羅刹在黑龍江沿岸及其鄰近地區騷擾破壞之勢力，以確保中國東北之安全。但在開戰之前，他仍本著和平未到最後絕望時決不放棄和平之原則，令彭春發表其招撫書：

前屢經遣人移文，命爾等撤回人眾，以遝逃歸我，數年不報，反深入內地，縱掠民間子女，構亂不休，乃發兵截爾等路，招撫恆滾諸地羅刹，赦而不誅。因爾等仍不去雅克薩，特遣勁旅阻征，以此兵威，何難滅爾；但率土之民，朕無不惻然垂憫，欲其得所，故不忍遽加滅除，反覆告誡。爾等欲相安無事，可速回雅庫，於彼為界，捕貂收賦，毋復入內地構亂，歸我遝逃，我亦歸爾逃來之羅刹。果爾，則界上可以貿易，彼此安居，兵戈不興。倘執迷不悟，仍然抗命，大兵必攻破雅克薩城，殲除爾眾矣❹。

　　但城內的俄人完全置之不答。

---

❹ 《平定羅刹方略》，第二卷，第一〇頁。

二、前哨戰（一六八三至一六八四年）

有四艘平底木船和兩艘貨船沿著黑龍江向下航行，船上有六十七個全副武裝的哥薩克，為首的名叫梅利尼克（Мылник, Г，中國史籍稱其為吉里果過）。這是雅克薩俄國佔領當局派出的一支隊伍，每年這個季節雅克薩都要派出一批又一批隊伍，到黑龍江中、下游和松花江去劫掠中國各族居民，這支六十七人的隊伍，就是雅克薩俄軍當局派去侵擾中國黑龍江下游恆滾河一帶的部隊。

從雅克薩到恆滾河，路程很遠。船隻沿黑龍江下駛，過了璦琿，進入牛滿河，然後沿著牛滿河上溯，可以到達恆滾河上游。其中靠近璦琿的一段深入中國的腹地，隨時可能碰到中國軍隊。本來在離開璦琿的地方俄軍修築了一個多倫裡據點，緊靠著精奇里河，專門探聽和監視中國軍隊的調動，由於聽說中國軍隊即將到來，多倫裡據點的俄軍害怕自己突出在敵前，容易受到進攻，已經放棄了據點。但雅克薩俄軍不甘心放棄這個地方，它讓梅利尼克路過這裡，偵察中國的動靜。

梅利尼克等從七月二十七日離開雅克薩，已經航行了十一天，快要到達額蘇里，再有幾天路程，就可以通過璦琿，到達牛滿河口。梅利尼克等提心吊膽地注視著前方的動靜。

突然下游出現了異常的情況，遠處有一隊船隻迎面駛來，事情是一清二楚的，這裡除了中國水師的船隊以外，不可能有別的船隊。梅利尼克慌忙下令，船隻靠岸全體立刻作戰鬥準備。但是，中國的船隊並沒有駛近開火，它也在遠處對岸停泊下來。

梅利尼克還想逃走。他盤算著或是立即回航，或是棄船登陸，但時間太晚了，回航的江面已被中國兵船封鎖，岸上也出現了中國騎兵。梅利尼克很快就發現自己已陷入包圍之中。

這支中國軍隊屬於中國索倫族軍官博克率領，是薩布素帶到璦琿來築城永駐的一千名士兵的前鋒部隊。它剛剛到達璦琿不久，就碰到俄軍的入侵，在當地居民的協助下，清軍掌握了俄軍的活動路線和當地地形，成功地部署了這次包圍。

中國軍隊並沒有立即開火，船隊、騎兵和俄軍保持著一段距離，監視著

俄軍的行動，就這樣相持了一夜。第二天，兩個中國軍官來到梅利尼克的船上，要求梅利尼克到中國軍營去談判，梅利尼克帶著十個哥薩克來到中國軍營，博克很有禮貌地接待他，勸他繳械投降，並且明確地告訴他，頑抗是無濟於事的，只能白白送命，如果放下武器，可以得到優待。梅利尼克投降，他的隊伍中有一部分人跳水逃走，跑到西林穆丹河上的據點西林穆賓斯克去了。

中國方面的戰略是先掃外圍，後攻中心。在俘獲了梅利尼克的隊伍以後，立即沿精奇里河而上，多倫禪據點中的俄軍早已撤走，西林穆賓斯克據點中的俄軍在梅利尼克隊伍裡的人逃來後，得知中國軍隊到來的消息，也狼狽逃跑。這伙匪徒賊性不改，逃跑的時候也沒有忘記帶著人質，拖曳著許多贓物，沿途還向異族人徵收實物稅。但是，通古斯人（指中國鄂倫春、鄂溫克族）為中國人即將到來的傳聞所鼓舞，中途襲擊了哥薩克，打了他們個措手不及，結果有十五人被打死，人質也被他們奪回，剩餘的哥薩克拋棄了雪橇，四散逃命❺。清軍收復和拆毀了這個據點，在精奇里河上游新結雅斯克據點中的俄國侵略軍，由於離得較遠，沒有得到清軍到來的消息，被清軍包圍，很快也繳械投降了。

中國軍隊進駐黑龍江的消息，像春雷一樣震動了黑龍江。長期受俄國侵略軍欺壓蹂躪的當地居民歡欣鼓舞，他們紛紛起來用原始的武器對侵略軍發動零星的襲擊，到處掀起了反對俄國軍事佔領的洶湧怒潮。牛滿河上的奇勒爾族奚魯噶奴打死侵略俄軍十多人。精奇里河上的鄂倫春族朱爾鏗格等兩次襲擊俄國侵略軍，第一次擊斃俄軍四十餘人，第二次擊斃俄軍二十餘人❻。黑龍江下游的費雅克和奇勒爾族掀起了更大規模的抗俄戰爭，和俄軍展開激烈的戰鬥，「擊殺羅剎甚眾」❼。俄軍從北海（即鄂霍次克海）增援，費雅克族人民也向清軍求援，清將夸蘭大鄂羅舜（或作鄂洛誠）等率兵三百，炮四門，奉命馳援，在費雅喀族噶克當阿等的嚮導下，清軍冒著嚴寒，在冰天雪地中長途行軍，於一六八四年初抵達恆滾河口。包圍了俄軍的寨堡。清軍派

---

❺　巴赫魯申，《哥薩克在黑龍江上》，第六章。

❻　陳儀，《薩布素傳》，轉引《吉林通志》第一○四卷。但《清實錄》和《平定羅剎方略》只記載朱爾鏗格擊斃俄軍五人，並繳獲其槍枝，沒有兩次襲擊和擊斃六十餘俄軍的記載。

❼　同❶，第一卷。

俄國俘虜進寨堡去，勸令俄軍放棄抵抗，俄軍聞風喪膽，先交出火槍二十支，釋放鄂倫春族的三名人質，接著二十一個俄軍向清軍投降，其他俄軍突圍向鄂霍次克海方向逃跑❽。清軍在當地各族人民的配合下，收復了大片中國領土，拔除了黑龍江下游杜吉根斯克、圖古爾斯克、聶米倫斯克等侵略據點，這些據點的俄軍不是投降，就是逃跑或被擊斃。

中國軍隊開到黑龍江上只有半年多時間，在當地各族人民的支援和配合下，掃蕩了俄軍的外圍據點，收復了廣大的國土。到一六八四年初，除了雅克薩、尼布楚以外，整個黑龍江的中、下游及其各條支流上的俄國勢力都已被肅清。

中國軍隊的活動表現清朝政府把軍事作戰和外交交涉結合起來的方針。每次作戰都先禮後兵，留有餘地，敞開著談判的大門。清軍在進攻每一個俄軍據點之前，都先派人去做政治勸說工作。在清政府的勸說下，許多俄軍放下了武器，所以掃清外圍據點時，所碰到的抗拒是很輕微的。俄軍投降或被俘以後，不但一個不殺，而且受到優待。康熙一再下令，對俄國俘虜「加意贍養，時其飲食，毋得缺乏，以示軫恤之意❾。」並且「賞以衣帽、給以官職，有的封為驍騎校、有的封為七品官。」這些俄俘大部分被遣返回國，一部分不願意回俄國去為俄皇賣命的下層士兵，被安置在北京，娶妻生子，成家立業。一六八三年十一月清政府命令「羅剎歸順人頗多，應令編為一佐領，令其彼此相依，庶有資籍❿」這就是鑲黃旗滿洲第四參領之第十七佐領，並派三十五年前（一六四八年）在黑龍江上最早降清的俄國兵伍朗格里擔任管理。一六八五年底因雅克薩投降的俄軍四十餘人，不足編為半個佐領，康熙命酌量歸入上三旗內⓫。

---

❽ 一百二十多年後（一八〇八年），日本人間宮林藏奉政府的命令，到庫頁島和黑龍江下游進行偵察。他看到了當年中國軍民抗擊俄軍的戰地，他寫道：「此日經過名為山韃衛之地方（按：在恆滾河口之特林），從前俄羅斯人曾沿亨（恆）滾河下航，來此地盤踞。他們招撫附近夷人，並掠奪其產物，企圖蠶食這一帶土地，後為滿洲人討伐，兵敗歸國。當時賊夷所建房屋尚在。」又間宮林藏經過「送浩高」地方，又寫道：「據說此地也曾被俄羅斯人掠奪，滿洲人討伐擊退俄人。」見間宮林藏，《東韃紀行》，下卷。

❾ 《清實錄》，康熙朝，第一一一卷，第七頁，二十二年七月十五日甲申。

❿ 《清實錄》，康熙朝，第一一二卷，第一八頁，二十二年九月二十七日乙未。

三、第一次雅克薩戰爭（一六八二至一六八五年）

　　一六八五年（康熙二十四年）一月，聖祖派都統公瓦山等赴黑龍江，和薩布素等會議，決定春暖後收復雅克薩。為了更有利於指揮戰爭，清聖祖改組了前線指揮系統，薩布素因未能按期進兵㓨傷羅剎田禾，有誤軍機，以至於遭到譴責。同年正月癸未，清廷派駐守盛京都統公彭春，赴黑龍江督理軍務。這時薩布素雖然仍帶黑龍江將軍銜，但實權上已經大減。彭春名義上以都統銜前往，實際上可行將軍之權，因此有移會雅克薩城的文書，他可以用黑龍江將軍印（見同年《清實錄》及《平定羅剎方略》）。此外，又派副都統班達爾沙，巒儀衛侯林興珠等隨彭春一同前往，參贊軍務，又授馬喇副都統銜，也得以隨時參贊黑龍江軍務，將領變更後，清軍的軍容也為之一振。

　　這時除更換將領外，又繼續增調軍隊。同年正月，自八旗及山東、山西、河南三省選派的福建藤牌兵四百名，再加軍官二十名，由林興珠統率，發往盛京；再由彭春統領，發往黑龍江。聖祖又令調盛京兵五百人，赴黑龍江代替原駐黑龍江的軍士守城種田，等雅克薩城攻陷，黑龍江的將士回還時，再調回盛京。至於督耕事宜，則由戶部侍郎薩海辦理。聖祖恐怕黑龍江將士出征，誤了屯田，會影響一年的耕作，所以命令盛京的士兵前去代耕，以保證軍糧供給。當時計議的另一件事，是馬匹的供應。聖祖命給藤牌兵二千匹馬，讓他們帶往盛京，盛京的各佐領也要準備好二千匹馬，等京城的馬到後，替代北行。又命馬喇把在索倫準備的馬匹集中在齊齊哈爾，以備征用。二月癸卯，又命把藤牌長刀送到吉林，這些藤牌長刀都是福建造的，朝廷嫌藤牌太薄，又專門用舊綿加厚。

　　此外，又設立新驛站。《平定羅剎方略》康熙二十四年四月己未，命自墨爾根（Моргэнь）至雅克薩設立驛站條，說：

> 上諭議政王等璦琿兵於是月啟行（按：《康熙聖訓》也載此文說「黑龍江兵於是日啟行」），凡奏報軍機，自雅克薩至額蘇里經璦琿前來，恐遇道遲延，令理藩院侍郎明愛，於杜爾伯特札賴特派兵五百人，並索倫兵，酌自墨爾根至雅克薩設驛，馳奏軍機，庶免貽誤。……

---

❶ 俞正燮，《俄羅斯佐領考》。

自墨爾根至雅克薩設立驛站的數目不可考。墨爾根離雅克薩不過千里，馳驛一天可到，如自水路而行，自雅克薩至璦琿順流需半月，逆流需三個月，自不能與陸路相比，所以在進攻雅克薩時，又設置了新驛站。

軍事調動完畢後，都統彭春、將軍薩布素等，於同年四月十八日率領軍隊溯流而上直撲雅克薩。五月二十二日，清軍進抵雅克薩城下，先派三名俄俘前去送信，一封是康熙致沙皇的信，一封是彭春給雅克薩俄軍的咨文，向他們發出最後的警告，要求俄軍立即撤離中國。俄軍「負固，出言不遜」，於是清軍包圍了雅克薩，清軍用火砲攻擊，俄軍傷亡嚴重。經過三天戰鬥之後，在二十五日，俄軍頭目托爾布津不得不豎起了降旗，清軍大獲全勝。隨後清軍釋放了七百多名俄國俘虜，另有巴什里等四十多名俄兵要求留在中國，清軍把他們帶回璦琿。

收復雅克薩後，清軍並沒有在這裡設防，在毀滅了俄國人所建的木城，以及其他防禦設施之後，不久就撤退了軍隊。原駐黑龍江的將士，調至烏拉休整。徵調的福建藤牌兵調回原地安插。對於黑龍江地區的防禦，也做了新的調整，雅克薩攻陷後，清廷即遣伊桑阿等去薩布素處計議分兵駐守等事。商定的地點，一在納木爾河口（及雅克薩對岸的額穆爾河）附近的空郭爾進屯，一在墨爾根附近的墨勒根屯，並在空郭爾進屯駐兵一千。此外，在璦琿城駐烏拉寧古塔兵五百人。隨後，又因墨爾根屯比空郭爾進屯更重要，暫時停止了在空郭爾進屯築城駐兵事，只在墨爾根屯築城，並調將軍薩布素及一員副都統駐紮在這裡，其實，空郭爾進屯地近雅克薩城，在這裡駐兵，足可以堵防俄國人的重來，而且可以彈壓整個黑龍江上游地區，棄此地不守，真可謂失算。清軍退離雅克薩城後，俄國人捲土重來，再建新城，而清軍直到數月後才發覺，清軍不懂防禦疏忽，是最大的錯誤。清廷以為羅剎問題就這樣輕易解決了；而中國受了許多的擾害，仍然沒有認清敵人的性質。

四、第二次雅克薩戰爭（一六八六年）

當清軍圍困雅克薩時，俄皇派普魯士軍官帶領在西伯利亞招募的六百名哥薩克前去增援。托爾布津 (Толбузин) 敗走不到一天，就在途中遇到了自尼布楚趕來增援的一百名俄軍，因雅克薩已被清軍佔領，他們只得返回尼布楚。托爾布津到尼布楚後五天，拜頓帶領六百人也趕到了尼布楚。尼布楚督軍維

拉索夫於是派兵七十人到雅克薩城，偵察清軍的行動，他們到雅克薩一看，見城池被毀，清軍已全部退走，立即回來報告。這時距雅克薩城的陷落只有十七天，尼布楚城長官聽說清軍已退，立即命拜頓帶領二百人出發，重新佔領雅克薩，隨後托爾布津帶領幾百人也回到雅克薩，他們重新築城防守，並刈取田禾，以作軍糧。

俄軍再築雅克薩城的消息，直到康熙二十五年年初，才由邊境上的奇勒爾族人向清軍報告，清軍聞訊大驚，立即派人前去偵察。《平定羅剎方略》康熙二十五年二月戊戌，命將軍薩布素等率師進攻雅克薩城條中說：

> 先是薩布素奏驍騎校碩克邑等往探羅剎情形，據回言：職至旁臥地方，因人少馬疲，未抵雅克薩城而還，途遇奇勒爾慶定吉爾云，羅剎復來雅克薩築城盤踞，臣請於冰消時，督修船艦，親率官兵相機進剿。上以薩布素所奏，乃傳聞之言，並非遣人親抵雅克薩偵取確音，不便據爾用兵，因令薩布素及理藩院郎中滿丕等確探情形以聞。至是，滿丕奏：臣遣索倫副頭目烏木布爾代等抵雅克薩城，生擒羅剎鄂克索木果，訊之，云：去歲尼布楚頭目宜番令大兵釋歸之額里克謝率五百餘人，復至雅克薩，依舊址築城。其城夾木為之，中實以土，寬一丈五尺，高一丈，木外堊之以泥。及問糧米可食幾月，又云所獲足支二年。

文中所說尼布楚頭目宜番，即指伊凡・維拉索夫。經過幾次偵察，確知俄人重返雅克薩，清廷不得不再發大軍圍剿。一六八六年三月六日康熙下令：

> 今羅剎復回雅克薩築城盤踞，若不速行捕剿，勢必積糧堅守，圖之不易。其令將軍薩布素等……速修船艦，統領烏拉、寧古塔官兵，馳赴黑龍江城（璦琿）。至日酌留盛京兵鎮守，止率所部二千人，攻取雅克薩城❶❷。

這時薩布素因奉命移駐墨爾根，正在那裡築城設防，接到命令後因戰爭又起，暫停建城。所以墨爾根駐紮黑龍江將軍之職，為時很短。康熙除派薩布素率領二千人先行外，又把已經撤回的福建藤牌官兵四百人召回，令林興珠率領前往助戰。四月庚寅，又令兵部再派副都統郎談、班達爾沙、馬喇等赴黑龍江參贊軍務。

---

❶❷　《清實錄》，康熙朝，第一二四卷，第一六頁。

　　七月，薩布素率水陸大軍進抵雅克薩，先派俄俘入城送信，仍然希望他們自動撤走。但是，俄軍憑藉他們已經做好了充分準備，城中有俄軍八百多人，火器較多，有充足糧食、彈藥，還有重建堅固的城牆和工事等有利條件，拒不投降，準備頑抗，於是清軍開始攻城，由於俄軍已做了充分準備，清軍沒能很快拿下雅克薩，不過殺傷敵人很多，幾天內就打死一百多名俄軍，托爾布津也中炮傷重死去，由拜頓代替他指揮。

　　清軍見城短期攻不下，嚴冬又到，就在城外三面掘壕築壘，壕外再置木椿鹿角，分兵防守，把城團團圍了起來，又在沿江地方置營屯兵，以防尼布楚的援軍。清軍準備長期圍困雅克薩。

　　經過五個月的戰鬥和圍困之後，城內的俄軍已奄奄一息。俄軍大多戰死病死，八百多人中尚餘百餘人，糧食已感不足，彈藥即將耗盡，雅克薩城內部已困，外援又絕，危在旦夕，行將被第二次攻破。

　　一六八六年十一月，以文紐科夫 (Венюков) 為首的俄國使團到達北京，送來俄皇給康熙的信件，要求清政府停止攻打雅克薩，等待戈洛文使團到達北京進行談判。為了爭取兩國間的和平，促成談判，清廷還是決定單方面撤軍。一六八六年十二月，馬武等把康熙要薩布素撤軍的命令傳送到雅克薩。一六八七年八月，清軍全部撤離雅克薩，返回璦琿。此後，中俄之間的關係，進入了外交談判階段 ❸。

---

❸　同❶，第八三至八四頁。

第六章　尼布楚條約

第一節　尼布楚簡介

關於尼布楚一地在十七世紀末前的歸屬問題，茲節錄何秋濤著《尼布楚城考》一書之數段內容❶，用以說明尼布楚之沿革及事實真相：

一、尼布楚城事蹟

尼布楚舊為中國屬部，崇德六年，是時俄羅斯國始吞併尼布楚之地。何秋濤謹案：尼布楚本係布拉忒、烏梁海、茂明安諸部落遊牧採捕之地，後為俄羅斯所併。其吞併之事，未知何年。恭繹康熙三十九年，聖祖仁皇帝聖諭云：尼布楚等處，原係布拉忒、烏梁海、茂明安諸部落之地，彼皆林居，以捕貂為業，人稱為樹中人，後俄羅斯強盛遂併吞之，已五六十年矣。

溯查當在崇德年間，以崇德六年辛巳，距康熙三十九年庚辰，恰六十年，故繫於此。又謹案《方略》、《會典》，皆載尼布楚原係我茂明安部遊牧之所，蓋茂明安遊牧時，布拉忒、烏梁海人皆為所役屬，故《方略》、《會典》，但言茂明安而不言布拉忒等，與其部落之大者言也。及茂明安部南徙，布拉忒、烏梁海等仍在其地捕貂。俄羅斯乃乘虛襲而據之。故聖諭但言布拉忒等，而不言茂明安，舉其部落現居是地者言也。

二、俄羅斯初併尼布楚

何秋濤謹案《異域錄》曰：俄羅斯國，向無汗號，原僻居於西北近海之

---

❶　蔣廷黻文，〈雅克薩之役與尼布楚條約〉，附錄何秋濤文〈尼布楚城考〉（節錄），載《中華民國開國五十年文獻》，第七章，「帝俄侵略之開端」，第一六○至一六二頁。

計由地方，而地界甚狹，傳至依番瓦什里魚赤（應是伊凡・瓦西里耶維奇）之時，求助於西費耶斯科國王許助兵八千，因假此兵力征收其族類，而自號為汗。迄今三百餘年，從此強盛。將喀山並托波爾等處地方，俱已征獲。其後又侵佔伊矗謝並鄂爾庫、尼布楚等地方，國勢愈大。據此，俄羅斯自西拓地，漸至東方也。《一統志》云：俄羅斯地分八道，一道自托波爾河東至尼布楚，與中國分界處，曰畢爾斯科。《俄羅斯國總記》云：康熙三十九年，俄羅斯國取得甘查甲部地，是西畢爾斯科，東境甚廣，獨舉尼布楚者，與中國接界處也。

三、偵察尼布楚情形

康熙二十二年將軍巴海等奏言：過雅克薩城有尼布楚等城，羅剎儻僅水路運糧，增兵救援，更難為計。何秋濤謹案：二城皆濱黑龍江，故水路可以相通。二十三年馬喇等奏：臣至索倫，屢次密詢羅剎情形，皆云：現在雅克薩、尼布楚二城，各止五、六百人，尼布楚田畝不登，但取資納米雅兒諸姓貢賦。喀爾喀巴爾呼人，時販牲畜等物至尼布楚，尼布楚人亦捕貂與之交易，得以生存。又從尼布楚逃回之布赫德云：舊納米雅兒、新納米雅兒、托空臥兒、徹爾克吉兒、巴林喀吉兒、夸諾兒、破塔噶兒巴、巴牙噶兒等八姓之人，並我根忒木爾黨內逃人，亦同被遊牧艮河、額爾古納河等地。

七月馬喇等奏：「臣等遣打虎兒副頭目倍勒兒等，偵探雅克薩城情形云：『今夏自尼布楚復增四百人，計見在雅克薩者約九百人，在尼布楚者不知其數。』」

二十五年，先是薩布素奏：「羅剎復來雅克薩，築城盤踞，遣理藩院郎中滿丕等確探情況以聞。」至是滿丕奏：「生擒羅剎鄂克索木果，訊之云：『去歲尼布楚頭目宜番，令大兵釋放之額里克謝率五百餘人，復至雅克薩，依舊址築城。』」

四、檄察罕汗收回尼布潮之眾

康熙二十五年七月聖諭曰：向者羅剎侵犯雅克薩、尼布潮諸地，朕思本朝頻行宣諭，曾未一答，而雅克薩羅剎又死守不去，或尼布潮諸地阻隔，前言未達，或雅克薩羅剎皆為有罪之徒，不便歸國，俱未可知。今問荷蘭國貢

使稱：伊國與俄羅斯接壤，語言亦通，其以屢諭情節，備悉作書，付荷蘭國使臣轉發俄羅斯察罕汗處，收回雅克薩、尼布潮羅剎。

五、以尼布楚地劃界

康熙二十五年丙寅五月甲戌，上諭大學士勒德洪、學士麻爾圖曰：日者大兵往征俄羅斯，破雅克薩城，釋俄羅斯不誅，赦之使生還，其時不兼取尼布潮地者，蓋以尼布潮地，畫為疆索，使俄羅斯不得越尼布潮界，界外聽其捕牲也。今薩布素奏曰：俄羅斯復來雅克薩地，今當即往征而滅之耶？抑或緩之以待黑龍江墨爾根地將士移家既定，然後進兵為宜耶？令議政王貝勒大臣，及與俄羅斯之役彭春、佟保、班達爾沙、郎談同爾等會議以聞。（《盛京通志》尼布潮作尼布楚，蓋譯自偶殊或誤植，《一統志》之文，謂為二地，非也）。

六、大兵直抵尼布楚城

《黑龍江外紀》曰：又有尼布楚城者，他書作尼布潮，亦羅剎築。東西距黑龍江城二千里，大兵進剿，直抵城下，羅剎懼，乃定分界之議。今屬俄羅斯。康熙三十九年，聖祖諭云：尼布楚等處原係布拉忒，烏梁海諸部落之地，彼皆林居，以捕貂為業，稱為樹中人，後俄羅斯強盛，遂併吞之。可見地本非其有，特中國不屑爭尺寸耳。何秋濤謹案：康熙二十四年以後，大軍兩次進剿雅克薩城，此事之顯著，世所共知者。至大兵直抵尼布楚城下，則惟證書言之，或疑其未確。今案欽定《平定羅剎方略》，載康熙二十七年，遣內大臣索額圖等，與俄羅斯來使集議，派出偕往三八旗前鋒護軍火器營等兵各數百人，命都統郎談等率之偕往。錢良擇《出塞紀略》，言是役軍容之盛，合徒役計之，幾二萬人。因喀部與準部構兵，道阻而還。至二十八年，復命索額圖等，赴尼布楚會議。《方略》云：官兵同往者，量增於前，又命調黑龍江兵千五百人，各帶仗械，由水路赴尼布楚，與索額圖等會。是官兵大隊前進，直抵尼布楚城下，羅剎畏我兵威，斷不致有劫盟之事，此以見廟算週詳，無微不至也。

第二節　中俄兩國代表團及議和方針

一、中國代表團的成員及議和大綱

㈠中國代表團的成員

　　清廷接到戈洛文送來的信後，得知俄國使團已經抵達色楞格，正在等待中國政府遣使議和，於是立即組織談判使團，並為使團出使作準備工作。

　　一六八八年四月二十八日，清朝政府正式決定，派遣「領侍衛內大臣索額圖、都統公舅舅佟國綱及尚阿喇尼、左都御史馬齊、護軍統領馬喇等，往主其議。並率八旗前鋒兵二百、護軍四百、火器營兵二百偕往❷」。另外還有：每翼前鋒參領一員、署前鋒參領一員、署前鋒侍衛二員、每旗護軍參領二員、署護軍參領二員，每翼火器營協領一員、每旗章京一員，由都統郎談、班達爾沙，副都統納秦、札喇克圖率領前往。此外又有漢官二員參加使團：一是兵部督捕理事官張鵬翮，一是兵科給事中陳世安。因為談判中決定以拉丁語作為中介語言，中國使團中還有兩名耶穌會傳教士充當譯員；一是葡萄牙傳教士徐日升，一是法國傳教士張誠。由於從北京至色楞格沿途幾千里，大多是山嶺沙漠，人煙稀少，草木不生，所有糧食及生活用品都要從北京帶去，因此跟隨使團的還有一個龐大的運輸人員隊伍和私人僕役隊伍，運載著大批糧食物資及兩萬多頭駝馬牛羊。

　　但這一次組團出使，不僅因為噶爾丹叛亂使使團中途而返，未能完成使命；而且由於外蒙荒寒，水草難得，使團損失之大，也是出人意料之外的。《出塞紀略》稱當時士卒死亡九百多，牲畜死亡駝千餘、馬二萬七千餘，費銀二百五十餘萬。當時出使的困難情形由此可以想見。另外，出使的行程，本應取道張家口，經庫倫等地，直達色楞格。然而據張、錢兩書，以及張誠、徐日升日記所載，使團是取道歸化城北，此地距使團的目的地偏西很多，為什麼要走這一段路線？及讀張、錢兩書，才知道因為理藩院的嚮導領錯了路。《奉使俄羅斯行程錄》中說：「土人言張家口徑路至喀龍交界（喀龍也作喀倫，蒙古交界地方的稱呼，這裡指喀爾喀與內蒙交界的地方而言），止六七日，理

---

❷　《清聖祖實錄》，第一三四卷，第三頁。

藩院迂道至一月始達此，馬駝疲敝甚多，將士辛苦倍常，人懷怨望。」《出塞紀略》則說：「⋯⋯出張家口直北而行，不過千餘里，十數日可至，而理藩院嚮導誤遷其途，計程多七百餘里，計日多十日有奇，道險馬疲，不能前進。」當時塞北未設驛站，交通路線未定，嚮導或許會帶錯路。然而如果嚮導詢問周詳，也不至於貽誤到如此程度，當時理藩院的草率從事，於此可知。還有人說是因為噶爾丹之亂，使團不得不取道歸化，則離事實更遠了。

當噶爾丹叛軍侵襲喀爾喀蒙古時，戈洛文指揮著俄國軍隊也向蒙古各部發起了攻擊，妄圖在談判之前把貝加爾湖以東的蒙古地區吞併，以便使談判獲得更有利於俄國的結果。當索羅希給俄國使團送信，告知中國使團不能按期前來的原因，並約定重定會議的時間、地點時，戈洛文並沒有及時派人赴北京聯繫，而是忙於征服喀爾喀蒙古的戰爭。一六八八年九月，戈洛文率領全軍向喀爾喀蒙古發起進攻，喀爾喀蒙古在噶爾丹叛軍和俄軍的夾擊下，腹背受敵，損失很大。戈洛文藉此機會，於十一月派人到蒙古各部，要求蒙古臺吉們歸順俄國。

㈡中國代表團的議和大綱

清政府以最快的速度，只用了一個多月的時間，就把使團出使的一切準備工作安排就緒了。臨行之前，索額圖等遵旨預擬交涉大綱如下：

> 察俄羅斯所據尼布楚本係我茂明安部遊牧之所；雅克薩係我達呼爾總管倍勒兒故墟，原非羅剎所有，亦非兩界隙地。況黑龍江最為扼要，未可輕忽視之。由黑龍江而下，可至松花江，由松花江而下，可至嫩江；南行可通庫爾瀚江及烏拉、寧古塔、錫伯、科爾沁、索倫、達呼爾諸處。若向黑龍江口可達於海，又恆滾、牛滿等江及精奇里河口俱合流於黑龍江。環江左右均係我屬鄂倫春、奇勒爾、畢喇爾等人民及赫真、費雅克所居之地，不盡取之，邊民終不獲安。臣以為尼布楚、雅克薩黑龍江上下及通此江之一河一溪皆屬我地，不可棄之於俄羅斯。又我之逃人根忒木爾等三佐領及續逃一、二人悉應索還，如一一遵行，即歸彼逃人及大兵俘獲招撫者，與之劃疆分界，貿易往來；否則臣當即還，不與彼議和矣❸。康熙當時批准了這個交涉大綱，中國代表團所負的使命全見於此。

---

❸　《平定羅剎方略》，第四卷，第二頁。

㈢中國第二次組團及談判的原則

　　一六八八年十二月，清政府再次派人送信，要求盡早舉行談判會議。直到一六八九年年初，戈洛文才派伊凡‧洛基諾夫前往北京，議定會談的時間和地點。洛基諾夫於一六八九年五月二十三日到達北京，送交了〈俄使戈洛文為派洛基諾夫來北京事致索額圖函〉，其中要求談判時「雙方人數，均應相等，相會地點，當定於兩國邊界之間。❹」清政府在俄使到達兩天以後通知洛基諾夫，同意在尼布楚舉行會談，中國使團在短期內即可啟程，預計八月份可以到尼布楚。這樣中俄談判的地點、時間就確定了。

　　會議地點既然改在尼布楚，清廷於是第二次組織談判使團，使團仍然以領侍衛內大臣索額圖為首，成員有內大臣都統一等公佟國綱，黑龍江將軍薩布素，護軍統領馬喇，都統郎談、班達爾沙，理藩院侍郎溫達（又作溫他）等。此外，仍然帶著耶穌會教士徐日升和張誠作拉丁文譯員。隨行的軍士，除令薩布素率領黑龍江兵一千五百人，由水路赴尼布楚外，還有北京八旗軍士二千人，總計軍中侟役及官員私僕共有八千人之多。

　　索額圖臨行之前，清聖祖與其商議談判原則。聖祖恐議和不成，主動提出再行退讓，必要時可以放棄尼布楚城。《平定羅剎方略》康熙二十八年四月壬辰條記載道：

> 聖祖乃遣索額圖等赴尼布楚就議。……索額圖等奏言：「尼布楚、雅克薩既係我屬地，臣等請仍如前議，以尼布楚為界，此內諸地，均歸於我。」
> 聖祖諭曰：「今以尼布楚為界，必不與俄羅斯，則彼遣使貿易，無棲托之所，勢難相通。爾等初議時，仍當以尼布楚為界，彼使者若懇求尼布楚，可即以額爾古納河為界。」

　　按照清廷的原則，中俄兩國劃界本來堅持以尼布楚為界。至此為什麼不待俄使提出要求，就主動提出如此重大的領土退讓呢？主要是噶爾丹叛亂給中國造成了被動的局面。當時，噶爾丹已經擊敗了土謝圖汗，佔領喀爾喀地區，並日趨明顯地與俄國勾結。土謝圖汗和哲布尊丹巴向南撤退，請求清廷

---

❹　〈俄使戈洛文為派洛基諾夫來北京事致索額圖函〉（滿譯拉丁文本俄曆一六八九年一月十一日）引自《清代中俄關係檔案史料選編》，第一編，第一○八頁（譯自《滿文俄羅斯檔》）。

的保護和干預。清廷除妥善安置南下的喀爾喀部外，為了穩定西北部邊疆，下決定準備平定叛亂。為了防止俄國進一步與噶爾丹勾結，清廷急於與俄國締結和約，以傾全力對付噶爾丹，所以主動提出了領土讓步，中國使團在尼布楚簽約過程中，遵循了這一思想❺。

㈣中國代表團準時到達尼布楚

一六八九年六月十三日（康熙二十八年四月二十六日），索額圖帶領使團自北京出發，旌旗掩映，前後幾達二十里，儀容之盛，不減初次北使之時。沿途經密云、古北口，沿灤河北行，月餘始到達古魯倫河畔。沿途地荒人稀，後勤供應仍感困難。自古魯倫河北行，地多池沼，泥濘難行，馬騾多被陷下。七月三十一日，使團抵達尼布楚城，在石勒喀河南岸駐紮下來，與尼布楚城隔河相望。使團自北京出發，途中共歷四十九天。此時郎談、薩布素帶領黑龍江兵，於六月十一日自璦琿乘船，溯黑龍江而上，在七月二十六日到達尼布楚，停泊江面，船舶百艘，更壯軍容❻。

二、俄國代表團及訓令要旨

㈠俄國代表團的成員

當派遣文紐科夫和法沃羅夫先頭來華之後，俄國政府就組織來華談判的使團。一六八六年一月，沙皇正式任命御前臣兼布良斯克總督費奧多爾‧阿列克謝耶維奇‧戈洛文為使團的全權大使，另派當時在尼布楚任軍政官的侍臣伊凡‧葉夫斯塔菲耶維奇‧維拉索夫和秘書官謝苗科爾尼茨基為副大使。他們的隨從人員包括五位貴族、一名譯員、三名書吏❼。隨行軍隊一千九百三十八人，其中莫斯科火槍兵和士兵五百零六人，由西伯利亞各地抽調的各種兵士一千四百三十二人，隨行軍官有：步兵上校安東‧馮‧施馬倫貝格及其屬下軍官，侍臣奧多爾‧斯克里皮增上校和西多爾‧鮑加蒂廖夫中校，還有大尉帕維爾‧格里鮑夫步兵上校及其團隊十一名軍官❽。

---

❺　張維華、孫西著，《清前期中俄關係》，山東教育出版社，一九九七年六月，第一版，第一〇一至一〇二頁。

❻　同❺，第一〇三頁。

❼　《俄中兩國外交文獻匯編》，一六一九至一七九二年，第六九頁。

❽　同❼，第七一頁。

此外，加上原在尼布楚的六百名俄軍，總數為二千三百名餘俄軍❾。以及叛徒根忿木爾編練的三百名偽軍，埋伏在尼布楚東北的山中。一本俄國歷史書中寫道：「決定外貝加爾地區的命運的時刻到來了，忠於俄國人的根忿木爾王爺武裝了他的通古斯人，來增援我方隊伍。俄國人採用了示威性手法以迷惑中國人，在涅爾琴斯克東北面的山上出現了俄國人的步兵和騎兵，向中國人表示俄國的援軍已到達，而這些人馬還是根忿木爾的原來的那些人馬。」❿戈洛文以為拼湊了這二千六百名俄軍和偽軍，加上精銳的火器和新建的工事，將可對中國使團獲得壓倒性的軍事優勢。

㈡俄國政府對使團訓令要旨

1. 第一次訓令

一六八六年年初，俄國政府頒給戈洛文的第一次訓令主要內容如下：

⑴定要以阿穆爾河劃界，告知他們自古以來該河就是兩國之界，除該河之外任何國界都不牢靠；兩國屬民也不得互越阿穆爾河，不得向對方納實物稅者徵收實物稅，也不得對他們進行侮辱，要平息爭端，重建被毀的城堡，要派比過去更多的人居住；若中國人不願以阿穆爾河為界，萬不得已則以到阿穆爾河的支流貝斯特拉亞河（即牛滿河）或結雅河（即精奇里河）為止的阿穆爾河為界；如果這一方案也被拒絕，實在迫不得已，才能以阿爾巴津河為界，但在阿穆爾河及貝斯特拉亞河與結雅河沿岸應有漁獵場；若對方仍不同意，在此條件下簽訂和約，則「使臣們應按關於全權行事的訓令行事」，即以軍事手段達到上述一切。

⑵要使中國使臣認識到，建有涅爾琴斯克、阿爾巴津及其他諸小寨堡之達斡爾地區，從來未屬中國管轄，居住在該地的是向俄國納實物稅的人，雖然古時這些達斡爾居民也曾向他們中國人納過實物稅，但這是由於他們離俄國城市很遠，被迫而為的，新建寨堡以後，達斡爾居民便又開始照舊向俄

---

❾ 戈洛文帶到中國邊境的軍隊為一千九百餘人。一六八八年十月底，他離開楚庫柏興，留下六十名士兵，協助原在該地的俄國佔領軍守城。一六八九年七月戈洛文離開烏第柏興，又留下一百二十名火槍兵協助守城。因此他帶往尼布楚的約有一千七百數十名俄軍。又一六八九年八月初，戈洛文向俄皇報告尼布楚原有俄軍六百人。見《十七世紀俄中關係》，第二卷，第三五七、四五一、四六六頁。

❿ 華西里耶夫，《外貝加爾哥薩克史綱》，第一卷，第一九七頁。

國繳納實物稅，這並沒有給中國屬民造成任何屈辱，因而為此開戰實無必
要；說明上述情況之後，應要求中方賠償俄方蒙受的損失及被毀之寨堡，
或者為表示大君主與博格德汗（即中國皇帝）的友誼，予以讓步，不加追
索。

⑶根忝木爾公爵及其子女，由於已經接受洗禮，故連同其親屬俱不得歸還；
其他逃人，若中國人提出要求，可歸還給他們，但他們也必須交還俄國俘
虜，並且不要贖金，即使要付贖金，也不得超過每人三十盧布。

⑷對俄國派赴中國的使團及專使要給予應有的尊重，並在糧秣車馬方面充分
滿足他們的需求，而且不得對他們施加任何強制行為。

⑸關於大君主的稱號，書寫時必須與大君主自己在致博德格汗的國書中所寫
的完全一樣，今後博格德汗也不得在國書中自稱為天下主宰，並使用「上
諭」這樣的字眼，這一點也必須載入條約。

⑹要勸說中國方面迅速派遣真正的中國人（非外國人）攜帶寶石、銀兩、天
鵝絨等親善禮品出使俄國。

⑺若有中國商人隨使臣或單獨運往俄國十足純銀一次一千或三千普特，按實
價交換或出售給大君主國庫，應予照准，也應允許運入白色及黃色絲織品。

⑻到蒙古幹齊賴賽音汗所屬領地，要向他遞交大君主的御書，請准予自由通
過其領土，並請求在中國皇帝採取敵對行動侵犯俄國時，傾兵助俄，使臣
可向他許諾，如此效力定能得到大君主的恩賞和貿易上的優惠。為達此目
的，使臣們應不惜贈送任何禮品❶。

　　2.第二次訓令

　　一六八七年十月初，戈洛文曾在烏丁斯克接到俄國政府發出的第二次訓
令，要他在談判中切實執行，簽署日期為同年六月二十四日，主要內容如下：

⑴力爭以阿穆爾河為俄國達幹爾地區與中國之間的邊界，如果中國人不願以
阿穆爾河為界，則要以到貝斯特拉亞河或結雅河為止的阿穆爾河為界。

⑵若有困難，不能確定以到貝斯特拉亞河或結雅河為止的阿穆爾河為界，則
應力爭以阿爾巴津河為界，但在阿穆爾河及貝斯特拉亞河或結雅河應有漁
獵場，在漁獵場內，雙方都應保持安寧，不得製造糾紛和尋釁，不得對任
何人進行任何侮辱或造成傷害，違者處以死刑，使任何人都能各安所業。

❶　《俄中兩國外交文獻匯編》，一六一九至一七九二年，第六九至七一頁。

⑶如果中國使臣仍不願以阿爾巴津河為界，則可對他們說大君主為了同博德格汗保持最牢固的友誼，同意根據博德格汗的願望，現在或今後雙方都不再在阿爾巴津築堡和設居民點，也不在該處駐軍；現有建築予以拆除，軍隊撤出，使阿爾巴津居民與中國屬民今後不再發生糾紛和敵意，但希望讓俄國軍役人員和納實物稅的居民在阿爾巴津及上述地區從事漁獵，不受阻礙和干擾。

⑷最後，如果中國人連這一條也不同意，則應繼續談判，以便將此事延至他日，屆時經雙方君主同意，再互派使團加以解決。在訂約之前，雙方屬民皆可於上述地區漁獵，不得禁止。關於上述一切，大使應與中國使臣進行廣泛友好的談判，說服他們按上述第一條同俄國使臣們訂約，必要時按照第二條，萬不得已則按照第三條。除非他們採取積極不友好和蠻橫無禮的行動，決不要發動戰爭和造成流血事件⓬。這一訓令顯然比第一道訓令又作了讓步，因為此時俄國在西部新的俄土戰爭中又遭大敗，它急於與清廷簽訂和約。

　　3.第三次訓令

　　戈洛文於一六八八年七月又接到第三次訓令，簽署日期是一六八七年十一月二十九日，主要內容如下：

⑴使臣們應火速前往阿爾巴津，不得在任何地方因任何事由停留片刻。

⑵到達阿爾巴津之後，要查明中國使臣或軍隊長官的情況，探知他們駐在何處？若中國使臣已停駐在阿爾巴津附近阿穆爾河上，則根據彼此商定的條件，雙方派相等人數會聚一起，遵照去年六月十四日所發諭令，按第一條和第二條同他們進行談判。

⑶（略）主要是重複以阿穆爾河劃界，並指示，如中方實在不願意，可以以前訓令中的最後方案，即退出尼布楚等地來簽約。

⑷若中國使臣或軍隊長官已率領軍隊從阿爾巴津撤回本國，他們——俄國使臣們無人可與會談，則應就上述一切寫信給中國汗的近臣。

⑸諭令使臣以大君主的名義寫信給被中國汗封為宗教首領的卡爾梅克呼圖克圖，請他盡力協助止息俄國達斡爾地區與中國人之間發生的爭端，並請他親自為此專程赴北京見博格德汗。

⓬ 同⓫，第七三至七四頁。

除以上條款，還命令戈洛文根據情況，可派人直接去北京訂約❸。由以上三項訓令可以看出，俄國在作步步退讓：第一次訓令最終可以雅克薩為界；第二次訓令則可以放棄該地；第三次訓令甚至可以放棄尼布楚。於此可見沙皇急於簽約的心情❹。

三、索額圖致函戈洛文促其速來尼布楚

當中國代表團抵達尼布楚時，俄使戈洛文等仍然故意逗留在烏第柏興（葉拉文斯克堡），遲遲不至。索額圖於第二天（即八月一日）寫了一封信給戈洛文，請尼布楚督軍維拉索夫毫不耽擱地送去，信中敦促俄國使團趕快前來尼布楚，並把中國駐營地的困難告訴了戈洛文。據張誠轉述這封信的大意如下：

> 「我們業已依照他們（指俄國方面）的請求，盡一切可能趕到，奇怪的是他們卻連到達的確訊都沒有。如果他們再不趕快，我們將不得不渡河去（指渡過黑龍江）尋找一處比現在的營地更為寬敞而方便的紮營地點。我們目前扎營處地方太小，而且牧草不久即將告罄。信上還說：這邊之所以尚未渡河，為的是避免給他們以懷疑我方締造和約誠意的任何理由❺。

四、會議前夕俄方的無理指責

中國使團到達尼布楚後，與尼布楚的俄國督軍維拉索夫互致禮節性的問候，八月二日，俄國的第一次信使瓦西利‧盧托維諾夫攜帶戈洛文的信件來到中國營地，盧托維諾夫在說明俄國使團「因於途中遇有雨水，行走艱難，以致延誤日期」之後，就對中國使團提出了一連串無理指責。戈洛文信件中和盧托維諾夫口頭上提出的指責有以下幾點：

(1)中國使團及護衛部隊突然到達尼布楚，為什麼不按外交禮節和國際慣例事

❸　同❶，第七六至七七頁。

❹　張維華、孫西著，《清前期中俄關係》，山東教育出版社，一九九七年六月，第一版，第九五頁。

❺　《張誠日記》（一六八九年八月一日），又《戈洛文日記》中有此信之俄譯本，見《十七世紀俄中關係》，第二卷，第四七〇頁。

前通知俄國？

(2)中國使團為什麼帶來這麼多軍隊和物資？「是不是要來打仗？」「如果真心想要講和，恐怕不會帶來這麼多的隊伍同來 ⑯。」

(3)中國軍隊一路騷擾，行為粗暴，甚至「殺人行凶之事也屢有發生 ⑰」，中國軍隊「經過雅克薩時，附近有兩個俄國方面的人被殺 ⑱」。

(4)前往北京的俄國信使洛基諾夫等為什麼還沒有回到尼布楚？是否被扣留在北京？

(5)中國軍隊駐紮在尼布楚對面「離城太近，和國際公法不符 ⑲」，「這在周圍任何國家，均無此慣例」，必須「沿石勒喀河而下，退至阿穆爾河口（實指額爾古納河口），並在該地停泊到使臣會談結束。如果該軍隊長官拒絕如此行事，而向上游航行，則同其使臣的談判與會晤，將都不能舉行 ⑳」。

五、中方的駁斥

索額圖對於俄國方面不合理的指責，逐一作了最明確的駁斥，並於八月十二日派侍衛羅多渾 ㉑、員外郎喇喜迎著俄國使節的來路，行至鄂嫩河上回訪戈洛文，就其所提出的上項問題分別作了說明，其內容要點如下 ㉒：

第一、戈洛文指責中國使團違反國際慣例，突然來到尼布楚，事先沒有通知俄國，這一指責完全不合乎事實。中國使團從北京出發以前的半個月，

---

⑯　同⑮（一六八九年八月二日）。

⑰　《十七世紀俄中關係》，第二卷，第四六二頁。

⑱　同⑯。

⑲　約瑟夫·塞比斯，《耶穌會士徐日升關於中俄尼布楚談判的日記》，第二十一節。

⑳　同⑰，第二卷，第四六三頁。

㉑　羅多渾或作羅多琿，是尼布楚談判時中國方面的俄文譯員。他的父親是俄國人伍朗格里，早在一六四八年（順治五年）在黑龍江上向清政府投誠，以後在中國落戶，娶妻生子。一六八三年清政府將投誠和被俘的俄國人編入鑲黃旗滿洲佐領，伍朗格里任佐領之職，伍朗格里死後，羅多渾繼襲父職，管理鑲黃旗滿洲第四參領之第十七佐領（即俄羅斯佐領），並且一直是清政府的主要俄文譯員（參見俞正燮，《俄羅斯佐領考》）。

㉒　北京師範大學清史研究小組編，《一六八九年的中俄尼布楚條約》，第二七二至二七七頁。

即五月二十七日，已派官員瑪爾干等四十五人隨同三名俄人先行到尼布楚送信。信中言明：中國使團將於「四月二十六日」（西曆六月十三日）出發，預計六月（西曆七月底）到達。中國使團的行程與這一信件中的預先通知完全吻合。這一信件於中國使團到達之前一個月送至尼布楚，隨即轉給戈洛文，可見事前沒有通知的指責明明是扯謊。並且，中國使團分水陸兩路行進的途中，又屢次派人將使團的行程隨時通知俄方。郎談、薩布素等從水路前來，曾兩次派人預先通知了雅克薩俄國當局；索額圖等從陸路行至克魯倫河，也派左庶子琛圖等前往尼布楚，預先通知到達日期。索額圖列舉了這些事實，答覆俄使說：「預先告知之例，已再無如此守信者也❷」。這就完全駁倒了俄方所謂違反國際慣例，沒有事先通知的指責。

　　第二、戈洛文早已從各方面獲得情報，明明知道中國方面「非常願意和好」、「很希望和平」，但他故作姿態，硬說中國使團是帶兵來打仗的。對此，索額圖進行了耐心的解釋：說明自己「僅帶侍從及派遣使用之官兵」。此外，「我駐防東北將軍薩布素等，係專為管轄黑龍江等處之人，勘察事宜完畢後，將交付伊等管理。故伊等亦由水路從雅克薩前來尼布楚❷」。據傳教士張誠說：索額圖「運用自己的全部說服力使他（俄使盧托維諾夫）相信我們所企求的也只是堅定持久的和平」，「竭力使他相信，此來是為了締結和約，並無其他意圖❷」。中國使者羅多渾、喇喜往見戈洛文時，再一次解釋「欽差大臣（指索額圖）到涅爾琴斯克，途經蒙古土地，如不增加人，則無法前進」，中國使團此行「不是為了打仗，而是抱著締結永久和約的目的而來的❷」。事實上，戈洛文從烏第斯克到尼布楚，路程近得多，隨帶士兵達一千七百人之眾，索額圖進一步指出，「你前年來文內稱：帶官員五百兵丁五萬人前來議事等語❷」。俄國的這個通知，曾使清政府感到驚訝，但它沒有被俄國的虛聲恫嚇所嚇倒，也無意在談判現場從軍事上壓倒俄國。康熙特為此下諭旨說：「蓋因

---

❷　〈索額圖等奏抵尼布楚以來與俄方官員往返交涉情形本〉（康熙二十八年六月二十五日），故宮博物院明清檔案部藏。

❷　同❷。

❷　《張誠日記》（一六八九年八月二日）。

❷　《十七世紀俄中關係》，第二卷，第四九三頁。

❷　同❷。

伊國之規定，而須帶如此眾多之人前來。朕並無惡意，會議之際，兵丁眾多，又有何妨？著你等僅帶侍從以及派遣使用之官兵，著黑龍江將軍以船隻運載你等兩路人員所食之糧米 ❷」。由此可見虛張聲勢，擺出一副要打仗架勢，想以兵多壓人的恰恰是俄國而不是中國。

　　第三、俄國方面指責中國士兵「殺人行凶、行為粗暴」，更完全是造謠污衊血口噴人，索額圖嚴正地否認了這種無理指責。索額圖聲明：中國方面已嚴令所屬官兵遵守紀律，不許侵害俄國人，「違者處以死刑」。至於雅克薩有兩名俄國人被殺與中國無關，中國方面並不知情。索額圖說：中國方面「將與我方交戰時所獲之人，不予殺害而放回，豈有暗殺行獵人之理耶？ ❷」事實上，所謂雅克薩兩名俄人被殺，是俄方故意捏造的。雅克薩俄軍頭子拜頓的報告中說：中國軍隊路經雅克薩，「似乎是為了進行會談，而對阿爾巴津（雅克薩）以及其附近所種的莊稼並未受命採取任何行動」。雅克薩當局派到戈洛文的信使費利卡還當面告訴戈洛文：「中國人平靜地駛過阿爾巴津，並沒有尋釁 ❸」。尼布楚的俄國督軍維拉索夫也「極力頌揚從陸路到來使團首腦禮貌周到 ❸。」可見俄國方面指責中國士兵「行凶殺人」純屬惡意污衊。戈洛文於八月八日給索額圖的信中說：「在貴方行動中我等雖然尚未發現貴方軍隊對和議有何牴觸，但其行徑無疑是違反國際法的，何況許多壞事可能由此產生 ❸」。既說沒有發現中國軍隊的行動對和議有何牴觸，又說中國軍隊「殺人行凶」、「為了打仗」、「違反國際法」，這豈不是前後矛盾，自打耳光？

　　第四、戈洛文藉著俄國信使洛基諾夫還沒有返回尼布楚大做文章，再三對中國使團進行質問，用意是想污衊清政府把洛基諾夫扣押在北京。索額圖回答說：「你伊凡·洛基諾夫由京城先於我等啟程，此事屬實」。同時又解釋中國使團走的是呼倫貝爾以西的小路，距離較近，洛基諾夫等人由於要到齊齊哈爾取他們留在該地的一批馬駝，故「繞行而來」。而且洛基諾夫等得到清政府的許多賞賜，又在北京大做生意，「駝載沉重，行止馱卸，以致延誤行程

---

❷　同 ❷。

❷　同 ❷。

❸　同 ❷，第二卷，第四六一頁。

❸　同 ❷（一六八九年七月三十一日）。

❸　同 ❷，第二卷，第四七一頁。

等，不可料定❸」。為了堵塞俄方的口實，索額圖建議由中俄雙方派人一起順著洛基諾夫等人的來路去迎接。不久洛基諾夫等人果然從額爾古納河方向出現，於八月十日到達尼布楚。戈洛文的謊言不攻自破。

第五、戈洛文指責中國使團和護衛部隊駐在尼布楚對岸是「兵臨城下」、「和國際公法不符」，先是要求中國方面撤到額爾古納河口。這一要求十分荒謬，因為額爾古納河口距尼布楚八、九百里，撤往該處，兩國使團相距近千里，怎能坐在一起進行談判？中國使團說「既然你我以和好之禮，相會議事，住於近處，也僅為便於行走議事，並無惡意❸」。後來，俄方又要求中國使團往下游方向撤退，中國使團為了排除會談的障礙，願意撤退到稍遠處。索額圖對盧托維諾夫說：「果於下游有移駐之地，我等亦可改牧於下游。我等並非以此地方為緊要之地而駐紮，實為除此地外，別無可駐之地。如今江水漲溢，流入我營地。你若不信，請互西西力（即盧托維諾夫）乘我之騎察視，怎可瞞你❸」。索額圖還「希望互西西力同他們的人（指中國方面人員）一起去尋找可以安營之地，只要能找到，他們準備撤往該地❸」。俄國方面既不肯讓中國使團渡江到北岸來，又在南岸下游確實找不到可供駐紮放牧的地方，以後也只好無形中取消了這一無理要求。

戈洛文的一切指責和刁難全都落了空。中國使團進行了耐心的解釋和必要的駁斥，不亢不卑，合情合理，使俄方使者理屈辭窮，無言可對。連奉命來對中國提出一連串指責的盧托維諾夫也不能不承認中國方面確有實現和平的誠意，「他在路上告訴官員們（指清朝官員）說：得知我們意在和平他非常高興❸」。

---

❸ 同❷。

❸ 同❷。

❸ 同❷（康熙二十八年七月初五日）。

❸ 同❷，第二卷，第四七二頁。

❸ 同❷（一六八九年八月二日）。

第三節　尼布楚會議的經過

一、會議時間、地點、形式和議題的商定

戈洛文既不能在軍事上壓倒清軍，又沒有能用外交慣例和國際法難住中國使團，他無計可施，不能再繼續拖延下去，只好於八月十九日來到尼布楚。當天，雙方即互派使者，就會談時間地點和方式進行協商，使者們往返尼布楚和中國營地之間，經過兩天的磋商，終於達成協議。

雙方能夠較快地達成協議是由於中國方面作出很大讓步。索額圖表示：會談何時何地舉行以及雙方隨帶多少人員「讓給俄國全權特使去決定 ❸」，「中國欽差大臣願意聽從全權大使」。只是希望「會談地點設在曠野帳幕中」、「距石勒喀河（黑龍江）較近的岸上，因為欽差大臣把許多人馬由石勒喀彼岸擺渡此岸，困難很多 ❹」。因此，會議的時間、地點和方式幾乎都是戈洛文決定的。

當雙方已議定中俄各有三百人進入談判現場之後，中國方面提出：在談判現場的士兵，除刀劍以外，不得攜帶火器。戈洛文表示反對說：「全權大使所帶士兵如不帶武器，則不成體統 ❹。」經中國方面堅持，戈洛文才勉強同意中國方面的提議。但後來會談時，戈洛文卻違反協議，讓俄軍偷偷地帶著手雷進入談判現場。

中國的使者又說明：中國使團將乘坐木船前往談判會場，除進入現場的三百人外，另外將在木船上保持五百名士兵。戈洛文氣急敗壞地立即提出一連串質問：「欽差大臣是否乘很多木船渡河？船上士兵和差役是否很多？這些士兵是否帶有什麼軍用物資？」並攻擊中國使團「想隨心所欲地令大量人員登上木船」、「這些木船停泊在會議地點附近是不適宜的 ❹」。

中國使團冷靜地回答：中國使團的木船將有三十艘，木船的停泊處至會場的距離將與尼布楚城至會場的距離相等。木船上不帶軍用物資，但必須保

---

❸　同㉕（一六八九年八月十六日）。

❹　同㉖，第二卷，第四九六、四九七頁。

❹　同㉖，第二卷，第四九七頁。

❹　同㉖，第二卷，第四九八頁。

持五百名士兵。因為由戈洛文指定的談判會場距尼布楚城只有二百俄丈（四百二十六公尺），而尼布楚城內有大批俄軍，中國方面根據「雙方應在每一件事上平等」的原則，理應在木船上保持五百名士兵。如果戈洛文不同意中國保持五百名士兵，則請戈洛文告知中國，尼布楚城內的俄軍有多少？中國方面將在同等的距離內保持同等的兵力。這一席話說得戈洛文張口結舌，無言對答。

　　中國方面同意戈洛文將談判會場設在尼布楚城附近，處在俄軍瞬息可達和炮火射程範圍內，這是極大讓步。當然戈洛文就沒有理由再反對中國在同等距離上保持五百名士兵。經過辯論，他不得不同意中國的需求，雙方同意會談的安排「應在每一件事上平等」。

二、雙方有關其他一般事項的協議

(1)第一次會議時間定於八月二十二日舉行。

(2)會議詳細地點在尼布楚河岸邊，距尼布楚城二百俄丈處。

(3)雙方於會議地點自設帳篷，其中一個相互連接，備會議之用。會議帳篷內座位相等，任何一方尊於對方。

(4)進入談判現場之使臣官員各為四十名，衛隊二百六十名，衛侍立於帳篷十俄丈以外，除刀劍斧鉞外，不得攜帶任何火器。

(5)中國使團乘坐的木船「停泊之處至會議地點的距離，應與涅爾琴斯克至會議地點距離相等」，船上可保持五百名士兵。

(6)雙方各派人員在談判現場進行檢查，「防止人員隨意增加」。此外，一六八九年八月二十一日，中俄雙方各派人員至會議地點按照協議，進行丈量，標明雙方應帶人員及警衛的位置，然後搭設帳篷，為次日的正式會談做必需的準備工作。

三、第一次會議

　　一六八九年八月二十二日清晨，中國使團乘坐三十艘木船渡過石勒喀河前往赴會，中俄尼布楚會議正式開始。

㈠戈洛文的講話

　　雙方使團入座，互致問候以後，戈洛文就以凌駕一切之上的傲慢口吻宣

稱：「大君主俄皇陛下獲悉，汗殿下（指康熙皇帝）未經宣佈，突然派兵侵犯俄皇陛下國界……竟置兩國之間的友誼於不顧」，「製造流血事件發兵來犯俄皇陛下臣民，這樣做究竟是為了什麼?」俄皇「決定派遣數不勝數的強大軍隊，攜帶大批作戰物資，前來抗擊這些軍隊，下令征服敵人。這些軍隊由俄皇陛下勇敢的將軍率領，願意效命準備剿平敵人」。但是，俄皇後來收到了康熙要求舉行談判的信件，「願意同汗殿下遵循古例，和睦友好相處。為平息兩國臣民之間的紛爭，欽命我等俄皇陛下的全權大使前來赴會」。要求中國方面「給自己的軍隊下令不要武裝越境，不要挑起釁端，要釋放俘虜，平息一切糾紛，對受害者要給予賠償，要滿足於自古以來就有的領土狀況（像汗殿下祖先自古以來就佔有的那樣），但是汗殿下軍隊以武力新佔領的地方，應歸還我大君主俄皇陛下方面，對造成此等紛爭的人員，要予以懲處。唯有如此，大君主沙皇陛下和汗殿下之間，才能保持友好情誼❷。」

㈡索額圖的反駁

很明顯地，戈洛文採取了先發制人，以攻為守的策略，一面炫耀武力，一面又打出和睦友好的幌子，企圖把侵略和挑起戰爭的罪名加到中國頭上，向中國提出了無理的指責和要求。

索額圖首先指責戈洛文對於康熙皇帝稱謂之嚴重錯誤，特提出正式糾正。然後對戈洛文狂妄的發言予以明確有力的反駁。他首先簡單回顧了俄國侵略中國的歷史，指出了戰爭的起因。他說：「往年間，沙皇陛下方面的哥薩克葉羅菲·哈巴洛夫等人竄入中國上述地區，興建了雅克薩。住在雅克薩附近的中國皇帝的一些貢民，被這些哥薩克打死，他們的妻孥被擄走，而其餘貢民，多年以來遭到不堪忍受的蹂躪，財產被劫走，妻孥被搶去，本人則被打死」，「臣民們曾多次向中國皇帝控告這些哥薩克。於是中國皇帝命令自己的軍隊長官帶兵前往雅克薩」。因此，俄國的侵略是發生雅克薩戰爭的原因，挑起戰爭的責任完全在俄國方面，而中國方面則是不得已的自衛行動。索額圖指出：中國一貫希望和俄國恢復和平、保持友好。在第一次攻打雅克薩後，釋放了全部俄俘，但俄國督軍托爾布津違反自己的保證又重佔雅克薩；清軍第二次包圍雅克薩時，收到了沙皇信件，表示接受中國和平談判的建議，康熙「傳

---

❷ 以上索額圖和戈洛文在二十二日第一次會議爭論時所說的話，除特別注明者外，均引自《十七世紀俄中關係》，第二卷，第五〇六至五一三頁。

旨官兵自雅克薩撤離，並授命在全權大使到達並簽訂和約之前，不要再與沙皇陛下臣民發生糾紛」。中國方面的意圖和行動是光明磊落、合情合理的。在反擊侵略、保衛國土的同時，為同俄國舉行談判、劃分邊界、實現和平而作了種種努力。

㈢戈洛文與索額圖的激烈辯論

1. 戈洛文一口咬定：「貝加爾湖周圍和黑龍江流域自古以來即為沙皇陛下所領有，而汗殿下則從未管轄過」。但是，他提不出任何論據和事實，只是叫嚷著：「他們全權大使受命堅決捍衛沙皇陛下方面自古以來就有的土地」。

索額圖則嚴正聲明：「黑龍江一帶沙皇陛下的人從未領有過，貝加爾湖這面的所有土地都隸屬於中國皇帝方面」。索額圖列舉許多確鑿的事實加以論證，他說：「鄂嫩河、尼布楚皆為我茂明安（喀爾喀的一部）等諸部落原來居住之地。雅克薩為我虞人（獵人）阿爾巴西等居住之地❹」，又是「我達斡爾總管貝勒兒故墟❹」，「該手無器械之虞人，因為實難忍受你突然侵入，掠殺搶劫，皆內遷我嫩江等地，於是此地被你長期佔去❹」。至於「貝加爾湖這邊的土地全是蒙古汗的領地，而所有的蒙古人自古以來就是他們中國皇帝的臣民」。索額圖並指出：上述土地上的居民一直向中國政府納稅，他們的領袖和子孫至今健在，許多人逃到了中國內地。

戈洛文舉不出任何理由反駁這些鐵的事實。他一會兒不得不承認：「即使在古代某個時期這些達斡爾居民曾向汗殿下（指中國皇帝）方面交納過實物貢，則他們也是不得已而為之，因為那些地方當時距沙皇陛下的城市很遠」，一會兒又說：「此事探究起來將曠日持久」，他的這種辯駁自相矛盾，迴避問題陷於不能自圓其說的尷尬處境。

2. 戈洛文硬說一六七六年俄使尼古拉在北京時，曾和清政府談判尼布楚和雅克薩的歸屬。戈洛文煞有介事地說：「博格德汗（Богдахан）殿下（即康熙）近臣曾對他（指尼古拉）說：『博格德汗殿下與阿爾巴津、與涅爾琴斯克以及與沙皇陛下方面修築城寨和設置居民點的地方，與這一切地方都無關。』」

---

❹ 〈索額圖等奏報會同俄使議定邊界本〉（康熙二十八年七月二十七日），故宮博物院明清檔案部藏。

❹ 《平定羅剎方略》，第四卷。

❹ 同❹。

這是徹頭徹尾的捏造。

尼古拉留下很詳細的「出使報告」，其中不但找不到中國官員把尼布楚、雅克薩說成與中國「無關」的記錄，相反地，其中卻有中國官員向尼古拉再三抗議俄國入侵的大量記錄，還有耶穌會士南懷仁告訴尼古拉：中國決心收復雅克薩，將對俄軍進行反擊，囑咐俄國趕快增兵設防的秘密談話的記錄。

索額圖當時對戈洛文的捏造進行了揭露批駁，他指出：中國官員沒有也決不可能向尼古拉作出雅克薩、尼布楚與中國無關的那種荒唐的談話。「尼古拉奉派觀見中國皇帝，並非為了劃地疆界。對此，尼古拉所賚送的沙皇陛下的國書，可資佐證」。恰恰相反，中國方面「曾向尼古拉提出：希望沙皇陛下臣民無條件地從他們中國這些地區撤出，並請尼古拉將此事奏聞沙皇陛下」。

會議以後，索額圖對這個問題再次作了如下的說明：「至於全權大使向他們提到，中國皇帝近臣似乎曾對尼古拉‧斯帕法里說過，要求沙皇陛下的人不再侵佔領土，而是希望他們安分守己地住在沙皇陛下方面所建的堡寨裡。近臣們所以這樣說，並非為了確定邊界，只是為了兩國之間不發生戰爭。他們曾要求尼古拉陳奏沙皇陛下，俄羅斯人已侵佔了他們大量土地，收留了許多交實物貢的逃亡者，他們走遍各兀魯思，毆打許多貢民，進行搶劫，橫徵暴斂實物貢，許多中國商人也遭他們毒打，財物被他們搶劫。使臣中有一名侍郎自始至終參加了同尼古拉的全部會談，該人目下就在此（按：指馬喇）。除非是尼古拉向大君主謊報了劃界之事，該尼古拉從未談過邊界問題，在尼古拉帶來的沙皇陛下致中國皇帝的國書中，談的也不是劃界問題❹」。

3.戈洛文抵賴說：索額圖所說「沙皇陛下臣民對汗殿下臣民的種種欺凌，大君主沙皇陛下並無所知。汗殿下應該就上述欺凌事件向大君主沙皇陛下遣使說明……雙方互派使者進行交涉，使糾紛得到平息，而不訴諸武力」。並指責：「汗殿下方面卻為了一些微不足道的糾紛，竟至表現出不友好態度」，「由於這樣一些小小紛爭而挑起戰端，實無必要」。戈洛文把自己打扮成公正與愛好和平的「天使」，企圖把挑起戰爭的責任強加於中國。

索額圖指出：俄國對中國「突然侵入、掠奪搶劫」，我國當地居民「實難忍受」，「皆內遷我嫩江等地」。而戈洛文輕鬆地把這種領土掠奪和殺人放火的行徑說成是「微不足道的紛爭」、「一些小小紛爭」，這是多麼荒謬的強盜邏輯！

❹　同❷，第二卷，第五三八頁。

索額圖還指出：中國方面曾再三對俄國進行勸說抗議和警告，要求停止入侵，舉行談判，劃分邊界，但俄國方面我行我素，置若罔聞。索額圖說：「數年以來，等待你等醒悟」，「俄國人雖為外國，也該是君臣禮讓之國。於是我聖主屢次行文宣諭，惟不得回音，反而犯邊不息，故於黑龍江等地屯兵駐守❹」。所以戈洛文抵賴沙皇不知情以及指責中國沒有說明原委而挑起戰端，完全是歪曲事實，強詞奪理。

4.戈洛文堅持中國懲辦「挑起戰端」的人員，對受害者給予賠償，還「要求退還他們一些炮和其他東西❹」。對此索額圖答覆說：俄國的侵略「給中國造成很多損失」。「打死中國皇帝的許多臣民，擄走他們的妻孥，進行了種種破壞，有的人抓去以後被活活燒死❹」。如果要談「懲凶」和「賠償」的話那就是俄國應該懲辦自己方面的「凶手」和賠償中國「受害者」的損失。索額圖表示：中國方面為了爭取和俄國實現和平「避免因此給劃定疆界和永修和好造成齟齬和障礙，因此只談邊界問題」，以求「根據共同協商結果秉公劃分」，而不向俄國提出「懲凶」和「賠償」要求。

(四)中俄雙方關於劃界的方案

俄方提出了第一個劃界方案。戈洛文說：「應以阿穆爾河一直到海為界，阿穆爾河左岸屬於沙皇陛下方面，右岸屬博格德汗殿下方面，因為從久遠的年代起該河左岸即為沙皇陛下所領有」，並宣稱：「他們全權大使受命堅持捍衛沙皇陛下方面自古以來就有的土地」。

索額圖斷然拒絕了這個荒謬的方案，指出：「里雅那江（即勒那河）原係我疆界❺」，黑龍江流域以及貝加爾湖以東從來就是中國的領土。提出以勒那河和貝加爾湖作為中俄國界。並宣稱：中國皇帝「並未諭令他們向沙皇陛下方面割讓一寸領土，同樣沒有令他們去新佔對方領土」。

雙方就這兩個方案再次展開交鋒。戈洛文舉不出任何理由和事實進行反駁，他一會兒進行諷刺、挖苦，說索額圖「枉費心機，希望欽差大臣放棄此種多餘的要求，要談實際的問題」；一會兒進行戰爭威脅，又搬出「大君主沙

---

❹　同❸。

❹　《耶穌會士徐日升關於中俄尼布楚談判的日記》，第二十九節。

❹　同❻，第二卷，第五四八頁。

❺　同❹，第二十八節。

皇陛下在國內擁有數不勝數的軍隊」，甚至大發囈語，進行恫嚇訛詐，說：北面的領土都是俄國的「自沙皇陛下邊界起到他們汗（指康熙）的領地，甚至一直到長城所有的土地都位於北面」。

雙方爭辯激烈，會議形成僵局，夜色已經降臨了。兩國使團第一次會議沒有達成任何協議便散會了。

中俄兩國使團各自帶著煩惱和憂慮離開會場。俄國使團被中國的論據所痛擊，他們不可能理直氣壯地辯護自己的立場；中國使團則被俄國的諷刺嘲笑所激怒，對俄國的談判誠意更增添了懷疑。雙方提出的劃界方案是如此懸殊，雙方對於對方的意圖是如此不瞭解，能不能最後縮小差距，找到一個彼此都能接受的劃界方案？這是中俄使團都沒有把握的。但是方案畢竟剛剛提出，還沒有展開充分討論，雙方都把希望寄託在隔天的會議上❺❶。

四、第二次會議

次日，即八月二十三日，中俄兩國仍照前一天的形式，舉行第二次會議。會議一開始就進行劃界方案的討論。戈洛文表示他提的方案不能更改，索額圖的態度也很強硬，談判很快陷入僵局。戈洛文見中國方面不肯讓步，就又拋出一個稍加修改的方案，建議以牛滿河劃界，這實際上還在沙皇給他指令的最高要求範圍之內，根據沙皇指令，俄國從高到低的談判要求分別是：(1)以雅克薩為界；(2)放棄雅克薩；(3)退出尼布楚。最高要求則是侵佔黑龍江北岸，戈洛文是一個富有談判經驗的外交老手，他正在開始進行討價還價的工作。而中國使團成員沒進行過外交談判，缺乏經驗，很快就拋出了一個新的方案，建議以尼布楚至因果達河、楚庫河、色楞格河一線為界，尼布楚歸俄國。不料中國的方案竟遭到戈洛文的嘲笑，中國使團非常生氣，他們不得不宣佈：「除尼布楚以外再無別的邊界可以接受，他們已無話可說」。第二次會議不歡而散。中國使團於是懷疑俄國人無談判誠意，認為俄國人不是「真誠可靠的，別上他們的當。他們今天這樣說，明天就失信。我們對他們已有許多經驗而你還沒有，我們知道他們是騙子❺❷」。

❺❶　北京師範大學清史研究小組編，《一六八九年的中俄尼布楚條約》，第二八一至二九三頁。

❺❷　同❹❽，第一八五頁。

　　八月二十四日由於俄堅持不肯讓步，談判漸臻破裂，中國使團宣布不再參加使臣會議，並拆掉會場帳篷準備回京❺❸。戈洛文要求把已經討論的記錄雙方簽字各回國復命，索額圖沒有答應。這時張誠和徐日升恐怕會議徹底破裂，於是向索額圖請求，由他們去見戈洛文，以作再度的商榷。隨後在八月二十四日至九月七日這段時間裡，兩國使團沒有正式見面會談，雙方互派使者交換意見，進行了一系列會外的談判。這期間，張誠和徐日升往來於中俄使團駐地之間，不斷做工作，一方面幫助中國締結了條約，另一方面也幫了俄國不少忙，從而受到戈洛文的感謝。

　　中俄談判陷入僵局後，索額圖也很擔心談判的前途。張誠請求前去戈洛文處，索額圖表示同意。八月二十五日，張誠、徐日升在員外郎喇喜的陪同下去見戈洛文，其實戈洛文也很怕談判中途破裂，所以熱情地接待了傳教士們，並以允許來華的傳教士假道俄羅斯及西伯利亞為條件，拉攏傳教士為他們服務，而傳教士們也早有此意，他們向戈洛文透露中國大使非常希望簽訂和平條約，但如果俄方沒有放棄雅克薩及其附近土地的決心，則會談斷難繼續，因為「欽差大臣已經奉有明白諭旨，不得俄方在這一點上讓步，決不談和」。至於在尼布楚到雅克薩之間，何處可以滿意地劃作兩國的邊界，建議俄使自己做出判斷。戈洛文對於傳教士們的建議表示贊同，並感謝他們的熱心效勞。

　　八月二十六日，戈洛文派一名使臣來見索額圖，詢問中國所提最後方案。索額圖於是再作讓步，提議以流入石勒喀河的格爾必齊河及外興安嶺山脈為界。河以東山以南歸中國，河以西山以北歸俄國。此外，則以額爾古納河為界，俄國使臣回去後，索額圖又派張誠、徐日升去戈洛文處，詢問俄方提出的最後方案，並說喀爾喀蒙古地區與俄國屢起糾紛，也應劃清疆界。不料戈洛文堅持不同意，表示「決不會在該蒙古地區劃界」，中方怕為此影響簽訂和約，就不再堅持，但聲明等喀爾喀、厄魯特戰爭結束後，必須另外舉行會議劃清疆界。至於以格爾必齊河為界，俄方提出如中國堅持以額爾古納河為界，原居此河以東的俄國人，必須准許移回俄境。中國認為此事關係不大，答應了這一要求。

　　八月二十七日，張誠、徐日升、喇喜再去會見戈洛文聽取俄方的最後答

❺❸　同⓫，第八三頁。

覆，不料戈洛文突然生變，仍然堅持雅克薩城及其以西地方歸俄國所有。聽到這種無理要求，連傳教士都感到震驚，張誠等責備戈洛文出爾反爾，言而無信，「以他們將要放棄雅克薩的希望，愚弄我們的欽差大臣們。現在再想讓我們的人相信他們或繼續談下去，那就難了 ❺ 」。同時他們再次明確告訴戈洛文，中國決不放棄雅克薩城及其以西地方，如果俄國不讓步，談判很難再進行。徐日升則讓戈洛文「派別人去送致他們的答覆，因為我本人無顏去宣布這個答覆 ❺ 」。戈洛文於是派遣別洛鮑茨基前來中國使團駐地宣布這一方案，索額圖氣憤地指責了他們，並表示不願再對他們作任何答覆，因為「全權大使不是來議和，而是對他們進行欺詐。」談判徹底破裂了。

俄使走後，中國使團成員舉行了全體會議，鑑於營區駐地條件太差，使團決定渡河到北岸駐紮。徐日升記載說：「當我們的欽差大臣們聽到這個不讓步的決定（他們不瞭解這是裝腔作勢），他們作了帶領全軍渡河的準備，因為在我們這一邊，已經沒有可供飼養牲畜之用的草地。在我們的營地，騎兵隊不斷地在運動，準備在那天晚上渡河 ❺ 」。當天晚上，戈洛文見中國使團駐地人聲鼎沸，認為中國使團確實沒有談判經驗，不瞭解他這是在討價還價，真要準備回北京了，害怕簽不成條約，回去難以向沙皇交代，於是不得不在半夜派使臣到中國使團駐地，挽留中國使團要求再次舉行會談，說：「他的使臣按照國際法——這是他說法，要求舉行第三次會議。按照國際法，第一次會議是為了行見面禮；第二次是提出建議；第三次是作結論 ❺ 」。但是，中國使臣們對於俄國人的奸詐已經領教夠了，因此對於這一建議沒有表現出很大的興趣。當天夜裡，使團仍按原定計劃全軍渡河去，在石勒喀河北岸尼布楚附近的一座山上駐紮下來。

正當中俄談判陷於僵局時，傳來尼布楚附近的人民奮起抗俄的消息。當地倍受沙俄侵凌的蒙古等族人民，紛紛起來反抗俄國人的統治。這使戈洛文非常驚慌，趕快再次派人至中國使團的駐地，要求中國使團再次會談，並做出撤離雅克薩的小小讓步。八月二十八日，別洛鮑茨基再次前往中國營地，

---

❺ 《張誠日記》。

❺ 同❽，第一八八頁。

❺ 同❽，第一八九頁。

❺ 同❽，同前頁。

傳達俄國同意撤出雅克薩的決定，並要求進一步討論具體的分界線，中國使團不讓步，仍然主張以格爾必齊河、額爾古納河和外興安嶺為界。俄國則主張以離雅克薩不遠的鄂爾河為界，由於意見仍不統一，俄使要求中國使團再派張誠等去尼布楚商談，對於這一要求，開始時索額圖不答應，害怕俄國人會危及傳教士的人身安全。後經傳教士自己解釋，索額圖才派傳教士去尼布楚城，議定兩國疆界及其他事項。經過張誠、徐日升等人與俄使反覆傳達交換意見，戈洛文終於接受了中方的方案。至此，和約的基本條款終於商定了。

八月二十九日，俄方又提出三條次要要求：一、以後中國致俄皇的信件，要寫明俄皇的尊稱，內容也不能有不平等的辭句。二、兩國應互相尊重公使，允許向皇帝面呈國書。三、兩國人民如持有旅行公文，應許其自由貿易。中國大使對於第一、二兩項加以拒絕，對於第三項則認為是小事，不必載入條約，而俄使則認為通商一事是其重要使命之一，非列入條文之內不可。隨後又對東部邊境的劃分發生異議，外興安嶺的東部，在濱海的地方有一座諾斯山，山南有條河叫烏特河，中國提出東部以諾斯山為界，俄國使臣則藉口不知此山的確切位置而堅持反對。原來，烏特河流域富產貂皮，海濱又是產魚地區，如果以諾斯山為界，烏特河流域必將歸中國，所以俄方堅決反對。索額圖因烏特河地區沒有得到康熙明確指示，不願因此影響條約的簽訂。張誠提出折衷辦法，建議兩國均分烏特河地區。俄使仍不同意，願意把這個問題作為懸案，暫不劃分，中國代表團只得接受。以後在一些具體問題上雙方又進行了一系列談判，直到九月六日，和議才成❸。

第四節　尼布楚條約之簽訂

一、簽訂時間程序和儀式

《尼布楚條約》是康熙二十八年七月二十四日（西元一六八九年九月初七日，俄曆八月二十八日）正式簽訂的。當天上午，雙方就簽約程序和宣誓儀式等問題又進行了長時間的協商，最後仍是中國遷就俄方的意見而達成協議。下午六時，簽字儀式才開始，兩國全權使臣簽字：中國代表在一份滿文、

❸　同❺，第一〇六至一一〇頁。

一份拉丁文的約本上簽了字，蓋了圖章。俄國代表在一份俄文、一份拉丁文的約本上簽了字，蓋了圖章。所以僅拉丁文的約本是由雙方簽字、蓋章的。簽訂後，兩國代表起立交換和約，並各以其國王之名宣誓忠實遵守，並祈「無所不能的上帝，萬物之主，作他們意志忠實的監視者」。同時雙方軍隊鳴炮以資慶祝。傳教士張誠說：康熙帝曾有明令，要代表們以基督教的上帝之名宣誓，以為惟獨這樣才可以使俄人永遠遵守。所以這條約的簽訂是經過鳴炮宣誓的。

二、尼布楚條約的內容

《尼布楚條約》共分六條，茲錄其全文如下：

第一條　以流入黑龍江之綽爾納河，即韃靼語所稱烏倫穆河附近之格爾必齊河，為兩國之界。格爾必齊河發源處為大興安嶺，此嶺直達於海，亦為兩國之界；凡嶺南一帶土地及流入黑龍江大小諸川，應歸中國管轄。其嶺北一帶土地及川流，應歸俄國管轄。惟界於興安嶺與烏特河之間諸川流及土地，應如何劃分，今尚未決，此事須待兩國使臣各歸本國，詳細查明之後，或遣專使，或用文牘，始能定之。又流入黑龍江之額爾古納河亦為兩國之界；河以南諸地盡屬中國，河以北諸地盡屬俄國。凡在額爾古納河南岸之墨爾勒克河口諸房舍，應悉遷移於北岸。

第二條　俄人在雅克薩所建城堡，應即盡行除毀。俄民之居此者，應悉帶其物用品，盡數遷入俄境。兩國獵戶人等，不論因何事故，不得擅越已定邊界。若有一、二下賤之人，或因捕獵、或因盜竊，擅自越界者，立即械繫，遣送各該國境內官吏，審知案情，當即依法處罰。若十數人越境相聚，或持械捕獵，或殺人劫掠，並須報聞兩國皇帝，依罪處以死刑。既不以少數人民犯禁而備戰，更不以是而至流血。

第三條　此約訂定以前，兩國所有一切事情永作罷論。

第四條　自兩國締結本約後，嗣後有逃亡者，各不收納，並應械繫遣還（此時根忒木爾已在俄境死亡，故清使團未再提此事）。現在俄民之在中國或華民之在俄國者，悉聽如舊。

第五條　自和約已定之日起，凡兩國人民持有護照者，俱得過界來往，並許其貿易互市。

第六條　和約已定，兩國永敦睦誼，自來邊境一切爭執永予廢除，倘各嚴守約章，爭端自無而起。兩國欽使各將繕定約文，簽字蓋章，並各存正副二本，此約將以華、俄、拉丁諸文刊之於後，而置於兩國邊界，以作永久界碑。

三、雙方代表互贈禮物

《尼布楚條約》正式簽訂後，俄國代表以時鐘、望遠鏡、銀器、貂皮、刀劍等，贈與索額圖及其他清吏。中國代表索額圖也以馬匹、鞍轡、金杯、絲製衣服及絹帛等物，贈與俄國代表，以表親善之意。

四、尼布楚條約的各種文本

《尼布楚條約》的正式文本是拉丁文。由於當時中俄雙方都不通曉對方的語言文字，談判中用耶穌會傳教士作為譯員，以拉丁文作為中介語言，所以條約也以拉丁文正式書寫。除了正式的拉丁文以外，還有其他一些文本，這些文本在個別問題以及分段、譯名等方面有些差異，但基本內容及其所規定的邊界線走向都是一致的。現在所能見的條約文本主要有以下八種：

㈠中方繕寫的正式拉丁文本

當時會議上中俄雙方各用拉丁文繕寫條約，共同簽字、蓋章，互相交換，這一文本是由中方繕寫，交給俄方的一份。下有清政府七個談判代表的滿文簽字、蓋有「鎮守黑龍江等處地方將軍」的印章。俄方代表則在簽署時耍了一個花招，用蠟油蓋章，所以俄方蓋章處只剩下兩圈污跡，圖章已看不清楚。全文共六條。

㈡滿文本

這是會議上由中方繕寫交給俄方的文本，有中方簽字、蓋章，全文共八條。比正式文本多兩條，正式文本的第一條，在滿文中分成第一、二兩條；正式文本第二條，在滿文中分成第三、四兩條。

㈢俄文本

這是會議上俄方繕寫的文本，有俄方簽字，但無中方簽字和蓋章。共六條。分段和正式文本亦有差異，正式文本中第一、二兩條，在俄文本分作第一、二、三、六條，而正式文本中的第三、六條，在俄文本中卻被省略歸併了，故俄文本仍為六條。

㈣《清實錄》著錄漢文本

這是會議以後，清政府根據滿文本譯出的，載於《清康熙實錄》，第一四三卷，第十六至十七頁；《平定羅剎方略》、《大清一統志》等書所載均為實錄本共七條，譯成漢文時，省略了烏特河未定界一段。和滿文本中第八條「永遠和好之處，奉行不得違誤」等語。

㈤徐元文漢文本

《尼布楚條約》簽訂後的第二年，清政府準備樹立界碑，用漢、滿、蒙、拉丁、俄五種文字將條約刻在碑上。刻碑漢文是由大學士徐元文根據《實錄本》潤色寫定，前有徐元文所寫序言，《清朝通志》、《清朝經世文編》、《中俄約章會要》所載即為徐元文漢文本，共六條，其中《實錄本》的第七條被合併於第五條中。

㈥西清漢文本

十九世紀初，西清從黑龍江當地人處得到一個條約的滿文本，據以譯成漢文，載於西清著《黑龍江外記》一書中，共八條，內容與滿文本符合。

㈦徐日升拉丁文本

耶穌會傳教士葡萄牙人徐日升擔任中俄談判中的譯員，他在日記中用拉丁文寫的全文，共六條，與正式拉丁文本幾乎完全相同。僅正式文本中第三條下半段，遣還逃亡者的規定，在徐日升文本中寫入第四條的上半段。

㈧張誠法文本

談判中另一譯員，法國傳教士張誠在日記中用法文記錄的全文。共七條，與徐日升文本相近，但徐日升文本第四條在張誠文本中分為兩條。

綜合以上八個文本中，比較研究以後，發現有以下之差異：關於額爾古納河一段，俄文本中有額爾古納「河源」字樣，正式的拉丁文本裡則沒有，應以正式文本為準。

關於烏特河一段，正式拉丁文本中寫作「惟界於興安嶺與烏特河之間諸川流及土地，應如何劃分，今尚未決」；滿文本中寫作「烏特河以東興安嶺以北中間所有土地河溪，暫行存放」；俄文本中寫作「俄國所屬烏特河和大清國所屬靠近阿穆爾河之山嶺之間，所有入海河流及其間一切土地，因欽差全權大臣未得劃分此等土地之沙皇旨意，應暫行存放」；徐日升文本和張誠文本與正式拉丁文本相同；西清文本與滿文本相同；《實錄本》、徐元文之漢文本則

沒有未定界的規定。尋繹之意，除俄文本中把烏特河說成「俄國所屬」，據為俄國所有，並無根據以外，其他文本和正式的拉丁文本實際上並不矛盾。正式文本中無「以南」、「以北」之字樣，是籠統的寫法，而滿文本是詳細的寫法，更具體指明了這片未定界土地的位置，至於《實錄本》與徐元文之漢文本，則是在譯成漢文時，省略了這一條。應當指出清政府是一直承認這片土地是未定界。它在一七二七年的《中俄恰克圖界約》中公開的聲明了這一點 ❺❾。

　　總之，我們研究《尼布楚條約》各種文本所存在的差異，僅是在個別細節及條約分條、順序、譯名以及措詞方面的問題。這些差異也不會對條約基本內容和邊界線走向產生任何誤解。因為拉丁文本才是最正式的文本，它是經過兩國代表團簽字、互換的正式文本，具有充分的法律效力。故各種文本中的一切差異，都必須以正式的拉丁文本為準。

五、建立界碑

　　《尼布楚條約》簽訂後，根據條約規定，清廷決定在格爾必齊河諸地，建立界碑，以垂永久。並刻滿、漢、俄、拉丁、蒙古字於上。當年十二月丙子，派遣官吏在邊界各地立界碑。當時所立界碑不止一處，《朔方備乘》卷八「北徼界碑考」徵引各書，說有三處：一在格爾必齊河口東岸；一在額爾古納河南岸；一在威伊克阿林，俄國東來黑龍江一帶考查，除在格爾必齊、額爾古納河發現二界碑外，又在急流河（又稱吉流義河）與精奇里河匯合處發現一塊界碑。烏特河與土格爾河之間發現一塊界碑。我們認為急流河與精奇里河匯合處的界碑，未見於中國載籍，可以補佚；而威伊克阿林界碑，當即是俄國人所見的烏特河與土格爾河之間的界碑。威伊克阿林界碑見楊賓《柳邊紀略》說：

> 威伊克阿林極東北大山也，無樹木，唯生青苔，厚常三、四尺。康熙庚午與俄羅斯分界，天子命鑲黃旗固山額真巴海等分三道往視，一從亨烏喇入，一從格林必拉入，一從北海遶入，所見皆同。遂立碑於山上，碑刻滿洲、俄羅斯、喀爾喀文。

　　由此可知，此碑是巴海等所立，而且以其地理位置而言，與俄人所說在

---

❺❾　同 ❺❶，第三七四至三七七頁。

烏特、土格爾兩河之間者很相同。烏特、土格爾二河，都流入鄂霍次克海，入海處在混同江以北，巴海小分隊的另一支從北海遶入者，好像就是指此處。烏特河流域地方，依據《尼布楚條約》，是未定疆界，而烏特河以南地方，自然為中國所有，所以在這裡立了界碑，黑龍江以外的地方，由於地理知識的局限性，當時清朝政府對其還缺乏精確的瞭解，巴海的分道前往，雖然是為了立界碑，同時也藉機考察一下地理形勢。中國所立的界碑，現在所勘明的共有四處，不知還有沒有未發現者。很遺憾的一點是，這些界碑都未能立於實際分界的地方，而多在交界之南。這是因為中俄兩國當時對於這一帶地理僅有粗略的認識。所謂外興安嶺起伏綿延的狀態，所謂各河流發源流經的地帶，都未經實地考察，自然不能有詳確的地圖可供參考。當時兩國雖然對此在會議上激烈爭執，但實同盲人摸象，這也是時代的局限性。兩國疆界既然沒有清楚確定，則樹立界碑，也就僅志其大體而已。當時清政府堅決要求黑龍江以北地方，又必須樹立界碑以為標誌；又遣巴海分隊考察；其對東北各地的重視，較之後人固無遜色❻。

六、附錄界碑全文

- ●將由北流入黑龍江之綽爾河，即烏倫穆河相近格爾必齊河為界。循此河上流不毛之地，有自大興安嶺以至於海，凡山南一帶流入黑龍江之溪河，盡屬中國。山北一帶盡屬俄羅斯。
- ●將流入黑龍江之額爾古納河為界，河之南岸屬於中國，河之北岸屬於俄羅斯。其南岸之眉勒爾喀河口，所有俄羅斯房舍，遷移北岸。
- ●將雅克薩地方俄羅斯所修之城，盡行除毀，雅克薩所居俄羅斯人民及諸物，盡行撤至察罕汗之地。
- ●凡獵戶人等，斷不許越界，如有一、二小人擅自越界獵盜者，即行捕拿，送各地方該管官署，照所犯輕重懲處。或十人或十五人相聚，持械捕獵、殺人、搶掠者，必奏聞，以行正法。不以小故阻中壞大事，仍與中國和好，毋起爭端。
- ●今既永相和好，以後一切行旅，有持往來文票者，許其貿易不禁。
- ●和好會盟之後，有逃亡者不許收留，即行遣還。

❻　同❺，第一一一至一一二頁。

七、對尼布楚條約之評論

　　《尼布楚條約》，在中國方面，所注重的是劃界；在俄國方面，所注重的是通商。雙方均達到了目的，故此約得實行一百六十餘年，照這約，不但黑龍江、吉林、及遼寧三省完全是中國的領土，即現今俄屬阿穆爾省及濱海省也是中國的領土。根據此約，中國的東北可稱為大東北；因其總面積幾達八十萬方英里，比現在的東北大一倍有餘；也可稱為全東北，因其東、其南均有海岸線，有海口，其北有外興安嶺的自然界線——國防及交通上都是完整的。中國當時所以能得到此成績，一則因為俄國彼時在遠東國力之不足，關於遠東地理知識仍然缺乏，對積極開拓疆土不感興趣；一則因為康熙處置此事之得法，軍事上有充分之準備，而外交上又替俄國留了餘地。其結果不僅保持了偌大的領土，且康熙朝中國在外蒙古的軍事未曾一次受俄國的牽制。「此約訂定以前，兩國所有一切事情永作罷論。」這是條約的第三條。這一層完全做到了：中俄兩民族曾未因十七世紀的衝突而懷舊怨。關於將來，此約雖未永久有效，基督徒亦不計「無所不能的上帝」的監視而不守信，但確立了一百五十多年的和好友誼之基礎。在國際條約中算得一個有悠久光榮歷史的 ❻ 。

　　從此中俄國境明白劃定，額爾古納河沿大興安嶺以南的地方，即現在的阿穆爾省和沿海濱省，都是屬於中國的領土。《尼布楚條約》使五十年來，許多俄國人在黑龍江一帶的侵略陰謀都成了泡影。西伯利亞通東洋捷徑的黑龍江航線，完全被中國所封鎖了。

　　一六九三年（康熙三十二年），在《尼布楚條約》訂立四年以後，俄國又派遣代表到中國來，請求派遣商隊到北京經商，清廷允許了他的請求。規定俄國商隊三年得至北京一次，每隊以二百人為限，得在北京俄使館駐留八十天，一切貿易悉行免稅。這個規約雖然是出於俄國方面的要求，但是在當時清廷當局，認為此舉不過是一種「懷柔遠民」的德政，並沒有以經濟的觀點來判定，所以對於貿易的出入口稅都一概不收。不過這個規約，以後都成了中國對外貿易中俄人入內地通商的根本大法了。

　　在清代初期，中國自以為國勢最盛，所以對於外人的交涉，處處抱大國

❻　同 ❶，第一五八至一五九頁。

下臨，懷柔遠民的大思想，《尼布楚條約》對於國界可以由尼布楚讓步到格爾必齊河，此次通商又以不收稅，此種不懂外交的作為，實在也是形成後世我國外交失敗的起點❷。

　　《尼布楚條約》，乃中國與外國訂立最早之條約，亦世稱為最光榮條約之一；然關於領土方面，不無若干之損失。索額圖於赴尼布楚議和前所奏稱「尼布楚、雅克薩一帶皆屬於我，不可棄之於俄羅斯」之語，證明該約至低限度，已將應屬於尼布楚一帶，割讓與俄矣。至於烏特河以南，興安嶺以北一帶區域，因雙方爭執留為再行定議之規定一點，使俄人後來有所藉口，以爭取對此事之控制。若康熙不汲汲於解決噶爾丹，能令索額圖堅持原議，則以當時俄方在西伯利亞軍力之單薄，加以沙皇密令費耀多爾為避免重啟釁端，於必要時可讓出雅克薩之訓令，俄方不得已，未必不有所讓步也。但就大體而言之，自《尼布楚條約》締結後，雙方均有所獲。俄國除領土利益外，關於其素所側重之對華商務問題，已獲得在中國貿易自由之規定。清廷同時亦達到其遠交近攻之目的，根忿木爾之逝於兩國議和之前，減少康熙不少之顧慮，否則他族相率效尤，為患邊陲，應付更感棘手。根忿木爾之死，及俄廷之言和，使帝無所顧慮，得以全力征伐勢孤之厄魯特。自《尼布楚條約》締結之翌年，清廷與厄魯特之關係日趨惡化，噶爾丹乘戰勝土謝圖汗之餘威，進犯漠南，康熙帝始得用大軍征討。如不速與俄國妥協，哥薩克大有援助噶爾丹之可能；蓋在尼布楚和議之前數月（一六八九年七月），噶爾丹曾遣巴可圖汗(Baehotukan)赴莫斯科求援❸。翌年（一六九〇年）三月，費耀多爾在伊庫斯克遇其使者，攜有噶爾丹提議與俄國締結同盟對抗中國之信件，費耀多爾已與中國簽訂和約，遂拒絕其請求，此未始非康熙帝遠交近攻之成果。帝亦以此自詡，而諭內大臣曰：「……平定俄羅斯之事，滿漢諸臣咸謂，彼距中國道遠，難以成功。朕謂此事，關不可終止，即派大臣前往，遵指示而行，俄羅斯遂即軟服，朕未嘗自伐其功也❹。……」魏源於其所著《海國圖志》中，亦謂康熙帝與俄議和，不勝促成征伐噶爾丹之勝利，「且乾隆於阿逆土爾扈特

---

❷　何漢文，《中俄外交史》，中華書局印行，中華民國二十四年四月，第四章第二節，第七六至七七頁。

❸　Youri Semionpv, *La Conquete de la Siberie*, p. 176.

❹　何秋濤，《朔方備乘》，聖訓，康熙二十九年一月。

之事，亦無所制肘，於是西北版圖開闢萬里，皆遠交近攻之力，經營於耳目之前，而收效於數世之後，豈咫尺見邇之徒，所能測高深於萬一哉！ ❻❺」

《尼布楚條約》簽訂後，一個半世紀的時間內，中國政府信守條約的規定，而俄國政府一直忙於對歐洲的爭奪，無力在遠東擴張，因此中國東北邊疆得到了相當程度的安定❻❻。

從十七世紀末葉起，很明顯可以看出中俄兩國在相互關係上採取了不同政策，中國安撫俄國，是為了能把全部注意力轉向厄魯特人，因為中國認識到這一任務的艱鉅，它的敵人的強大以及不付出巨大的努力就不能致勝這一基本事實。而俄國由於其國內改革和在西方的各次戰爭而感到困擾，加上與中國訂立了和約，因此除了一種純粹精神上的鼓勵以外，不能給予喀爾木克人更多的東西。不過顯然俄國對它在遠東的經濟利益是最為重視的，而它在一六八九年與北京進行官方貿易已經獲得了重大的報酬。《尼布楚條約》的後果不久就清楚地顯現出來了：中國方面是消滅了厄魯特人，俄國方面則是發展了對華貿易❻❼。

《尼布楚條約》的全部約文雖然簡短，但實際上卻產生了非常良好的效果；中俄兩大帝國，都藉此達到了他們所期望的目標。在中國方面確定了額爾古納河、格爾必齊河及外興安嶺至海的國界。從法律上肯定了黑龍江和烏蘇里江流域的廣大地區是中國的領土。同時，中國也收回了被俄國哥薩克和一般亡命之徒侵佔的一部分領土，制止了帝俄對黑龍江流域進一步的侵略。在俄國方面雖然侵略黑龍江流域為非法，卻能通過此條約，把中國所讓予的貝加爾湖東南岸以至尼布楚一帶廣大地區正式納入版圖，並獲得了重大的通商之利❻❽。

---

❻❺　陳復光，《有清一代之中俄關係》，國立雲南大學院叢書乙類第一種，中華民國三十六年八月出版，第一章，第七節，第三〇頁。

❻❻　同❷❷，第四六一頁。

❻❼　（法）加斯東‧加恩，《彼得大帝時期俄中關係史》，江載華、鄭永泰譯，商務印書館出版，一九八〇年三月第一版，第二六頁。

❻❽　李齊芳著，《中俄關係史》，臺北：聯經，二〇〇〇年十二月，初版，第五六至五七頁。

第七章 十七世紀末與十八世紀初期中俄之關係

第一節 俄國早期來華使者

一、費・伊・巴依科夫

　　組織正式使團到中國首都的計劃是俄國十七世紀下半期，對外政策全面活動的結果。擴大與東方的貿易及為俄國商人開闢新市場的需要，使俄國政府對東方鄰國產生了濃厚的興趣。一六五一年至一六五二年，又一次從莫斯科派遣了一個使團——尼基金使團到印度去。接著也就產生了派遣到清朝中國去的問題❶。

　　俄國政府派遣費・伊・巴依科夫 (Федор Исакович Байков) 作為正式使臣，並於一六五四年六月從托博爾斯克啟程來華❷。為了估計北京的貿易情況，並把使團要來的消息通知對方，費・伊・巴依科夫組成並且派遣信使彼得・亞當日金和謝伊特庫爾・阿布林為首的商隊先行去中國❸。他們到了北京，但是在歸途中與巴依科夫使團走岔了路，沒有遇上。而巴依科夫乃是

❶ 蘇聯科學院遠東研究所等編，《十七世紀俄中關係》（一六〇八至一六八三年），第一卷，第一冊，廈門大學外文系十七世紀俄中關係第一卷翻譯小組譯，商務印書館出版，一九七八年九月，北京，第一版，第一一頁。

❷ 見杰米多娃、米亞斯尼科夫，《在中國第一批俄國外交官》（伊彼特林的《見聞紀》）和費・伊・巴依科夫的出使報告，莫斯科，一九六六年。

❸ 見蘇聯科學院遠東研究所等編，《十七世紀俄中關係》（一六〇八至一六八三年），第一卷，第一冊，第六八號文件。

溯額爾齊斯河而上，途經蒙古，費了兩年時間，直到一六五六年三月三日，才到達北京。他們被安置在與外界嚴密隔絕的賓館裡❹。

　　費・伊・巴依科夫到達北京後，由於他態度粗蠻，拒絕向清帝行叩首禮，又任意派隨行的商人離開京城，四處進行商務活動，使清廷大為不悅，因而不允覲見。此外清廷官員向巴伊科夫提問：怎麼，「他，費奧多爾，被大君主派來當使臣，而另方面大君主的人又攻打他中國皇帝的國土？」他回答說：哥薩克是「不受約束的人」。此說完全是不合事實應付之詞，自難獲得清廷之信服。但清廷仍本寬容之政策，特許該使團買賣中俄貨物後，於一六五六年九月四日離開北京❺。

二、伊凡・佩爾菲利耶夫

　　俄國政府於一六五八年，派遣伊凡・佩爾菲利耶夫 (Иван Перфильев) 來華，他到北京時已是一六六〇年，清廷仍因為不合中國傳統體制而不允許他覲見皇帝。可是所給予的招待都非常隆重，並讓他們買賣貨物後帶著清帝厚賜的禮品，於一六六二年夏「離開中國到塔拉」，再由此動身回到莫斯科❻。

三、米洛凡諾夫和尼古拉

　　當時中俄兩國在黑龍江流域的雅克薩地帶，由於俄國軍隊的侵擾，以致發生了斷斷續續的衝突，又加之俄方拒絕將逃犯遣返中國等問題，使中俄關係陷於不睦之困境。一六七〇年，俄方駐守尼布楚的總督雅爾辛斯基 (Danil Archinsky) 派米洛凡諾夫 (Ignatii Milovanov) 帶領了十名哥薩克 (Cossacks) 到北京來，由於他的機變，得以覲見康熙皇帝，領得一封康熙皇致沙皇的公函回國❼。俄廷收到康熙皇帝的公函後，又派了尼古拉到中國來。尼氏是一

---

❹　同❸，第七四號文件。

❺　同❹。

❻　蔣良騏，《東華錄》，順治朝，卷五，頁二六 a；嵇璜，《皇朝文獻通考》，上海商務印書館出版，一九三六年，萬有文庫版，第三〇〇卷，頁考七四八一。

❼　Michal N. Pavlavsku, *Chinese-Russian Relations* (New York: The Philosophical Library, 1949), pp. 140–141: Fu-Kuang Chen, "Sino-Russian Relations Since 1689," in *The Chinese Social and Pollitical Science Review*, Vol. 10 (April–June, 1929), pp. 483–485.

位希臘學者，隨行人員有兩名秘書和數名科學家，於一六七六年五月經尼布楚抵達北京，受到理藩院尚書與南懷仁神父的熱烈歡迎。而尼古拉態度倨傲，堅持不願行跪拜禮，康熙帝特別降旨免除，以西方見君禮覲見。康熙帝氣度開朗，覲見時與尼氏從容談論，詳詢沙皇年齡及尼氏對哲學、數學及三角術的造詣，隨後賜宴並賜沙皇禮物，因尼古拉接受時不願行禮，所以未舉行任何儀式。清廷因之也不給予上諭，但允許南懷仁神父以私人名義寫一封拉丁文的信，證明尼古拉已完成他的出使任務❽。

第二節　伊茲勃蘭德・義傑斯出使中國

一、尼布楚條約使俄國獲得合法通商權利

西伯利亞是舉世著稱的毛皮出產地，自從俄國佔領了這個廣大地區後，大量貴重的紫貂皮、貂鼠皮、銀狐皮、玄狐皮、海貍皮、松鼠皮等各種毛皮源源流入俄國，成為俄國極為重要的財源。在十六、十七世紀間掠自西伯利亞的毛皮財富約佔當時俄國國庫收入的三分之一，毛皮成為俄國當時向歐洲、土耳其、波斯、中國等國出口的主要物品❾。

在俄國的國外毛皮市場中，由於中國鄰近毛皮產地，運輸便利，利潤又多，且市場廣闊，所以中國是一個較土耳其、波斯和歐洲各國更具吸引力的市場。俄國一直都非常重視開闢、擴大中國市場，極力爭取獲得對於中國的通商權。然而，在《尼布楚條約》簽訂以前，俄國這個願望完全沒有得到法理的承認。因此，當中俄舉行尼布楚會談時，俄國就非常重視通商這一項內容，中國則認為此事無關輕重，未加重視，於是在《尼布楚條約》中就載有「兩國既永遠和好，嗣後凡兩國人民持有護照者，俱得過界往來，並許其貿易互市」❿的明文規定。

俄國既然獲得了在中國合法通商的權利，歷年來的願望，一朝得逞，自

---

❽　李齊芳著，《中俄關係史》，臺北：聯經，二〇〇〇年十二月，初版，第一三二頁。

❾　張維華、孫西，《清前期中俄關係》，山東教育出版社，一九九七年六月，第一版，第一三二頁。

❿　同❶，第一一五頁，《中俄尼布楚條約》第五條（中文）。

然要把握這種機會，使俄國對中國的貿易迅速發展起來。不過，在條約簽訂後的最初幾年，俄國對中國貿易還是以私商為主。

二、伊茲勃蘭德·義傑斯出使中國的背景

事實上，在《尼布楚條約》中，關於中俄貿易問題只是很簡單地提了一下，至於通商詳細辦法，則未論及。同時俄國人能夠進入中國內地那些城市貿易，在條約文字中也未明文指定。此外，當《尼布楚條約》簽訂三年後，俄皇亟欲知道中國人對該約的反應，和考慮到烏特河和石頭山嶺（即外興安嶺）之間尚有一片土地未曾劃分，這片土地沿阿穆爾河延伸直達鄂霍次克海，其最後劃定曾留待將來適當時機予以解決。與此同時，俄國政府為了壟斷對中國貿易之市場等，乃於一六九二年，即清康熙三十一年，派遣伊茲勃蘭德·義傑斯 (Избрант Идес) 來華，商討中俄有關商業貿易問題。

伊茲勃蘭德·義傑斯祖籍丹麥，早年曾從事於海上的冒險及貿易活動。當俄國政府要派使來華時，他恰好上書彼得一世沙皇，願取道西伯利亞到中國內地貿易，約以五個月至六個月為期，並願意交納六千盧布的稅金，請求沙皇允許他帶著價值三千盧布的銀子和俄國財政部價值三千盧布的毛皮，並由俄國人或其他國人陪同前來中國❶。俄曆一六九二年一月二十九日（康熙三十年十二月二十二日），沙皇彼得一世允其所請，命令他持沙皇的國書，作為俄國使節出使中國。義傑斯是《尼布楚條約》訂定後，俄國派遣來華的第一個正式使節。

三、伊茲勃蘭德·義傑斯使團成員及攜帶物品

伊茲勃蘭德·義傑斯接到出使中國的命令後，即開始籌備出使事項。沙皇除了發給旅途其他費用外，答應再賞他六千盧布，待回國後支付。沙皇很重視這次出使，親自組織使團人員，三月上旬，沙皇從外務衙門調來書吏謝苗·彼列茨基，以備出使時辦理案牘工作。又調來兩名准尉伊萬·克拉馬爾和彼得·拉姆巴赫，還派了兩名醫生克里斯托弗爾·卡斯滕斯隨使團出使。該醫生精於外科及製藥之學，他受命東來，是為了調查中國的藥材產品及泡

❶　（法）加斯東·加恩，《彼得大帝時期俄中關係史》，商務印書館，一九八〇年三月版，第六七頁。

製方法。三月下旬，沙皇寫信給托博爾斯克的行政長官，命令他在義傑斯經過時為其配置蒙文翻譯斯皮瑞東・別茲瑞阿道夫。另外，還為使團配備了一個秘書和四五十名兵士，除襄辦外交的人員外，使團還附有一個商隊組織，人數約四百名。這說明義傑斯使華，除受命辦理外交事務外，主要是為經營東方的貿易而來。人員配備好後，沙皇又給清帝寫了國書。為了能使義傑斯順利通過蒙古地區，西伯利亞衙門以沙皇的名義寫了兩封信❿，一封給呼圖克圖，一封給蒙古幹爾齊賴賽音汗，請求提供方便。準備工作中還為清帝準備了禮品，計有：精製玻璃枝形大吊燈一盞、琥珀大燭臺一對、琥珀瓶一只、琥珀框鏡子一面。

四、俄皇發給伊茲勃蘭德・義傑斯的訓令

發給伊茲勃蘭德・義傑斯的訓令⓭可以分為不均等的兩部分：主要部分是關於商業的，另一部分是關於外交的。在第一部分中，可以發現以前發給戈洛文的，甚至更早以前發給尼古拉的訓令的內容，這些內容似乎已經成為發佈給派往中國的使臣慣用的「陳腔濫調」了，內容是有關要求中國攜帶銀錠、寶石、香料、花布⓮以及其他土產前往莫斯科。更為特殊的內容是讓使團在北京盡量爭取一切機會研究市場情況，各種資源、產品及其價格，關稅負擔，並研究那些俄國產品適於輸往北京，以及那些中國商品最有利於俄國財政部。在外交方面，義傑斯應遵從中國的習俗，送禮物和饋贈⓯，以便設

---

❿ （俄）尼古拉・班蒂什——卡緬斯基編著，《俄中兩國外交文獻匯編》，中國人民大學俄語教研室譯，商務印書館，一九八二年十一月，第一版，第八八頁。

⓭ 訓令無日期，但應在一六九二年一月二十九日或二月六日與三月十四日至二十四日之間，三月十四日至二十四日是從莫斯科動身的日期。《中國宮廷集》，第十五章，第三五頁背面至三七頁正面；五〇至五二頁；第十四章，五六頁背面；五八頁正面；五九頁正面；六一頁背面；六三頁至七四頁正面。「散頁」，第一號，參閱「證明文件」。

⓮ 逐字譯是：有圖案的商品。

⓯ 除了他的六千盧布，使臣還收到五百盧布獻給中國皇帝，四百盧布的貂皮送給中國的大臣，二百盧布的貂皮供出售，一百盧布獻給蒙古的呼圖克圖和阿洽賽僧汗。總數六千盧布相當於二七〇，〇〇〇法郎，一千二百盧布相當於五一，四一〇舊法郎。《中國宮廷集》，第十四章，二九至三〇頁背面；五四頁正面。

法探悉中國皇帝對和平和兩國未決的邊境問題持何態度。他還應要求引渡上次蘭赤查科夫來中國時未能引渡的逃亡者和囚犯，同時請求中國允許在北京給與一塊地基，由沙皇出資建立一個正教教堂。這樣看來，這次沙皇派往中國的與其說是外交代表，毋寧說是商業代表，目的是在於獲得有關俄中貿易條件的情報。

五、伊茲勃蘭德·義傑斯在北京的活動

伊茲勃蘭德在一切準備就緒後，於一六九二年三月二十四日帶領使團從莫斯科動身。這個所謂使團，事實上大多具有商隊的性質，他們走的是例行的水路。使團沿途經托博爾斯克、葉尼塞斯克、伊爾庫次克，一六九二年六月到達尼布楚，七月離該城，進入中國。進入中國境內以後，使團沿途又經額爾古納河、嫩江、張家口，於一六九三年十一月二十二日，康熙三十二年十月二十五日到達北京。途中共歷一年零七個多月的時間。

伊茲勃蘭德到北京後，被安排在會同館中（會同館為當時外國使團居住的地方）。康熙三十二年十月二十七日，內廷傳旨賜筵，伊茲勃蘭德隨大臣數人入見，並呈獻所攜的國書及貢品。翌日，康熙因俄國國書不合款式，不予接受，下旨給索額圖等，並命會議具奏[16]：

康熙三十二年十月二十八日，領侍衛內大臣索額圖、大學士伊桑阿、阿蘭泰、理藩院尚書班迪、侍郎滿丕西拉、內閣學士富格蘇、溫保、載屯、阿穆布魯、常綬等奉旨：覽俄羅斯國察罕汗文書，將其君主寫金字置前，且不寫奏字而寫朋友，凡外國來疏，無不將朕置前並寫奏字者，俄羅斯君主之文書，既不合外國奏書之例，故不予接受，其文書及貢物均著退回，俄羅斯國使臣由遠道攜貨而來，可准其照常貿易，朕將召見，仍施前恩。著爾等會議具奏。

於是，禮部以其國書款式不合，將中國皇帝的尊號置於俄國皇帝之下，遂把國書和禮品一併退回。並通知他，此後「有事來奏，則須將奏書交我邊界大臣閱看，驗明合例後，方准入奏，如不合例，則不予入奏[17]」，《大清會

---

[16]　譯自《滿文俄羅斯檔案》。

[17]　〈索額圖等為俄沙皇國書不合體例奉旨議奏之記事〉（康熙三十二年十月十八日），

典事例》卷七四六，也記載了這件事：

> 康熙三十二年，又復准：俄羅斯察罕汗奏文，與外國奏文体式不合，將貢物奏文一併發回。但該國地遠，不知中國制度，將原奏文不合式之處，明白曉諭來使。召見時照常恩賜。其帶來貨物仍令貿易，嗣後俄羅斯奏文先令黑龍江將軍閱看，若有不合式處，即自邊地駁回，驗明合式，方准入奏。到京之日，先令來使於午門前，跪奏置黃案上，行三跪九叩之禮。

六、清廷覆俄使咨文

雖然把國書和禮品退還給俄使，此後，康熙還是數次召見伊茲勃蘭德，給以禮遇，並准其使團在北京貿易。清廷為了瞭解伊茲勃蘭德的出使使命，派遣二名官吏到伊茲勃蘭德處，要他具體提出要求交涉的事項。伊茲勃蘭德將俄皇訓令中的各項內容歸納為六個項目，交給中國政府。康熙三十三年二月初六日，索額圖就俄國提出的六項交涉內容，正式覆俄使咨文內容如下：

> 貴使臣所轉告之爾君主之言，業經大臣奏報我聖主，茲覆如下：
>
> ㈠所稱自定約以來，我俄羅斯國恩科斯克、伊布拉斯克等地之叛逃者，先後逃入至聖皇帝境內，請予查還等語。查得，前本大臣親自與費耀多爾・阿列克謝耶維奇議定邊界時，曾提請議定喀爾喀地方。亦明定不收納喀爾喀逋逃，即予送還等語。然費耀多爾・阿列克謝耶維奇卻聲稱：察罕汗令本使臣只議定東段邊界，並未諭令議定喀爾喀。且該地方本使臣亦不甚知曉，來時亦未向我察罕汗請旨。如本使臣擅自議定，不但有失體面，而且身家性命亦將難保！若貴大臣等定要相議該地，則請將此暫行存放，俟本使臣奏請察罕汗後，再行定議等語。後經爾使臣屢次派人請求，爾我雙方才共同商定：因喀爾喀局勢未定，費耀多爾・阿列克謝耶維奇來時未得察罕汗諭旨，故暫行存放，嗣後再議等情在案。至喀爾喀人，本非爾俄羅斯所屬之人，既已暫行存放，如今貴國卻為喀爾喀事爭議，且謂喀爾喀係爾所屬之人，甚違原議。

見《清代中俄關係檔案史料選編》，第一編，第一四八至一四九頁。

設若我國亦將進入爾處之喀爾喀人，爭議為我所屬之人，可否？先曾行文與爾前使欲約定地點會議喀爾喀等事，然至今尚無覆文。今究竟於何時何地會議喀爾喀分界事宜，請爾轉告爾君主，並迅速作覆。一經議定喀爾喀邊界，則可無庸爭議此等逋逃之事矣。再喀爾喀、布魯特、翁古特等部並非定約後才回歸我國。康熙二十九年五月，爾費耀多爾‧阿列克謝耶維奇所派使臣格里戈里‧伊凡諾維奇，及去年四月，爾尼布楚城長官所派使臣謝緬等咨行索討喀爾喀、翁古特與布魯特部之塔布囊策連等人時，本大臣業已明白咨覆在案。故今查還翁古特、布魯特逋逃一事，應毋庸議。

㈡所稱向我俄羅斯國納稅之索倫喀比岱兄弟妻子，共十五戶，逃至至聖皇帝諾敏河地方居住。前一六九四年，我俄羅斯國大使派貴族格里戈里‧隆沙科夫前往貴國，索要此等逋逃時，僅還三男二子二女，其餘尚未給還。今再請查送遣回等語。查得，前爾使臣格里戈里‧伊凡諾維奇來稱，爾遊牧索倫喀比岱等十五戶，逃出住於諾敏河等語。我兩國議定之界約內明文寫有互相不得收納逋逃。為不違定約，經本大臣奏請我聖祖，隨派員外郎二郎保會同索倫總管瑪布岱，查還喀比岱之子特布齊克等情在案。今爾既然聲稱爾喀比岱等十五戶，只還七口，其餘未還等情，本大臣將行文我鎮守黑龍江將軍薩布素等，再行詳查此等逋逃，若確有留居者，務必歸還爾等，若已無此等逋逃，亦將給爾信息。

㈢所稱至聖皇帝與俄國君主既已議和，中國現有之俄羅斯被俘人員，如有情願回歸者，請遣返我俄羅斯國地方等語。查得，前本大臣與費耀多爾‧阿列克謝耶維奇會議定界時明文規定：我國現有之俄羅斯人及俄羅斯國現有之中國人，免其互相索還，著即存留。再，界約所定條款甚多，如將已定之處屢行更改，則違信誓，必致後患無窮。故此，爾所謂俄羅斯國被俘人員，若有情願回歸者，請求遣還之處，亦毋庸議。

㈣所稱至聖皇帝與我俄羅斯國君主既已議和，請派遣大商人，攜帶無數紋銀、貴重寶石及我國人未曾一見之珍奇物品與各種藥物，前來我國貿易。並請令該商人等抵達我國莫斯科後，以此銀物購買我國各種貨

物等語。查得，我大典僅有外國向我國奏書，納貢、遣使，貿易之例，

並無中國向外國遣使貿易之處，故此事亦毋庸議。

㈤所稱我俄羅斯國商人願於中國建造教堂，請捐地址，我俄羅斯國君主

將按價出資建造等語。查得，西洋各國之人來中國，只是永久居留者

曾建教堂，並無於我國續建教堂之例，故此事亦毋庸議。

特將此咨行知照❶。（譯自《滿文俄羅斯檔案》）

此文譯成俄文、拉丁文後交由義傑斯帶回，一六九四年三月伊茲勃蘭德一行離京返國，沿著舊日的路線，於一六九五年二月回到莫斯科。

伊茲勃蘭德自一六九二年三月離國，至一六九五年二月回到莫斯科，前後共歷三年。歸國後，以其沿途見聞，及在京交涉經過，寫成報告書數份，呈交沙皇。一七〇四年，伊茲勃蘭德因受荷蘭人韋特森的勸說，復將個人的記錄用荷文發表，此書刊行之後，一時頗為風行。一七〇六年有英譯本出現；一七〇七年有德譯本出現；一七〇八年有法譯本出現。除義傑斯的書外，又有其隨員德國人亞當布郎德，於一六九八年在德國漢堡發表其《出使行程》，詳細記述伊茲勃蘭德出使中國的經過。此書流行也很廣，有英、荷、法數種文字的譯本。海昌、陳其元《庸間齋筆記》錄有義傑斯《聘盟日記》中的一段，記述使團在京朝覲經過，自稱得自《中西見聞記》。鄧之誠《骨董瑣記》也載有這一段，則錄自陳其元書。

七、伊茲勃蘭德‧義傑斯出使任務之評述

關於伊茲勃蘭德出使中國其所負的任務，是否已經完成，或者究竟完成了多少？評論也頗不一致，根據法人加斯東‧加恩在其所著《彼得大帝時期俄中關係史》一書中，對於此事則有下列的說法：

伊茲勃蘭德就在這一天（一六九四年二月十九日至三月一日）離開北京，按照他來華時的路線歸國，於一六九五年二月回到莫斯科，這離他出國時已將近三年了。根據一條完全像是近代加進去的注釋裡說，他帶回來了一封拉丁文覆信，但在呈報沙皇的使節公務日誌中沒有發現這封信❶，不過義傑斯

---

❶　《清代中俄關係檔案史料選編》，第一編，第一五二至一五四頁。

❶　博格德汗的大臣們交給伊茲勃蘭德的拉丁文條款以答覆義傑斯所呈遞的條款，並未

於一六九五年四月四日交給使節部一張很長的中國紙，摺成屏風狀，蓋有中國皇帝用滿文和中國古文刻的朱紅大印，紙上寫的是很拙劣的俄文，伊茲勃蘭德宣稱內容同拉丁文信件的內容一樣❷。信上的日期是康熙三十三年二月五日，即一六九四年二月二十八日，雖然原文和譯文都很難閱讀，但我們仍能分辨出，俄國的各種不同要求遭到了拒絕，例如關於建立教堂、引渡逃亡者、和中國向俄國進行出口貿易等；使團使臣的正式報告也證實了這一點。讀一下給伊茲勃蘭德的每一條訓令和伊茲勃蘭德對之所作的回答，就像背誦祈禱文一樣，通篇都重複著同樣的幾句話：他什麼也辦不到；這是不可能辦到的；這是不讓辦的。不過，伊茲勃蘭德總算獲得了一點成果，取得了極少量的情報，關於中國皇帝的意圖這一重要外交問題，一個法籍耶穌會教士只告訴他說，中國皇帝懷有和平意圖，康熙會遵守《尼布楚條約》的❷。別的耶穌會教士告訴他：中國皇帝曾下令在黑龍江畔，靠近結雅河、雅克薩的下流的地方建立一座要塞。關於商業方面，這位商人的正式報告是以一份雖然簡單但很明確的表作結束的，這份表載明那些物品最適合於由俄國輸往中國和由中國輸入俄國。貨單如下：

適於向中國出口，可望獲致厚利的俄國商品：頭等、中等和次等的沒有經過鞣製的貂皮；頭等和中等的貂鼠腹部毛皮，鄂畢河區域、俄國、歐洲部份和雅庫次克出產的銀鼠皮；雅庫次克和其他地方出產的松鼠皮；雅庫次克和尼布楚的山貓皮，按件計。北極狐皮；野兔的皮和腹部毛皮以及其他各種毛皮。

記載在大使的公務日誌中，亦無（俄文）譯文記載在公務日誌中，呈報殿下的公務日誌摘要亦無記載，作為報告呈遞的公務日誌摘要中明白宣稱，義傑斯並未從中國人處獲得任何對於條款及條約（尼布楚條約?）的書面承認，亦無中國可汗對殿下來函的答覆……殿下來函已經啟封，連同禮物被可汗之大臣們退回，因為在這封信中，殿下的頭銜寫在可汗頭銜前面。《莫斯科外交部檔案》（散頁）。

❷　這是一條俄文之附註，寫在信封上和中國信紙的下面，其中註明送交使節部的日期，並說這封俄文信同找不到的那封拉丁文信件內容相同。《莫斯科外交部檔案》（散頁），一六九二年一月二十九日。

❷　一個法國耶穌會教士對義傑斯說，博格德汗非常樂意接受和平，他具有同殿下們保持和平的強烈願望，從今以後他再也不考慮任何有害沙皇陛下的城市的行動……。《中國宮廷集》，第十五章，第五〇至五二頁背面。

可輸入俄國以供鑑賞的合算商品：頭等珍貴寶石；上等和中等的錦緞；南京棉布。

伊茲勃蘭德還說，齊齊哈爾已經準備了大炮和軍火，並且建立了商店，中俄貿易將全部集中到那裡進行，因為中國人將不再允許俄國人進入中國本土了 ❷。

如果是粗略地或膚淺地來看待事物，人們就會說這次出使是失敗了，並且說俄國人在尼布楚受到一次挫敗以後，這次又遭到一次挫敗。中國方面拒不接受俄國政府的國書和禮物，同時俄國政府訓令其使臣提出的要求幾乎沒有得到任何答覆。但是仔細地研究一下這次出使的結果，而且就其真正價值來判斷。為此，我們必須想到伊茲勃蘭德絕對不是俄國的全權外交代表，負有明確的外交任務，例如解決邊境問題或在北京設立領事館等；伊茲勃蘭德所擔負的是次要角色，這一點從沙皇授與他的頭銜就可以清楚地看出來，他的頭銜是「使臣」，那就是說僅比「信使」稍高一等，但離「大使」差得很遠。我們已經知道，給予他的有關政治方面的訓令只是：他應設法獲知中國皇帝的意圖，要求引渡逃亡者，同時假如可能的話，要求給予建立一座教堂的基地；其中除了第一點只是一般性的，因而必然籠統以外，其他各點的重要性只是相對的。因此，伊茲勃蘭德這個外國人根本不是作為俄國授權的代表，而在一次重要的外交談判中失敗了；他只不過是一個代理人，主要業務也不是國際政治。事實上，這個在阿爾漢格爾斯克從事沿海貿易的商人，向沙皇請求的只是普通的「庫普期那」，即二等商人的頭銜（不是噶斯提，即噶斯提拿亞·索特尼亞的成員，大包攬商）。在俄國宮廷看來，他至多是個精通本行的人，能夠獲知中國市場的情報而已。因為在當時的俄國，大使、軍人和商人的職務並沒有像現在這樣嚴格的區分，因此戈洛文既是大使，又是一支軍隊的長官，那麼，義傑斯這個商人，也可以兼任使者，執行不太重要的外交訓令了。在當時，允許商人們參加政府的使團，是司空見慣的事。例如一六九〇年，戈洛文的信使蘭赤科夫就是一例，那麼，在這種條件下，為什麼俄國宮廷正式派往北京的商人，不應當擔負某些政治任務呢？這不也是不花喇人的商隊和他們的領袖所常用的方法嗎？

如果我們認為伊茲勃蘭德的赴華，其性質主要是一個政府商隊，而不是

---

❷ 《中國宮廷集》，第十五章，第五六至五七頁正面。

一項外交任務，那麼我們就一定要單純從商務觀點來判斷。不幸的是我們現在已經無法看到當時的帳目，因此不能斷定此行在經濟方面的盈虧如何。不過，雖然沒有帳目，卻有各種報告，儘管非常有限，對於俄國財政部來說，仍然是寶貴的資料。我們可以這樣說，使臣相對的失敗，在增加俄國宮廷的見識方面仍然對俄國是有益的。俄國宮廷已通過尼古拉慘痛地瞭解到中國朝儀的重要性，由於有這次經驗為指導，所以發給伊茲勃蘭德的訓令是命令他遵從中國禮儀。這一次出使又發現了字斟句酌的必要性。這一教訓俄國並沒有忘卻，我們將看到俄國宮廷後來向北京派遣新的代表時，它就不想再犯同一錯誤，以免給中國以再次吹毛求疵的口實。

又由於伊茲勃蘭德轉交的中國政府用俄文書寫的文件非常難懂，所以俄國便要求必須以拉丁文作為兩國交往的官方語文。在尼布楚談判時，用蒙文或滿文作為通用語文的提議已經遭到了拒絕，而與北京在外交通信上用俄文又不可能，於是拉丁文便成為兩國交往通信的唯一語文了；在北京只有耶穌會教士可以從事這種語文的翻譯，因此，他們的重要性就大為增加。這樣，俄國宮廷逐漸發現有關中國事務的一些新的重要情況；必須注意北京朝廷的規矩，包括朝儀方面和公文來往方面；此外，它的使臣和書信必須嚴格使用拉丁文。如果除了獲知這些以外，俄國還從這次出使失敗中得到有關俄中貿易的重要性的確切情報，這些情報是俄國宮廷極為關心的，那麼我們還能說這次出使是徒勞的嗎？

無論如何，從西方的觀點來看，這次出使不能算作失敗。伊茲勃蘭德在俄國是外國人，他的商隊中也有其他外國人，這些外國人最著急的是向歐洲方面散布他們赴華旅行時所觀察到的大部事實，以及商隊所得到的結果 ❷❸

第三節　伊茲瑪依諾夫出使中國的經過

一、伊茲瑪依諾夫的出身

伊茲瑪依諾夫 (Измайлов) 生於一六八六年，為丹麥後裔，早年曾奉俄

❷❸　（法）加斯東・加恩著，《彼得大帝時期俄中關係史》（一六八九至一七三〇年），
　　江載華、鄭永泰譯，商務印書館出版，一九八〇年三月，第一版，第六九至七二頁。

皇彼得一世之命到丹麥軍隊中習軍，回俄後在禁衛軍中服務，一七一〇年又被任命為俄國外交使臣，出使丹麥，辦理外交事務。嗣受封為伯爵。伊氏既然具有軍事及外交經驗，在遣派來華使節時就很容易獲選了。正式派他到「博格德汗」❷ 那裡去的國書起草日期是一七一九年三月三十日，這與往常一樣，最後確定任命的日期更遲一些；一七一九年五月十日的諭旨委派他以「特使」資格出使北京 ❷。伊茲瑪依諾夫在他自己的官方出使報告中，則把六月四日定為他奉派出使的日期 ❷。

二、伊茲瑪依諾夫出使的任務

當清康熙末年，俄國在北京的貿易已經面臨重大困境，清政府不僅限制俄商的活動，而且有完全停止俄商來華的意向。導致這種局面之原因，主要是由於中國政府對來華的俄商日益產生不滿。康熙五十六年九月六日，理藩院在給西伯利亞總督噶噶林的信中，充分表達了這種不滿的情緒：

> 皇上諭令：若前來北京之莫斯科人，甘願賒銷其貨物，可聽其自便；但逾期應由本人催促債戶還款，敝方對此不加干涉。若貨物未售完，則應運回。今後也不得再派俄商來北京，待過幾年以後方可派商人至敝國邊境地區經商。而且，由於北京願買俄貨物的買主甚少，今後人數不多之俄方來商，為便於相互貿易，應在邊境城市出售其貨物，且需有該省長所發之護照 ❷。
>
> 自兩國簽訂和約以來，多年間於多處進行貿易，甚為協調，每年均有貨物運來我方。我方認為此類貨物係貴國大君主的貨物，故派出官員接應，一直護送到北京，供給糧秣，來商交易完畢即行遣回。如今我國各地本國獵人甚多，因此不僅有足夠的毛皮，而每年還有歐洲船舶駛來廣州及

---

❷　《莫斯科外交部檔案》，一七一九年三月三十日，第二頁。在這份諭旨裡，沒有寫沙皇的頭銜，只寫了中國皇帝的頭銜。俄文與拉丁文抄本同前引，第七二頁。

❷　同 ❷，第八頁，抄本第一九五頁。

❷　《莫斯科外交部檔案》，「公務日誌」，一七一九至一七二二年，第二頁正面。這些日期不同，很容易解釋：外交部在一七一九年五月起草沙皇的命令（文件上由柯羅夫金伯爵、彼得‧夏菲洛夫男爵簽署），六月四日才公佈，伊茲瑪依諾夫才收到。

❷　同 ❷，第一〇二至一〇三頁。

其他口岸，各種貨物都很充裕，故無人購買貴國貨物。且皮袍僅嚴寒季
節穿用，而我國氣候和暖，同時我國本身毛皮甚多，不太富裕者雖買貂
皮和銀鼠皮作衣，但一件可穿多年，而富有者一旦想買，貴方商人立即
高價勒索，很難成交。若為皇室購買皮貨，則不肯出示好貨，即便出示
也價格昂貴，枉費口舌；……貴方之人蠻橫無禮，逼我官員催人還債。
皇上認為，俄國人為異國之人，從遠方來經商，若其貨再滯留，必遭極
大損失，因此垂恩，諭令由內府出錢替卑賤之商販還債，以此加恩於貴
方之人，並予以遣返。但目前敝國正處於戰時，豈能常為貴國來商動用
國家官款乎？
況俄國人來此者，既不守任何規章，也不遵從我國慣例，又多次恣意妄
行，挑起口角與爭端，然而鑑於他們是外邦人，且兩國之間多年和平寧
靜，故予以寬恕，不依罪論處。
現存於邊界之貴方貨物，雖可運至京城，但無人購買，若再稽延時日，
貴方之人不僅將蒙受極大損失，且在往返途中將有多人破產。同時，我
國邊民尚需為俄商來京提供牲口與飼料。因此，今後將不再放貴國商人
入境，若貴方商人中有願交易者，希留在色楞格斯克，在該地交易❷❽。

　　從以上信件內容中，使我們知道俄商來北京，確為清廷製造了許多的麻
煩，不僅要沿途迎送，供給食宿，還要替他們催討債務，甚至代付債款。同
時在北京的俄商也常有不法的行為發生。就當時的貿易情況看，貨物滯銷，
市場供過於求，俄國還一再違反規定，增加來華的次數和人數，把皮貨大量
運銷到中國，迫使清政府不得不採取應對措施，終導致清政府做出了暫停中
俄貿易的決定。
　　俄國政府為保持其對華貿易上最優厚的利益，和打開中俄貿易方面之僵
局，以圖進一步求得發展，於是沙皇於俄曆一七一九年三月三十日，頒布諭
旨，正式派遣當時在禁衛軍普列奧勃拉斯克團任職的列夫・伊茲瑪依諾夫大
尉為特命使臣，出使中國。

---

❷❽　同❹，第一〇四頁。

三、伊茲瑪依諾夫使團的成員

　　一七一九年七月，伊茲瑪依諾夫攜帶國書，自彼得堡啟程，隨行的人員有：兩名秘書，一是勞倫斯‧郎克，另一是伊凡‧格拉祖洛夫，前者是曾於一七一四年到過北京的一名譯員，一名蘇格蘭的醫生貝爾，兩名數學家瓦盧耶夫和伊格納季耶夫，一位禁衛軍的下級軍官扎謝金公爵及士兵三名，還有一名從托博爾斯克派來的神父。九月七日再從莫斯科出發，十二月十六日到達托博爾斯克，一七二〇年三月三十日抵達伊爾庫次克，在此又有當地修道院的修士、大祭司加入他們的行列。當使團行抵伊爾庫次克及色楞格時，又增加了侍從一人及蒙古翻譯數人。

　　商務部代表克里斯提茲也於此時隨使東來辦理公務。由該使團組成情況可以看出，伊茲瑪依諾夫所負擔的外交使命是多方面的。

　　此外，俄國政府還撥給了二千盧布作為使團旅費，在西伯利亞又增撥了價值三千盧布的皮貨，以及價值五百盧布的皮貨，作為交涉有關事項之用。並且還撥給了贈送博格德汗價值五千盧布的禮物 ❷。

四、俄國外務委員會發給的訓令

　　一七一九年（康熙五十八年）六月，俄國外務委員會頒下了給伊茲瑪依諾夫的出使訓令，共計十三條，內容摘要如下 ❸：

⑴他應以特命使臣身分，帶著沙皇的國書，盡快取道西伯利亞前往中國觀見博格德汗；

⑵在臨近邊界時，應向當地中國官員聲明，他奉派出使是為了證明兩國君主及兩國間之友誼和友好交往，為此，要求受到符合他身分的接待；

⑶沿途應巧妙地觀察中國各個城市和地方的位置，其間的距離、各地的駐軍以及這些地區的物產情況，所有這一切情報均應作好秘密記錄；

⑷自到達北京以後，應極力要求受到規格和他的身分相稱的禮遇，不容絲毫有損於陛下崇高的榮譽；

⑸應提請派來照應的中國官員奏請盡快准許觀見博格德汗，並說服當地耶穌

❷　同❹，第一至一〇六頁。

❸　同❹，第一〇七至一〇八頁。

會教士居間斡旋，務使此次觀見按照歐洲各國的慣例舉行，絲毫不得有損於俄國大君主所應受之尊重。為此，可許諾耶穌會教士將賜給他們恩惠，俄國朝廷會對他們耶穌會予以照顧，但是不要為觀見禮儀問題，與中國人爭執不休；

(6)如果中國大臣提出要求，可將國書副本交給他們，同時應要求中方對此封國書附一封寫有大君主稱號的國書，但所寫稱號不得有損於陛下的榮譽；

(7)在觀見博格德汗時，應將沙皇陛下國書呈交給汗，轉達沙皇陛下對汗始終不渝的友誼，並請求准許就擴大兩國友誼與利益和中國大臣進行會商，在會商時應向中國大臣提出如下建議：

(8)建立對兩國都極為方便的貿易關係十分必要，希望允許俄國屬民每年均能攜帶貨物前往博格德汗的國土，按自由價格出售，並向中國人購買貨物將其運回俄國；

(9)如果中國朝廷感到為俄國商人提供車輛負擔太重，則可由他們自付費用，自籌糧秣，他們願意同誰進行交易均可，且不受時間的限制。但對大使和專使則應除外，兩國均應向他們提供官府的糧食和車輛，以示對君主的尊重。俄國方面也將給予中國商人同樣的待遇，應在此基礎上締結通商條約；

(10)為消除俄中兩國屬民在北京發生齟齬和爭執，俄方需要在京城設常駐商務代表或領事，以便管束俄國人，制止他們胡作非為；

(11)在中國停留期間，伊茲瑪依諾夫應探明中國的統治方式和情況，他們軍隊的數量和武器裝備、毗鄰的國家、他們的要塞以及他們同別國所發生的戰爭和爭端。所有這些情報也都均應作好秘密的記錄，特別應注意的是：從中國購進什麼貨物運回俄國於國庫最有利？能否從中國運出大量金銀、寶石和生絲？通過什麼辦法才能與中國人建立貿易關係？那些俄國貨物在中國比較暢銷？因此伊茲瑪依諾夫不應急於離開中國；

(12)可援引在北京耶穌會教士已建立的天主教堂為例，請求博格德汗准許為駐北京的俄國人修建一座東正教教堂，並撥給一塊地皮供建此教堂之用；

(13)最後，如中國詢及俄國所屬地方亞梅什湖和齋桑泊建立若干城堡之事，則應回答說，這是為了保衛西伯利亞的城堡免遭卡爾梅克人和吉爾吉斯——哈薩克人的侵襲，建立這些城堡距離中國十分遙遠。況且任何一國的君主都有權在其國土上以及在他們所希望的地方建立村鎮。

五、俄國商務委員會發給的訓令

　　除上述訓令外，俄國商務委員會也給伊茲瑪依諾夫頒發了一份訓令，共有十六條，其內容摘要如下 ❸：

⑴請求允許前往北京的俄國人不受限制地保持自己的宗教信仰，擁有自己的教堂、神父及教堂輔助人員；

⑵這些俄國人在北京應有自己的總領事，總領事在中國其他城市亦可設副領事；

⑶准許總領事在中國購買一所住宅，並可在其內存放貨物；

⑷該領事和副領事在中國應享有世界上與他們身分相同的人員所享有的一切特權；

⑸准許俄國人攜帶貨物自由前往中國各城市；

⑹不得禁止他們同漢人及住在中國境內的他族人進行貿易；

⑺准許他們出售自己的和他人的貨物，零躉均可，也許可他們從中國購買並運出金、銀、寶石和錦緞；

⑻他們在同任何人（不論是那個民族的）發生的債務和其他商務案件中，應得到迅速和公允的裁決；

⑼除俄國總領事外，他們不受任何人管轄；

⑽在中國全境，應按公平的代價向他們提供馬匹、駱駝和一切糧秣；

⑾准許他們在中國免稅買賣貨物，來去自由，不受任何阻攔；

⑿在他們前往中國和從中國返回俄國途中，中國應給他們派遣足夠的護送人員；

⒀如俄國人在中國死亡或中國人在俄國死亡，死者所遺財物，應交給總領事，以便將來轉交給死者的繼承人；

⒁同樣，中國人在俄國也將享有上述各項特權；

⒂此項條約應由當今的博格德汗批准，以後各代博格德汗也應遵行；

⒃若兩國間發生爭端時，應容許俄國商人在一年期間內仍享有上述自由，以便處理自己的商務，而後准許他們自由離開中國。

　　綜觀以上外交、商務委員會的訓令中，俄國急需中國這個最大的貿易市

---

❸　同❹，第一○八至一○九頁。

場，其態度甚為積極，並提出許多對俄國有利，而對中國不合法理之要求。對於俄國所關心的邊界情報也作了詳細的指示與蒐集。相反地，對於中國所最關心的邊界問題，卻很少涉及，清廷自然不會接受這樣不合理的意見。

六、伊茲瑪依諾夫來華的途徑

伊茲瑪依諾夫自一七一九年七月下旬自彼得堡啟程後，途經莫斯科、喀山、托博爾斯克，於一七二〇年四月上旬到達伊爾庫次克。同年五月，伊茲瑪依諾夫一行離開伊爾庫次克，越貝加爾湖，於六月初到達色楞格。在這裡，他派出禁衛軍下級軍官扎謝金公爵，前去會見土謝圖汗，以便通知中國政府，將俄國使臣已到達邊界的信函送往北京。伊茲瑪依諾夫則停留在色楞格，等待准許入境的消息。在這裡停留了十四個星期之後，清廷派遣了兩名扎爾固齊前來迎接，並陪同他一起到北京。清廷限制他只能率領九十名隨從人員進京，不得超過這個限額。至於前曾限制之伊斯托普尼科夫商隊，仍須暫留邊境，不得入境。此時，伊茲瑪依諾夫一再要求中國准許該商隊入境，但未獲批准。最後，只得於九月底帶領九十人的使團自色楞格出發，並於十一月底到達北京。

七、康熙帝親自召見伊茲瑪依諾夫

伊茲瑪依諾夫使團在北京共逗留了三個多月的時間，康熙帝親自召見了十二次 [32]，他們受到清廷的重視和禮遇，關於康熙十一月二十八日第一次召見伊茲瑪依諾夫的情況，《俄中兩國外交文獻匯編》作者尼古拉・班蒂什——卡緬斯基曾這樣寫道 [33]：

「因此，在指定這一天拂曉時，送來了八十匹沒有鞍轡的馬，囑咐他騎馬到距北京七俄里稱作寢宮的一座城郊行宮去 [34]，當時博格德汗就住在這裡。使臣在宮門旁的一間廳堂稍事休息後，就有一位博格德汗的宮廷侍臣阿洛伊

---

[32] 伊茲瑪依諾夫覲見康熙帝的日期如下：十一月二十八日；十二月二日、三日、九日、十五日、二十九日；一月十六日（中國人的新年）、二十四日、三十日、三十一日；二月九日、及最後一次二月二十三日的辭行覲見。

[33] 同 [4]，第一一三至一一五頁。

[34] 由於北京城內的水質不甚良好，因此博格德汗大部分時間住在城郊的行宮裡。

來見他，詢問在觀見時，使臣選那一邊作貴賓席。這位侍臣還要求，除使臣和他的隨員外，所有其他屬下人員均應卸下刀槍。伊茲瑪依諾夫對侍臣回答說，在歐洲認為右面是貴賓席，隨後他走進汗的宮殿，由秘書格拉祖洛夫手捧國書走在前面。使臣被召進觀見大殿並從秘書手中接過大君主國書後，即和他的隨員一道跪下。博格德汗對使臣說：雖然他有傳統慣例，從不親自接受任何外國使者和使臣呈遞的國書，但由於尊敬俄國皇帝，把俄國皇帝看作是與自己平等的朋友和鄰居，所以他現在撇開過去的慣例，親自從使臣手中接受國書。……中國大臣即吩咐使臣及隨行人員走到大殿在大廳前面行三跪九叩禮，他們遵照執行。隨後，使臣及隨行人員又奉召進入大廳，在博格德汗右側一張單獨的桌旁與汗一些重要大臣一起就座，秘書坐在他身後的另一行桌旁，其他隨員則坐在大殿前幾張桌子旁。端來了許多用金盤盛著的菜餚和水果，放在博格德汗前面。博格德汗從自己的桌上遞了一些食品給使臣，請他吃、喝，還要他高高興興。使臣雙膝跪下，感謝博格德汗的恩典。……總之，一切都使人感到很高興。末了，博格德汗表示遺憾地說，他——使臣穿的衣服很不夠暖和❸，因此，不能和他多談了，又告訴使臣說，今後將不拘禮儀地派人去接他來交談。」

一七二〇年十二月二日，當康熙皇帝第二次召見伊茲瑪依諾夫時，明確表示了希望中俄保持和平友好的願望，並特別提出要盡快劃定中俄蒙古地區問題：

> 朕諭爾兩語，爾勿庸作答，只須謹記奏聞於貴國君主：
> 一者，爾國國君為如此偉大榮譽之君主，擁有廣大領土，對於敵國常御駕親征，海洋廣大莫測，狂濤常起，危險殊甚，望爾國君多加保重。因彼兵良臣忠，不乏差遣之人，應自居於安全之境地。
> 二者，俄國方面雖有二、三十人逃來中國，而中國方面亦有人逃往俄國。兩國睦誼決不能因此無賴之徒有所變更，因朕始終欲保持與貴國大皇帝陛下鞏固之和平。且貴我兩國無必爭之理，俄國為嚴寒窵遠之國家，朕如欲派兵前往，必致全軍凍死，且縱有所獲，朕究竟有何益？俄國君主

---

❸ 博格德汗賞賜使臣他自己的貂皮襖，另一次命令來取他自己的貂皮裡子的皮襖和帽子，讓使臣穿戴上，並要他以後觀見時都穿上這件暖和的衣服。

亦同。假如為對抗朕而調兵遣將於貴國所不習慣之炎熱地帶，豈非使之無端而死耶？兩國征戰，縱互有所獲，究於兩國何益？兩國皆有許多土地足以自存也❸❻。

隨後，康熙帝又說：「與俄國邊境城市毗連之蒙古人係朕屬民，而該處之疆界從未劃定，對此曾多次函達貴國，然均未獲答覆。」伊茲瑪依諾夫回答康熙說：「俄皇可能不知道此事，他保證回國後一定向沙皇轉達康熙帝的這些意見。」

八、伊茲瑪依諾夫與中國大臣交涉的結果

自一七二〇年十一月至一七二一年三月，伊茲瑪依諾夫就他所帶來訓令要求的事項，與中國大臣們進行多次的談判，並交換各信件與備忘錄。最後交涉結果如下❸❼：

㈠關於貿易問題

伊茲瑪依諾夫堅持就這一問題締結一項條約，並根據其訓令的內容，擬定了一個條約草案交給理藩院。中國大臣堅持說：只有在中俄蒙古邊界劃分好，中國的邊境邊民交還了以後，那時才能締結一項有關自由貿易的條約。

㈡關於逃人問題

理藩院於一七二一年一月通知伊茲瑪依諾夫，有七百多名蒙古塔邦古特人進入俄境，要求將這批人交還給中國。伊茲瑪依諾夫最初不願意回答這一問題，中國方面表示，如果他不做出回答，中國將不接受他的建議，於是他只得派遣一名士兵，與中國的扎爾固齊一起去見俄西伯利亞總督，建議總督迅速對上述逃人問題做出決定。

㈢關於俄商務代表常駐北京的問題

伊茲瑪依諾夫提出要中國大臣准許他的秘書郎克作為商務代表常駐北京，並建立一座館舍，以供到北京的俄國商民居住。中國方面當時還不知治外法權事情，所以雖然遲遲未同意，但是最後還是決定准許郎克在使團返回後暫留北京，由中國承擔生活費用，但須居住在指定地方，不得自行建房居

❸❻　同❶❷，第一一五至一一六頁。
❸❼　同❶，第二〇九至二一〇頁。

住。至於長期等待在色楞格的商隊，只准其中的二百人作為郎克的隨員，攜帶貨物前來北京，在貨物售完後，郎克與這二百人一起返回俄國。至於隨後的貿易問題，中國大臣同意發給一百張蓋有火漆印的證書，持有這種證書的俄商可自由前來中國京城。

㈣關於俄國人居住在一些中國地方的問題

中方大臣說：「在中國屬民蒙古烏梁海人所遊牧的烏姆河一帶，曾有約一百名俄國人非法住在那裡，這一塊土地屬於中國。」安加拉河是一條邊界河流，俄國人在締結條約後，又在那裡建了一些城市，並向中國邊境推進，俄國在額爾齊斯河一帶鹽湖附近的許多地方也建立了要塞，中國表示也要在該處建立要塞。

㈤關於書信來往問題

中國大臣說他從來不以皇帝的名義給外國大君主寫國書，只給中國的臣民頒發諭旨，如果使臣認為可以這樣，就寫一道諭旨，中國給俄國的國書回信，只能以本國慣例答覆，無法以別的方式答覆。

最後，理藩院向伊茲瑪依諾夫提出十點要求，其中重要的有：⑴劃定蒙古地區中俄邊界；⑵引渡中國越境邊民；⑶嗣後俄商來華貿易，須攜有清政府所頒發的新印證；⑷俄商的債由俄商自行追討，清政府不再代墊。

伊茲瑪依諾夫因為此次出使只承擔了俄國外交與商務委員會許多對華的要求，對中國一向重視的劃分中俄邊界，與自俄遣返逃犯等問題，卻置之不理，毫無解決事端之誠意，這就註定了他來時所懷希望很大，而達成協議甚少之結果。於是他只得在一七二一年三月十三日離開北京回國，於第二年一月二十四日返抵莫斯科。

第四節　郎克續留北京工作

一、郎克的出身及續留北京的原因

伊茲瑪依諾夫使團回俄之後，郎克仍續留居北京工作為時一年零五個月。勞倫斯‧郎克原是一名瑞典工程師，他曾在彼得一世的贊助下，在柏林研究語言和科學。一七一五年沙皇曾派他與英國醫生托瑪斯‧喀爾文一起使華。

因他曾兩度來華，對於中國情況很熟悉，尤其與在北京的耶穌會教士過從甚密，頗有交情。加之，他具有優越的外交才能，他對俄國沙皇也非常忠誠，所以俄國政府不斷授與他最重要與機密的使命。他在伊茲瑪依諾夫使團中，擔任助理，實為居於第二號人物之地位。當俄國特命全權大使回國後，乃命他繼續留居在北京，代表俄國的權益辦理外交事務。

二、郎克留在北京的主要任務

郎克在留北京期間，就其所擔任的官方任務來說，約可分為以下三方面[38]：

㈠俄國政府及商人事務

如奉俄國沙皇之命，向清廷索討一種掛氈，又如安排商務委員會代辦克勒斯提茲回國（此人攜帶很多生絲，而且帶有很重要的有關中國政治、軍事與經濟等情報），再如安排一名東正教教士住在北京等。

㈡商隊事務

即辦理伊斯托普尼科夫商隊來華一事，當清廷允許伊斯托普尼科夫商隊來華後，理藩院除令該商隊在張家口稅務機構交納卡稅二千兩，郎克只得先代為支付。及商隊行抵北京後，貨物出售問題也遇到許多困難。例如：中國人受官吏的干涉，不能自由與商隊貿易，清廷在俄館前設官抽稅，重困俄國商人等等。凡此種種都使俄商感到貿易上的不自由，郎克為此事曾數次與理藩院交涉，都無法得到解決。

㈢外交事務

當時清聖祖在熱河避暑，聽說在外貝加爾地區，在流入安加拉河的奧卡河的右岸，有一座高矗的石頭山，俄國人稱之為薩揚石，蒙古人稱之為塔邦一蒙達爾加，在這座山上有一尊石頭佛像，據說非常珍貴和神奇，也有人說在古時帖木爾曾給這尊佛像供奉過祭品。於是擬派四名官員前往調查真相，遂召郎克垂詢此事。

郎克聽說清廷要派人去調查，認為深入其屬地做調查，表面上雖然表示是歡迎，但內心頗感懷疑，深恐清廷有其他目的，因此極為不安。待他自熱河回到北京後，一名耶穌會教士又提供他一個不實的信息說，清廷派人去俄

---

[38] 同❶，第二一一至二一二頁。

境，不是為了調查佛像，而是派人要去埋下界石，以便為日後交涉劃界留下一個藉口。郎克聞此消息愕然大驚，立即呈報俄皇，說清政府一定要劃定中、俄、蒙古地區的邊界，而且要以詭計奪取俄屬的領土。當然，這一消息並不說明清廷真有此意，而且耶穌會教士為了討好俄方，有意捏造不實之謠言，卻對當時中、俄雙方之交涉與互信頗有不良之影響。

除了上述事務外，郎克在北京還負有秘密使命，即刺探中國之情報，尤其是要知道清廷之對俄政策，與商貿方面之情況。其作法是通過收買耶穌會教士而進行之。

三、郎克被驅逐離開北京

早在一七二一年（康熙六十年）一月，理藩院曾致函俄西伯利亞總督切爾卡斯基，要求將自中國逃亡俄境的七百多名蒙古人引渡回國。信函發出後，又派遣一名官吏去色楞格等候覆函，該官吏到那裡不久，就生病死去，清廷只得又派了一名官吏去代替他，理藩院新派的官員到色楞格後，瞭解到沙皇和厄魯特策動阿拉布坦互派使臣的事，便立即報告給清廷，因此清廷便懷疑俄國有助敵稱亂之意。（按：當時清廷數次派遣官員去色楞格，除為辦理某種事務之外，還兼有探聽俄國與厄魯特之間消息的任務，圖理琛幾次去色楞格，均有這一用意。）清廷聞訊後，對俄國的不守信約表示氣憤，立即召見郎克，質問他這件事，郎克藉口說他自己只是一個貿易代表或領事，不肯作答。清廷非常惱火，就於一七二二年五月給他一紙公文，命令郎克離京返國，七月，清廷再次下令驅逐郎克和整個俄國商隊，郎克不得已遂於七月帶領商隊一並離京北去。在郎克離京前，康熙召見他，再次表示對於俄國人所做所為的不滿，並表示只要俄國有維持和平的誠意，他仍願維護與俄國始終不渝的和平與友誼，任何時候都決不會改變原來的態度。郎克一行於九月初抵達色楞格，停留在該地等待沙皇給他下一步如何行動的指示。

清廷在驅逐了郎克一行後，同年十月又拒絕了俄國派遣來華的庫爾齊茨基主教入境的要求。一七二四年拒絕了俄國以特列季亞科夫為首的俄國商隊的入境要求，藉以再次表示清廷對俄國的不滿。於是清政府就令土謝圖汗驅逐在庫倫貿易的俄商，以為報復。這時又有被俘的四十名厄魯特人潛逃俄境，中國政府要求引渡，俄國政府也未予以辦理。凡此種種，都足以增加清廷對

於俄國的惡感。另外邊境劃分問題，清政府提出已久，並數次致函俄國政府，要求俄國派人共同勘定，也一直沒有得到答覆。而這時厄魯特叛服無常，清廷數年用兵未能討平，深恐俄國藉機與之結連，不想此時恰巧有俄國與厄魯特互通使節的說法，自然不能不使清廷感到震駭。郎克的被逐出境，即由以上的積怨所促成。

此時中俄兩國的邦交危機四伏，但兩國政府還沒有絕交之意，適值康熙帝於一七二二年（康熙六十一年）十二月九日病歿，形勢為之緩和。俄國政府認為中國形勢發生了變化，為了靜觀中國動向，以求再與中國交涉，就令郎克留居色楞格，溝通雙方意見，並相機處理各種問題。

俄國政府得到康熙帝的死訊，是一七二三年（雍正元年）六月間的事，郎克受命處理中國外交問題，是第二年一月間事。俄國政府為了便於郎克行使職權起見，命令他統領邊境地區的俄國馬、步兵士二千人，並可以直接與西伯利亞總督通函，互換意見，不必諸事呈請政府，以便於節省時間。此時俄國為了與中國緩和關係，西伯利亞總督已派費菲洛夫東來，負責調查並處理引渡問題，結果有八十四名蒙古人被送回中國，這一問題稍獲解決。其餘問題所急待討論者，是邊界的勘定。然而此事所涉關係重大，而解決也不易，非郎克所能處理。

第五節　俄國商隊陸續來華

一、尼布楚條約有關中俄貿易之規定

中俄兩國於西元一六八九年九月七日（康熙二十八年七月二十四日），俄曆八月二十八日，正式簽訂《尼布楚條約》。按該約（拉丁文的漢譯文）第五條之規定：「自和約已定之日起，凡兩國人民持有護照者，俱得過界來往，並許其貿易互市 ❸❾。」因此，自這一年以後，俄國商隊即陸續來華，逐漸頻繁，中俄貿易關係也隨之日益發展。

我們知道，俄國之所以要積極開展和中國之貿易，其目的主要在賺取金錢以增加國庫的收入，並對私商進行嚴格之控制。當時俄國來中國通商的人，

---

❸❾ 同❶，第一一五頁。

除必須攜持俄皇的敕令及西伯利亞總督的函件，還必須攜帶一份通行證（這是根據《尼布楚條約》的規定）。在這份通行證內，要載明所攜帶各類貨物的名稱、數量以及應繳納的稅額。沿途所經各地，俄國地方官員須詳細檢查，如有逃漏關稅及貨物不符之處，即行沒收或處以其他嚴厲的懲罰。為了檢查便利外，俄國政府又規定凡自俄國入西伯利亞境者，必須自弗爾綽吐爾耶（按：此地英文名為 Verkhoturye 或作 Werchcoturye，其地正當西伯利亞的西端）經過；而自西伯利亞進入中國者，必須自尼布楚城經過：所有商人都必須在這兩個地方向俄國地方官繳納商稅。

二、俄國政府禁止俄商經營貨物的類別

自《尼布楚條約》締結後，由於俄商人來華者迅速增多，牟利自然也隨之逐漸雄厚，俄國政府極不願意利歸私家。自一六九七年以後，乃採取國家經營的政策，私商當時禁止經營的貨物，主要有兩種：

㈠軍事用品如槍炮火藥之類

而這一類貨物所以被禁止之原因，主要是恐怕助長邊禍。俄國東部地區，多是強悍好鬥之遊牧民族，如厄魯特等部，往來中亞，不易征服。如果他們再得到精良的火器，就更難於控制了，因此俄皇數次頒發訓令，嚴禁軍器火藥出口，犯者課以重罰。俄商行經蒙古時，也受此禁，每人只准攜帶一支槍，用以自衛，再多帶者就是違法。如有俄商擅自將鳥槍賣給蒙古人，每支罰三十盧布。除軍用品外，金銀等類也在禁止之列，當時俄國政府深感錢幣的缺乏，如果准許金銀出口，則鑄造錢幣無所資取，而金融的流通，就有可能受阻礙。因此俄商對外貿易不准以金銀交換，違者也要受到嚴厲的責罰。俄國政府雖然極力禁止金銀出口，然而對於金銀的流入，卻極力提倡。當時在中俄貿易中，俄國政府很願意他們的商人用毛皮等貨來換取中國的金銀，歸去後上交給俄國政府，更願意中國商人攜帶金銀、珠寶到俄國去貿易。所有這些作法，都是為了增加俄國的金銀藏量，以充實國庫。

㈡獲利最高的貨物，如煙草、大黃、皮貨之類

俄國對於這一類貨物的限制，也是為了增加國家的財富。俄商來中國貿易者，以西伯利亞等地所產的各種皮貨獲利最為豐厚，俄國政府最初對此加以有條件的限制，後來則全部歸國家經營。大黃也是獲利豐厚的貨物之一，

俄國政府對此也很重視。俄國政府最初把大黃專賣權授給了一個商人伊薩藹夫，限以五年為期。在此專賣期中，伊薩藹夫在東方不得經營其他任何貿易。伊薩藹夫期滿後，一個漢堡的商人龐培又得到這一專賣權，龐培期滿後，政府收歸國家經營，無論俄國人或其他國家的人，都不得從事這種貿易。煙草也是一種專賣貨物。西伯利亞大規模種植煙草始自一六九七年，享有此項專賣權的人是巴格丹諾夫，在他專賣期內，如有人侵犯其專利，必處以死刑。以後他又把這一專賣權讓給一個名叫卡爾瑪爾思恩的英國商人，根據簽訂的契約，一六九九年卡爾瑪爾思恩可以輸入西伯利亞煙草三千噸。翌年增至五千噸，再後，每年以六千噸為常額。而他對於俄國政府所負的責任，是繳納一萬二千鎊的墊款，此外，又必須每年給沙皇進貢一千片上等煙葉。在專賣期內，如果有人敢於侵犯他的權利，他可以沒收犯者的全部財產，以財產的半數歸政府，其餘的歸專利者所有。俄國政府之所以極力推行國家統治政策，一則為防止私人競爭，致使物價低落；一則可以增加國家收入，以解決經濟困難。

三、俄國政府商隊的組織成員

俄國與中國內地的貿易，也在政府控制之列。這主要是因為西伯利亞一帶所產的毛皮質量很好，行銷北京各地獲利很厚。俄國政府不願利歸私人，所以也由政府組織的商隊經營，當時來華的俄國政府商隊，主要由俄國政府的外交部所組織，因為商隊深入中國內地貿易，總不免發生外交上的關係。俄國的外交衙門，中國載籍稱之為薩納特，與中國的理藩院是對等的機關。每一支商隊由政府委派一名隊長統領其事，而隊長的人選則主要由辦理國家專賣事業的商人充任。這些辦理國家專賣事業的商人，俄國人稱之為「噶斯提拿亞・索特尼亞」，而每一個商人則稱之為「噶斯提」，於是這種商隊隊長的名稱，也以「噶斯提」相稱，隊長之下還有書記官若干人，扈從若干人，掌管貿易者若干人，僕從若干人，這就是商隊組織的大概情形。

四、俄國商隊陸續來華貿易之概況 ❹

　　十七世紀末，在俄國未有定期的商隊來華以前，俄國和中國的官方之間已經有了來往。不過使者的身份令人難以分辨；商人擔任外交談判工作，外交人員也由商人伴同前來。直到一六九八年為止，外交檔案提到的似乎只是普通的信使，從一六九八年至一七一八年，根據檔案可以確定有十次國家商隊到達北京 ❹。

㈠斯皮瑞東・郎古索夫與薩瓦捷耶夫商隊

　　從郎古索夫 (Спиридон Лянгусов) 和薩瓦捷耶夫 (Саватеев) 商隊起（這個商隊於一六九八年底至一六九九年初在北京），開始有一系列的政府商隊定期到中國來。關於這些商隊，俄國中央檔案提供了一些資料。一六九六年六月十四日，俄皇命令使節部部長杜馬的秘書官烏柯藍斯索夫 ❹ 打發「噶斯提拿亞・索特尼亞的商人斯皮瑞東・郎古索夫與薩瓦捷耶夫帶著財政部的貂皮和其他的毛皮前來中國」❹。一六九七年（康熙三十六年）二月，政府發給郎古索夫商隊通過西伯利亞的許可證，以及通過蒙古的證明，同時又致函於庫倫呼圖克圖，通告俄國伊爾庫次克長官和尼布楚稅務督辦關於商隊來華一事，在發給伊爾庫次克及尼布楚長官命令的同時，俄國政府外交衙門有又書函致清政府內大臣索額圖，請求對於這一商隊進行照顧，《滿文俄羅斯檔案》載有〈俄近侍大臣為商人來華貿易事致索額圖函〉（俄曆一六九七年二月十八日）的原件 ❹，內容如下：

> 創世紀七二〇五年二月十一日，我為首商人斯皮瑞東・郎古索夫等奉俄
> 羅斯汗旨意，將我至仁俄羅斯汗之各種官貨由莫斯科城發往至聖皇帝貴

❹　張維華、孫西著，《清前期中俄關係》，山東教育出版社，一九九七年六月，第一版，第一四八至一六六頁。

❹　同⑪，第八五頁。

❹　烏柯藍斯索夫起先是使節部秘書，後升為這個部的大臣，兼杜馬秘書官，駐君士坦丁堡的「使臣」（一六九九年），一七〇七年任駐盧布林（波蘭）公使，一七〇八年九月十二日死於匈牙利。

❹　《莫斯科外交部檔案》（散頁），一六九六年六月十四日。

❹　《清代中俄關係檔案史料選編》，第一編，第一八六頁。

國，彼等行至貴國邊界省城時，望按至聖皇帝之大臣以和好之禮所定之
條列，對我俄羅斯汗官貨、斯皮瑞東及其同往商人，由嫩江供給驛站、
盤費，護送至京。對我為首商人及其同行之商人，仍按往年之例，買賣
一切貨物順遂無誤。伊等將其一切物品買賣完竣返回時，亦望按例，供
給盤費、驛站，派員護送，中途無誤。若聖主之人，有來我俄羅斯汗省
城者，亦按貴國護送至邊界之例相酬。

俄商來華，必須有中國政府的協助，方可往來無阻，然而俄商是來貿易
的，獲利很厚，沿途再要中國政府供應馬匹糧食，且又派兵護送，自然於理
不通，所以清廷視此為額外的恩惠，索額圖在康熙三十八正月的覆函中，明
確指出了這一點，其中說：

……查得，各外國前來我聖主京城貿易者甚多，各商人俱以自力貿易，
以圖謀利，向無供給驛站之例。唯有少數使臣因國事前來，方可供給驛
站，對於商人向無供給驛站之例一事，早已向爾前來之伊力扎里明白曉
諭，並移文知照費耀多爾・阿列克謝耶維奇。故此，驛站事宜勿庸再議。
至該斯皮瑞東等前來我境，邊界地方報聞後，本大臣已奏報我聖主，我
聖主念爾恭信，准按定例，派員至本國索倫地方，護送來京，抵達後，
又撥派棧院，足給食物，餵養馬駝，並准其自由貿易。其返回時，資助
盤費，並派委員，護送出境，為此咨行知照❹❺。

在俄皇致伊爾庫次克長官的命令中，指明郎古索夫所攜帶的貨物的品類，
以及東來所取的路線。關於貨物的來源，主要是中亞各遊牧民族向俄國交納
的貢品。以及俄國政府在西伯利亞各地徵收的實物稅，其中以貂皮及黑狐皮
為最多，用以換取中國的金銀、綢緞及棉織品。至於所取的路線，則由尼布
楚沿嫩江、墨爾根、齊齊哈爾等地而南，以達北京。

這個商隊包括二百八十九名伙伴、秘書、雇員、僕役，一百八十九名商
人和工人，總數近五百人（四百七十八人）❹❻。該商隊估計應是於一六九七

❹❺　同❹❸，第一八四頁。
❹❻　尼布楚長官尼科勒夫給哥薩克馬隊十人隊長庫茲涅佐夫的備忘錄，命令他去通知墨
　　爾根（即嫩江）的中國長官，商隊即將到來（一六九八年七月二十五日）。〈尼布楚
　　市政管理檔案〉，載《史料補遺》，第一二卷，第九十二頁；第三九七至三九八頁。

年底由莫斯科出發，一六九八年四月八日郎古索夫在伊爾庫次克轉交了給當
地長官的公函❹。並於一六九八年七月十五日在尼布楚交出了一六九七年二
月十六日的備忘錄❹。如按照伊茲勃蘭德‧義傑斯所用的時間計算（他於一
六九三年七月十九日由尼布楚啟程，於十一月三日到達北京），郎古索夫大約
於一六九八年十月或十一月到達北京，他回到尼布楚時是一六九九年七月❹，
所以他離開北京時一定是四、五月間。

　　回到尼布楚以後，郎古索夫的一個助手伊凡‧薩瓦捷耶夫交給尼布楚行
政長官一份關於在北京貿易情況的簡而精確的報告❺。其中寫明毛皮如松鼠
皮、銀鼠皮、狐皮、山貓皮和俄國皮革出售價格；以及中國主要織物，如絲
綢、錦緞和棉布的買價。而郎古索夫商隊運到北京價值達三萬一千三百盧布
的皮貨，貿易完畢後，換回了六萬五千盧布的中國貨物。同時在報告中除說
及中國銀子中摻了銅，而且沒有純度檢驗印，黃金稀少價格昂貴，這兩種物
品在俄中商業交易中只有在偶然的情況下才交換外，又說及中國人甚至抱怨
說通常的俄國商品積累過多，俄國商隊來得太頻繁，每兩年或三年來一次就
夠了。不過，中國政府對俄國進行的貿易並未徵收任何賦稅，商務進行遲滯
曾引起物議，但似乎並未遏阻俄國商務的進行❺。

㈡格里戈里‧季莫費耶維奇‧鮑科夫商隊

　　一六九九年二月俄國政府不等第一支商隊回國，就又派出了第二支來華
商隊，該商隊隊長是巨商公會成員格里戈里‧季莫費耶維奇‧鮑科夫，他也
是經營國家專賣事業的一個商人。同行者有格里戈里‧阿法那西耶維奇‧奧
斯科爾科夫以及兩名宣誓公務員米哈伊爾‧古夏特尼科夫和格里戈里‧皮沃
瓦羅夫，另外還有其他人。一六九九年（康熙三十八年）年初，俄國西伯利
亞事務衙門秘書長兼羅斯拉夫總督安德烈‧維紐斯致書索額圖，告以俄皇再

---

❹　《史料補遺》，第六七 XXXIII 號，第二八五至二八六頁；《伊爾庫次克州首府編年
　　史》，第五頁正面。

❹　《史料匯編》，第五卷，第二六〇號，第二七〇頁。

❹　一六九九年十二月二十五日，尼布楚長官尼科勒夫給俄皇的報告：〈尼布楚市政管
　　理檔案〉，載《史料匯編》，第五卷，第二九五號，第五三七至五三八頁。

❺　《史料匯編》，第五卷，第二九五號，第五三七至五三八頁；《史料補遺》，第十卷，
　　第六七 XXXIII 號，第二九三至二九四頁。

❺　同❶，第八八頁。

遣商隊到北京貿易一事，並請仍然給予優待。該函見《故宮俄文史料》，以及譯自《滿文俄羅斯檔案》的〈俄官維紐斯為請准官商來華貿易事致索額圖咨文〉（俄曆一六九九年二月十一日），載《清代中俄關係檔案史料選編》第一九○頁。在維紐斯的來文中，要求中國：

> 望按大使等所議定之條約及以往舊例，對我銷售官貨之商人，於嫩江直至貴國京城途中供給食物，派人護送。抵京後，望予接待，准其自由銷售，或購置貨物，不得阻攔，不得搶掠俄羅斯汗商人買賣之物品。該商人貿易完竣，由貴國返回時，望沿途供給食用之物，並派妥員護送，不使發生被盜劫之事。

康熙三十九年十二月十九日，索額圖奉命覆維紐斯的咨文，答覆他：「此次爾俄羅斯商人前來，仍按舊例，供給膳宿，准其自由貿易，並無阻攔之處，其返回時，亦派員護送出境」。

一六九九年鮑科夫商隊啟程東來，十月抵伊爾庫次克，自此東行，沿尼布楚、齊齊哈爾和滿洲等地，於一七○○年（康熙三十九年）到達北京❺❷。

關於此次商隊來華，有一件事值得注意，即奧斯科爾科夫隨鮑科夫東來時，曾留意於商路遠近的問題。在此以前的商隊，來華時都走尼布楚、齊齊哈爾和中國東北一路，這條路線繞道很多，曠費時日。其後俄商打算廢棄舊路，改由色楞格、蒙古一路來華，但尼布楚官員堅決反對，因為那樣會影響尼布楚的收入。一七○六年（康熙四十五年），俄商人對此問題的爭執越趨激烈（見後文）。奧斯科爾科夫就把他前幾年出使時的觀察所得報告遞送給俄國政府，說明經由尼布楚、齊齊哈爾等地而至北京，費時達一百五十天，即五個月或更多一點❺❸；而走蒙古一線，即經色楞格、庫倫、戈壁、張家口到北京這一段較為直接的路線，只需七十天的時間，於是俄國政府才決定廢棄舊

---

❺❷　康熙三十九年七月乙卯，《清聖祖實錄》，第二○○卷。稱當時「俄羅斯遣使者賚奏至」，即指此次俄國商隊來華事。《清聖祖訓》也載其事，以年代而論，也當指鮑科夫東來事而言。

❺❸　《莫斯科外交部檔案》，「信件」，一七○四至一七一七年，第七十五、七十六號，一七○六年缺號。一七○六年三封理藩院密信（第三封是親拆信），致俄國可汗西奧多爾‧喬治維奇（即羅曼納多夫斯基），北京，康熙四十五年三月十六日。

道改走蒙古。康熙晚年，改變商路，成為中俄交涉中的一個問題，推原其始，是由奧斯科爾科夫最先提出的。

鮑科夫商隊來北京時帶來價值三萬二千三百盧布的皮貨，他們在北京停留了數月，進行貿易，結果換回了價值七萬六千盧布的貨物。貿易完畢後，該商隊於一七〇一年（康熙四十年）返回俄國。

(三)伊凡‧薩瓦捷耶夫商隊

第三次來華的商隊，其隊長是商人伊凡‧薩瓦捷耶夫 (Иван Саватеев)。薩瓦捷耶夫是前次領導商隊來華的郎古索夫的助手，經驗豐富，這次則自領商隊來京。該商隊於一七〇二年（康熙四十一年）年終行抵伊爾庫次克，仍取道尼布楚、齊齊哈爾等地，於一七〇四年（康熙四十三年）到達北京。薩瓦捷耶夫所率領的商隊，除有商人、職員及工役五百六十五人外，還有東正教僧侶謝爾格伊和祭司扉鄂多錫二人。

當該商隊自莫斯科出發前，俄國議政大臣西伯利亞事務衙門秘書長兼羅斯托夫總督安德烈‧維紐斯為俄國官商到北京貿易事，曾致書索額圖，通報該商隊即將來中國的消息，並請求依舊例給予照顧。當該商隊行抵尼布楚時，尼布楚城軍政長官米哈伊爾‧尤里耶維奇‧希什金又分別致書黑龍江將軍和索額圖，請求對於該商隊給予照顧❺❹。

同時，由於一七〇三年，索額圖因牽連廢立太子之爭，已被康熙處死。所以當理藩院接到俄方給索額圖的咨文後，於康熙四十三年三月十五日奉命給俄議政大臣回函，通知他已批准俄商來京貿易，嗣後凡有議事，不必再行文索額圖，可直接給理藩院發函❺❺。

一七〇四年五月十六日（康熙四十三年四月十三日），伊凡‧薩瓦捷耶夫請求清廷把他由長城的張家口遣送回國，並取道蒙古首領土謝圖汗的領土，鄂爾渾河與土拉河。清廷批准了這一請求。並同時要求以後商隊經由蒙古走時，必須在土謝圖汗處停留，他要查問商隊的人數，以稟告中國皇帝。因為商隊的人數不得超過二百人❺❻。

---

❺❹ 同❹❸，第二二一至二二四頁。

❺❺ 同❹❸，第二二〇至二二一頁。

❺❻ ……因為那條經由鄂爾渾土拉的路程遠比經由烏拉為短……此後，當你們俄國人要通過鄂爾渾土拉的道路，來到我們土謝圖汗的地方後，土謝圖汗將命他們留下，並

嗣後，爾俄羅斯人若由鄂爾渾土拉路前來，行抵我土謝圖汗地方後，由土謝圖汗查點人數，若不過二百人，則准通行（譯自《滿文俄羅斯檔案》）。

尼布楚城軍政長官得知薩瓦捷耶夫取道蒙古返國後很驚慌，因為商隊若改循蒙古新道，則尼布楚將失去衝要之勢，而且稅源也將因此而斷絕。於是尼布楚城長官彼得·薩維奇·穆辛普希金等在俄曆一七〇四年七月二日致書理藩院，質問俄商為何由蒙古塔拉返回，其中說：

該商人等由尼布楚啟程，過嫩江前往貴國京城，今不知何因至聖皇帝降旨，准伊等過蒙古塔拉經色楞格返回？該伊凡·薩瓦捷耶夫及所率領商人若經由尼布楚、伊爾庫次克地方而返，則我俄羅斯汗可征收稅銀五萬兩，且可向於尼布楚記名之三十名商人征收稅銀三萬一千零四十兩。此數雖不多，然伊等未按俄羅斯汗之諭旨經嫩江返尼布楚，並向俄羅斯汗尼布楚地方交納稅銀，實即該商人有意逃避我尼布楚地方應征之稅，也未向俄羅斯君主納稅。再，該商人等尚從我省城借取許多銀兩未還，今因伊等由他處各自散去，以致貽誤俄羅斯汗之收稅事宜。

接到這一咨文後，理藩院又於康熙四十四年二月初三日〈為俄商行走鄂爾渾土拉路覆俄尼布楚城長官咨文〉❺，通知他中國批准俄商改道的經過，並說薩瓦捷耶夫等「僅稱以鄂爾渾土拉路為近，願由鄂爾渾土拉路返回等語」、「並未陳述應向爾俄羅斯汗繳納稅銀五萬兩、於尼布楚記名之三十人應繳三萬一千零四十兩、以及借爾俄羅斯城許多銀兩未還等事」。以上交涉文件均見《清代中俄關係檔案史料選編》一書。雖然為改道事尼布楚城長官堅決反對，薩瓦捷耶夫商隊最終還是不顧尼布楚長官反對，終獲清廷的允許，取道蒙古返國，從此開闢了一條更近的中俄通商道路❺。

㈣格里戈里·阿法納西耶維奇·奧斯科爾科夫商隊

一七〇四年一月十一日俄皇命令當時使節部部長戈洛文（即締結《尼布

把他們統計好的人數報告給我們的皇帝，不許超過二百到這兒來。……理藩院致俄國樞密院副大臣維紐斯的信。見《莫斯科外交檔案》，書信，一七〇四至一七一七年。

❺ 同❹，第二三二頁。

❺ 同❹，第二三〇至二三一頁。

楚條約》的費耀多爾）為下列諸人準備護照：葉倫斯克商人格里戈里·阿法
納西耶維奇·奧斯科爾科夫 (Осколков)、卡達舍夫的米哈伊爾·古夏特尼科
夫以及宣誓評價員兩人：烏斯蒂尤的伊里亞·日林及葉皮凡·丘本切夫❺。
他們奉命攜帶財政部的貂皮和皮毛（保存在西伯利亞部），到中國去交換中國
的商品。

　　一七〇四年二月，奧斯科爾科夫一行啟程來華，同年十月十二日到伊爾
庫次克，在那裡他們會見了正返回莫斯科的薩瓦捷耶夫商隊。於是薩瓦捷耶
夫就告訴他們，如果取道蒙古較東北之距離近得很多，他們便接受了這個意
見，就決定行經蒙古到北京，他們到達蒙古邊境後，由於商隊的人數超出了
中國限定的二百人的名額❻。土謝圖汗不准他們通過，奧斯科爾科夫只得把
一部分人留在邊境地區，被允許的二百人得以通過蒙古抵達了北京。其時當
為一七〇五年，即清康熙四十四年的事。

　　在奧斯科爾科夫商隊來華期間，尼布楚城軍政長官堅決反對改闢新道，
中俄之間就這一問題又進行了多次交涉。在俄曆一七〇五年七月二日的〈俄
尼布楚城長官為請定俄商行走路線事致理藩院呈文〉❻中，俄方曾為薩瓦捷
耶夫一行由蒙古返國一事與理藩院交涉，其中說：「查本尼布楚城長官並未令
其如此行走，嗣後，當由貴國何路行走，望行文告知我俄羅斯君主之尼布楚，」
並請求准許奧斯科爾科夫一行由嫩江赴北京。理藩院則於康熙四十四年八月
初六日〈為俄商來華行走路線事覆俄尼布楚城長官咨文〉❻，通知俄尼布楚
城官員，「既然鄂爾渾土拉路近且易行又經奏明至聖皇帝按爾屬人員所請，嗣
後准行該路」。當奧斯科爾科夫留居北京期間，曾請清廷規定以蒙古通路作為
中俄貿易的唯一合法道路。然而俄尼布楚城軍政官員仍然堅決反對，極力阻
撓，俄曆一七〇五年十二月三日（西元一七〇六年一月十一日，康熙四十四
年十一月二十七日），在〈俄尼布楚城長官為令俄商皆由尼布楚往返事致清議

---

❺　《莫斯科外交部檔案》，一七〇四至一七一一年，關於奧斯科爾科夫的情況，可在
　　下述著作中找到。梅爾蒂伊主教著作，阿多拉斯基，《東正教會在中國》，喀山，一
　　八八七年，八開本。

❻　這是噶噶林於一七〇七年給理藩院的一封信中所宣稱的。

❻　同❸，第二四七至二四八頁。

❻　同❸，同前頁。

政大臣等函〉❻❸中說：

> ……本年一七〇五年十二月十三日（西元十二月二十日，康熙四十四年
> 十一月九日），敝國大君主陛下派出之稅務官莫斯科人加夫里洛·阿爾捷
> 莫夫由莫斯科來至涅爾琴斯克海關任職，專司徵收各商隊之什一稅。格
> 里戈里·奧斯科爾科夫之商隊亦應在納稅之列。敝國大君主陛下頒給該
> 稅務官之諭旨內明令各商隊統應經由涅爾琴斯克行走，並令在其他各路
> 設卡，務使一切商隊及任何俄國商民人等不得繞道而行。倘有商隊或俄
> 國商民人等繞道涅爾琴斯克行走，應即將其扣留送往涅爾琴斯克，並遵
> 照我大君主陛下頒給該稅務官之諭旨曉諭彼等一體遵行。該稅務官加夫
> 里洛且已將我大君主陛下向彼頒發之諭旨抄發該商人格里戈里·奧斯科
> 爾科夫知照。有關該商人及其偕行之商人等經由涅爾琴斯克放行一節，
> 自應謹遵我大君主陛下之諭旨及莫斯科西伯利亞事務衙門發給該商人格
> 里戈里·奧斯科爾科夫之訓令辦理。

尼布楚城官員雖然竭力阻撓，但是奧斯科爾科夫與薩瓦捷耶夫的態度相
同，堅持取道蒙古返國。清廷不能阻，遂於一七〇六年（康熙四十五年）由
新路返回。理藩院在康熙四十五年三月十二日〈為准俄商由鄂爾渾土拉路往
返事覆俄尼布楚城長官咨文〉中，曾對此事進行解釋說：

> 查得，本院於爾派來送文之瑪特維伊到來之前，曾問爾商頭格里戈里·
> 奧斯科爾科夫：爾等欲走何路？彼答稱：我等乃攜帶我察罕汗商貨而來
> 之人，我等來時察罕汗曾諭令我等，爾等去時，當擇好路，近路而行。
> 若伊凡·薩瓦捷耶夫等所來之路好，則走伊凡·薩瓦捷耶夫等所來之路。
> 途中，我等曾遇見伊凡·薩瓦捷耶夫等並詢問其路途情形。伊告稱，因
> 鄂爾渾土拉、色楞格路近，我等乞奏至聖皇帝憐愛我等，准由鄂爾渾土
> 拉、色楞格路返回等語。我等視其路近，故亦由鄂爾渾土拉、色楞格前
> 來，並將疲倦之馬畜留於喀爾喀，返回時抵達我邊界後，我屬人員將攜
> 帶牲畜、盤纏前來迎接。我等借此方能返我京城。若去尼布楚，則會因
> 無人來接而不能返我京城。既然絕不違我察罕汗之諭旨，而從彼得之言

---

❻❸　同 ❹❸，第二六一至二六四頁。

去尼布楚，請仍准我等由鄂爾渾土拉、色楞格路返回。至後來者行走何
路，請由貴大臣等另行決定等語。故此，准格里戈里·奧斯科爾科夫等
仍由鄂爾渾土拉路返回。此路既近，嗣後若爾商人前來，皆可走鄂爾渾
土拉路。

在奧斯科爾科夫離開北京時，理藩院曾託他攜帶幾封信函交給有關地方，
其中有：〈理藩院為准俄使及商人由鄂爾渾土拉路往返事致俄近侍大臣咨文〉
（康熙四十五年三月初一日）、〈理藩院為接待俄商來京貿易事覆俄近侍大臣
咨文〉（康熙四十五年三月初一日）、〈理藩院為准俄商由鄂爾渾土拉路往返事
致俄近侍大臣咨文〉（康熙四十五年三月十二日）、〈理藩院為准俄商由鄂爾渾
土拉往返事致俄尼布楚長官咨文〉（康熙四十五年三月十二日），以及〈理藩
院為俄方來文不足憑信暫停入境事致函俄近侍大臣咨文〉（康熙四十五年三月
十三日），以上五函均見《清代中俄關係檔案史料選編》一書。在理藩院給俄
近侍大臣的幾封信函中，詳細敘述了薩瓦捷耶夫商隊及奧斯科爾科夫商隊改
闖蒙古新路的經過，以及尼布楚城官員抗議的情形，「尼布楚城長官彼得聲稱：
『爾商人若去他路，則拿送尼布楚。』而格里戈里·奧斯科爾科夫則聲稱，伊
等絕不違爾察罕汗之諭旨而去尼布楚。」理藩院處在矛盾的雙方之中左右為
難，「為此，今不可不請貴國嚴格規定：嗣後凡行文之事，何以為據？孰文為
實？請呈報爾察罕汗明確規定之。而且，既然今爾商頭與爾地方長官雙方不
睦，彼此言詞混亂，故在此其間凡前來相告之事本院當實難憑信，只得暫停
處理，待爾察罕汗規定之文書送到後，再准入境。」這實際上是要俄國政府幫
助解決這一爭執的問題❻。

(五)米哈伊爾·費奧多維奇·紹林商隊

奧斯科爾科夫商隊還沒有順利回國，俄國政府又派出了第五支來華商隊。
一七〇六年三月二十八日，巨商米哈伊爾·費奧多維奇·紹林奉命率商隊來
華，但是不久，同年五月十七日，俄國政府又下令命紹林留在亞梅舍夫斯克
集市辦理關稅事務，監督沒收各種違禁品，於是十天以後，另派巨商彼得·
羅季昂諾維奇·胡佳科夫接替他來華。

胡佳科夫於一七〇六年奉命來華，一七〇七年（康熙四十六年）抵伊爾

❻ 同❶，第一五九至一六〇頁。

庫次克，約於一七〇八年（康熙四十七年）六月以前到北京。當他貿易完畢
返回時，理藩院曾託他轉交五封信給西伯利亞總督噶噶林及俄伊爾庫次克官
員。這些信是〈理藩院為已准俄商頭胡佳科夫進京貿易事致函俄西伯利亞省
總督咨文〉（康熙四十七年四月二十二日）、〈理藩院為俟查明逋逃後再行咨覆
事致俄伊爾庫次克城長官咨文〉（康熙四十七年四月二十日）、〈理藩院為俄商
入境仍照例不得超過二百人事致俄西伯利亞省總督咨文〉（康熙四十七年四月
二十日）、〈理藩院為俄商入境路線及俄方抵賴越境行凶事覆俄督噶噶林咨文〉
（康熙四十七年四月二十日）以及〈理藩院為布倫科等均屬厄魯特人毋庸給
還事致俄督噶噶林咨文〉（康熙四十七年四月二十日）。以上信函均見《清代
中俄關係檔案史料選編》一書，俄曆一七〇七年二月二十六日，俄西伯利亞
總督噶噶林在〈為俄商入境請不限二百人事致清內閣大學士函〉中，要求「准
我前去貿易之人，可略多於二百人之數。更有請者，若能不定商人數額，准
其自由貿易，則於兩國皆為有益，對商人更有裨益。」理藩院在以上覆函中拒
絕了這一要求。同時對於一直爭執中的商路問題，鑑於俄督〈噶噶林為請准
許俄商由近路進京等事致清內閣大學士函〉（俄曆一七〇七年二月二十五日）
中，請求准許俄商「均可視其便利，擇路而行」，在此次的覆函中明確通知俄
國，今後定蒙古為中俄通商的官路。

　　自《尼布楚條約》簽訂以來，俄國使節商隊來華，多取道於東北地區，
即康熙征羅剎時所置的驛路。尼布楚當西伯利亞通黑龍江的要衝，其形勢自
然重要。自改道蒙古後，北自色楞格起，沿鄂爾渾、土拉等河南行，越庫倫
而至張家口。這一路是由色楞格當其衝，而尼布楚就失其勢了。於是中俄關
係交會的地區改在蒙古，而不再在東北。這一重大變化，頗值得我們注意。

㈥伊凡・普羅科費耶維奇・薩瓦捷耶夫商隊

　　一七〇八年三月二十八日巨商伊凡・普羅科費耶維奇・薩瓦捷耶夫及其
伙伴奉命東來，這是第六次來的俄國商隊。事實上，薩瓦捷耶夫先已兩度來
華，此次又來，是第三次。他的護照日期是一七〇八年三月十八日[65]，他於
一七一〇年經伊爾庫次克到中國，一七一一年由中國回到俄國[66]。康熙四十
九年四月二十五日即一七一〇年五月二十三日，理藩院給噶噶林的一封信上，

---

[65]　《莫斯科外交部檔案》，一七〇四至一七一一年。

[66]　《伊爾庫次克州首府編年史》，第八頁。

曾提到他到達北京 ❻ 。至於該商隊在北京貿易經過情況，因缺乏有關資料不得詳考。

㈦胡佳科夫 (Петр Родионович Худяков) 商隊

第七次來華的商隊，隊長是胡佳科夫。一七一〇年六月三十日，俄國政府又派彼得・羅季昂諾維奇・胡佳科夫任商務專員，帶商隊來華。後於一七一一年三月四日又派商人格里戈里・阿法納西耶維奇・奧斯科爾科夫擔任隊長職務。自一七一〇年以後，俄國政府改商隊隊長的名稱為 "Commissary"，即商務專員。中國載籍如《異域錄》等，稱之為科密薩爾，即其譯音。俄國之所以要改變名稱，是要加大隊長的權力，不僅負責貿易的經營，也要處理該商隊中發生的任何糾紛事件。

胡佳科夫被首次任命為科密薩爾後，即啟程來華。該商隊共包括收存員澤洛瓦爾尼科夫等五人，「文官一人、職員二人、通事二人、商貨管理員博爾科夫・德拉乎尼等二十人、軍人三十人、跟役一百三十四名等，共計二百五十人」❻ 。胡佳科夫一行於一七一一年（康熙五十年）四月行抵伊爾庫次克，約於一七一二年（康熙五十一年）五、六月間行抵北京。當時理藩院又以致西伯利亞總督噶噶林的信函交給胡佳科夫帶回，其中略提改易稱號之事，對此雖不贊同，但仍可使之處理商民關於業務糾紛的事件。當時主要是中國政府還未注意到治外法權問題。胡佳科夫又提出增加商隊人數的要求，清廷允許增加二十人，共為二百二十人的限額。該商隊完成貿易任務後，於一七一三年（康熙五十二年）始返抵伊爾庫次克。

此次胡佳科夫來華，又見於《異域錄》，其中的記載可以補外交載籍的不足。《異域錄》記有康熙五十一年四月二十二日的諭旨，內稱：「……欲將貝子阿拉布珠兒遣回與爾（指阿玉奇言）完聚，調阿拉布珠兒人來問，俄羅斯商人科密薩爾，正在料理遣發，恰合朕意。」此處所提到的科密薩爾，當指胡佳科夫而言，如此，則他行抵北京，必在康熙五十一年四月二十二日之前；取此與外籍所載對照來看，很相合。

送阿拉布珠兒返國，是與土爾扈特的交涉，為什麼來詢問科密薩爾呢？

---

❻ 《莫斯科外交部檔案》，「信件」，一七〇四至一七一一年，無發文號信件，日期是一七一〇年，內容是關於逃亡者問題。

❻ 同 ❹ ，第三一三至三一四頁。

當是因俄商熟悉中亞及西伯利亞的交通路線，所以詢問他們。《異域錄》又載，當圖理琛行抵托博爾後，在回答俄國官吏的詢問時，有以下數語：

> 我等此來，因土爾扈特國阿玉奇汗特遣使往中國，恭請大皇帝萬安，貢進方物之人，由爾國經過，爾國遣人轉送至中國，所以我國大皇帝敕諭我國大臣，傳詢爾國前往貿易之商人科密薩爾，言沿途萬匹供應，不致違誤，是以我大皇帝亦由此路遣我等前往阿玉奇汗處，頒發諭旨，並賜恩賞，于爾國無事。但我等來時，我大部交付有俄羅斯商人科密薩爾乞請，行俄羅斯佛教番僧在京者只有米提理一人，年已老邁，倘有不測，則行我俄羅斯佛教之人，必致斷絕，若准我國送番僧前來，我即送來等語。我國大臣轉奏，蒙大皇帝恩准，送番僧前來。又曾交付爾商人科密薩爾，爾國若有外科良醫，一併送來。

又云：

> 及爾國商人科密薩爾在京師時，亦曾有諭旨：爾國人民雖每歲前來貿易，俱係平素商賈，察罕汗並未特遣人進貢，所以朕亦不曾遣使。此所遣使者，是往阿玉奇汗處去的，爾察罕汗如欲相會，詢問地理情形，著其中一半人前往相見。

據此可知，胡佳科夫在北京時提出的交涉問題，尚有派遣東正教傳教士問題，這已於理藩院的回函中作了答覆；他所受清廷的付託，則有派遣俄國外科醫生來華一事，另有關於交通情形的垂詢，以及圖理琛往會察罕汗的說明等事。這主要是因為圖理琛出使土爾扈特，途經西伯利亞，不能不與俄國有一番交涉的緣故。

(八)奧斯科爾科夫商隊

第八次來華的商隊，隊長是奧斯科爾科夫。他先已兩次來華，對於中國貿易情況很是熟悉。故又率隊東來，他此次受俄國政府之委託，始於一七一二年七月。翌年，離莫斯科東來，一七一三年（康熙五十二年）二月行抵色楞格，遇見圖理琛，此見《異域錄》：

> 康熙五十二年，往京師貿易之科密薩爾唯哦佛那斯委翅至楚庫柏興，於

我四人處各送白狐皮三十張，並果品等物。我等言來時蒙我大皇恩賜，一切所需什物，俱已全備，並無缺乏。爾科密薩爾亦係行路之人，何勞如此饋送，璧辭……。

按此次實際指奧斯科爾科夫而言。何秋濤《朔方備乘》「俄羅斯互市始末」稱這是指自京返國的胡佳科夫，其中說：「康熙五十二年科密薩爾已自京貿事畢，故歸其本國，而遇圖理琛於楚庫柏興也」。這其實是說錯了。圖理琛於康熙五十二年正月十六日，自楚庫柏興起程，前往烏第柏興，果他在楚庫柏興遇到奧斯科爾科夫，必是當年正月十六日之前。其次，關於唯哦佛那斯委翅一名，與奧斯科爾科夫之名不符，其實是他的前名「阿法納西耶維奇」的譯音。至於楚庫柏興一名也出自蒙語，蒙語稱城為板升，柏興即板升的別譯。楚庫柏興濱臨色楞格河，所以俄人又稱之為色楞格。

奧斯科爾科夫在途中耽誤時日很久，約於一七一四年（康熙五十三年）秋抵達北京。當時奧斯科爾科夫又再度向清廷要求增加商隊人數至四百人，清廷未准。當尼布楚城長官抗阻改道的意見被駁回後，曾假借西伯利亞總督的名義，要求清廷准予派遣商隊自東北來京。此事被發覺，於是清廷命令俄商必須攜帶新印記及一個蒙古人作翻譯，才准許來京貿易，否則拒絕之。一七一五年（康熙五十四年）奧斯科爾科夫率隊返國，未到莫斯科而中途病歿。

㈨古夏特尼科夫商隊

第九次來華的商隊，隊長是古夏特尼科夫 (M. Gusystnikoff)。他於一七一四年（康熙五十三年）二月被委任為商務專員，並率領派往中國的商隊。翌年九月行抵伊爾庫次克。一七一六年（康熙五十五年）夏，行抵色楞格。當時沙皇應康熙的要求派遣了一英籍外科醫生喀文，及一瑞士人郎喀東來，也於此時到達色楞格，古夏特尼科夫與他們相遇，遂同隊而行。喀文曾供職於聖彼得堡醫院，醫術高超；郎喀則是一個工程師。清聖祖因受西方傳教士的影響，重視西學，他對於西方醫學也很崇信，亟思採納。當康熙五十一年，胡佳科夫來京時，聖祖曾要他轉告俄皇要求派遣外科醫生來京供職。後來胡佳科夫把這件事轉告給托博爾城的總督，該總督即往莫斯科索取。《異域錄》也記載了這事，說：

噶噶林（托博爾城總督）曰：是此等情節，我科密薩爾俱曾告訴，……

醫生此處無甚良者，已差往莫斯科窪城調取，尚未曾到。

以後喀文應召東來，但以行程較遲，直至康熙五十五年夏，才到達色楞格。

古夏特尼科夫於一七一六年十一月（康熙五十五年十月初九日）抵北京，至翌年秋始返國，此次商隊留京時間較之以前的商隊為久。

當俄商最初來華的時候，清政府命他們住在俄羅斯館中，並委派一名監督管理，如俄商有不法行為，或中國商民有拖欠不軌等事，均得依法處理。後來俄國政府擴大商隊隊長的權力，立科密薩爾一職，使之也有處理中俄貿易糾紛權，但監督一官並沒有廢除，後來監督官怠於職守，華商欠俄商的債，久索不歸，也不聞不問，致使西伯利亞總督數度來函質問。理藩院遂令中俄商人以現款交易，不得再有拖欠事情發生，又欲徵取俄商不能售出的貨物，以為稅則，被古夏特尼科夫拒絕，未能實現。

古夏特尼科夫回國後，曾把他的商隊售出的貨物及其價格列為一表。由這張表來看，自一六九六年至一七一六年這二十年間，由於俄國向中國大量傾銷貨物，俄國貨物的價格下降了百分之五至百分之六十❻❾。而中國商品仍大體維持原來的價格，中俄貿易已呈衰弱現象。就中國方面而言，因海禁方開，洋貨充斥境內，俄國大量運來的毛皮貨物擁擠北京，大有「物滿為患」的局勢，為了解決這一問題，中國提出兩種限制辦法：一、減少俄商來華的次數；二、只准俄國政府派遣的正式商隊來京貿易，其餘小股商隊或非政府派遣者，不得私自來京，只能在邊地貿易（按當時來京貿易者，多有冒名的私商），如色楞格、齊齊哈爾等地。但俄商自然不願如此辦理。

㈩瓦西里・伊芬商隊

一七一七年初商人瓦西里・伊芬（Василий Ифин）被委派為商務專員，

---

❻❾　一六九九年松鼠皮每千張五十五兩，一七一七年則為三十九至四十盧布；黃鼠狼皮一六九九年每百張十至十六兩，一七一七年十五至十七盧布；北極狐皮一六九九年每張六十戈比，一七一七年四十戈比；草原狐皮一六九九年每張四十至五十戈比，一七一七年十五戈比（每百張十五盧布）；山貓皮一六九九年四至五盧布，一七一七年二盧布；錦緞一六九九年五至七兩（每匹），一七一七年三至五盧布；南京棉布一六九九年每匹三兩，一七一七年三盧布。盧布同兩的比價約為0.70，即每兩值一盧布四十戈比；要換成盧布，必須在兩數上加三分之一以上。參閱加恩前引書，第一一二頁。

並攜帶三十人之商隊東來，這是來北京的最後一支俄國商隊。他在北京找不到買主，因此在指定的日期，被遣返到邊界出售其貨物❼❶。隨後新的西伯利亞總督切爾卡斯基親王曾於一七一八年八月，為西奧多爾·伊斯多甫尼科夫率領的商隊來華，向清廷提出請求，遭到拒絕。

根據以上所述，在這一時期所進行的中俄貿易，絕大多數是利在俄國，尤其在中國海禁未開放以前，俄國的毛皮等貨物完全是獨佔市場，出售價格極為昂貴，利潤甚高，對於俄國財政收入頗有助益。而在中國方面，對於來華的俄國商隊，在人力與財力上還要支付沉重與不合情理的負擔，如商隊往來的護送，途中馬匹食糧的供給以及在北京時的招待與看顧等。

但是也有必要探討的，就是清廷當時何以要承擔這些義務呢？主要因為自《尼布楚條約》訂立以後，不久發生了準噶爾部的叛亂，此對清政府壓力甚大，故對俄國盡量保持友好關係，用以防止其與準部聯合。此時，雖然噶爾丹之叛亂已平定，而策妄還未開始作亂，且清朝的統治還不穩定，隨時都有再起叛亂的可能，因此惴惴不敢輕忽，對俄國力求保持友好的關係。其次，中國歷來把對外通商視為一種懷柔政策，以為外夷有求於我，我即以寬大的態度對待之，最初也未嘗顧及損害經濟利益與政治的權利等問題，更為爾後開啟了對中國最為不利之先例。

五、清廷對俄商貿易作為之不滿

自從一六九八年重新組織對華商務，到一七一八年這二十年間，有十次俄國政府委派的商隊相繼到中國來，進行貿易活動。在這期間，由於俄國商隊的人數過多，商隊人員行為不端，以及需要由中國撥款償還俄商債務等，於是清廷對俄商不滿之心情日益加深。

此外，在這些年間來華之俄國商隊，其性質也有重大之變化。加斯東·加恩在所著《彼得大帝時期俄中關係史》（一六八九至一七三○年）一書中，對於這個問題曾說：

商隊總是一個為政府服務的大包攬商，這些包攬商或是噶斯提或是噶斯提拿亞·索特尼亞的成員❼❶，他們從一七一○年起獲得了「專員」的頭銜，

---

❼❶　同❶❷，第一○二頁。

❼❶　噶斯提即為國家效勞的大商人，他們的助手形成一個特別的階級。稱為噶斯提拿

就是說既是商人的代表，又是初級法庭推事，他們以宣誓評價員或領隊助理的職務度過見習期，然後他們第二次來華時，自己就可以成為專員了❷。關於俄國商隊隊長的稱號與職權改變以後，他可以處理商民有關業務糾紛事件，這就涉及到治外法權問題，影響到中國司法管轄權，惜清廷當時並未注意及此。

表 7-1　十七世紀末與十八世紀初期俄國商隊來華時間表

一六九八年（康熙三十七年）	第一次商隊由郎古索夫及薩瓦捷耶夫率領
一七〇〇年（康熙三十九年）	第二次商隊由鮑科夫和奧斯科爾科夫率領
一七〇四年（康熙四十三年）	第三次商隊由薩瓦捷耶夫率領
一七〇五年（康熙四十四年）	第四次商隊由奧斯科爾科夫率領
一七〇八年（康熙四十七年）	第五次商隊由胡佳科夫率領
一七一〇年（康熙四十九年）	第六次商隊由薩瓦捷耶夫率領
一七一二年（康熙五十一年）	第七次商隊由胡佳科夫率領
一七一四年（康熙五十三年）	第八次商隊由奧斯科爾科夫率領
一七一六年（康熙五十五年）	第九次商隊由古夏特尼科夫率領
一七一八年（康熙五十七年）	第十次商隊由伊芬率領

亞・索特尼亞（逐字譯為噶斯提百人團），即在今日俄國城市的市集或商隊住所，特別是在聖彼得堡城裡的，仍稱為噶斯提內依・德窩爾，即等於是噶斯提之家或稱為院子。參閱科托奇欣，《阿歷克西斯・米哈依洛維奇統治下俄國》（俄文本），第十章。

❷　同❶，第九六頁。

第八章 土爾扈特西遷與圖理琛出使

第一節 土爾扈特的源流與西遷之經過

一、土爾扈特的源流

土爾扈特 (Торгут) 原為厄魯特四部之一，駐牧在雅爾所屬的額什爾努拉，即今新疆西北塔爾巴哈臺一帶地方。其先人世系，據清高宗《御制土爾扈特紀略》、張穆《蒙古遊牧記》卷十四「額魯特蒙古新舊土爾扈特總敘」、以及何秋濤《朔方備乘》「土爾扈特歸附始末」一卷等書所載，其始祖為元臣翁罕，六傳，至瑪哈齊蒙克（《紀略》未言及此），瑪哈齊蒙克有二子：長子貝果鄂爾勒克，次子翁貴。貝果鄂爾勒克有四子：長子卓立甘鄂爾勒克，次子衛袞來布察齊，三子保蘭阿噶勒琥，四子莽海其。卓立甘鄂爾勒克有一子：名和鄂爾勒克（《紀略》說：「自貝果鄂爾勒克至和鄂爾勒克皆單傳」，與此不合）。和鄂爾勒克有六子，長子書庫爾岱青，次子伊勒登諾顏，三子羅卜藏諾顏，其餘三子無嗣，不著。書庫爾岱青有四子：一為棚楚克，一為木策楞，其餘二子絕嗣。棚楚克生子為阿玉奇，圖理琛出使土爾扈特時，正當他為汗。阿玉奇有八子：一為袞札布，一為沙克都爾札布，其餘六子無嗣。袞札布生子惇囉布拉什，惇羅布拉什生子渥巴錫（或作烏巴錫）。在西元一七七一年（乾隆三十六年）率眾內徙。

關於厄魯特的歷史，史家較多注意，或得之口述，或得之載籍，都卓然可考。然而對於土爾扈特的世系，卻大都缺乏不詳。高宗所撰《土爾扈特紀略》，自稱其材料得自土爾扈特人的傳述，因此可以依以為據。蓋厄魯特蒙古

在元代稱之為斡亦剌惕，明代稱瓦剌，清代也稱為衛拉特、衛剌特或額魯特。土爾扈特約自十世後期由厄魯特分出，駐牧在塔爾巴哈臺一帶，與歐洲各國罕通往來，他們與俄羅斯的來往，是自其部族西遷開始的❶。

二、土爾扈特西遷的原因及經過

　　土爾扈特的西遷，主要是因為與準噶爾部的某些矛盾所導致。最初，書庫爾岱青為其子棚楚克娶了巴圖爾渾臺吉的女兒為妻，生子阿玉奇，養育在巴圖爾渾處。當土爾扈特部遷徙到新的牧場時，因為孩子尚在襁褓中，所以沒有帶走。以後書庫爾岱青嗣位為部長，到西藏去熬茶❷供佛，謁達賴喇嘛，途經準噶爾，才把阿玉奇要回。書庫爾岱青死後，棚楚克嗣位。棚楚克死後，阿玉奇嗣位，才開始稱汗。以後雖然兩部一直有矛盾，但土爾扈特與準部仍然通婚，保持著同族同宗的親密關係。策妄阿拉布坦曾向阿玉奇求婚，阿玉奇把女兒嫁給了他。阿玉奇的兒子三濟札布臺吉因與阿玉奇的意見不合，曾帶領一萬五千人跟隨策妄而去。噶爾丹叛亂失敗後，阿玉奇遣宰桑率所部千人，防禦諸阿爾臺（按：即今天的阿爾泰山一帶地方）的土魯圖，說明土爾扈特雖然遠徙異域，還仍然參與準部軍務。一六九七年（康熙三十六年），策妄阿拉布坦因清軍出擊噶爾丹獲捷，遣使赴清廷告賀，阿玉奇也遣其部屬諾顏齊等隨行入貢慶捷，這時阿玉奇與策妄的關係還很友好。

　　噶爾丹覆滅後，策妄阿拉布坦陰謀併吞諸衛拉特，開始與阿玉奇產生矛盾。後來他扣留了三濟札布，阿玉奇以強硬態度索要，策妄無奈，只得放了三濟札布，但是把三濟札布帶去的從戶，都扣留據為己有了。因為這一事件，阿玉奇同策妄的積怨更深了。準部所居地方為土爾扈特東通清朝中央政府和西藏的必經之地，阿玉奇既然與策妄反目為仇，準部也就中斷了土爾扈特與東方聯繫這條道路。

　　自從土爾扈特西遷之後，到阿玉奇汗時才漸漸強大。前人修史，因其先世不著，有人說其西遷從阿玉奇開始。魏源《聖武記》「雍正兩征厄魯特記」有以下記載：

---

❶　張維華、孫西著，《清前期中俄關係》，山東教育出版社，一九九七年六月，第一版，第一八一至一八二頁。

❷　熬茶為佈施的一種，以茶佈施僧人用以修行。

策妄既有準部，則盡效噶爾丹所為，思吞併四部為一，先取土爾扈特阿玉奇女，乃離間阿玉奇子，攜眾萬五千戶，至而沒入之。旋阻其貢道，禁其入藏熬茶，阿玉奇遂全部投俄羅斯。

這裡說土爾扈特西遷，自阿玉奇汗開始。按默深這樣說，並不是出諸臆想，而是根據前人的舊說。乾隆三十六年六月壬辰《清高宗實錄》卷八百八十七載御前大臣額駙色布騰巴勒珠爾的奏疏說：「……查由俄羅斯逃出之土爾扈特厄魯特，與準噶爾之厄魯特不同，另一部落阿玉奇汗之子嗣，原未投誠，亦非準噶爾所屬。聞土爾扈特之厄魯特歸俄羅斯，不過四五十年。……」。自乾隆三十六年上推四五十年，恰好是康熙末年，也是策妄與阿玉奇發生矛盾的時候。另外在《御制土爾扈特全部歸順記》中說：「……土爾扈特者，準噶爾四衛拉特之一，……溯厥始，率亦荒略弗可考。後因其汗阿玉奇與策妄不睦，竄歸俄羅斯，居之額濟勒之地。……」這裡明確指出土爾扈特西遷，是自阿玉奇與策妄發生矛盾開始的。當時土爾扈特歸來不久，其先世源流不得詳考，而所知者只有阿玉奇汗，所以這裡說其西遷自阿玉奇始，其實與事實不符。隨後，土爾扈特的歷史逐漸明確，於是又改變了以上的說法，《御制土爾扈特部記略》在說到其西遷時說：「其入俄羅斯也，則自阿玉奇之曾祖和鄂爾勒克與策妄之祖巴圖魯渾臺吉時。」就是明證。默深在整理前史時，得到兩種不同的記載，依違不知所從，於是就調和其說，說阿玉奇汗有回舊部遊牧之事。《聖武記》「乾隆新疆後事紀」說：

土爾扈特者，故厄魯特四部之一也，其遊牧地曰雅爾，在伊犁之北，科布多之西南，接俄羅斯。其通中國，自康熙中之阿玉奇汗始。阿玉奇之曾祖和鄂，於明季國初，為鄰部所隔，率其子書岱青等投俄羅斯，其舊遊牧之雅爾地，則輝特部居之，故厄魯特仍為四部。阿玉奇既長，仍回舊部，嗣為汗，以女妻策妄。策妄則離間其子沙克都爾札布臺吉，使率所屬萬五千戶，至伊犁，盡沒入之，而逐散札布歸俄羅斯，又絕其貢道與赴藏熬茶之路。

按此說很不可靠，雅爾既被輝特部所佔據，阿玉奇怎麼能返回呢？《御制土爾扈特部記略》說：「事不再三精覈，率據耳食以為實。君子弗為也；言不

求於至是，已覺其失，護己短而莫之改易，君子弗為也。」這是說，既然知道以前說錯了，就應當改變自己的說法，以求符合歷史事實。默深讀史未見得做到了這一點，所以他調和了兩種說法，違背了歷史事實，這種做法是不對的。這是歷史上的一段公案，故在此略加辨正❸。

三、土爾扈特駐牧地方的情況

土爾扈特西遷後，其駐牧地方的情況，圖理琛在《異域錄》中有這樣的記載：

> 土爾扈特國王阿玉奇汗遊牧地方，在俄羅斯國界薩拉托夫之東南，俱曠野，西北兩面有佛爾格即厄濟爾河環流，東面有宰河環流，南面有騰紀斯湖。厄濟爾河、宰河俱向南流，歸入騰紀斯湖。沿厄濟爾河俱林木，有柞、楊、樺、叢柳。自薩拉托夫以至阿玉奇汗所居馬駑托海地方，其間有三道塔爾魯河，三道胡班河及塔爾渾并無魯蘇屯之小河，俱向西流，歸入厄濟爾河……詢阿玉奇汗遊牧地方之大小，據言東西可行三十日，南北可行二十日。

按騰紀斯湖即今日的裏海。馬駑托海，有人認為即今天厄爾頓湖。魏源《聖武記》卷四「乾隆新疆後事紀」以為騰紀斯湖即馬駑托海，其實不對。宰河指今天的烏拉爾河，烏拉爾河按照譯音有時也稱伊克河。

由此可知土爾扈特遊牧的地方，大體來說北以薩拉托夫為界，南以裏海為界，西以佛爾格（伏爾加）河為界，東以烏拉爾河為界。而其汗庭所在的地方，為馬駑托海。這一地帶，本是哥薩克等俄國人聚居的地方，自從土爾扈特移居這裡後，種族繁衍，蔚然成為俄羅斯東南邊境的一大部落，而其他居住在這裡的人，則逐漸減少了❹。

四、土爾扈特與俄國之關係

加斯東・加恩對土爾扈特與俄國之關係說：「俄人總是在巧妙的對待喀爾木克人和他們的代理人，同時它也企圖拉攏土爾扈特人。因為土爾扈特人若

---

❸　同❶，第一八四至一八七頁。
❹　同❶，第一八三頁。

是入侵，就能夠損害阿斯特拉罕和喀山；俄國若是能爭取到土爾扈特人的聯盟或中立，則在頓河區、伏爾加河中游以及烏拉爾區的各遊牧民族進行鬥爭時，就可以利用他們為助手。不過，想使遊牧民族尊重外交協定並不是一樁容易的事。因此，在一六七三至一七一〇年間，俄國不得不與變幻無常的阿玉奇陸續訂立了六個條約❺。無論如何，俄國自以為總算能夠把阿玉奇拉進他的部落行列中來，雖然經常發生背信棄義和掠劫事件，它仍然用商業上的優惠，盡力把阿玉奇引誘到自己一邊來❻。」但事實上，俄羅斯首先是藉機與土爾扈特人進行互市貿易，隨後即漸漸開始徵收賦稅，抽調士兵，干涉內政等，其目的就是要把土爾扈特變為俄國的附庸。

五、土爾扈特的宗教信仰

土爾扈特雖然在各方面受著俄國的利誘與脅迫，但因信仰與風俗之不同，始終保持其部族獨立的性質。土爾扈特襲蒙古俗，以畜牧為生，逐水草而居。而俄羅斯則住在城廓裡，以農業為主。土爾扈特奉佛法，敬達賴喇嘛；而俄羅斯則信東正教。所以土爾扈特雖然遠徙裏海以北，但是仍然與厄魯特蒙古各部，與清朝中央政府保持著密切的聯繫。

第二節　圖理琛出使土爾扈特之使命

一、圖理琛的出身

圖理琛 (Тулишэнь) 姓阿顏覺羅，字瑤圃，滿洲正黃旗人，其先世為葉赫族，清統一東北後，葉赫歸順。圖理琛家境清貧，少年時多疾病，長大後學習滿漢兩種文字。康熙二十五年，他以監生考授內閣中書，時年僅十九歲。

---

❺ 一六七三年二月二十七日；一六七七年一月十五日；一六八三年一月二十四日；一六九七年七月十七日；一七〇八年九月三十日；一七一〇年九月三日；埃里斯托夫，引證處：《俄羅斯帝國法律匯編》，第二、三、四卷，上述日期處。

❻ 一七一九年二月二十六日，豁免關稅至三千盧布數額。《俄羅斯帝國法律匯編》第五卷，第三三一四條，第六七〇頁。比較《俄羅斯帝國法律匯編》，第四卷，第三六二二條，第二二六頁。

數年後，遷內閣侍讀。康熙四十二年，監督蕪湖稅課。不久，充禮部牛羊群總管，以缺牲被控，革職。康熙五十一年，特命以侍讀銜帶領使團出使土爾扈特。

二、圖理琛出使土爾扈特之由來

圖理琛此次出使，係屬報聘性質。一六九八年（康熙三十七年），阿玉奇的弟媳那斯里馬米德帶著兒子阿拉布珠兒入藏禮佛（按：阿拉布珠兒為阿玉奇的弟弟那扎兒馬穆的兒子，其入藏禮佛的事，中國載籍沒有說明年月），但據加斯東·加恩《彼得大帝時期俄中關係史》第一一九至一二○頁所載，一七一四年七月十八日，阿玉奇的喇嘛對中國使團說，黃海貍年，即康熙三十七年（一六九八年）他動身出外旅行，據此可知阿拉布珠兒是在一六九八年動身去西藏的，歸途被策妄所阻，不能回家，投奔清政府。清廷收留了他們，並封阿拉布珠兒為四品官（貝子），賜嘉峪關附近的東舍兒亭地方駐牧。康熙四十七年（一七○九年），阿玉奇因其侄久留不歸，遂遣薩木坦東來，在「達京師表貢方物」的同時，一併探視那斯里馬米德和阿拉布珠兒。薩木坦於一七一二年抵京，受到康熙盛情款待。為了表示對於遠遷的土爾扈特的關懷，康熙隨後派遣圖理琛帶領使團前往探視，這是圖理琛出使土爾扈特的由來。

三、清廷的訓令和圖理琛出使之目的

康熙五十一年四月二十二日，即一七一二年五月二十六日，清廷給使臣們的訓令包括兩個部分：一在加強與俄國的關係，以達到暫時聯合之目的；一在竭力設法與土爾扈特加強聯繫以維繫關係。

㈠對俄國方面

在清廷授予圖理琛使團的訓令中，有關對俄國有下列記載（此訓令見《異域錄》）：

> 爾等往見阿玉奇汗，……至往返之時，俄羅斯察罕汗倘遣使欲會爾等，即往相會，或俱往相會，或著幾人見，聽其來言，著阿顏、圖理琛並新滿洲二人去見。若彼不欲見，不使人來請，則已。至相見禮儀，依彼國禮見之可也。更須問其使者，從前爾國尼古拉到中國時，行止悖戾，我

等斷不若此。見察罕汗時，如問中國何所尊信，但言我國皆以忠、孝、仁、義、信為主，崇尚尊行，治國守身，俱以此為根本；雖利害當前，亦固守此數者，寧死弗憚，不渝其道。……且數年前，聞得俄羅斯國與其鄰國不睦，互相攻伐，俄羅斯國欲調用邊兵，或疑我邊人不行調發，亦未可定。兩國和議年久，朕無他意，有調用邊兵之處，即行調撥，不必疑惑。（按：以上似有缺文。）等情，特諭黑龍江將軍，由尼布楚城移會爾國。……此役俄羅斯國人民生計，地理形勢，亦須留意。

通觀全篇訓令，關於俄羅斯者多，關於土爾扈特者少。聖祖之所以諄諄以此告誡使團，必有他特殊的用心。何況朝會典儀，一向為中國所重視，不肯輕易通融屈就。此次圖理琛出使，卻准許他們可以放棄中國禮節，而採用俄羅斯的典式。邊兵徵調，各有分界，本不應當混雜，而聖祖卻特別允許可以調用邊兵。凡此種種，都足以表現清廷對於俄國的退讓。自《尼布楚條約》訂結以來，喀、準兩部迭次生亂，所以清廷力求與俄國和緩關係。聖祖以為圖理琛此次出使土爾扈特，必然能夠見到俄羅斯的察罕汗（俄皇），所以想乘此機會，進一步貫徹和緩政策。圖理琛深明此意，出使途中曾打算前去會見俄皇，但終因沒有正式國書，而沒有達到目的。《異域錄》兩處記載此事，一在前往土爾扈特的行程中；一在回國途中。但那都在托波城。圖理琛等是清廷首次派往西方的使團，既達俄境，沙皇必肯約見，有無國書，無大關係。殊不知俄國當時對國際盟會應有的禮儀也很重視，因此，圖理琛等沒能會見沙皇。隨後，策妄稱亂，圖理琛再度出使至楚庫柏興時，又說俄羅斯可以收留其逃眾，並表示極端信任，也是貫徹和緩的表現。清廷為收服準部，不得已而向俄羅斯讓步。綜觀前後史實，便覺十分明瞭。至於宣佈中國德政，探詢民風地理，為附帶的工作，不一定有政治目的。

㈡對土爾扈特方面

關於使團如何與土爾扈特交涉的問題，清廷在訓令中也指示得很清楚，內容如下：

爾等到彼，問阿玉奇汗無恙。欲將貝子阿拉布珠兒遣回，與爾完聚。調阿拉布珠兒人來問，俄羅斯國商人科密薩爾，正在料理遣發，恰合朕意。伊竭誠差薩木坦等請安進貢，朕甚嘉憫，特遣厄魯特舒哥米斯及我等各

項人，前來頒發諭旨，並賜恩賞。至於阿拉布珠兒歸路，業遣侍衛祁禮
德前往策妄阿拉布坦處計議，尚未到來。如到時，移會爾等。彼若言欲
會同夾攻，相圖策妄阿拉布坦，爾等斷不可應允。但言策妄阿拉布坦與
大皇帝甚是相得，不時遣使請安入覲。大皇帝亦時加恩賜，雖其勢力單
弱，窮迫已極，我主斷不征伐。此事甚大，我等未便相允，爾雖將此事
奏請聖上，以我等思之，我皇上但願天下生靈各享昇平，斷無搖撼策妄
阿拉布坦之意，此事我等可保。爾等往見阿玉奇，亦照見策妄阿拉布坦
禮相待。如有饋送，爾等酌量收受。……

　　由此訓令，知圖理琛出使土爾扈特，朝廷所指示的要點有二：一為如何
遣送阿拉布珠兒；一為拒絕夾攻策妄。關於遣送阿拉布珠兒，清廷的真實意
圖令人不易理解。西方史籍多言清廷故意扣留阿拉布珠兒作人質，或許有這
個意圖，因為在訓令中，有許多含糊其詞的話，一方面說「正在料理遣發」，
一方面又說「業遣侍衛祁禮德前往策妄阿拉布坦處計議」，清廷豈不知阿玉奇
與策妄鬧矛盾，準部之路不可通嗎？圖理琛知道這種話不能誆惑阿玉奇，所
以在會見阿玉奇時，改變了一下說法說：「來時奉大皇帝諭旨，欲將貝子阿拉
布珠兒遣回，與爾完聚，若經由策妄阿拉布坦之路，策妄阿拉布坦與爾不睦，
他托言伊西邊哈薩克國、哈拉哈爾叭國，邀害阿拉布珠兒，亦未可定，不便
由此路遣回，須由俄羅斯國行走，方可安妥。特命我等會同國王定議，回京
奏聞。」（此亦見《異域錄》）然而這種說法也難說通。薩木坦既然可以獲得俄
羅斯的允許，假道西伯利亞東來中國；圖理琛也能獲得俄國的同意，沿同一
道路出使土爾扈特，阿拉布珠兒是一個稚弱的人，從者不過四人，假道西伯
利亞而返，能有什麼困難可言呢？況且如果清廷真想遣還阿拉布珠兒，為何
不於圖理琛出使時攜帶同往，而故意使問題曲折複雜？如果說還未獲得俄國
的同意，為何不在假道時提出交涉？凡此種種，均屬可疑。史載阿拉布珠兒
歿於封土，沒能返國，清廷不想讓他返回土爾扈特的目的就更明白了。但是，
清廷為何非要扣留阿拉布珠兒呢？目的是害怕阿玉奇與策妄勾連，藉以便於
要脅。阿玉奇原來與策妄關係密切，後來又產生了矛盾，在清廷看來，總以
為這些民族態度變化無常，不很可靠。清廷知道策妄必有稱兵作亂的一天，
準部必然再動兵革，那時土爾扈特從違其間，關係很大，所以先留下了阿拉

布珠兒作人質。然而這種意思又不便明白說，於是恍惚其詞，百計拖延，總使阿拉布珠兒不能回歸。這番苦心，如果明白當時的情形，就不難看出。

至於夾擊策妄的事，清廷為什麼斷然拒絕的意思也很明白。策妄明確表示反抗清廷，始自康熙五十四年的襲擊哈密。當圖理琛出使之際，雖然策妄已有不臣的思想，但是表面上還沒有不恭順的地方，如果同意與阿玉奇聯合出兵夾擊，是引導策妄提前走上叛亂之路。清廷對於西北各部，向來採取羈縻政策，是不會採取以上方式的。雖然清廷不願先動兵戈，但是聯合夾擊的主張是否已由某一方面具體提出？如果沒有提出，聖祖為何在訓令中鄭重聲明此點呢？難道是聖祖揣測當時局勢，知道策妄與土爾扈特有矛盾，預測阿玉奇必然提出這種要求，所以做出這種指示？想來阿玉奇當遣薩木坦出使中國時，一定有求援於清廷的暗示。《異域錄》載阿玉奇與圖理琛等人的對話，有足以說明這點的地方，原文如下：

> 阿玉奇汗問：「滿洲蒙古大率相類，想起初必系出同源，如何分而各異之處，大皇帝必已洞鑑，煩天使留意，回都時，可奏知大皇帝，我所遣之人來時，將此原由懇乞降旨明示我等。我雖係外夷，然衣帽服式略與中國同。其俄羅斯國乃衣服語言不同之國，難以相比。天使返旆時，察看俄羅斯國情形，凡目擊視見者，須當留意，奏知大皇帝，作何區處，悉聽大皇帝睿鑑。」

就前一段話看，阿玉奇有欲藉血統上的關係，表示親近的意思，後一段話則看出阿玉奇好像受到俄國的壓迫，積有隱痛，有打算求援清廷的意思，如這種揣測不誤，那麼阿玉奇因受到策妄的虐待，要請求清廷設法援助，是意料中的事。因為策妄是阿玉奇的大敵，數次受其侵凌，給土爾扈特帶來的危害，甚至比俄國所施加的還多。

清廷雖然不願與阿玉奇夾攻策妄，但是既然阿玉奇懇切相求，誠意結好，未嘗不可乘此機會約為盟友，一旦策妄有變，就可以牽制其後方。所以圖理琛的出使，表面上雖然是為商量送還阿拉布珠兒，實際上是為求得雙方的諒解，增進聯繫。

第三節　圖理琛出使土爾扈特之經過

一、圖理琛使團的成員

　　這個使團包括五個使臣：太子侍讀學士殷札納、理藩院郎中納顏、內閣侍讀圖理琛以及兩官吏雅圖及蘇皆。此外，還有三個騎士和十二個奴僕，另外加上阿拉布珠兒的四名人員❼。

二、俄允使團過境並採防備措施

　　清廷引用《尼布楚條約》，於康熙五十一年五月十三日，即一七一二年六月十六日，由理藩院發出一封信給西伯利亞總督噶噶林親王，要求俄國允許中國特別派遣赴土爾扈特的使團過境，並以厚待今後來北京的俄國商人為交換條件。噶噶林於一七一二年八月三十日，接著又於十月八日，寫信通知使節部的首長葛洛夫金，告訴他庫迪阿科夫已把中國方面請求使團過境的事通知他。噶噶林說他雖然不能確切知道這個使團的目的是什麼，但他認為此次出使一定是為了很重要的事情，因為中國一向是不習慣於派遣使團到國外去的。

　　噶噶林又認為出使的目的可能是想煽動阿玉奇起來反對渾臺吉，因為中國不能單獨打敗這個對手。不過，若是策妄阿拉布坦被擊敗了，中國就會來到西伯利亞的大門口，這一點是噶噶林所害怕的❽。

---

❼　理藩院致莫斯科西伯利亞總督修費耀多羅噶噶林的信：阿玉奇住在土爾扈特地方為策妄阿拉布坦包圍，已有多年不能來中國，我聖主詢問俄國商隊頭目兼專員是否可以讓自祖父以來即久任長官的阿拉布珠兒過境回去，專員答稱可以。……因為我聖主願意阿玉奇取道俄國派出自己的使節，你們要接待帶著我們聖主諭旨派往阿玉奇的人員……《莫斯科外交檔案》，信件，一七○四至一七一七年，第三十七號。

❽　一七一二年八月三十日於托博爾斯克，噶噶林給使節部大臣戈洛文的信。「大人，如果他們（中國人）搞垮這位王公（渾臺吉），中國人就會十分妨礙我們……中華帝國將同無數鄰近的西伯利亞城市接鄰……大人，我們必須注意不使中國打敗這位喀爾木克王公即渾臺吉，也不要讓他被逐出其領土；可是如果沒有阿玉奇的幫助，中國人決不能同他們進行戰爭」。《莫斯科外交檔案》，「中國事務」，一七二九年，第八號。

一七一二年十一月二十六日，俄國樞密院決定同意中國使團過境，但訓令喀山總督設法查明這個目的，並勸阻阿玉奇與中國締結任何與策妄阿拉布坦為敵的攻守同盟 ❾。同年十一月十八日，俄皇的一道諭旨，給噶噶林以同樣意思的訓令，噶噶林於十二月八日，把這訓令轉達給他下屬葉尼塞斯克的「司令官」 ❿。

三、圖理琛使團經過的路線

使團攜帶著康熙皇帝給阿玉奇的信件，於一七一二年六月二十三日（康熙五十一年七月二十三日）離開北京，他們經由蒙古，於同年八月二十四日到達色楞格斯克，在該地停留到一七一三年二月十日。在該地他們遇見了奧斯科爾科夫商隊，這個商隊正在前往北京接替庫迪阿科夫。隨後，使團經由水路於一七一三年八月二十四日到達托博爾斯克，在這個城市停留了八天。他們乃利用此時與西伯利亞總督噶噶林會談。噶噶林告訴使團說，那時正在打仗的沙皇並不急於約請使團相見，除非使團負有特別使命要見他，於是中國使團放棄了欲見沙皇的念頭。然後使團赴喀山，順伏爾加河而下，越過薩拉托夫，到達馬駑托海和阿玉奇汗的駐地。

四、圖理琛與阿玉奇的會談

一七一四年七月十二日，圖理琛與土爾扈特首領阿玉奇相見，於七月二十五日離開該地，其停留時間尚不足半個月。在這個時間內，使團只被阿玉奇親自接見過兩次。即一七一四年七月十三日與二十一日 ⓫。第一次接見時，

---

❾　樞密院訓令：「喀山總督應盡一切可能探知這次派遣使節到阿玉奇處的目的……並告訴阿玉奇切勿與渾臺吉開戰，因為渾臺吉與俄皇陛下和睦相處」，《莫斯科外交檔案》，「中國事務」，第八號。

❿　噶噶林給葉尼塞斯克司令官科爾托夫的命令：茲派陸軍中尉普羅科珀·斯圖瑤從托博爾斯克前往迎接中國大使，必須向他們提供交通工具、人力和糧食，以及國家倉庫的葡萄酒和啤酒。事關國家利益，違令者一律處以死刑。《葉尼塞斯克札記》，第五章，第七八號，載《十八世紀西伯利亞史料》，第一卷，第一一六號，第四九四至四九五頁。

⓫　司當東爵士譯（一七一二年至一七一五年中國使臣出使土爾扈特汗國起，司當東根據漢文本譯出）第十一章；蘇西埃，第一六二頁。

使團呈遞了康熙皇帝的信件，然後談到阿拉布珠兒的問題。清廷使團對於阿玉奇派遣薩木坦送給大皇帝的禮品表示謝意，並且說送阿拉布珠兒回歸的準備工作正在進行。圖理琛並強調說，把阿拉布珠兒經由與土爾扈特人不和的喀爾木克人的土地送回是會有危險的，同時詢問假道西伯利亞是否最為安全穩當。阿玉奇答應把這件事和阿拉布珠兒的父親和哥哥商議，然後再作答覆。到了第二次接見時，阿玉奇作了答覆，他說應由何路遣返阿拉布珠兒，請中國皇帝裁奪。並說，南方的道路已經斷絕了，如果使團不方便向沙皇請求假道西伯利亞，他就請求。可是北方的路線是土爾扈特和中國之間唯一可行的道路，這條道路又完全有賴於俄方的善意，俄國假如由於多次請求感到麻煩而拒絕假道，那麼土爾扈特與中國之間的交通便斷絕了。請使團歸國後，應把這件事奏聞皇上，請他注意❷。此外使團也與阿玉奇的家屬舉行多次的宴會，如阿玉奇的王妃達爾瑪巴拉、他的妹妹多爾姬拉布坦（車臣汗的妻子）、他的兒子沙克杜札布等都曾舉行宴會。喇嘛們也按照阿玉奇的吩咐參與招待中國使團，充分表示了熱烈歡迎與隆重接待的盛意。

五、土爾扈特東歸原鄉

當圖理琛出使土爾扈特五十五年後，即一七七五年，他們因不堪忍受俄國兵役徵調之苦，乃毅然決定離開其已經生活了一個世紀的國土，同時又冒著旅途上的種種危險，而東歸故里。

至於土爾扈特回歸的原因，西方有些著作如《早期中俄關係》第七章等書，還認為清廷有勸說土爾扈特返回原鄉，脫離俄國，投歸中國保護的意思。但自高宗《御制土爾扈特全部歸順記》，對於土爾扈特歸順經過，記載頗為清楚，足以說明這一方面的問題，茲錄之如下：

> 始逆命而終來服，謂之歸降，不加征而自臣屬，謂之歸順，若今之土爾
> 扈特，攜全部，捨異域，投誠向化，跋涉萬里而來，是歸順，非歸降也。
> 西域既定，興屯種於伊犁，薄賦稅於回部，若哈薩克，若布魯特，俾為

---

❷　（法）加斯東・加恩著，《彼得大帝時期俄中關係史》（一六八九至一七三〇年），江載華、鄭永泰譯，商務印書館出版，一九八〇年三月第一版，第一一三至一一四頁。

外國而羈縻之；若安集延，若巴達克山，益稱遠徼而概置之。知足不辱，知止不殆，朕意亦如是而已矣。豈其盡天所復，至於海隅，必欲悉主悉臣，為我僕屬哉？而茲土爾扈特歸順，則實天與人歸，有不期然而然者。……康熙年間，我皇祖聖祖仁皇帝，嘗欲悉其要領，命侍讀圖理琛假道俄羅斯以往。……今之汗渥巴錫者，即阿玉奇之曾孫也，以俄羅斯征調師旅不息，近且徵其子入質，而俄羅斯又屬別教，非黃教，故與合族臺吉，密謀挈全部，投中國興黃教之地，以息肩焉。……茲不數年間，又於無意中不因招致而有土爾扈特全部歸順之事。

這裡明顯指出土爾扈特的歸來，在中國方面看來是「不期然而然」、「不因招致」而來。如果聖祖真有誘其東來的意思，高宗必將追述往事，歸功皇祖，就不會出以上的說法了。

六、圖理琛出使的收穫

圖理琛使團一行於康熙五十四年五月二十七日，即一七一五年六月二十八日回到北京，此行往返三載餘，程途二萬餘里。歸國後，入奏，敘述往返一切事狀，深得皇帝嘉許，並授予兵部員外郎，以酬其功。

此外，圖理琛出使的主要收穫，除了加強與土爾扈特領導人阿玉奇相互瞭解與信任外，並對俄羅斯外交關係也有所增進。而附帶的收穫，則是幫助中國人對於域外地理知識的瞭解。圖理琛返國後，除撰有《異域錄》一書外，還繪有西伯利亞及中亞地圖一幅，其精確程度不在西方當時所繪製的地圖之下。自明代以來，在中國的西方傳教士喜歡談論輿地之學，但對於西伯利亞一帶地方，卻都不甚瞭解。至於中國載籍，因非軺車所能及，所以也不為學人所論說。圖理琛的書出版後，使中國人得以聞所未聞，填補了空白，《四庫提要》稱這幅地圖，可以「補亙古輿圖所悉」，這種評價頗為恰當。

第九章　薩瓦·弗拉迪斯拉維奇使華與恰克圖條約

第一節　十八世紀三十年代中俄兩國的一般情況

如果大家能夠深入瞭解一七二五年左右中俄兩國的現況，就可得知這兩個大國何以都有互相接近以求得諒解，避免發生武力衝突的共同願望。茲就當時中俄兩國的情況略述如下：

一、中國方面

康熙帝以數年的戰爭，造成巨大之犧牲，始征服噶爾丹及策妄阿拉布坦，但厄魯特部尚未完全臣服，策妄之子噶爾丹策零，較其父野心更大，狡猾思逞，時欲大舉威脅邊疆。於是，為征服策零計，不得不先造成其孤立之形勢。但欲孤其勢，不得不分化其與俄國之關係，此為十八世紀初期，清廷對俄持友好政策之主因，亦為此屢次要求與俄國早日劃分中俄邊界，使其不能混入蒙古疆土，以防止其聲援厄魯特情事發生。不幸，康熙帝於一七二二年十二月九日晏駕，雍正繼承皇位，仍本康熙帝維持中俄間友誼與和平及孤立厄魯特之遺志，以確定其對俄政策。

因此，即使在一七二二至一七二四年，中俄貿易關係中斷期間，清廷仍積極爭取通過談判，解決兩國邊界問題。當一七二四年俄國通知準備遣返八十四人時，中國政府便迅即於同年七月特派一等公鄂倫岱和理藩院尚書特古忒前往邊境，會見駐色楞格斯克負責對華業務的俄國官員郎克，並建議兩國就劃定邊界和引渡越境邊民問題訂立新約❶。

❶　（俄）尼古拉·班蒂什一卡緬斯基編著，《俄中兩國外交文獻匯編》（一六一九至一

二、俄國方面

俄皇彼得一世連年對瑞典和波斯開戰，雖獲勝利，但兵力和財力消耗很大，國家元氣頗受損傷，且皇族內部陰謀鬥爭頻仍，亦無餘力因商務問題向中國挑釁。為鞏固在華商務基礎，仍認為與中國維持友好和平關係，方為有利。一七二五年一月，彼得一世因病逝世，其妻凱薩琳一世繼位，她根據彼得生前的意圖，決定藉祝賀雍正帝登基和宣布她本人即位名義，派遣一名高級官員來華，進行談判。

第二節　俄國政府正式任命薩瓦使華

一、薩瓦使華的時代標誌與特徵

一七二五年六月二十九日，俄國政府正式任命薩瓦·弗拉迪斯拉維奇伯爵為特命全權大使，出使中國。法國史學家加斯東·加恩在所著《彼得大帝時期俄中關係史》（一六八九至一七三〇年）一書中，對於薩瓦使華的時代標誌與特徵曾有如下的內容：

> 從中俄開始建立關係直到今天，在兩國所有外交使節來往中，我們可以毫不誇張地說，薩瓦·弗拉迪斯拉維奇使團最為盛大，也最為重要。經過兩個世紀的政治上和領土上的變遷，那時締造的條約大部分條款仍然有效。這次出使對俄國的外交和商業獲得了永久性的後果，對科學和文化方面也是如此。僅僅出使本身就構成對於以前一切相類似的企圖來說，是綜合性的總結，而且同時標誌著一個時代的終結，和另一個提出領土要求的時代的開始，後一個時代到現在尚未終結。這次出使構成了從十八世紀第一個二十五年開始的俄中兩國關係史的基礎；
> 這次出使是由《尼布楚條約》的訂立（一六八九年）後所發生一系列事件所引起的，更由伊茲瑪依諾夫的出使（一七一九至一七二二年）以及

七九二年），中國人民大學俄語教研室譯，商務印書館出版，一九八二年十一月，第一版，第一一〇頁。

郎克在外交方面的活動（一七二一至一七二五年）作了準備，由有關兩
國各自認為是最重要問題所刺激——對俄國來說，重要的是商業問題，
對中國來說，則是邊界確定問題，而最後更由俄中兩國就其共同的近鄰
喀爾木克或厄魯特人的領袖琿臺吉所作的政治考慮所促成。這次出使的
特徵，同以往俄中兩國關係所呈現的特徵相同；它涉及政治外交和商務
的各種事項❷。

二、薩瓦的出身與擅長

　　他的全名是薩瓦・盧基奇・弗拉迪斯拉維奇，薩瓦則是中國人的習慣譯
名。然而在俄國外交部的檔案裡，只用他名字薩瓦和他的家姓弗拉迪斯拉維
奇，這同俄語習慣相反，俄語習慣是用本名和父名，不用家族姓氏的。即薩
瓦・弗拉迪斯拉維奇這個姓名譯成俄文是 Сава Владиславич，這是他當時
在文件常用的形式。出生於一六六八年❸，在波斯尼亞一個貴族的家庭裡，
他的父親為了躲避土耳其人，逃到威尼斯去，後來又到臘古札去，因此後來
就得到「臘古札」這一別名。薩瓦自己是君士坦丁堡的商人。空餘時間，又
擔任俄國大使葛利青親王和烏科藍斯多夫的秘密代理人。他於十八世紀初到
俄國來❹，一七〇二年他在阿速夫城。一七〇三年七月一日，他申請在該城
開設一間商號，要求在俄國、歐洲部分自由貿易十年，只繳納與莫斯科商人
們同樣的捐稅，又申請出售西伯利亞的勒拿貂皮。同年七月六日，批准了他
的要求，但以三年為限❺。他在莫斯科給俄國駐土耳其大使托爾斯泰辦理了

❷　（法）加斯東・加恩著，《彼得大帝時期俄中關係史》（一六八九至一七三〇年），
　　江載華、鄭永泰譯，商務印書館出版，一九八〇年三月第一版，第一九五至一九六
　　頁。

❸　一七二七年一月十四日，薩瓦・弗拉迪斯拉維奇宣稱第二天他就滿五十九歲。《莫
　　斯科外交檔案》，「使節公務日誌」，第一卷，第三一七頁背面，因此他出生於一六
　　六八年一月十六日。

❹　如果相信「北方的蜜蜂」上的文章，他於一六九九年動身，一七〇〇年抵達莫斯科，
　　開始同阿帕拉克辛海軍上校接觸。

❺　《俄羅斯帝國法律匯編》，第四卷，第一九三六號，第二二二至二二三頁。這個特
　　權是准許他在西伯利亞取得所謂勒拿貂皮的權利，由於准許他在西伯利亞出售，就
　　等於在西伯利亞享有專賣權。文件上說，給他享有這個特權，是酬謝他忠心耿耿的

一項秘密的事務後，又於一七〇五年三月，向政府申請允許他的商品自由進入小俄羅斯和烏克蘭（該書在這裡將小俄羅斯和烏克蘭並稱，似有不妥，因為一般人稱俄羅斯民族是：俄羅斯、白俄羅斯和小俄羅斯（即烏克蘭──作者））。一七〇五年四月，俄國政府發布命令迅速地滿足了他的要求❻。一七〇五年彼得一世賜給他一所位於莫斯科的房屋，一七一〇年又把小俄羅斯的地產賜給他。

薩瓦·弗拉迪斯拉維奇也曾隨俄軍出征普魯特（一七一一年）。臘古札共和國封他為伯爵，俄國也任命他作為內廷顧問官❼。自一七一六年至一七二二年，他為彼得一世在臘古札、威尼斯及羅馬各處參與各種談判。回到俄國以後，他就有了樞密官的頭銜，不久就被任命為「特派駐華全權大臣」。這時（一七二五年）他已是年近六十的人了，非常善於應付複雜微妙的商業談判和外交事務。尤其重要的是，他做事非常有條理❽、清楚、精確，不論是在最重要的政治問題上，還是在處理日常事務的最瑣碎的細節方面都是如此。俄國在它的對華談判中，從來沒有找到過這樣有才智、這樣有經驗、這樣稱職以及對俄國的利益這樣忠誠的人物❾。

三、薩瓦使團的成員與任務分配

一七二五年六月二十三日薩瓦·弗拉迪斯拉維奇呈給外交部一份報告，依據六月十八日任命他出使中國的諭旨，要求給他各種助理人員和文件，要求一個醫生、一個植物學家、一個地理學家、兩個數學家等。

俄國政府深深知道，薩瓦雖然精明能幹，但是他對中國事務卻缺乏直接經驗。因此俄國官吏選派了一個最瞭解中國，對中國的外交和商務程序熟悉的官員作為他的助理，這個人就是勞倫斯·郎克，他從一七一四年就到中國，服務。

❻ 《俄羅斯帝國法律匯編》，第四卷，第二〇四四號，第三〇一至三〇二頁。他每年還享有三二五盧布的津貼。

❼ 他是在一七一〇年被任命為內廷顧問官。參閱米柳科夫，《十八世紀頭二十五年俄國國家機構》（俄文），第二版，聖彼得堡，一九〇五年，八開本，第三八八頁。

❽ 有一個例子可以證明他辦事有條理，我們在他的報告、信件和其他來往的書信中，可以注意到，他不僅是把事實、理由和細節分清楚，而且還非常仔細地加以編號。

❾ 同❷，第一九八至一九九頁。

他又和伊茲瑪依諾夫和伊斯托甫尼科夫商隊一起留在北京將近兩年（一七二
○年十一月十八日至一七二一年七月），以後他就留在西伯利亞負責處理中國
事務，並繼續窺探中國的情況，可謂俄國瞭解中國最深切的一個人，自然能
夠給予薩瓦很大的幫助❿。

　　除郎克外，對於使團其他人員的委派，俄國也很重視。派到使團來的有
一個樞密院的審理官⓫斯捷潘‧闊留赤夫作為劃界工作的幫手，因他剛擔任
過俄國與波蘭及土耳其邊界的劃界工作，這些經驗自然可以用於中俄邊界之
劃分。

　　使團還帶有一支衛隊，由十年前與厄魯特人作過戰的伊凡‧巴赫爾慈上
校率領。薩瓦為了邊界談判中的劃界工作，需要調查西伯利亞東南部的地理
情況，因此從俄國的科學院要了一些精於地理學及測量學的人，以便幫助闊
留赤夫從事考察工作。俄國政府為了鞏固在北京的東正教會，以及訓練翻譯
人才，又派主教英諾森‧庫利茨基隨使團來華主持教務，並攜帶教士二人，
學生二人同行，前者為襄辦教務，後者則為學習滿蒙文字，以供作翻譯之用。
後來薩瓦認為這兩名學生年齡太大，又改派了兩名年輕人充任。總的來看，
這次使團的規模很大，組織也很嚴密。薩瓦之下有使臣的隨員，其中包括秘
書、書記、書吏、翻譯、醫生、學生、主教、神父、商務代表、測繪人員、
後勤人員等，正式使團人員達一百二十人。另外使團還帶有一支人數達一千
四百人的軍隊作衛隊⓬。這樣使團的人數計就達一千五百餘人。

　　其次，使團中每個人的責任和職務都有明確規定：全權大使薩瓦及其秘
書和事務官負責外交；郎克和特列季亞科夫所領導的商隊負責商務；闊留赤
夫和測繪人員負責繪製劃界時需用的邊界地圖；主教庫利奇茨基和其他教士
負責宗教事務；由一個蒙文翻譯阿列克西‧特列季亞科夫和幾個拉丁文翻譯
負責使團的翻譯工作；整個使團的安全保衛工作則由巴赫爾慈及其率領的衛

---

❿　《莫斯科外交部檔案》，一七二五年，第四號。

⓫　闊留赤夫給安德列‧伊凡諾維奇（外交部成員）的一封信，一七二六年四月七日發
　　自托博爾斯克，由他本人簽名，信中抱怨人們沒有用審理官的頭銜稱呼他。《莫斯
　　科外交部檔案》，一七二六年，第十九號。

⓬　一千三百三十名步兵，一百零八名騎兵。名冊由約翰‧布呂康森少校簽署，一七二
　　六年一月二十六日交出。《莫斯科外交部檔案》，一七二六年，第九號。

隊負責。

四、薩瓦使團攜帶的物品

薩瓦使團人員除領有兩年特殊薪金外❸，又發給一萬盧布作為置辦贈送中國皇帝的禮物，三千盧布作為置辦贈送各大臣及那些表現友善態度的人的禮物❹。這些禮物主要是實物：歐洲製的錶、掛鐘、大面鏡子和普通鏡子，這些鏡子曾得到好評，以及價值昂貴的毛皮（貂皮和黑貂皮）。到了一七二五年底，一個信使又傳達命令，要在托博爾斯克取二萬八千盧布，後來半數以貨幣，半數以毛皮支付。如果我們把薪金、禮品、運輸費以及其他各種附加的費用計算起來，則整個使團的費用是十萬盧布，相當於二百萬法郎以上。

第三節 俄國政府發給薩瓦使團的訓令

俄國政府為了使薩瓦能夠徹底知曉以前屢次俄中談判和交往的全部詳細情節，沒有遺漏任何一樁應作的事。僅僅給他參閱的文件或者抄件的目錄，就佔據了他的公務日誌整整十頁❺，這些文件不只包括他的前任戈洛文、伊茲勃蘭德·義傑斯和伊茲瑪依諾夫等人的公務日誌的副本，不只包括一七二二、一七二三、一七二四年間的全部報告、文件和來往函件，甚至還有有關宗教事務和俄國在蒙古的商業狀況的摘錄。此外，俄國政府還對薩瓦發佈了有關外交和商業方面的訓令和密令。

---

❸ 薩瓦大使年薪六千盧布；闊留赤夫一千五百盧布；巴赫爾慈六百盧布；秘書五百盧布；學習漢文學生三百盧布；醫生二百盧布；測量員一百二十盧布；士兵十盧布。《莫斯科外交部檔案》，一七二六至一七三二年，第二十號，第六九至七〇頁。

❹ 在西伯利亞取一萬盧布，加上三千盧布的禮物、三千盧布交通運輸費。外交部一七二五年八月十日給樞密院的報告，一七二五年八月十二日樞密院的命令。《莫斯科外交部檔案》，一七二五年，第四號。

❺ 《莫斯科外交部檔案》，「使節公務日誌」，第一卷，第四〇至五〇頁。由他親筆簽名的抄本和收據。《莫斯科外交部檔案》，一七二五年，第五號，僅有抄本，一七二五年，第六號。

一、外交部的訓令

俄國外交部於一七二五年九月發給薩瓦一份長達四十五條的出使訓令，其內容如下 ❻：

(1)為便於特命全權使臣瞭解目前俄中兩國的關係處於何種狀態，特將曾出使中國的使臣伊茲瑪依諾夫的使團公務日誌副本和中國提出的各項要求的清單發給特命全權使臣；

(2)將商務代表郎克前此在色楞格斯克與兩名中國大臣就有關劃界、逃人、消除爭端和俄國商隊等問題進行談判的紀要發給特命全權使臣；

(3)發給他一封為恢復兩國朝廷和睦和自由通商進行談判的委任證書；

(4)授予他依據本訓令所闡述的原則就一切有爭執的問題和各項要求友好地達成協議的全權；

(5)為使劃定邊界這一最重要的工作不致中斷起見，委派專門界務官科雷喬夫和弗拉索夫負責處理此事，他們在與中國界務官進行談判時，完全遵照特使的指示行事；

(6)為了讓使臣和俄國商隊盡快獲准進入中國，命令商務代表郎克將此事通知中國朝廷；

(7)為了保衛西伯利亞邊界城市和領土，特別是在劃定邊界時要有人擔當此項任務，委派布霍利茨上校隨同使臣前往。該上校完全受使臣領導。他們二人應盡速取道莫斯科前往西伯利亞；

(8)使臣在西伯利亞逗留期間，應查明御前大臣戈洛文未曾劃定邊界的地方，用文字加以記述，在地圖上標明其地理位置，並說明這些地方是否為俄國所必需。同時，還應查明有關逃人，遭受的損失和其他與中國人所發生的新舊邊境糾紛的情況；

(9)在接近中國邊界時，使臣應將自己即將到達一事通知當地中國邊疆大臣，向他們說明本使團出使中國的緣故，要求接待並給予應有的禮遇，無阻攔地護送他及帶有貨物的商隊前往北京；

(10)如中國人不願讓他帶著商隊，也可不帶商隊前往，但是在到達北京以後，應請求准許商隊入境；

❻　《俄中兩國外交文獻匯編》(一六一九至一七九二年)，第一三七至一四一頁。

⑾如果由於迄今未劃定邊界和未交還逃人諸原因，連他本人也不准予前往北京時，他應向中國大臣指出，他們博格德汗的尊嚴和榮譽要求目前在北京解決上述兩項問題；

⑿當他本人被獲准入境時，應讓專司劃界的界務官留在邊境，他本人則前往博格德汗所在的地方；

⒀在到達北京後，應要求受到和他的官銜相稱的接待，而不得絲毫有損於大君主的榮譽；

⒁在覲見博格德汗時，在禮儀的規格上不得有任何低於伊茲瑪依諾夫的地方。相反地，他作為特命全權使臣應力求提高規格以增加自己的榮譽，不妨說耶穌會教士可以作證，他們都熟知羅馬皇帝和歐洲其他大國是如何隆重地接見俄國大臣的。總之，在這方面應盡可能力爭，但也要適可而止；

⒂將委任證書的副本交給中國大臣後，應極力要求交由他帶回的答此國書的覆文中所寫的稱號無損於俄國女大君主的榮譽；

⒃在覲見博格德汗時，應說些得體的話，祝賀他繼承帝位，並保證要維護友好和睦關係；

⒄在和中國大臣舉行的會議上，他也應作如上表示；

⒅他首先要向他們建議雙方自由通商，並按自由價格每年進出口各種貨物；

⒆如果中國方面藉口向商隊提供車輛有困難而不允其入境時，可同意由俄國商隊和商人自負費用和自籌糧秣前往，並要求在中國逗留不受時間限制，直到買賣完畢為止。但是，對於使臣和信使，雙方都應提供車輛和糧秣，以表示對君主的尊敬；

⒇為制止俄國商人有任何不正當的行為，應准許俄國商務代表或領事留駐北京；

(21)如果由於未解決劃界問題和交還逃人，中國人不願通商，則應向他們指出：

(22)有關逃人一事業已了結，因為根據調查所發現的八十四名逃人已經交還給中國方面，而且今後如再發現有類似逃人，定將派人送回；

(23)如果中國人堅持要求交還餘下的全部逃人，則應說，雖然俄國並不需要這些逃人，但為了不致破壞《涅爾琴斯克和平條約》，交還這些逃人是不適宜的；

(24)同樣地，如查知在中國有俄國逃人，使臣應竭力要求交還；

⒂如果中國人執意庇護這些逃人，則可暫將此事擱下不談；

⒃關於劃定邊界一事，他應在西伯利亞搜集到以下情報：何處確已劃定邊界？何處尚未劃定？俄國和中國領土的準確界線究在何處？中國人究竟對那些領土提出強烈要求？這些地區從前是歸誰佔有？關於所有這些情況，他應持有明白無誤的地圖和精確的記文，而在獲得這一地圖以前；

⒄他應竭力推遲劃定邊界；

⒅在邊遠和渺無人煙的地方，擴大本國的領土，無論對於俄國或中國朝廷來說，雖然都沒有什麼利益可言，但是為了使兩國屬民能安居樂業，兩國朝廷必須對所有未定界地區備有現成的記文，或最精確的地圖，以此作根據最後定邊界；

⒆如果中國人接受此種辦法，則即命令界務官對這些地方撰寫記文；

⒇如果他們不肯接受此一辦法，則雙方應確認根據《涅爾琴斯克條約》所劃定的邊界；

(31)若他們對此種辦法也不同意，而要求撰寫未定界地方的記文，並最後劃定邊界時，那麼使臣對於有關未定界地方的問題可以提出自行酌情處理，但不得把建有俄國城市和要塞的地段讓給中國；

(32)關於邊界問題所作的決定，應通知俄國界務官；

(33)無論中國人如何堅持要求，均不得同意割讓俄國的領土，可藉口說沒有陛下的諭旨而予以拒絕；

(34)中國人過去曾多次向使臣伊茲瑪依諾夫建議拆毀阿穆納坎、色楞格斯克、烏丁斯克和涅爾琴斯克諸城市，因而他們也可能向弗拉迪斯拉維奇提出這一點，硬說在俄國方面的安加拉河似乎是一條邊界河流。在這種情況下，他應極力駁斥此種謬論，並證明流入安加拉河和貝加爾湖的一切河流從來就在俄國邊界的右方；

(35)絕不能同意中國人在額爾齊斯河畔修建要塞；

(36)不得在因劃分未定界地方而發生爭執時，讓俄國商隊仍留在北京；

(37)恢復並鞏固俄國在中國的貿易，是他最主要使命之一，因此他必須竭盡全力，最出色地完成這一使命；在執行此項使命時，要盡力做到：

(38)請耶穌會教士在這一問題上給使臣以幫助，而為酬謝他們，可允諾不僅他們的信函，而且他們自己往返中國均可通過俄國領土；

(39)有關彼得一世去世，和女皇陛下凱薩琳一世即位的通知書，他應在私人觀見時呈遞給博格德汗；

(40)向博格德汗呈獻禮品的儀式要得體，同時事前應瞭解這些禮品是否會被愉快地接受？他在使用專為辦理各種事務所帶去的三千盧布款項時，應把各種使用項目一一登記入帳；

(41)他應攜帶同現在色楞格斯克的商務代表郎克一道前往北京，以便協助處理各項公務，如能獲准讓郎克留駐該國，則應發給他一張委任證書；

(42)凡有關重要事務的來往信函，他應使用密碼，無論是和界務官，還是和布霍利茨上校或商務代表郎克通信也應如此；

(43)他應把現在色楞格斯克的英諾森‧庫利奇茨基主教（不要聲明他是主教）及其屬下的全體神職人員帶往北京；使臣在離開北京時，應竭力爭取中國准許該主教留在那裡，主持教堂祈禱儀式，並且不阻止他前往中國境內有信仰俄國宗教的教徒居住的地方進行訪問，還應請求撥給一塊地皮，以供修建教堂之用；

(44)如在該主教入境的問題上引起中國人懷疑，因而不願讓他入境時，則可讓他留在邊界；

(45)不得向任何人洩露國家機密。使臣應牢記一七二四年一月十三日所頒佈的有關禁止洩密的諭旨。

二、商務部的訓令

俄國商務部也給薩瓦頒發了一道訓令，即提出了以下各點讓他注意**⓱**：

(1)應竭力要求不僅准許商務代表郎克本人能留駐北京，而且准許他能派遣下屬人員到其他城市去；

(2)希望能准許商務代表修建一處館舍，以便存放運去出售和購到的貨物；

(3)請求博格德汗按照歐洲各國慣例，給予商務代表和俄國領事以特權；

(4)准許所有俄國商人攜帶貨物來往於中國境內和境外進行貿易，且不限定人數；

(5)准許商人們既可和中國人，也可和蒙古人，以及中國境內的其他民族自由貿易；

⓱ 同**❶**，第一四二至一四三頁。

(6)無論在何地均不得禁止他們零星地和成批地買賣自己的和他人的貨物，諸如金、銀、寶石和織錦緞等，並得將這些貨物自由運出中國；

(7)凡涉及到商人們的案件或商務案件，應給他們以迅速而公允的裁決；

(8)他們只接受俄國領事的審判和懲處；

(9)准許他們在往返中國的途中，按實際的價格購買各種食物、糧秣和車輛；

(10)准許他們在全中國境內，在買賣貨物和出入境時均免繳關稅和各種稅款；

(11)在任何地方均應給他們派遣護送人員；

(12)如俄國人在中國死亡，或中國屬民在俄國死亡，死者所遺全部財產應交給總領事替死者繼承人代為保管；

(13)竭力爭取上述各款均載入條約，此項條約應為博格德汗及其繼承人所遵守；

(14)應查明那些俄國貨物或外國貨在西伯利亞比較暢銷；

(15)調查由陸路和水路，用雪橇和大車運貨的運價為多少；

(16)與蒙古人可以經營何種商業？從那裡可以經常運出何種貨物？其價格為何？那裡採用什麼度量衡單位？使用何種貨幣；

(17)外國商人運到中國海港的是何種貨物？運出的是何種貨物？從北京到廣州的水運價格為多少？當地採用何種度量衡單位？通用何種貨幣；

(18)既然中國人經常同日本人進行貿易，即應盡力對日本及其貿易情況切實查明，因為當俄國利用阿穆爾河航運時，俄國與日本人的貿易會比俄國與其他任何國家的貿易都更為有利，特別是在載運進出口貨物方面損失較少，而且安穩安全；

(19)應製出一份專門的表格，說明從莫斯科到托博爾斯克和從托博爾斯克到北京之間全年的水路和陸路每普特的運費價格為多少；

(20)最後，如俄國商務代表能留駐北京，而弗拉迪斯拉維奇伯爵又認為有必要由自己對訓令有所增補時，則可由他自行酌定。

三、密令

　　除上述外交部和商務部的訓令外，俄國政府於同年九月十四日和二十一日又補充了如下密令[18]：

(1)薩瓦應查看中國城市及地理位置，探知各城市的駐軍人數及設防情況和行

---

[18]　同[1]，第一四一至一四二頁。

政長官，中國各地的物產情況，從一個城市到另一個城市的距離以及小城鎮、湖泊、鄉村、草原和森林情況；

⑵記述中國的統治方式，軍隊人數，他們的武器和大炮裝備，他們的國土與其他國家接壤的情況，他們同別國是否存在糾紛或戰爭？

⑶關於一七二三年在西伯利亞邊境捕獲並押送到伊爾庫次克的十四名俘虜的渾臺吉人，中國兩次派人前來強烈要求交還，對於這些逃人，使臣應審慎地並根據將來的情勢酌情處理。

俄國政府發給薩瓦的訓令雖然如此繁多詳盡，但總括起來，可以歸納為四個重點：第一，他應與中國締結商約，或是至少也應恢復中斷了的關係。為了做到這點，他可以利用一切手段和一切人，尤其是耶穌會教士，可以許諾他們經過西伯利亞旅行及通訊的自由❶。薩瓦應盡力獲得商隊入境的許可，以及獲得在北京設立事務官或領事，後一職務應由郎克擔任。如果中國方面堅持要先解決邊界問題，薩瓦應為了最重要的商業利益在這一點上向中國讓步❷。第二，他應盡早繪製一張地圖，以便與中國劃分疆界時作為依據，外交部對於劃界範圍絲毫沒有資料❸。這一工作應由俄中專員配合進行。俄國不能放棄外貝加爾區、烏丁斯克、色楞格斯克、尼布楚等要塞，在東部，《尼布楚條約》已把額爾古納河定為國界❹；在西部，中國人曾向伊茲瑪依諾夫談及在額爾齊斯河上建築一個城市，但額爾奇斯克屬於俄國，這樣作是不可能的。薩瓦·弗拉迪斯拉維奇還應注意不要把礦區、有價值的土地和戰略要地等讓給中國❺。第三，至於私逃者問題，薩瓦應提出一七二二年七月二十二日彼得大帝的諭旨，這一諭旨已經命令送回這些私逃者，費菲洛夫的調查已經決定引渡八十四名私逃者，郎克應於一七二四年八月十六日已將他們送

---

❶ 第三十八條，參閱尼古拉·班蒂什——卡緬斯基，《俄中兩國外交文獻匯編》，第四五一至四五二頁。

❷ 第二十一條，參閱尼古拉·班蒂什——卡緬斯基，《俄中兩國外交文獻匯編》，第四四四頁。

❸ 第二十六、二十七條，為了達到這個目的，他應盡量拖延談判，以便外交部掌握材料作出判斷。第二十七條，參閱尼古拉·班蒂什——卡緬斯基，《俄中兩國外交文獻匯編》，第四四六至四四七頁。

❹ 第三十四條，同❸，第四五〇至四五一頁。

❺ 第三十一條，同❸，第四四九頁。

回❷。第四，薩瓦應設法使庫利奇茨基主教秘密進入中國，然後再設法為他
獲得在北京居住以及到各省進行宗教職務上的巡視的權利。如果這一點不能
做到，他有權把主教留在國境上。不過最低限度，薩瓦應設法使中國同意給
與一小塊土地以便修建教堂，費用由俄國女皇負擔❷。

第四節　薩瓦啓程東來

一、領取官方文件

一封俄皇致博格德汗的信，簽署日期是一七二五年八月三十日；一道諭
旨授予薩瓦‧弗拉迪斯拉維奇全權大使職權；第三封是國書，日期同前，第
四封是護照❷。

二、薩瓦使團的行程

薩瓦接到以上外交、商務兩部訓令以及密令後，一切應有手續業已準備
完畢，於是使團在一七二五年十月十二日從聖彼得堡啟程東來❷。沿途經托
博爾斯克、巴拉巴等地，於翌年四月到達伊爾庫次克。他在伊爾庫次克逗留
期間，重點安排了中俄邊境地圖的繪製工作，這是他在途中所完成的最重要
的工作之一。

早在薩瓦出發之前，俄國外交委員會為了中俄邊界談判的需要，已經安
排俄西伯利亞總督多爾葛盧科夫親王繪製邊境地圖。多爾葛盧科夫接到命令
後，即把這一任務交給了伊爾庫次克的測量員彼得‧斯考貝爾琴和他的三名
助手。該地圖於一七二六年（雍正四年）四月完成，一共繪製了四份，一份
交給外交委員會，一份給薩瓦，一份給多爾葛盧科夫親王，一份給了郎克。
當薩瓦到伊爾庫次克時，郎克就把地圖呈給他。薩瓦看到這份地圖後，認為
它還不夠完善，不很滿意，於是組織人員重新調查繪製地圖。一七二六年五

---

❷　第二十三、二十四條，同❷，第四四五至四四六頁。
❷　第四十三、四十四條，同❷，第四四五至四四六頁。
❷　同❺，第一卷，第四一頁。一七二五年，第五號（有簽名的抄本）。
❷　同❺，第一卷，第五三頁正面。

月，他把測量員分成兩組，給他們下達了詳細的指示。第一組由斯考貝爾琴和巴斯卡科夫負責，前去探查伊爾庫特河、庫蘇泊、薩彥嶺、葉尼塞河上游以及阿巴根山脈；第二組由測量員巴西爾·恰提洛夫和伊凡·斯維思圖洛夫負責，啟程去格爾必齊河到烏特河以達於海的山區去勘查。要求他們應把勘查結果繪製成一張有度數的地圖，隨同地圖附上一本冊子，裡面要有關於這些地區的天然地理、人種誌以及該地區各納貢民族對俄國應盡的納稅義務的情報；第一組還須在葉尼塞河及其支流額連固薩河之間尋找那尊清聖祖所注意的古佛像。他們應在兩個月之內設法完成大部分任務，並將各方面所獲得的資料，於當年七月以前送至色楞格，再把補充材料送給闊留赤夫。第二組的工作則要求比第一組還要快些，以免影響談判工作。

後來，這些調查工作都在《恰克圖條約》訂結以前完成了。當中俄進行劃分邊界時，俄國因明瞭地理情況，加之在調查中又編造了種種根據，使其提出了完全有利於俄國的劃界方案，並在劃界時獲得了很多利益，這不能不歸功於此次勘查。當然，此圖的繪製無疑也有利於增進人類的地理知識。西伯利亞偏處東北，荒寒未闢，為歷代言輿地者所不及，自俄國人東來，迭次派人探險，各地形勢已得其大概，這次又經過較為詳細精確的測量，山川脈絡，風土民情都能道其細微，這不單裨益於一國，也為世界人民多增加了一分地理知識❷❽。

當俄國政府決定派遣薩瓦東來後，即把這一消息通知郎克，郎克於是在一七二六年二月派遣秘書大衛·格拉韋偕同翻譯前來北京，將此消息轉告清廷。在他們帶來的〈俄使郎克為通報俄女皇即位及俄使來華等事致理藩院大臣咨文〉（俄曆一七二六年二月二十二日❷❾）中，宣稱「一七二五年八月十日，大使薩瓦·弗拉迪斯拉維奇，業已於我聖彼得堡城準備就緒，計其前往大國之日期，可於今春抵達邊界地方，為此，現特通告大臣等，俟我該大使行抵貴國邊界後，請照例迎至京城。」雍正四年三月二十六日（一七二六年四月二十八日），理藩院復函郎克，通知他中國已「派我公·舅舅隆科多、伯四格，

❷❽ 張維華、孫西著，《清前期中俄關係》，山東教育出版社，一九九七年六月，第一版，第二二五至二二六頁。

❷❾ 《清代中俄關係檔案史料選編》，第一編，下冊，第四四四至四四六頁（譯自《滿文俄羅斯檔案》）。

前往喀爾喀卡倫❸」，迎接俄國使團，俟薩瓦抵達後，即帶領他們進京。俄曆一七二六年六月十九日，俄方又送來〈俄使薩瓦為進京事致隆科多咨文〉，該文正式通知中國政府，薩瓦使團一行約一百三十人，「可於七月內到達，屆時請於布拉河地方預備馬二百匹、駱駝一百五十隻，並酌情供給跟役人等食用物品。」當時隆科多已在庫倫等候，接他信後立即覆信，答應了他的要求。

　　一切準備工作就緒後，薩瓦一行離開伊爾庫次克，乘坐平底木船溯安加拉河而上，渡過貝加爾湖，於八月間抵達色楞格。俄曆八月二十四日，使團抵達離恰克圖十俄里的布拉河，見到已在此等候多日的隆科多和伯四格。隆科多告訴薩瓦，本應讓使團留在當地立即舉行談判，因使團兼有祝賀新皇登基的使命，同意他先去北京，薩瓦提出帶商隊及教士同行，隆科多以未奉諭旨拒絕這一要求。薩瓦為此跟隆科多爭執了三天，隆科多堅持所有商人及教士等不得入境。薩瓦只得帶領少數扈從由伯四格陪同，於一七二六年十月二十一日到達北京❸。

三、薩瓦抵達北京初期活動情況

　　薩瓦抵達北京不久，迅即同法國在華耶穌會傳教士巴多明（原名巴雷寧）緊密連絡，進行蒐集中國情報的活動。他早在離開聖彼得堡之前，就獲得了法國駐俄大使給巴多明傳教士的介紹信。途經伊爾庫次克時，乃用義大利文書寫密函，請求巴多明在刺探情報方面給予協助。到達北京後，多次與巴多明密談，確定了彼此秘密聯繫的方式。這時候，雖然巴多明已失去雍正皇帝的寵信，但薩瓦通過他而買通了深悉國家重要內情的清朝大學士馬齊。這個缺乏國家民族意識者，竟把清政府有關政策和動向全部告訴了薩瓦❸。所以，薩瓦在以後給俄皇的報告中曾得意地說：「當我留在北京期間，通過耶穌會的傳教士們，並利用禮物找到了一些善意的人……在這些人中，現任大學士馬齊❸——即在我以前的報告中所指的那個人——給我很大的援助，並答應今後繼續協助我。我通過商隊給他送去了一千盧布的皮貨作為禮物，並給介紹

---

❸　同❷，第四四三頁。

❸　同⓰，第一卷，第一七〇頁正面。

❸　同❷，第二〇七至二〇八頁。

❸　同❷，第二〇八頁。

人巴多明傳教士一百盧布。」

第五節　薩瓦與中國代表開始談判

一、雙方談判代表

　　薩瓦停留北京時間達六個多月之久，除了初期進行情報活動以外，他與中國政府代表就邊界問題舉行了三十多次會議。當談判進行時，俄國方面由薩瓦獨負其責；中國方面則由理藩院吏部尚書察畢那、特古忒、兵部侍郎圖理琛三人為談判代表，按雍正五年的中俄邊界談判，分為二期進行：在北京交涉時，中國方面的代表是察畢那、特古忒、圖理琛等三人，此見於薩瓦的報告書，利治所譯的《早期中俄關係》一書之第十一章也載有其事；在邊地進行第二輪談判時，中國自北京派出的代表有國舅隆科多、郡王額駙策凌、內務大臣伯四格、侍郎圖理琛等四人。

二、談判經過

㈠北京談判

　　在北京談判一開始，薩瓦就先發制人，向中國大臣遞交了一份書面資料，其中避而不談劃界問題，而是譴責中國「自締結《涅爾琴斯克條約》以來，每天強加於俄國屬民的難以容忍的欺凌」，並列舉了隱匿逃人、停止通商、侵佔俄國土地等事項。在資料末尾，還恐嚇中國說：「如果中國大臣們，不對女皇陛下的國書予以答覆，不滿足俄羅斯帝國的全部要求，不與她締結和約，不建立貿易關係，那麼，他不僅沒有奉旨劃定邊界，而且連在締結《涅爾琴斯克條約》時，被中國人從俄羅斯帝國所奪走的土地，也要求予以歸還。至於將來是保持和平，還是另有考慮，則將由女皇陛下裁奪❸❹。」中國談判代表則對此進行了針鋒相對的駁斥。他們說：俄國隱藏的中國逃人有六千多人；「蒙古人是和我們骨肉相連的民族，蒙古人的領土一直延伸到托博爾斯克；無論第二代阿勒坦汗，還是其他臺吉，過去都從未歸順過俄國；當前最主要的，應首先劃定烏特河與石頭山嶺之間這一地區的邊界線」。中國大臣憤怒地

❸❹　《俄中兩國外交文獻匯編》，第一五五頁。

說：「把逃人交還給我們，最終劃定邊界，只有到那個時候，我們才談貿易和其他問題❸。」薩瓦見圖理琛等三位中國代表的態度如此強硬，便放下了這些問題不再提，而另外又提出了一些對俄國最感迫切的問題來，和中國大臣談判，如⑴關於俄國主教留駐北京的問題；⑵關於盡快准許停留在邊界已很長時間的俄國商隊前往北京的問題；⑶關於以俄中兩國君主國書的形式互通信函的問題；⑷關於不阻攔信使前往北京的問題等。然而，中國大臣們對於這些問題很不感興趣，只勉強同意了一些枝節問題。當他們在俄國人所提出的第二個問題中，聽到俄國人提出要在中國各城市設立俄國領事、讓商務代表郎克留駐北京、准許俄國商人在全中國境內，甚至到沿海各口岸進行貿易等要求時，很生氣地說：「能允許在整個中華帝國境內到處都有俄國人嗎？——中國大臣再次奚落地咆哮著——能讓俄國人在所有的河流上航行，在所有城市設立領事嗎？」雖然薩瓦提出了如此無理的要求，中國代表在前階段的談判中，最後還是同意了俄國提出的在邊境的兩個地方建立貿易圈的要求。

　　談判進行兩個月之後，還沒有開始中國所關心的邊界談判，薩瓦有意拖延時間，以利於他準備談判資料和做好準備工作。這期間，薩瓦還遵照俄國訓令的指示，用使團所帶來的珍貴物品廣泛送禮，甚至於也給將要和他就有關問題進行會談的三位大臣，每人贈送兩捆黑貂皮，總計價值合一千二百二十三盧布。與此同時，薩瓦又與法國耶穌會教士巴多明接上了關係。在薩瓦離開聖彼得堡以前，結識了法國駐俄國大使康普里頓，因而得到一封給法國耶穌會教士的介紹信，而這些駐中國的法國耶穌會教士是以巴多明神父為首的。薩瓦在北京期間，找到了巴多明並獲得了極可貴的合作❸，經由巴多明的介紹，薩瓦又收買了大學士馬齊，並同他結為友好。馬齊答應將在邊境上促使有關問題的解決有利於俄國朝廷，為此使臣向馬齊許諾，如果有關問題在邊境得到公正順利的解決，將贈送給他價值二千盧布的禮品❸。在巴多明和馬齊的協助下，薩瓦後來在談判中能夠及時瞭解到中國方面的決策和動向，從而拿出對應的方法，使談判結果更有利於俄方。以至於後來在薩瓦呈交給俄國外交委員會的報告中，分析他談判獲得成功的主要原因是：「隆科多的被

❸　同❷，第一五六頁。
❸　同❷，第二〇七至二〇八頁。
❸　同❶，第一四六頁。

召回，巴多明和馬齊所提供的情報，噶爾丹的服務 **㊳**。」

新年過去不久，雙方進入劃分邊界的談判。中國和俄國代表都分別提出了各種劃界方案，經過多次會議和激烈爭論，到一七二七年四月一日，雙方將各項重要問題，達成初步協議十條，但是在薩瓦的堅持下，兩國的約定暫不在北京簽訂條約，清廷將再派三名全權大臣前往邊境，在那裡最後議決所有的問題。雙方達成的十項協議的主要內容是：烏特河地區未定邊界，因缺乏實地調查，留待以後議定；兩國逃犯互相引渡；中國允許俄國商隊每隔三年自費來北京貿易一次，人數定為以二百人為限；在中俄兩國邊界地區設立兩個貿易點，以進行經常的貿易；中國允許俄國派遣三名教士來北京，並撥給地基供俄國人建造一座教堂；嗣後兩國外交使節及公函往來，應通行無阻，給予接待。

㈡布爾河畔談判

薩瓦北京會談結束以後，於同年五月率使團離京北去。當他們行進到戈壁灘後，薩瓦安排秘書格拉祖諾夫先行前往色楞格，一方面前去呈送薩瓦一七二五年五月寫給俄國宮廷的關於在京談判情況的報告，一方面通知色楞格的俄國人為使團到達及進行談判做準備工作。六月二十五日，薩瓦一行抵達色楞格附近的布爾河畔，此時俄國界務官闊留赤夫及格拉祖諾夫率領近八百名俄國軍役人員，按照薩瓦事前的安排早已在這裡等待，於是薩瓦不顧中國大臣的反對，決定在這裡安營紮寨，舉行正式劃界談判。而中國大臣們則堅持要在蘇布赫圖天然地界舉行會談。

雙方為此經過了九天的爭論，最後中國大臣做了讓步，確定了會談的地點就在布爾河畔。因為中方事前沒有準備在此談判，一時很倉促地做了籌備會談工作。待一切就緒後，即開始劃界談判了。當時出席談判的俄方代表除薩瓦外，有郎克、闊留赤夫、格拉祖諾夫等人；中方代表則是隆科多、策凌、伯四格、圖理琛等人（圖理琛是隨薩瓦同行的）。此時俄國已完成地理勘查和繪製地圖的工作，為談判做好了充分準備，中國卻不具備這些條件，會談開始後，以隆科多為首的中國代表態度堅決，強烈要求俄國歸還侵佔的蒙古土地。薩瓦則一面在談判桌上強詞奪理，一面調兵遣將，修築工事，給中國代表施加軍事壓力。同時他還收買蒙奸噶爾丹（此人是一個臺吉，與發動準部

㊳ 同**❷**，第二一○頁。

叛亂的噶爾丹不是同一個人），與巴多明、馬齊聯繫，以便竊取中方的情報，會談進行了兩個月之後，雙方因為一直爭執不休，對於會談的內容還沒有什麼進展。此時在薩瓦的佈置下，中俄邊境地區戰雲密佈，俄軍人數大增，並加緊修建要塞和哨所。薩瓦在談判中也公然以戰爭相威脅，雍正帝不願談判失敗，決定退讓。恰在這時，在談判中為維護中國利益一直持強硬態度的隆科多突然獲罪，一七二七年八月十九日，隆科多在談判地點被拘，押送回京。清廷改派領侍衛大臣克什圖前去代替他的工作，隆科多的被捕，使中方喪失了既能堅持立場又富有談判經驗的中堅力量，從此談判局面就急轉直下了。

隆科多被押走後，克什圖還沒到達談判地點，中方談判代表以策凌為主。策凌、伯四格和圖理琛開始採取「寬厚、明智的態度，雙方關係逐漸緩和下來」，很快就以俄方提出的劃界方案達成了協議❸❾。

第六節　中俄簽訂布連斯奇暨恰克圖條約

一、簽訂布連斯奇條約暨界約

此次邊界會議共歷時三個月，主要會談的日期是：(俄曆)六月二十三日、二十七日；七月六日、十日；八月四日、六日、十一日、十六日。重點解決了邊界問題。一七二七年八月三十一日（雍正五年七月十五日）簽訂了《布連斯奇條約》。因簽約地點在布爾河畔，所以叫做《布連斯奇條約》。然而，《布連斯奇條約》是主要依據俄國的劃界方案而簽訂的，它給俄國帶來了很大的利益。該條約簽訂後第三天（九月三日），郎克及俄國的官員等人就懷著極大的喜悅心情證明說：「這條邊界（指新條約）……給全國人民帶來的喜悅是無法用言語來形容的。……如今，新邊界在所有地段都遠遠地深入到蒙古地方有好幾天的路程，有的地方甚至遠達幾個星期的路程，這樣，俄國人更靠近蒙古地方了。在新邊界上已順利地樹立了界碑，新邊界的遠移，擴大了俄羅斯帝國的版圖❹❶。」《布連斯奇界約》純屬劃定兩國邊界的約文，其中主要提到：恰克圖小河上的俄方卡倫房屋和鄂爾懷圖山崗上的中方卡倫鄂博為

❸❾　同❷❽，第二三一至二三三頁。
❹❶　同❶，第三七四頁。

兩國邊界的主要標記,其中間的土地由雙方平分;兩國可在此處進行邊境貿易;由此處起向左右兩方派界務官設界。俄國領土與各蒙古標記及卡倫間的空地酌中均分。由沙畢納依嶺起至額爾古納河為止,北部歸屬俄國,南部歸屬中國。《恰克圖條約》的第三條,就主要採取此條約的內容。

不過,《布連斯奇條約》所劃的這一邊界線,只是一個粗略的線條,至於詳細的界線,如何地依某山頂為界,何地依某河流為界,何地設立鄂博(鄂博即邊界空隙地間的石堆,蒙語),則沒有備舉。因此,條約簽訂後,中俄雙方就派出界務官,分恰克圖以東、以西兩段,前去勘察、劃分國界,設立界標,訂立界約。格拉祖諾夫會同瑚畢圖、那彥泰前往東部,到恰克圖至額爾古納河一段勘察,於一七二七年十月二十三日(雍正五年九月九日),中俄雙方訂立了《阿巴哈依圖界約》,共十五條,因交換於阿巴哈依圖山而得名。闊留赤夫會同伯四格、寶福和額爾布坦前往西部,到恰克圖至沙畢納依嶺一線去勘察,於一七二七年十一月七日(雍正五年九月二十四日)訂立了中俄《色楞額界約》,交換於色楞格附近的布爾河。這兩個條約詳細確定了中俄之間四千俄里的邊界線,劃定了界址,並在東段地區設立了六十三個界標,在西段設置了二十四個界標,界標的位置在《阿巴哈依圖界約》和《色楞額界約》中附有詳細的說明,即條約後附的「鄂博清單」和「界牌卡倫清單」(見本文後的附件)。在以上兩界約的簽訂過程中,由於中國大臣不熟悉勘測工作,使俄國又獲得了許多「《布連斯奇條約》中沒有規定、甚至於給大使的訓令中也沒有規定要得到的土地」。

二、簽訂恰克圖條約

在上述條約及界約的基礎上,《恰克圖條約》的草案大體上在同年十一月初完成。雙方反覆協商後,兩國全權使臣於一七二八年六月二十五日在恰克圖正式簽字互換,這就是《恰克圖條約》❹❶。該約有滿文、拉丁文、俄文三種文本,約文共分十一條,主要包括四個方面(全文如本章後附錄)。

㈠邊界方面

該約第三條作了與《布連斯奇條約》內容相同的規定,換言之,《恰克圖條約》包括了《布連斯奇條約》。雙方互換邊界地圖和關於邊界地形的說明❹❷。

---

❹❶　同❶,第一五四頁。

此外，條約還重申《尼布楚條約》第一條的規定，「烏特河及該處其他河流既不能議，仍保留原狀」，雙方均不得佔據這一地區（第七條）。

㈡貿易方面

條約規定俄商「人數仍照原定，不得超過二百人，每間三年去北京一次」。貿易「均不取稅」，除俄國國家商隊來北京通商外，「在兩國交界處進行零星貿易者，可在尼布楚和色楞格之恰克圖選擇適當地點建蓋房屋」作為貿易市場（第四條）。一七二八年下半年，俄國在恰克圖建造市場，同時，清政府在緊靠恰克圖的中國邊境建買賣城，作為兩國貿易的商埠。

㈢宗教方面

條約規定北京俄館今後「僅由來京之俄人居住」。中國協助在該館內建造東正教堂。除原住北京的東正教教士（稱喇嘛）一人外，准許補遣教士三人，來京後居住俄館，照向例供以膳食。此外，接受六名俄國學生來京學習滿、漢文居住俄館，「由俄皇皇室供其膳費」（第五條）。

㈣關於越境人犯問題

條約規定「前越界者容其留於原處，不再歸還。嗣後之逃犯，則絕不容隱，兩邊皆應嚴行查拿，各自送交邊界官員」（第二條）。逃兵、逃犯、越境行竊、殺人者和其他逃民，按不同情節依法治罪（第十條）。

三、恰克圖條約的影響

《恰克圖條約》的訂結，對後世有重要的影響。就中國來說，此條約當時可使北疆安謐，結好鄰國，清廷得以全力討平準部。康熙、雍正兩朝，清廷所最感焦慮者，就是準部的叛服無常，時肆侵擾。為了討平準部，不得不結好俄國，使之保守中立，不與準部發生同盟關係。《恰克圖條約》訂結後，厄魯特終因孤立而被清討平，足見清初諸帝具有遠大眼光。另外，條約對於帝俄進一步侵佔中國領土有一定的遏制作用，在隨後的一百多年間，中俄中段邊界地區沒有發生大的武力衝突事件，邊界也沒有發生重大的變動，這都是簽訂《恰克圖條約》的歷史作用。對於俄國來說，該條約給俄國擴大了疆土，大量的蒙古曠地，合法地併入俄國的版圖。俄國在條約簽訂後，不僅恢

㊷　（法）加斯東・加恩，《新檔》，第一六四至一六五、一七三至一七四頁，轉引自福斯特，《莫斯科人和清朝官員》，第四四頁。

復了對華的商隊貿易，而且新開了兩處邊地貿易市場。對華貿易的發展，隨後給俄國帶來了巨大的經濟利益。另外，俄國東正教會在華的基礎，因條約的訂結而得以永久奠立，學習語言的學生，也得以遣派來華，這不僅為俄國培養了大批代替舊日耶穌會士工作的翻譯外交人才，而且中國的有關情報，也因這些人的來華而獲得。這些來華學生及教士長久留居中國，學習語言的同時也學習了中國文化，留意中國典籍，歸國之後，以其所學，傳達故土，客觀上增進了中俄兩國文化上的交流，這也是《恰克圖條約》的歷史作用之一。最後，在條約簽訂的過程中，中俄雙方都進行了實地勘察和調查，特別是俄國，還繪製了詳細的西伯利亞地圖，從而擴大了地理知識，增進了人類對於這一地區的瞭解。對於俄國來說，這直接有利於隨後它向西伯利亞東北部地區的進軍❹。

四、對恰克圖條約之回顧

通觀此次交涉，重在邊界的劃定。俄國籌劃嚴密，準備充分，富於談判經驗及使用賄賂手段。在邊界談判中一直居於主動地位。中國因不很瞭解邊地地理情形，依違其間，不能自決，因此所受的損失很大。當薩瓦東來時，就很重視劃界問題，所以兩次遣人勘察地理，並繪有詳細的地圖。闊留赤夫又專負其責，盡力搜集有關情報，因此在談判桌上，自然能根據本國的利害關係提出自己的最佳方案。中國政府雖然也深知此事的重要性，但未能做好充分準備。雍正四年正月二十一日《漢文起居注冊》有一段記載❹：

> 甲寅（略）又奉上諭：隆科多深負朕恩，種種罪惡，即應照九卿議處，但伊辦事之才，尚屬可用。……再，由楚庫柏興之東，額爾古納河以至黑龍江之源，舊定邊界處，亦不整齊明白。俟看完阿爾泰地方外，著隆科多從彼處前往楚庫柏興。此等地方，亦詳視定議。現今俄羅斯國為定邊界，差使前來。著隆科多俟此使臣到日，將定邊界之處會同議結。……

由此知早在雍正四年之初，已有勘定喀爾喀蒙古及額爾古納河一帶邊界的事，這是自康雍朝以來清廷所一直急於解決的問題，也是因為聽說俄國遣

---

❹　同❷，第二四一頁。

❹　同❷，第二三五頁。

使東來所引起的新注意。可惜隆科多雖然擔負了如此重要的責任，但未能像俄國一樣腳踏實地地去做些科學調查，以便在談判時有所依據。雍正四年十二月十日，〈策凌奏與隆科多商議察看邊界情形摺〉中記載說：

> 竊奴才於兵營之際，接准由部委派奴才與公‧舅舅隆科多會同俄羅斯勘定邊界事務之咨文後，即於十一月初五日由茂岱察罕叟爾啟程，前往舅舅隆科多處。其間，因侍衛瑚畢圖等前來，甫知隆科多等奏報後，經與貝勒博貝商議，已前往西北部貝勒博貝所屬烏梁海地方察看應定邊界之地段等情。故此，奴才即往尋隆科多等。嗣於色楞格地方會見隆科多等，並由貝勒博貝邀集扎薩克臺吉根敦、格木比爾等屬下年邁黠知地勢之人，詳加詢問。伊等告稱：與俄羅斯勘定邊界時，由肯木肯木齊克之博木敖拉烏那庫，往西至沙必乃達巴漢之大梁，往東至肯哲瑪達‧額爾吉克塔爾噶克臺干之和尼因達巴漢、托羅斯達巴漢、古爾必達巴漢，以此大梁為界，應將此大梁之陰面為俄羅斯所屬，其陽面為我屬地 ❹⑤。……

由此知隆科多在為談判做準備時，主要是利用了若干蒙古人來提供邊界地區的地理情況，有許多地方因限於時間緊迫，則根本沒有走到。無奈這些蒙古人提供的情況是很粗略的，根本無法與俄國人根據實地測量繪製的地圖相比。這些粗略的資料用於廣泛的諮詢則可，若用以作為具體劃界的意見則很不足。中國之所以在談判中未獲得優勢，這是重要原因之一。況且，此次隆科多參加劃界談判是帶罪前往的，時受朝廷的限制，不能按個人行事，而終因此削職。雍正五年六月《清世宗實錄》（卷五十八）載其事：

> 六月，議政王大臣等議奏，隆科多私抄玉牒，存貯家中。及降旨詢問，又不據實具奏，應俟辦完俄羅斯疆界事件，將伊革職，拿問治罪。得旨：爾等所議，俟隆科多辦完俄羅斯之事，再行拿回，甚非朕意。朕以前差隆科多前去，並非不得其人，以其能辦理而使之也。俄羅斯事件最易料理，特給伊效力之路，以贖罪耳。乃隆科多去後，看其陳奏一應事件，不但不稍改伊之凶心逆行，且並不承認過失，而舉動狂悖，全無愧懼，將朕降旨行文查問之事，隱匿巧飾，無一誠實之語。伊既不實心效力，

---

❹⑤　同 ㉙，第四七八頁（譯自滿文）。

則留伊在彼，反致妄行攪擾，毫無俾益。可將隆科多調回，令其速來。
未到京以前，爾等請旨，俄羅斯邊疆等事，著克什圖前往與伯四格、圖
理琛辦理。

　　由這段記載來看，可知隆科多是在不被信任的狀態下奉命前往的，且最
終又以不被信任而奪職。其間有何政治原因，不得詳考。但在這種處境下，
肯定顧慮很多，也難於運用其職權，圓滿完成其外交使命。中國在談判中不
能獲得優勢，這也是最重要的原因之一。另外，當時參加會議的中國代表，
意見分歧，難以合作。隆科多雖然處於首席的地位，但圖理琛辦理外交多年，
經驗宏豐，而且深得朝廷的信任，不願聽從隆科多的調度，由是二人齟齬日
深，益相水火。隆科多數次參其不法，致有生命的危險。內部既然分裂，外
交陣容自然不能嚴整一致，況且還有代替隆科多主持談判的策凌一再對俄國
妥協退讓，中國在談判中必然處於不利地位，自不言而喻。以此次談判與尼
布楚的情況相比較，實有日趨於下之勢。
　　中俄雙方經過三年時間，五十八次會談，終於簽訂了《恰克圖條約》。

第七節　薩瓦的其他動作

一、續留恰克圖發佈系列訓令

　　一七二八年六月三十日，薩瓦所負外交使命的主要工作結束了，所餘者
是善後的工作，如新市場如何建立、新劃定的邊界如何巡查等問題。因此，
薩瓦為了安排這些善後的工作，又在恰克圖多停留幾天❹，並發佈一系列詳
細的訓令：巴赫爾慈上校、克尼阿金肯大尉和阿列克謝·特列季科夫；後者
應在恰克圖地方負責監視工作，什卡德爾大尉則應對粗魯海圖負同樣責任；
而格里高瑞·費爾索夫和安尼克西姆·米哈列夫則被任命為邊界巡查官。巴
赫爾慈上校在伊爾庫次克行政長官和西伯利亞總督監督下，對俄國邊界負總
的守衛責任❹。同時他應負責完成兩座新的要塞的修建工作，並使一營步兵

---

❹　同❶，第一八三頁。

❹　同❶，第二一二頁。

常駐在齊科伊，其他地方派出前哨站。他應禁止牲畜輸入蒙古，免其為中國用來供養它用以攻打喀爾米克渾臺吉的軍隊。在外交事務上，巴赫爾慈應與郎克保持聯繫，在任何理由下他都不可以對中國宣戰或採取攻勢❹。專負應當聽從巴赫爾慈的命令，他們的職務是負責警政和司法事務，並在他們各自的管區內監督通商事宜。費爾索夫每年夏天由恰克圖往額爾古納河巡查，而米哈列夫則沿著邊界向西巡行，目的是視察界碑並防止私逃者入境和走私。他們應阻止喇嘛遷移到俄國領土上來，在必要時可以派遣俄國臣民到蒙古去，在那些忠於俄國的蒙古人中擔任聖職。

　　在一七二八年七月十三日對伊爾庫次克城長官米舍爾・彼得洛維奇・伊茲瑪依諾夫發佈的訓令，補充了許多細節❹；主要是關於行政和財務管理問題，如按期給士兵發餉，對於瀆職、虛報軍餉等情況加以懲處，以及核定新建築的經費等。伊茲瑪依諾夫應盡力搜集有關烏特河及其鄰近地區的資料。布里亞特人的唯一財源是販賣馬匹和家畜，為了不使他們破產，應該允許他們到恰克圖來貿易，但是為了防止出口，對於這種交易應課以重稅，這樣就可以使得中國軍隊補充軍需困難❺。最後，一七二八年八月六日，薩瓦把這些安排全部向外交部作了彙報❺。

二、薩瓦呈宮廷報告

㈠一七二七年五月的報告

　　這次的報告，是薩瓦責成格拉祖諾夫向宮廷呈遞的❺，在報告中詳盡的

---

❹　巴赫爾慈遇有秘密事項則應與郎克用代碼字母通信；一般日常事務則應與庫倫土謝圖汗通信。要繼續與奸細噶爾丹秘密通信，每年並付給他大使答應給他的酬勞。訓令第十九條值得注意：巴赫爾慈每年夏天應派遣兵士到布里索圖附近離斯切爾卡八十俄里的優良牧場上割草，以便在將來造成佔有者的權利。

❹　《莫斯科外交部檔案》，「使節公務日誌」，第二卷，第九六二頁背面至九七八頁正面，一七二八年，第十二號（抄件）。

❺　一匹馬或一頭牛，五十戈比；一頭羊五戈比。違反條約的行為一律處以死刑。「使節公務日誌」，第二卷，第九六四頁正面。

❺　從葉尼塞斯克發出的報告，一七二七年十月收到。正本上有薩瓦・弗拉迪斯拉維奇的簽名。《莫斯科外交部檔案》，一七二八年，第十號；「使節公務日誌」，第二卷，第九九四至一〇一五頁。

陳述了截至寫報告時他在北京所經歷的一切事件，在報告的末尾寫道❸：「中國並非像人們所想的和很多歷史學家所誇大的那樣強大有力。對當今的中國皇帝沒有任何人感到滿意，因為他壓制本國人民比起羅馬的尼祿有過之而無不及，他已把數千人迫害至死，成千上萬的人慘遭掠奪，以致徹底破產。他的二十四個兄弟中只有四人得寵，其他的弟兄有的被處死，有的被嚴加監禁。……此外，中國宮廷內雖然人很多，且極豪華，但人民卻很多因飢餓而瀕於死亡。看起來，中國人民既不強壯，也無智慧，更不勇敢。在中國人一切活動中充滿著反覆無常、傲慢、奸詐和膽懦。然而遺憾的是，中國人看到我們的邊界是開放的，整個西伯利亞都毫無防禦設施，俄國又多次向他們派出使團，中國人看到這一切就越來越高傲了。他們在一切問題上都缺乏誠意，如果他們還做了點什麼事，那就是出於恐懼，害怕戰爭，而不是出於友好之意。另外，中國人和渾臺吉仍然處於敵對狀態。……在戰場上中國雖然從未超過四萬四千人，但他們善於吹噓，說他們有二十萬人。即便這樣，渾臺吉還是經常襲擊中國人，使他們的許多人陷於破產。由於這個鄰邦（渾臺吉）將來可能成為俄國防禦中國人侵犯的一道屏障和極為有力的同盟者，所以不妨與渾臺吉友好相處。」

(二)一七二七年九月和十月的報告

薩瓦這份報告寫於一七二七年九月二十三日和十月六日，發自色楞格斯克，茲摘錄主要內容如下❹：

1.關於貿易問題

已禁止商人販運毛皮去庫倫、腦溫城以及中國其他地方。這樣做，對俄國現在和將來均極有益和獲利不少。否則，如果准許任何商人在庫倫及中國其他地方自由貿易販售毛皮，那麼，不僅國家商隊貨物無利可圖，而且可能由於中國朝廷製造的各種混亂和障礙，使貿易再次中斷，而由於除國家商隊外，任何人都不再經營毛皮貿易，這就可以使第一批商隊不致虧損。但第二次派出的商隊則可獲得比成本多一至三倍的利益，而第三次派出的商隊則可獲得十倍以上的利益。

---

❺ 一七二七年五月十日的報告。

❸ 同❶，第一六三至一六四頁。

❹ 同❶，第一六九至一七四頁。

2.關於建立兩處邊境貿易圈問題

在條約草案中規定，為了進行小宗貿易，應在兩處邊境建立貿易圈。如果這一條款付諸實現，邊境居民對於能夠經營小宗貿易（毛皮買賣除外）會感到滿意，……經營這類貿易可以使他們逐漸富裕起來。……因此，我們考慮在互換條約的文本以後，立即在邊境建立兩個貿易圈；一處設在色楞格斯克縣的恰克圖河附近；另一處設在涅爾琴斯克縣。

3.關於一名神職人員的問題

雖然根據最高議政會議的命令，已指派伊爾庫次克主升天修道院修士大司祭安東尼・普拉特科夫斯基代替主教英諾森・庫利奇茨基去北京主持神事活動。因為教會內部糾紛未清，基於這些因素，所以未讓該修士、大司祭前去中國。

4.關於修築邊防要塞問題

在舊色楞格斯克附近，使臣選擇了一處修築要塞的地址。此處地勢很有利，走遍整個歐洲也難以找到類似的地方。色楞格斯克的所有居民和異族人都希望在這裡修築要塞。……建築這座要塞以後，也要在涅爾琴斯克選擇一處較好的位置，修建一座同樣的要塞。由於在這一帶可以找到鐵礦，所以在建成要塞以後，要派遣一名幹練的炮兵軍官和一名工匠去鑄造和設置大炮。當中國人看到在邊境修建起這些正規要塞，看到一切安排都井然有序，就會恪守已經簽訂的條約，因為他們害怕戰爭。而如果在邊境上秩序混亂，那麼幾年以後，中國人又會重新提出關於劃分石頭山嶺與烏特河間之土地和諸河流的要求。根據御前大臣戈洛文簽訂的《涅爾琴斯克條約》，關於劃分這一地區的邊界問題，要留待以後解決。而現在按照我所提出的草案，費了很大的周折，這一問題也是規定留待以後解決。這一地區極為遼闊❺，據說，有些雅庫特人為了獵貂，自雅庫次克出發，穿過空曠的荒野，沿著冬季道路走了將近三個月的路程都未見到人煙。……如果把這一地區，那怕是一半的地方讓給中國人，那麼雅庫次克縣國庫貂皮收入就會隨之減少。……由於對這一地區至今尚未探明任何真實情況，因此，曾寫信給海軍大尉伊凡・貝林（他是海軍委員會派出修造兵船的），讓他盡量探明當地的情況，交給我一份準確的地圖。

---

❺　薩瓦・弗拉迪斯拉維奇伯爵，一八二八年四月二十二日的報告。

5.關於官方印信的問題

由於在邊境地區沒有帶國徽的皇帝陛下的印信，而由每個界務官和邊境長官蓋用私人印章，因之蓋在通行證上五花八門，在蒙古境內過往的俄國人為此經常受到阻攔。……鑑於上述情況，我認為在色楞格斯克和涅爾琴斯克這兩個主要邊境城市，各有一顆不大的刻雙頭鷹國徽的印章是沒有壞處的。

6.關於交納實物稅的布里亞特的異族人問題

布里亞特族本是蒙古人的後裔，他們遊牧於伊爾庫次克、伊利姆斯克境內，以及貝加爾湖周圍。……他們對俄國的忠誠，不次於真正的俄人。他們以自己的武力和遊牧活動佔領了大片蒙古領土，從而擴大了俄國疆界。他們守衛邊境，極為熱心忠誠，他們的武器精良，馬匹肥壯，幾乎在整個這段邊境上都保持眾多的人數。他們防衛邊境，進行巡邏，不領薪餉，但卻忠心耿耿，十分恭謹。……由於他們的人數增多了，一名臺吉（即酋長）已難於管轄……請求從他們的頭人中再提升兩人為臺吉，然而由於沒有上級指示，我不能答應他們的請求。

(三)一七二八年四月的報告

薩瓦在俄國宮廷報告上述事件的全部經過時還補充了下列幾點事情：

1.他曾接獲商務代表郎克於三月十日從北京發出一封關於商隊情況和中國人向他表示友好的信函。使使臣感到莫名其妙的是，為什麼中國人突然改變了以前那種傲慢的態度，而表示友好和善意——特別是在北京建築教堂的表現。可能是他們擔心俄國會發動戰爭；

2.中國人與渾臺吉的戰爭尚未停止，渾臺吉的弟兄中有些人背叛了，想投降中國人，答應把阿玉奇汗❺的兒子恰當達爾扎著帶去；

3.宮廷雖然在勘察加地帶尋獲新的屬民，並在烏特河岸建築城堡，但如果他——舍斯塔科夫率軍隊去勘察加，並在聖諾斯半島和勘察加地區只是叛亂者，而使其餘的人入籍，只在鄂霍次克海岸邊過去曾有建築物的烏特河建築城堡，那麼他（使臣）認為在這種情況下，只要他——舍斯塔科夫不要由於自己糊塗，去襲擊住著中國居民的上述鄂霍次克海岸（去這裡一定會引起爭執），就不會引起任何反抗。

---

❺　阿玉奇即卡爾梅克汗，當時已經逝世。他於衰邁之年，即一七二二年去世，他的小兒子策楞敦多布，背著長兄，於一七二三年被確定為汗的繼承人。

三、薩瓦密奏

一七三〇年，薩瓦向俄皇呈交了一份中國之力量和狀況的「機密文件」。在文件中他提出了全部或部分征服中國的可能性 ❺ 。尤其是黑龍江流域。他並建議政府應當慎重和深思熟慮。不過，只要歐洲處於全面和平的狀態中，只要俄國肯在這一事業上花費幾百萬盧布把邊界各個要塞裝備好，花上十年工夫在外貝加爾區域栽培作物，配備五十團正規軍和二十團非正規軍，他預見這一事業能夠成功，他這種信念是基於兩個理由：中國漢人雖然人數眾多，而且很活躍，但卻不願意服兵役；統治中國的滿洲人只佔中國人口五十分之一，他們是受到猜疑的異族人。如果發生戰爭，特別是如果滿洲人敗北，中國漢人就會起來反抗他們的統治者，而滿洲人不僅要對付國內的敵人，還要對付蒙古人，對付勢不兩立的喀爾木克人，以及歐洲的軍隊。這樣四分五裂而且不得不分散兵力的滿洲人，一定會被打敗，征服中國是垂手可得的事。

此外，薩瓦在這個機密奏摺中再加上：對西伯利亞和中國的幾乎所有大人物和所有問題的意見，關於總督、行政官吏、俄國、蒙古和中國首要人物的意見，關於各地設防狀況、商務、兌換條件的意見等等。由此可以想像得出薩瓦這次有多麼的重要 ❺ 。

四、接受勳獎

一七二八年十二月二十九日，薩瓦回到莫斯科。一七二九年一月二日，俄皇彼得二世召見了薩瓦，俄皇因他勳勞卓著，備致尊崇，任命他為樞密院顧問，並授予聖亞歷山大‧涅夫斯基騎士勳章。薩瓦於一七三八年六月二十八日死於聖彼得堡。

---

❺　《莫斯科外交部檔案》，一七三〇年，第五號，第二二至二七章，第七七頁背面至八〇頁。穆勒材料袋，「中國部分」，三四九，第二章，第十號。班蒂什—卡緬斯基，第三七三至三七五頁（摘要）。

❺　同❷，第二一四頁。

附錄一

布連斯奇界約[59]

一七二七年九月一日　雍正五年七月十五日

俄曆一七二七年八月二十日　布爾河邊

中國政府為劃定疆界事，特遣多羅郡王和碩額駙策凌、伯四格、兵部侍郎圖理琛等會同俄特遣全權大臣內廷大臣伯爵薩瓦‧弗拉迪斯拉維奇，商訂如後：

北自恰克圖河流之俄國卡倫房屋，南迄鄂爾懷圖山頂之中國卡倫鄂博，此卡倫房屋及鄂博適中平分，設立鄂博，作為兩國通商地方。至如何劃定疆界，由兩國各派廓米薩爾前往。由此地起往左段一面，至布爾古特依山，順此山梁至奇蘭卡倫；由奇蘭卡倫起至阿魯哈當蘇，中間有齊克太、阿魯奇都垿二處，此四卡倫鄂博以一段楚庫河為界。由阿魯哈當蘇至額波爾哈當蘇卡倫鄂博，由額波爾哈當蘇至察罕鄂拉蒙古卡倫鄂博而為俄國所屬者，及中國之蒙古卡倫鄂博，將此兩邊以及中間空地酌中均分，比照劃定恰克圖疆界辦理，以示公允。如俄國人所佔地方之附近處遇有山、或山頂、或河，應即以此為界。如附近蒙古卡倫鄂博處遇有山、或山頂、或河，亦即以此為界。凡無山、河，荒野之地，兩國應適中平分設分鄂博，以清疆界。自察罕鄂拉之卡倫鄂博至額爾古納河岸蒙古卡倫鄂博之外，兩國於附近一帶，各派人員，前往妥商，設立鄂博，以清疆界。

恰克圖、鄂爾懷圖山之間，應即作為兩國疆界。由第一鄂博起往右段一面，應經鄂爾懷圖山、特門庫朱渾、畢齊克圖、胡什古、牟勒蘇圖山、庫克齊老圖、黃果爾鄂博、永霍爾山、博斯口、貢贊山、胡塔海圖山、蒯梁、布爾胡圖嶺、額古德恩昭梁、多什圖嶺、克色訥克圖嶺、固爾畢嶺、努克圖嶺、額爾寄克塔爾噶克臺幹、托羅斯嶺、柯訥滿達、霍尼音嶺、柯木柯木查克博木、沙畢納依嶺等處。按以上各山嶺，均須擇其最高之處，適中平分，以為疆界。其間如橫有山、河，此等山、河，兩國應適中平分各得一半。

按以上劃定疆界，由沙畢納依嶺起至額爾古納河為止，其間在迤北一帶者，歸俄國；在迤南一帶者，歸中國。所有山、河、鄂博，何者為俄屬，何者為中國屬，各自寫明，繪成圖說，由此次兩國派往劃界各員即互換文件，各送全權大臣查閱。疆界既定之後，如兩國有無知之徒，偷入遊牧，佔據地方，建屋居住，一

[59]　引自王鐵崖編，《中外舊約章匯編》，第一冊。

經查明，應即飭令遷回。本處兩國人民，如有互相出入雜居者，一經查明，應即各自取回，以安邊疆。兩邊烏梁海人之取五貂者，准其仍在原處居住；惟取一貂者，自劃地疆界之日起，應永遠禁止。

兩國大臣各將以上辦法認為確當，認定了結。

此約經兩國批准，於一七二七年八月二十日在布爾河邊互換。

伯爵弗拉迪斯拉維奇，駐北京參贊格拉祖諾夫、譯員羅什諾夫誦讀一遍。

附錄二

阿巴哈依圖界約[60]

一七二七年十月二十四日　雍正五年九月初十日

俄曆一七二七年十月十二日　阿巴哈依圖

按照布連斯奇條約中、俄兩國劃定疆界事，由恰克圖左段起線，直至額爾古納河之最高處止，兩國所設界碑錄後：

中國特遣蒙古喀爾喀郡王那彥泰、總理界務官瑚畢圖、與俄國派駐北京使署參贊兼界務官格拉祖諾夫，閱定以下辦法，按照一七二七年八月二十日兩國全權在布爾河邊所定界約，所有山嶺、河水以及荒野之地均經兩國派員勘明劃定，並在批准應有鄂博地方一一設立。向南起，順布爾古特依山梁，至狄列圖地方，共有鄂博四座；此鄂博相對者，設有中國卡倫四：一、奇蘭，二、齊克太，三、阿魯奇都坰，四、阿魯哈當蘇，均以一段之楚庫河為界。沿楚庫河之南岸一帶，向有鄂博六座；俄人之過冬者有二：一在楚庫河之南段地方，並在舍爾巴哈草地盡頭處，正與重設鄂博地方相近；二在阿魯奇都坰河口，並在楚庫河之南岸。所建房屋，俄國界務官遵照規定條約，飭令拆毀，以清疆界。俄國布拉赤人向在中國所設卡倫以外奇都坰上游一帶遊牧為業，此項俄民應即遷至楚庫河北岸居住，免致將來生事。兩國界務官商定辦法，凡楚庫河之南岸一帶，俄國人民不准遷往居住，並經中國政府頒諭飭令該管卡倫隨時稽查，遇有卡倫房屋損壞之處，亦即趕往修理。自阿魯哈當蘇鄂博至額波爾哈當蘇及察罕鄂拉，查照條約，所有中間以及附近處之空地，適中平分；從此起，鄂博已設四十八座。凡設鄂博地方，均附近俄國所轄邊境。鄂博處，遇有山嶺及著名地方，即以此地為兩國疆界。各處鄂

---

[60]　引自王鐵崖編，《中外舊約章匯編》，第一冊。

博之應有者，亦已按序設立，且中國北段之卡倫鄂博相近。中國托果薩人，向在赤奪格地方一帶遊牧者，界務官遵照條約，將此項人民遷回原處。自察罕鄂拉卡倫鄂博至額爾古納河最高處之中國卡倫鄂博，在此附近一帶已設鄂博五座，各清疆界，並經兩國政府頒諭，令各管卡倫者知悉，凡兩國人民，自立約後，不准隨意越界。觀以上辦法，兩國疆界均已分別清楚，彼此爭端亦可永遠斷絕。即兩國人民因偷竊事而越界者，自定界後，亦不得任意出入。復以俄、蒙二文合寫鄂博單，黏貼木牌，豎立於各要地，俾眾周知。此單內詳細注明，謂：由布爾古特依山至額爾古納河，其間所經山、河、臺幹均已排列號數，設立鄂博各等語。茲將其所開號數界單照錄於後：

布爾古特依山南段盡頭處，設第一鄂博。

布爾古特依山之東，正對柴達木湖，在此山之北，設第二鄂博。

呼爾林克山嶺之南，正對塩池山之盡頭處，設第三鄂博。

向狄列圖地方並對楚庫河之右段有嶺，嶺上設第四鄂博。

舍爾巴哈草地，在楚庫河上游盡頭處，沿岸設第五鄂博。

齊克太河口楚庫河之岸邊有山，山上設第六鄂博。

哈普察蓋小河，由楚庫河流入，沿岸設第七鄂博。

阿魯齊都垾河流入楚庫河之沿岸，設第八鄂博。

烏伊勒戛小河口為產草之地，並在楚庫河岸，設第九鄂博。

阿魯哈當蘇河口楚庫河岸，設第十鄂博。

烏里雷小河之貼近者為阿魯哈當蘇，其凸出處有舊鄂博一座，小河北岸，設第十一鄂博。

烏布爾哈達音烏蘇有舊鄂博一座，靠北段嶺上，設第十二鄂博。

舊設鄂博之庫穆倫嶺，其在北段者，設第十三鄂博。

舊設鄂博之奎河，其北段者為庫穆倫嶺，在此盡頭處，設第十四鄂博。

舊紹鄂博之昆古爾特小河，其北段者為庫穆倫嶺，在此盡頭處，設第十五鄂博。

烏諾拿河之北段貼近阿申蓋小河，此最高處舊有卡倫鄂博，向北嶺上，設第十六鄂博。

舊有鄂博之哈喇果求里，其向北之嶺上，設第十七鄂博。

舊有卡倫鄂博之呼蘇魯克，在呼蘇魯克嶺小河之北，其北段嶺上，設第十八鄂博。

舊有鄂博之巴勒濟巴圖哈當，其右段向北莫恩柯嶺上，設第十九鄂博。

舊有卡倫鄂博之柯莫勒，向北橫有山嶺，設第二十鄂博。

舊有鄂博之格勒達塔在格勒達塔山之北段，此山眾呼為畢勒赤爾，其嶺上，設第二十一鄂博。

舊有卡倫鄂博之克爾渾，向北為克爾渾河，其左段嶺上，設第二十二鄂博。

舊有鄂博之布庫昆河，向北左段地方為哈勒高嶺，嶺上設第二十三鄂博。

舊有卡倫鄂博之吉勒畢里，在吉勒畢里小河，其北段地方為巴依什里克嶺，嶺上設第二十四鄂博。

舊有鄂博之阿勒塔干，在布攸哈圖之北段，嶺上設第二十五鄂博。

舊有卡倫鄂博之阿里楚雅小河，在果爾墨齊小河之北，並順嶺之最尖處，此嶺上設第二十六鄂博。

舊有鄂博之尼爾克羅，向北為果索勒臺小河，其南段嶺上，設第二十七鄂博。

舊有卡倫鄂博之塔布里恩托羅果，向北左段地方為克爾河，此北岸之阿達爾嘎嶺上，設第二十八鄂博。

舊有鄂博之洪果，其北段嶺上，設第二十九鄂博。

舊有卡倫鄂博之阿勒呼特，其北段盡頭處，並在布格爾，設第三十鄂博。

舊有卡倫鄂博之阿勒呼特，正與烏諾拿河北段盡頭處相對，並在阿喇巴彥租里克嶺之左面嶺上，設第三十一鄂博。

舊有鄂博之烏布爾巴彥租里克必特開，其北段並在黑嶺上，設第三十二鄂博。

舊有卡倫鄂博之貝爾奇嶺，其在北向者，設第三十三鄂博。

舊有鄂博之呼爾奇，順北面嶺上，設第三十四鄂博。

舊有卡倫鄂博之蒙古特努克，其北段地方，並在嶺之盡頭處，設第三十五鄂博。

舊有鄂博之柯勒，向北為爾基諾，大河嶺之凸出處，設第三十六鄂博。

舊有卡倫鄂博之托索克托爾，其北面並在托索克嶺上，設第三十七鄂博。

舊有鄂博之得舌楚，其北面並在霍依嶺上，設第三十八鄂博。

舊有卡倫鄂博之霍林那喇遜，其北面並在嶺之凸出處，設第三十九鄂博。

舊有鄂博之散多爾特，在沙喇鄂納之北，設第四十鄂博。

舊有卡倫鄂博之烏布爾托克托爾，在托克托爾小河之北，並在托克托爾嶺之左面上，設第四十一鄂博。

舊有鄂博之庫奎什，其右面並在黑嶺之北，設第四十二鄂博。

舊有卡倫鄂博之圖爾肯，在烏布爾剖爾克河之北，圖爾肯嶺之北面，設第四十三鄂博。

舊有鄂博之圖爾克納克，其北面之最高地方，設第四十四鄂博。

舊有卡倫鄂博之多羅勒果，在嶺之北並在察罕淖爾嶺之右面，設第四十五鄂

博。

舊有鄂博之依瑪勒霍，在庫爾托羅海嶺之北面，設第四十六鄂博。

舊有卡倫鄂博之烏里圖，自北而東，為依瑪勒霍小河，北岸之北並在哈喇托羅海嶺上，設第四十七鄂博。

舊有鄂博之伊林，在依瑪勒霍小河之北，自北而東為嶺，嶺上設第四十八鄂博。

舊有卡倫鄂博之鄂巴圖，自北而東，為曠野之地，地上設第四十九鄂博。

舊有鄂博之尼普散，向北即曠野之地，嶺上設第五十鄂博。

舊有卡倫鄂博之墨吉茲格之北，嶺之盡頭處，設第五十一鄂博。

舊有鄂博之齊普蓋，迤北一帶有荒地之最高者，設第五十二鄂博。

舊有卡倫鄂博之則林圖，在嶺之北面並在其盡頭處，設第五十三鄂博。

舊有鄂博之音克托羅海，向北即曠野之地，嶺上設第五十四鄂博。

舊有卡倫鄂博之蒙古托羅海，迤北一帶草地上，設第五十五鄂博。

舊有卡倫鄂博之安戛爾海，迤北一帶草地上，設第五十六鄂博。

舊有卡倫鄂博之庫布勒哲庫，迤北一帶草地上，設第五十七鄂博。

舊有鄂博之塔爾郭達固，向北草地上，設第五十八鄂博。

舊有卡倫鄂博之察罕烏魯，向北貼近沙羅鄂喇嶺，設第五十九鄂博。

舊有鄂博之塔布托羅海，向北貼近博羅托海嶺，設第六十鄂博。

舊有卡倫鄂博之索克圖，向北附近嶺上，設第六十一鄂博。

舊有鄂博之額爾庫里托羅海，向北附近之最高處，設第六十二鄂博。

額爾古納河之右岸，正對海拉爾河口之中間，在阿巴哈依圖嶺之凸出處，設第六十三鄂博。

新定界線大半依在尼布楚所定者辦理。現設之鄂博，由布爾古特依山起至額爾古納河之最高處止，北面地方歸於俄，南面地方歸於中。本約內聲明，所有兩國山、河、臺幹，何者為俄屬，何者為中屬，經此次議定之後，各設鄂博，嗣後兩國人民遇有越界遊牧者，即各自收回。此次劃定疆界，互定條約，實為兩國絕除爭端起見，茲再各書合例公文一件，親自畫押，互換於額爾古納河之最高處，即阿巴哈依圖嶺，是也。

鄂博方向列後：

中俄兩國重設鄂博單，經兩國界務官校正，至設鄂博方向，由第一鄂博起，貼近布爾河，並在恰克圖、鄂爾懷圖之間迤東起，至額爾古納河之最高處止，凡與鄂博相對之處，於俄國一面，則設以卡倫各官，俾見明晰。

第一鄂博；第二鄂博；第三鄂博；第四鄂博；第五鄂博：以上鄂博與其相對之處，

即設以俄國卡倫官。

一、此卡倫官員，即於赤果羅瓦、阿什哈巴赤、塔布烏赤三種人內選充，惟五鄂
　　博相對之處，在楚庫河之北岸有一村，半為鐵匠居住，該村內有俄國差員三
　　名，應即充為卡倫官之職。並奉國命，飭其兼查邊務。

第六鄂博；第七鄂博；第八鄂博；第九鄂博；第十鄂博：

二、此卡倫官員，亦於以上所言三種人內選充，令其在楚庫河之北岸，正對柯奪
　　里口居住。

第十一鄂博；第十二鄂博；第十三鄂博；第十四鄂博；第十五鄂博：

三、此卡倫官員，即於霍里恩種人內選充，並准其在梅什河邊與庫倫口相對處，
　　隨意遊牧，或於草地上，亦無不可。

第十六鄂博；第十七鄂博；第十八鄂博；第十九鄂博；第二十鄂博：

四、此卡倫官員，即於薩拉多勒種人內選充，令其在巴勒濟勘小河邊居住，歸什
　　依薩哥爾拜隨時稽察。

第二十一鄂博；第二十二鄂博；第二十三鄂博；第二十四鄂博：

五、此卡倫官員，亦於薩拉多勒種人內選充，令其在阿勒塔小河並對吉勒畢里鄂
　　博居住，歸以上該員隨時稽察。

第二十五鄂博；第二十六鄂博；第二十七鄂博；第二十八鄂博；第二十九鄂博：

六、此卡倫官員，亦於薩拉多勒種人內選充，令其在克爾河邊，貼近塔布恩托羅
　　果鄂博居住，歸舒連格依圖諾隨時稽察。

第三十鄂博：

七、此卡倫官員，即於察姆察罕吉種人內選充，令其在特爾恩小河邊，貼近阿勒
　　呼特鄂博居住，歸舒連格郝托隨時稽察。

第三十一鄂博；第三十二鄂博；第三十三鄂博；第三十四鄂博；第三十五鄂博：

八、此卡倫官員，即於波赤格種人內選充，令其在附近蒙古特鄂博地方居住，歸
　　廓布隨時稽察。

第三十六鄂博；第三十七鄂博；第三十八鄂博；第三十九鄂博；第四十鄂博：

九、此卡倫官員，即於烏勒楚種人內選充，令其在烏楚爾霍必里小河邊，近霍林
　　那喇遜鄂博居住，歸什依薩多格爾隨時稽察。

第四十一鄂博；第四十二鄂博；第四十三鄂博；第四十四鄂博；第四十五鄂博：

十、此卡倫官員，即於鄂果諾瓦種人內選充，令其在多羅勒果小河最高處，及察
　　罕淖爾，並貼近多羅勒果鄂博居住，歸什依薩沙諾麥隨時稽察。

第四十六鄂博；第四十七鄂博；第四十八鄂博；第四十九鄂博：

十一、此卡倫官員，即於巴里喀吉爾種人內選充，令其在依瑪勒霍小河邊，貼近

鄂巴圖鄂博居住，歸什依薩必爾楚隨時稽察。

第五十鄂博；第五十一鄂博；第五十二鄂博；第五十三鄂博：

十二、此卡倫官員，即於烏梁種人內選充，令其在塔爾湖邊，貼近墨吉茲格鄂博居住，歸什依薩赤達隨時稽察。

第五十四鄂博；第五十五鄂博；第五十六鄂博；第五十七鄂博；第五十八鄂博：

十三、此卡倫官員，即於諾密種人內選充，令其在附近塔爾郭達固鄂博之湖邊居住，歸舒連格依多諾隨時稽察。

第五十九鄂博；第六十鄂博；第六十一鄂博：

十四、此卡倫官員，即於赤吉爾種人內選充，令其在哈蘇臺湖邊，貼近察罕烏魯鄂博居住，歸舒連格烏莫赤隨時稽察。

第六十二鄂博；第六十三鄂博：

十五、此卡倫官員，即於多勒訥密、廓奴爾等人種內選充，令其在額爾古納河傍，貼近鄂博並對海拉爾河之中間，在阿巴哈依圖嶺之凸出處居住，歸舒連格布哥羅克得爾阿畢隨時稽察；此項卡倫官員，由額爾古納河下游之左面，直至渡口處，給以稽查之權，渡口正與哈烏拉圖嶺相對，此嶺設有俄國卡倫官，係尼布楚差員兼充。

附錄三

色楞額界約[61]

一七二七年十一月八日　雍正五年九月二十四日
俄曆一七二七年十月二十七日　布爾河邊

按照布連斯奇界約為中、俄兩國劃定疆界事，由恰克圖右段起線，直至沙賓達巴哈及廓恩塔什地方，至兩國所設鄂博及卡倫等，一並錄後：

俄國管理界務廓米薩爾鬧留赤夫，按照一七二七年八月二十日在布爾河所定中、俄條約宗旨，特與中國界務大臣會商定妥之後，會同俄國特派全權大臣內廷大臣伯爵弗拉迪斯拉維奇，及中國特派全權大臣策凌商定辦法，其如何設立鄂博之處，並已設鄂博地方，詳列於後：

恰克圖及鄂爾懷圖山為兩國邊界之處，在鄂爾懷圖山右段，各設鄂博一。

⑥ 引自王鐵崖編，《中外舊約章匯編》，第一冊。

由鄂爾懷圖山起線，至特們庫朱渾、畢齊克圖、胡什古等地方，橫過色楞格河，並在卑勒蘇圖山左段盡頭處之上，各設鄂博一。

庫克齊老圖在永霍山後段盡頭處，其南段盡頭處，正與此山相接之上，各設鄂博一。

黃果爾鄂博，各設鄂博一。

貢贊山在漸爾米里克山南段盡頭處，橫過伯廓蘇阿瑪，並在梅爾干勒山北段盡頭處，兩山之間，各設鄂博一。

胡塔海圖山及果依什地方間有齊圖爾河，並在胡塔海圖山左段盡頭處，各設鄂博一。

胡塔海圖山在庫庫那魯楚右段盡頭處，其間左段盡頭處，靠布爾胡圖嶺之最高處，而又行路所必經者，各設鄂博一。

額古德恩昭梁在庫庫拉臺河左段盡頭處之最高處，而又行路所必經者，各設鄂博一。

切日河之最高處，並行路所必經者，各設鄂博一。

莫敦庫里河之最高處，而又行路必經者，各設鄂博一。

波羅爾河在伯果托達巴哈最高處，其行路所必經者，各設鄂博一。

克克塔河左段最高處，為多什圖嶺，其行路所必經者，各設鄂博一。

烏的恩什山在固爾畢嶺右段盡頭處，並在姆恩克克塔河左段盡頭處，其右段最高處，正與克色訥克圖嶺相對，為行路所必經者，各設鄂博一。

烏爾依河最高處，正向固爾畢嶺，各設鄂博一。

固爾畢在罕戞河右段盡頭處，其最高之處，並行路所必經者，各設鄂博一。

訥里霍羅河在努克圖嶺最高處，其行路所必經者，各設鄂博一。

鐵喀薩河在額爾寄克塔爾噶克臺幹最高處，其左段盡頭處，並行路所必經者，各設鄂博一。

畢的克瑪河在托羅斯嶺最高處，其行路所必經者，各設鄂博一。

額爾寄克塔爾噶克臺幹在烏斯河右段盡頭處，並在柯訥滿達梁最高處，其山上各設鄂博一。

烏斯河要處，各設鄂博一。

霍尼音嶺地方，並行路所必經者，各設鄂博一。

柯木柯木查克博木河，各設鄂博一。

沙畢納依嶺地方，並行路所必經者，各設鄂博一。

連恰克圖各設之鄂博，共計四十八。

以上所設鄂博，專為分明兩國界線。由恰克圖起至沙賓達巴哈止，現中、俄

兩國特派大臣會同商定：凡各山各河迤北一帶者，入俄國版圖；而迤南一帶者，入清版圖。議約大臣等為慎重邦交起見，故商議再三，彼此允協，始各親自畫押，以昭信實。

中、俄兩國更正鄂博事宜，各派管理界務廓米薩爾，互定辦法，凡俄國所設鄂博地方，此後應即增設卡倫各官，為之防守，其詳細錄後：

由恰克圖河右段起線，直至沙畢納依嶺地方，按兩國新定疆界，各設鄂博，以為辨認。

一、對布爾固特山在恰克圖河下游之右段地方，各設鄂博一。

二、鄂爾懷圖山頂之左段地方，由布爾河順此山至色楞格河，經過特們庫朱渾、畢齊克圖、胡什古等地方，再過色楞格河，直向卑勒蘇圖山，各設鄂博一。

以上鄂博二處，為中國卡倫官員擬定，至設立卡倫官及修理鄂博等事，經中國辦理邊界事務處於一七二七年九月二十三日擬定辦法，送公文於伊爾庫次克俄國辦理邊界事務處存案。

三、卑勒蘇圖左段盡頭處，並在色楞格河左段地方，各設鄂博一。

四、庫克齊老圖在永霍爾山後段盡頭處，其南段盡頭處，正與此山相接，山之上，各設鄂博一。

五、黃果爾鄂博為中國設有鄂博地方，各設鄂博一。

以上鄂博，為本處官員擬定並諭飭色楞格地方差員伊凡弗拉勒夫管理，於一七二七年九月三日諭准，此三鄂博於一七二八年正月六日諭飭該管官遵辦。

六、貢贊山在漸爾米里克山南段盡頭處，並在梅爾千勒山北段盡頭處，經過伯廓蘇阿瑪地方，兩山盡頭處，各設鄂博一。

七、胡塔海圖山左段盡頭處，各設鄂博一。

八、胡塔海圖山在庫庫那魯楚右段盡頭處，其間左段盡頭處，靠布爾胡圖嶺之最高處，各設鄂博一。

以上鄂博處，經中國政府飭令該管官設立卡倫各官員，並於一七二八年正月六日諭飭該管官照辦。

九、額古德恩昭梁在庫庫拉臺河左段盡頭處，其最高處地方，各設鄂博一。

十、切日河之最高處，各設鄂博一。

十一、莫敦庫里河之最高處，各設鄂博一。

十二、波羅爾拉河之最高處，各設鄂博一。

十三、伯果托達巴哈山上，各設鄂博一。

十四、烏的恩什山在固爾畢嶺右段盡頭處，並在姆恩克克塔河左段盡頭處，其右段最高處，並與克色訥克圖嶺相對地方，各設鄂博一。

　　以上鄂博為本處官員擬定，諭飭該管官兼辦為稽察；至設立卡倫官事，經中國辦理邊界事務處於一七二七年九月二十三日議定辦法，送公文於伊爾庫次克俄國辦理邊界事務處存案。

　　鄂博修訂之後，應知照附近居民，至設立卡倫官員事，於一七二七年九月二十三日經中國辦理邊界事務處議定辦法，送公文於伊爾庫次克俄國辦理邊界事務處存案。

十五、烏爾依河之最高處，在固爾畢嶺，各設鄂博一。

十六、固爾畢嶺在罕戛河右段盡頭處，其最高地方，各設鄂博一。

十七、訥里霍羅河，在努克圖嶺，其最高地方，各設鄂博一。

十八、鐵喀薩河之最高處，在額爾寄克塔爾噶克臺幹左段盡頭處，各設鄂博一。

十九、畢的克瑪河之最高處，在托羅斯嶺，各設鄂博一。

　　以上鄂博，經本處官員擬定，諭飭葉尼塞省一帶居民知之。至鄂博處設立卡倫官事，經中國辦理邊界事務處於一七二八年四月十七日議定辦法，送公文於葉尼塞軍政處存案。

二十、額爾寄克塔爾噶克臺幹右段盡頭處，在烏薩河之最高處，並貼近柯訥滿達，各設鄂博一。

二十一、烏斯河要處之右段地方，各設鄂博一。

二十二、霍尼音嶺，各設鄂博一。

二十三、柯木柯克查克博木河口，各設鄂博一。

　　以上鄂博，為本處官員查勘修定，諭飭克拉斯諾雅爾斯克地方人民一體知之。至鄂博處設立卡倫官事，經中國辦理邊界事務處於一七二八年四月十九日送公文於克拉斯諾雅爾斯克軍政處存案。

二十四、沙畢納依嶺地方，各設鄂博一。

　　此鄂博，應遵國命所定辦理，該處卡倫官設立之後，應飭知附近居民。至設立鄂博及添設卡倫官事，均於一七二七年十一月二十四日諭知辦理。

　　此鄂博設立之後，應歸差員科什尼赤夫專司稽察，於一七二八年正月六日飭令該員照辦。

附錄四

恰克圖條約[62]

一七二八年六月十四日

俄國特命使臣弗拉迪斯拉維奇伯爵與中國大臣宗人府宗令查弼納、大臣特古忒、圖理琛於恰克圖締造並已換文的關於兩國永久和平及邊界、逃人、烏特河地方、使節等事項的總條約。

奉俄羅斯女皇陛下旨意，為恢復及重申兩帝國先前於尼布楚所議定之和約，特遣使臣伊里禮伯爵薩瓦·弗拉迪斯拉維奇會同大清帝國雍正皇帝大臣宗人府宗令兼內務府總管大臣查弼納、理藩院尚書特古忒、兵部侍郎圖理琛等議定如下：

第一條

兩帝國為建立彼此間牢固永久和平，特訂立此新約，自議定之日起，兩國各自嚴管所屬之臣民，並亟以和平為貴，對本國臣民嚴加集中及安置，以免發生任何敵對事端。

第二條

自今日重新議和起，兩帝國間之往事不予追究；前越界者容其留於原處，不再歸還。嗣後之逃犯，則絕不容隱，兩邊皆應嚴行查拿，各自送交邊界官員。

第三條

俄使伊里禮伯爵薩瓦·弗拉迪斯拉維奇會同中國大臣議定如下：

兩帝國之疆界事關重要，如不視察實地，則無法解決。為此，俄使伊里禮伯爵薩瓦·弗拉迪拉斯維奇前往邊界，會同中國將軍扎薩克多羅郡王和碩額駙策凌、郡王、內大臣伯四格及兵部侍郎圖理琛等議定如下：

邊界起點在恰克圖河之俄國卡倫房屋和在鄂爾懷圖山頂之中國卡倫鄂博，此卡倫房屋與卡倫鄂博之間土地兩邊各得一半，中心設一鄂博為分界標記，將此處作為兩國貿易之地，並自此地向兩邊派出界務官員為界。

自上述界點起向東，順布爾古特依山梁，至奇蘭卡倫。從奇蘭卡倫起經齊克太、阿魯奇都垾、至阿魯哈當蘇，以此四卡倫鄂博對面一段楚庫河為界。

由阿魯哈當蘇至額波爾哈當蘇蒙古卡倫鄂博，由額波爾哈當蘇至察罕鄂拉蒙古卡倫鄂博，俄國所屬之人所佔地與中國蒙古卡倫之間的一切空地於恰克圖議定

---

[62] 引自《俄中兩國外交文獻匯編》附錄。

雙方平分，即俄羅斯所屬之人所佔地方附近如有山嶺、小山、河流，以山嶺、小山、河流為界；蒙古卡倫鄂博附近如有山嶺、小山、河流，以山嶺、小山、河流為界；無山無河之平地，以中平分，設立界碑。

　　兩國之人從察罕鄂拉卡倫鄂博出發，行至額爾古納河岸，察看蒙古卡倫以外之地，商妥以此為界。從恰克圖和鄂爾懷圖兩地之間所設之界標起向西沿以下山嶺走：鄂爾懷圖山、特們庫朱渾、畢齊克圖、胡什古、卑勒蘇圖山、庫克齊老圖、黃果爾鄂博、永霍爾山、伯廓蘇阿瑪、貢贊山、胡塔海圖山、庫維母魯、布爾胡圖嶺（此嶺為山口）、額古德恩昭梁、多什圖嶺、克色訥克圖嶺、固爾畢嶺、努克圖嶺、額爾寄克塔爾噶克、柯訥滿達、霍尼音嶺、柯木柯克查克博木、沙畢達巴哈。

　　上述山嶺從中平分，以山之頂峰為界。其間如橫有山、河，即橫斷山、河，平分為界。北面部分屬俄國，南面部分屬中國，兩方各派人將所分地方寫明、繪圖，並互換文件，帶回交各自大臣。此界已定，兩國如有屬下不肖之人，偷入遊牧，佔據地方，蓋房居住，查明各自遷回本處。兩國之人如有互相出入雜居者，查明各自收回居住，以靜疆界。

　　烏梁海人向一方交五貂者，仍允其留於本主；交一貂之烏梁海人，自定界約之日起，以後永禁不再交納，照此議定完結，互換證據。

第四條

　　兩國邊界既定，兩邊均不得收容越界之逃犯。為復議和好，按同俄使伊里禮伯爵薩瓦‧弗拉迪斯拉維奇所訂條約，准兩國間自由通商，其人數仍照原定，不得超過二百人，每間三年去北京一次。因他們均為商人，故其膳食應照舊自理，賣者、買者均不取稅。商人欲往邊境，應將此事書寫成文，官員接到文書後即為其經商之行迎送。商人於途中欲自費購買駱駝、馬匹、食品及雇用人員，應允其購買、雇用。如有爭端之事，官員或率領人馬之商隊頭人應公平處之。遇有官銜之頭人，則應以禮相待。除按兩國法令屬禁品類外，一切物品皆可買賣。未秉告官員而欲私留當地者，不准其留。病亡者，其一切品名之財物，均照俄使伊里禮伯爵薩瓦‧弗拉迪斯拉維奇議定，交由其國人處之。

　　除兩國通商外，因在兩國交界處進行零星貿易者，可在尼布楚和色楞格之恰克圖選擇適當地點建蓋房屋，周圍牆垣柵子可酌情建造。情願前往貿易者，均指令由正道行走，倘或繞道，或有往他處貿易者，將其貨物入官。經與俄使伊里禮伯爵薩瓦‧弗拉迪斯拉維奇議定，兩方軍人人數相等，由同級長官率領，各守其地，排解糾紛。

第五條

在京之俄館，嗣後僅由來京之俄人居住。俄使伊里禮伯爵薩瓦·弗拉迪斯拉維奇請造廟宇，中國辦理俄事大臣等將協助蓋廟宇於俄館，現在住京喇嘛(神父)一人，復議補遣三人，來京後居住此廟，供以膳食，與現住京喇嘛同等。俄人照依規矩，禮佛念經不得阻止。此外，按俄使伊里禮伯爵薩瓦·弗拉迪斯拉維奇之意留京學習外文之四名學生及兩名較年長者(伊等懂俄文及拉丁文)，則均置於俄館，由俄皇皇室供其膳費，學成後，即允其如願回國。

第六條

蓋有印章之護照對兩帝國間往來甚為重要。為此，俄國發往中國之文書，由俄國樞密院或刑部 ❻❸ 及托博爾斯克省長蓋章送至中國理藩院尚書。同樣，中國理藩院尚書發往俄國之文書信件，亦應蓋章後送交俄國樞密院或刑部及托博爾斯克省長。如在邊界及邊境地區互告有關越境逃犯、盜竊者等類事宜，邊上俄國各城長官和邊上中國土謝圖汗、察琿多爾濟親王、丹津多爾濟親王間來往書信，均以親筆簽字、蓋章為據。俄人致土謝圖汗、察琿多爾濟親王、丹津多爾濟親王信件時，親王等亦應予回復。送文之人俱令由恰克圖一路行走，如果實有緊要事件，准其酌量抄道行走。倘特意抄道行走者(因恰克圖道路窵遠)，邊界之俄國頭人及中國汗王等，彼此咨明，各自治罪。

第七條

烏特河等處，前經俄使費耀多爾·阿列克謝維奇和中國內大臣索額圖會同商議，將此地暫置未決，嗣後或遣使，或行文議決等話在案。中國大臣對俄使伊里禮伯爵薩瓦·弗拉迪斯拉維奇說：既經你們女皇委派來全權辦理一切事務，我等願就此定議，因你方的人經常越界到我方興國、圖古里克地區，如此次仍不劃定，實為危險，居住此地之兩國人必定互相生事，引起不和，有礙團結，故此次應予劃定。

俄使伊里禮伯爵薩瓦·弗拉迪斯拉維奇答稱：女皇並未授權於我劃分此等東方土地，且我對此地並無所知，可保持原狀，嚴禁任何人從我方越界。

對此中國大臣稱：既然女皇沒有授權劃定東方地區，我們不便勉強，只好暫行保留，但你方應嚴加戒備，如果你們有人越境前來，被我們拿獲時，必加懲處；同樣，如果我方有人越境時，你們也要加以懲處。

烏特河及該處其他河流既不能議，仍保留原狀；你們人再不得前去佔住。

俄使伊里禮伯爵薩瓦·弗拉迪斯拉維奇回國後，將稟明女皇，並說明應如何派遣熟悉該地之人前往共同議定，此事即可辦妥。此等小事如不完結，將有礙兩

---

❻❸　刑部，俄文為按照慣例應由外務委員會處理此等事務。——譯者

國和平，已將此事稟告俄樞密院。

第八條

兩國邊上之頭人，凡事秉公，迅速完結，倘有懷私推諉，各按國法治罪。

第九條

一國向另一國因公之事遣派大小使臣，抵達邊境時，即宣佈此事及其性質，毋需久等，即應派人迎送，給予快速車輛、膳食，並應小心護送。抵達某處，應供應膳宿。如使臣抵達之年禁止商人通行，則使臣所帶商品亦不允通過。負有要務之一兩名信使抵達時，應出示蓋章護照，界務官應免其詳細登記，速供其乘車、膳食、嚮導，均照俄使伊里禮伯爵薩瓦・弗拉迪斯拉維奇所議確定。

兩國遣送文書之人員往來既因事務緊要，則不得稍有耽延。嗣後如彼此咨行文件，有勒掯差人，並無回咨，或耽延遲久回信不到者，與兩國和好之道不符，此時使臣與商人不得通行，暫為止往，俟事明之後，照舊通行。

第十條

兩國嗣後於所屬之人，如有逃走者，於拿獲地方，即行正法。如有持械越境行竊、殺人者，亦照此正法。如無文據而持械越境，雖未殺人、行竊，亦酌量治罪。軍人逃走或攜主人之物逃走者，俄國之人處以絞刑；中國之人，於拿獲地方正法；其物仍歸原主。

如越境偷竊獸畜者，一經拿獲，交該頭人治罪；其最初犯者，估其所盜之物價值，罰取十倍；再犯者，罰取二十倍；三次犯者，處以死刑。凡邊界附近打獵，因圖便宜，在他人之處偷打，除將其物入官外，亦依法判罪。不肖之徒無文據而越境者，照俄使伊里禮伯爵薩瓦・弗拉迪斯拉維奇所議，亦治其罪。

第十一條

兩國間此次重新議和條約互換方法如下：

俄使伊里禮伯爵薩瓦・弗拉迪斯拉維奇用俄文及拉丁文寫畢，簽字蓋章後交中國大臣保存。中國大臣用滿文、俄文和拉丁文寫畢，亦簽字蓋章後交給俄使伊里禮伯爵薩瓦・弗拉迪斯拉維奇保存。

將此條約印發邊界居民，曉示公眾。

西元一七二七年，俄曆十月二十一日，全俄皇帝彼得二世在位第一年訂立，一七二八年俄曆六月十四日互換於恰克圖。

互換時正本上簽字者有：

薩瓦・弗拉迪斯拉維奇伯爵

大使館秘書伊凡・格拉祖諾夫

（在俄文正本上）

　　　　　　　　　　　　　　　　　　　　　　　　　蓋章處

　　　　　　　　　　　　　　　　　　　薩瓦‧弗拉迪拉斯維奇伯爵

　　　　　　　　　　　　　　　　大使館秘書伊凡‧格拉祖諾夫

　　　（在中方正本上）

　　　雍正五年九月七日議政大臣宗人府宗令內務府總管

　　　　　　　　　　　　　　　　　　　　　　　　查弼納

　　　　　　　　議政大臣理藩院尚書正紅旗都統

　　　　　　　　　　　　　　　　　　　　　　　　特古忑

　　　　　　　　　　　　　兵部侍郎　圖理琛

　　　（因其不在由理藩院侍郎那彥泰代替）

　　　　　　　　　　　　　　　　　　　　　　　　蓋章處

第十章　恰克圖條約簽訂後中俄兩國之貿易

第一節　俄國商隊六次來華

自《恰克圖條約》簽訂後，中俄兩國貿易往來，大體來說，分兩個方面進行，一方面北京貿易市場繼續存在，俄國又先後六次派遣商隊來京。然而，由於邊境貿易興起後衝擊了北京市場，使北京貿易趨於衰落狀態，故在乾隆年間，北京貿易逐漸停止。另一方面恰克圖貿易市場日益繁榮，中俄商人多萃集於邊地，形成中俄貿易另一個新的中心。

一、第一支商隊：斯捷潘·特列季亞科夫率領

這次商隊之派遣，始於一七二二年。在一七二二年（康熙六十一年）三月七日，一個名叫斯捷潘·特列季亞科夫 (Степан Третьяков) 的商人提出一個申請，要求任命他為科密薩爾（商隊隊長）帶領俄國商隊來中國進行貿易。由十個宣誓評價員協助他。同時，他又提出一個附帶條件，要求在經營國家貨物以外，也販賣部分私人貨物。同年三月二十日樞密院批准了他的要求，四月八日一道諭旨通知外交部發布這項任命，而且明確決定了這種私人貿易商的條件：允許特列季亞科夫攜帶三千盧布的自己的商品，他的宣誓評價員們也准許攜帶三千盧布的商品，總數一共六千盧布；西伯利亞總督對這些商品應徵收一般關稅。該商人及宣誓評價員到達北京之後，應先出售官方的商品，然後再出售自己的商品❶。派同商隊前往的下級軍官伊凡·諾支聶夫應

---

❶ 一七二二年四月八日的諭旨，在回顧過去時說：一七二二年三月七日，內閣秘書阿列克西·瑪卡諾夫曾交給樞密院一份外交部關於特列季亞科夫的報告，並說樞密院

負責治安和司法監督責任❷。離境時也不許該商人等攜帶超過上述數量的貨物。同年七月，該商隊一切準備工作完成後，特列季亞科夫於俄曆一七二二年七月從外交部領取了通行證及訓令後，即率領商隊出發。

在特列季亞科夫出發之前，俄掌璽大臣為他簽發了來華貿易的證明，時間是俄曆一七二二年七月三十日，其中說：

> 茲奉俄羅斯察罕汗諭旨，由我處派遣商務專員斯捷潘·特列季亞科夫等，
> 攜帶我官貨物貂皮等物，前往貴國銷售，並購買我所需之貴國物品。既
> 然兩國修好有年，請仍按前例，准我所派商務專員等經過喀爾喀等地，
> 並請沿途護送至京城。……（譯自《滿文俄羅斯檔案》）

特列季亞科夫商隊於一七二四年三月初，到達伊爾庫次克，七月抵色楞格，正當他們準備入境的時候，中國政府斷絕了中俄貿易，並要求俄國派員前來議定喀爾喀邊界，在俄國官員未到達以前，不准該商隊到北京貿易。特列季亞科夫及其商隊於是遙遙無期地停留在邊境上。

俄使郎克在俄曆一七二六年二月二十二日致理藩院大臣的咨文中，曾再次請求中國政府允許該俄國商隊來北京，其中說：請中國大臣准我俄羅斯國商隊特列季亞科夫，攜帶我察罕汗官貨，前往中國貿易。前已將此情由繕文交中國大臣鄂倫岱、特古忒等帶回京城。至今該商隊仍於邊界地方候信。請中國大臣等於我大使到來以前，仍按先前定議，准予入境等情❸。雍正帝經再三與諸大臣議商，最後還是決定：議事期間暫不准伊等商人進來，恐有他變，故不如不准其進入，欽此❹。關於不准俄國商隊先行入境的原因，隆科多也有論說：今與俄羅斯議定喀爾喀邊界，以理而論，雖可不議商務，惟因俄羅斯係外國，以貿易牟利為重，今若准其商人入境，則俄羅斯再無緊要之請求❺。可見，清政府限制俄國商人入境，主要是怕俄國在獲得貿易機會後，

　　已於一七二二年三月二十日批准了他的請求。《莫斯科外交部檔案》，一七二二年四月八日，第三號。

❷　《俄羅斯帝國法律匯編》，第五卷，第三三六〇號，第六九六頁。

❸　《清代中俄關係檔案史料選編》，第一編，下冊，第四四五頁（譯自《滿文俄羅斯檔案》）。

❹　同❸，第四四八頁。

會在劃界問題上改變主意。

　　一七二六年二月十三日，特列季亞科夫突然去世❻，當郎克把這事通知
薩瓦・弗拉迪斯拉維奇時，他立即一面迅速命令首席宣誓商德米特立・莫洛
科夫前去接替特列季亞科夫的工作，一面向俄國外交部和西伯利亞總督彙報。
一七二六年九月，俄國樞密院正式任命莫洛科夫為科密薩爾，領導俄國商隊
前來中國。但因當時中俄談判正準備進行，結果如何，尚不可知，因此命令
莫洛科夫帶領商隊仍然留在邊境等待消息。

　　該商隊直到薩瓦入京交涉，《布連斯奇條約》簽訂後，才於一七二七年九
月出發前來北京。該商隊由商務代表郎克和商務專員莫洛科夫率領，商隊包
括：領事及其隨員九人；專員及其隨員六人；軍曹及其傳令兵五人；教士一
人；三個辦公室職員；八個宣誓商各帶一個僕從；派來學習漢語和滿蒙語的
三個學生，盧卡・沃耶伊科夫、伊凡・普霍爾特和費多特・特列季亞科夫及
其僕從；兩個伍長，十八個兵士；一百四十個工人；總數是二百零五人。商
隊共有馬一千六百五十匹，貨車四百七十四輛，糧秣車一百六十二輛，牛羊
五百六十五隻❼。商隊還帶來價值一千盧布的貂皮，作為禮物贈給在北京的
為俄國提供秘密情報的大學士馬齊。價值一百盧布的貂皮，贈給中介耶穌會
巴多明。

　　商隊自恰克圖附近，分兩隊出發，穿越蒙古地區，於當年十二月底到達
北京。

　　郎克此次隨商隊再來北京一事，亦見於中國載籍。《滿文俄羅斯檔案》中
留有有關文件，如：〈俄使薩瓦為俄商人等入境事致圖理琛咨文〉（俄曆一七
二七年八月二十一日）❽、〈俄使薩瓦為俄商入境事致圖理琛咨文〉（俄曆一
七二七年九月二十八日）、〈俄使郎克為俄商入境貿易事致清國務大臣咨文〉
（俄曆一七二七年十月二十一日）等等。另外在《會典・理藩院事例》（卷七

---

❺　同❹。

❻　特列季亞科夫死於這一天的前夕，沒有留下任何命令。全體宣誓評價員於一七二六
　　年五月三日簽名的信。《莫斯科外交部檔案》，一七二六年，第六號（原本）。

❼　還應加上一個教士同三個學語言的學生，總共二〇五人。《莫斯科外交部檔案》，一
　　七二七年，第六號，第二頁背面及第三頁正面。

❽　同❸，第五一〇至五一三頁。

百四十六）及雍正五年《清實錄》、《世宗實錄》卷六十二以及漢文《起居注冊》中均載其事，茲將《起居注冊》中的文字錄於後，以茲證明：

> 雍正帝諭理藩院著准許俄商牛馬留於邊外牧放❾
>
> 雍正五年十月初五日
>
> 理藩院尚書特克忞等折奏，俄羅斯商人頭目郎克具呈，馬匹牛羊欲留在邊外牧放，謹題請旨。奉諭旨：俄羅斯既欲將伊等馬匹牲畜牧放邊外，著照所請，將馬匹牲畜留於邊外牧放。爾部派司官一員，前去稽查盜賊，禁止鬥毆。此去司官，著曉諭俄羅斯郎克，因爾等牧放馬匹牲畜，特遣部員前往照看。爾等留住之人，必揀選善能管轄者為首，使約束爾等之人，毋令生事。再嚴行文與就近居住之總管等，著各將屬下人加意約束，防禁盜賊。俄羅斯係外藩小國，不可使伊等馬匹牲畜被人偷竊遺失。倘或偷竊遺失，查係何處地方，即著該地方總管等查緝交付。若不能查獲，必著該地方總管等照數賠償。

由此可知雍正五年十月，郎克已隨商隊行抵張家口外。其所以將馬匹牛羊留在張家口外牧放，是薩瓦在商隊出發來北京前，給郎克的訓令之一，因為在北京購買飼養牲畜的草糧價格很貴，不如留在邊外牧放方便。既然留在邊外牧放，自然需要設法照管，以免遺失，故郎克有此請求，而清廷也有此答覆。

該商隊分成兩組由恰克圖附近的邊界出發，一組於一七二七年九月五日動身，另一組於九月十三日啟程，似乎是沿著伊茲瑪依諾夫所走的道路越過蒙古，備嘗艱難困苦，於一七二八年十二月二十六日到達北京❿。

雍正皇帝於商隊到達的次日發佈了一道諭旨，允許商隊開始交易⓫，但

---

❾　同❸，第五二○至五二一頁。

❿　郎克於一七二八年三月十一日寫信告訴薩瓦：在戈壁沙漠中苦不堪言，能夠逃出鬼門關，實在令人驚異，缺水或者說水中混有沙子，北風及冰凍非常厲害，從色楞格斯克到張家口，商隊死掉四百八十九匹馬、二百五十八頭牛。《莫斯科外交部檔案》，一七二八年，第十號；「使節公務日誌」，第二卷，第八一五頁以下。

⓫　一七二七年十二月七日張貼在北京，理藩院也派兩個官員向郎克證實。郎克於一七二八年十二月三十一日給俄皇的報告。《莫斯科外交部檔案》，一七二八年，第三號，第一頁以下。

是派了七百五十人的衛隊，分佈於俄羅斯館周圍，使商隊人員不能自由出入。館前有中國官吏一人，駐守盤查，中國商人如要前去市易，不得許可，不准進館。凡此種種，都足以使俄商感受到困難，然而由於利益所關，亦只有忍耐而已。郎克等在北京停留了七個多月，計售出松鼠皮百萬張、銀鼠皮二十二萬張、狐皮一百五十萬張、貂皮十萬張和其他貨物；購回絲綢棉布近百萬公尺、茶約三萬磅，還有金銀和其他物品。交易總額將近一千萬法郎。此外，商隊還帶回了許多與政治有關的情報，如西方傳教士的被仇視，隆科多的遇害，阿拉布珠兒的留滯中國，以及中國準備征討厄魯特等。這些情報，或得自耶穌會教士，或得自清廷大臣，均為與中國政局有關的內容。

　　一七二八年（雍正六年）七月，郎克代表商隊向理藩院提出回國的要求，理藩院立即表示同意。在郎克離京前，雍正帝於中曆六月七日（西曆七月十八日）召見郎克，並賜茶。郎克頗蒙皇上優遇。七月二十四日郎克一行離京北去，沿來時道路回色楞格，以等待俄國政府新的命令❷。

二、第二支商隊：勞倫斯・郎克率領

　　郎克（Лоренц Данг）回抵恰克圖後，不久就接到俄國政府於俄曆一七二九年六月四日下達的命令，讓他迅速返回莫斯科，並要求隨身攜帶會計帳簿，因為俄國政府想要詳細瞭解恰克圖貿易成效的情況，以及商隊在北京貿易的情況，如在北京賣了多少貨物，還剩有多少貨物（在北京沒有把貨物全部賣完時），以便政府根據他們的經驗採取有關措施，使官方商隊和私人商隊能在一七三一年再來北京。郎克接命令後，於俄曆一七二九年十月離開色楞格，出發前，他委託司書達維德・格拉韋在他離開期間管理商隊。郎克於俄曆一七三〇年四月二十五日回到莫斯科。

　　經過一番準備以後，俄國政府於一七三一年再次派遣商隊來華。俄曆同年一月三日，俄樞密院正式下達命令，委任商務代表勞倫斯・郎克為商隊總管，帶領新組成的商隊，從國庫提取各種貨物之後，前來中國出售和交換，並購買各種中國貨物。他的屬下人員有商務專員伊凡・莫洛科夫、四名宣誓公務員、兩名辦事員——達維德・格拉韋、尼基弗爾・瑟列伊希科夫，還有

---

❷　張維華、孫西著，《清前期中俄關係》，山東教育出版社，一九九七年六月第一版，第二七二頁。

四名學生——米哈伊爾·波茲尼亞科夫、伊凡·貝科夫、格拉西姆·巴爾希尼科夫和阿列克謝·弗拉迪金。全體商隊人員共一百一十三人。

在郎克啟程之前，俄國薩納特衙門為派郎克等前來貿易事致中國理藩院咨文，簽署日期是俄曆一七三一年一月二十一日，主要內容如下：

> 一七二八年我兩國所定友好條約內稱：每隔三年准予派一商隊前往京城
> 貿易等語。今照所定，以我郎克為總管，並派商務專員一人及頭目等人，
> 攜帶各種官貨前往中國京城貿易。務請大臣奏報大博格德汗。待我此次
> 前往之商人到達爾界後，望照定例准其入境。沿途妥加護送，直至京城。
> 到後任其自由買賣，事畢返回時，仍照前例，派遣官兵，妥加護送，直
> 至邊界❸。（譯自《滿文俄羅斯檔案》）

郎克一行於俄曆一七三一年五月十三日到達伊爾庫次克，七月十九日到達色楞格。十月十二日，清政府派專差給郎克送來旅費一萬兩白銀，供他旅途使用。十一月六日，他帶領商隊從恰克圖啟程，沒有走傳統的戈壁大沙漠，而是沿著克魯倫道路南行，於俄曆一七三二年三月二十日抵達北京。

郎克此次來華事，《世宗聖祖》（卷三十五）中有所記載，其中說：

> 雍正九年戊辰，上諭理藩院：邊疆地方，報稱俄羅斯之郎克前來。俄近
> 來甚屬恭順，伊等貨物至楚庫柏興處，即行申報，而邊疆地方遲延，致
> 使伊等久候，時值隆冬，其盤費馬畜未免困苦。朕特施恩，著理藩院派
> 官一員，於戶部庫內領銀一萬兩，前往賞給，以為途中買換馬畜之用。

此次郎克得清廷政府的優待，主要是因為中俄新簽條約，劃定了中段邊界，藉此表達清廷願與俄國友好相處的願望。三月商隊到北京後，郎克及商隊的全體成員都受到熱情歡迎，理藩院專門派遣兩位大臣前去迎接，並設宴招待他們。三天後商隊開始貿易，這次俄國人被允許可以在城內自由活動。郎克在北京期間，還多次受到雍正帝的召見、賜宴和款待。然而，由於當時北京市場已推銷不了如此多的毛皮貨物，這次商隊的貨物仍然沒有售完。

郎克在北京住了五個月零十七天，於俄曆一七三二年九月八日離開北京。離京時帶走了兩名俄國學生：伊凡·普霍爾特和費多特·特列季亞科夫。商

---

❸ 同❸，第五六四頁。

隊分為三隊，順腦溫路線行走，於一七三三年四月到達祖魯海圖。

三、第三支商隊：郎克與葉羅費伊・菲爾索夫率領

郎克返回莫斯科後，不久就被提升為辦公廳參事，並奉命與界務官葉羅費伊・菲爾索夫 (Ерофей Фирсов) 一起，根據《恰克圖條約》的規定，率領俄國第三支商隊再來中國。一七三五年六月，俄樞密院頒發命令，要西伯利亞事務衙門為商隊準備好進行貿易的國家貨物，貨物的價值和種類與郎克上次率領商隊所帶者相似。這批貨物要立即運往伊爾庫次克，竭力設法讓商隊不晚於七月上旬從邊境出發。同時命令郎克火速趕往西伯利亞，以便領取大車、驛馬費和訓令。與此同時，俄外務委員會發給郎克途經蒙古及中國境內各城市的護照和兩封公函，簽署日期是一七三五年五月五日，公函的內容仍然是請求中國允許商隊入境，沿途接送，並允許他們在北京自由交換，買賣各種貨物等事項。

經過充分準備之後，郎克率領商隊帶著價值十萬盧布的毛皮，於俄曆一七三六年十月自恰克圖出發，十一月中旬抵達北京。十一月二十三日，理藩院召見郎克，雙方就如何呈獻禮品給清朝皇帝的問題進行了激烈的爭論，直至十二月初才達成協議。此時雍正皇帝已死，乾隆皇帝繼位不久。十二月初，乾隆皇帝召見了郎克，並賜茶、賜宴，優禮款待。召見之後第二天，商隊就開始貿易。最初貿易很順利，以致很短的時間就賣出了各種貨物近五萬件，但是不久生意就清淡下來，郎克把原因歸結為清政府對商隊的監護，並因此提出指控。一七三七年一月，郎克向理藩院遞交了一份備忘錄，抱怨商隊不能自由進行貿易。清政府駁回了他的指控，中國大臣派人答覆他，說他以「非常傲慢」的態度寫的備忘錄，完全是無理取鬧，中國設置監護官是護衛措施，以免商隊遭受損失。《皇朝文獻通考》、《四裔考》載乾隆元年（一七三六年）赫慶奏疏一折，即是此事的反響，其中說：

> 監督俄羅斯館御史赫慶奏言：俄羅斯互市，止宜在於邊境，其住居京城者請禁。貿易止令以貨易貨，勿以金銀相售，在京讀書子弟，亦不可任其出入，使知內地情形，與圖違禁等物，禁勿售與。

由此可知清廷對於俄商隊的監護，確實也有防止其窺視中國內情的目的，

隨著中俄外交關係的發展，俄國商人、學生、僧侶、外交人員來者日眾，這些人確也有心搜集情報，因而防止洩密一事不能不引起清廷的重視。況且，中國一向對來華的外國人防範甚嚴，這次自然不會因郎克的抗議而改變政策。不過後來經郎克一再交涉，理藩院還是在俄羅斯館大門口貼了一張告示，准許中國商人自由前去貿易，其內容如下：

> 俄羅斯館監護官奉命將入館須知及嚴禁事項公布如下：自本月（一七三七年二月）十七日起俄館貿易對外開放。為此特向商民人等宣布，凡在俄館購買貨者一律現金交易，任何人不得賒欠。一切違禁物品，諸如硝石、硫磺、火藥、子彈等均不得攜入俄館出售，明知故犯者，一旦為俄館監護官查獲，則依法嚴懲不貸，仰我居民一體遵行，切切此布！

告示頒布後，俄國人生意興隆了不少，四月，俄國商隊售完了貨物，不久就啟程回國。

郎克回國之前，乾隆帝再一次召見了他，並賜宴，還回贈俄國女皇以禮物。隨同郎克回國的還有修士大司祭安東尼‧普拉特科夫斯基，他的職位由伊拉里昂‧特魯索夫接替。郎克一行於五月十日離北京，取道戈壁大沙漠路線到土拉河，八月始返抵恰克圖。九月一日到達色楞格。

此次是郎克最後一次來京。自康熙中葉以來，俄國人來中國者，以郎克為最頻繁，前後達五、六次之多，而且曾長期駐在中俄邊境地區。他對於中國內部的情形，也最為明瞭，郎克可以說是清初中俄關係中的一位重要人物。由於他熟悉中國情況，曾給俄國政府提供了不少很有價值的情報和建議，因此深得薩瓦及俄國政府的信任和重用。他於一七三五年一月十三日被任命為「內閣顧問」，一七三八年被任命為伊爾庫次克的西伯利亞副總督，後來在任內死去[14]。

四、第四支商隊：葉羅費伊‧菲爾索夫率領

一七三九年，第四支國家商隊[15]即將出發前往中國的時候，樞密院接到九月十二日和二十一日兩道諭旨：按照上一批商隊出國的舊例，令此批商隊

---

[14]　同[12]，第二七六至二七七頁。

[15]　關於派遣該商隊的情況，見《中國事務檔案》，一七三九年，第五冊。

由葉羅費伊・菲爾索夫（此人於十一月九日晉升為八等文官）為該商隊總管，並給他派出一名助手、四名宣誓公務員、和一名修士司祭拉夫連季。由外交部發給他一張護照，並以樞密院名義寫了一封致理藩院的介紹信❶，信中請求理藩院根據一七二八年締結的條約，准許該商隊總管率領商隊自國境直至北京通行無阻；當他們在北京出售、交換、購買各種貨物時，也望提供必要的方便，不加任何阻擾，也不限定時間，並免於納稅；在完成上述任務後，該商隊離北京回國時，亦請多加照拂❶。

　　為了將該商隊出發的消息預先通知中國，俄國外務委員會於一七四〇年專門派遣信使米哈伊爾・紹庫羅夫由聖彼得堡出發先行來北京遞送俄國公函。在公函中除了交涉商隊來華的事情外，還有請求中國政府允許在北京學習語言的俄國學生伊拉里昂・羅索欣和米契爾・波諾瑪廖夫跟隨該信使一同回國一事。紹庫羅夫於同年五月到達北京遞交了公函。理藩院在回函中表示，關於商隊來華一事，依例接待；關於俄國學生回國一事，因為波諾瑪廖夫已於乾隆三年九月死亡，所以只能將羅索欣放行回國，中國將派官護送他至邊境（羅索欣在京期間曾幫助理藩院翻譯俄中兩國往來公函，並教中國學生學習俄文，他回國後，乾隆降旨由另一俄國學生弗拉迪金接替他的工作，並賜給年薪四十兩銀子）。紹庫羅夫於七月離京，八月九日回到恰克圖。

　　一切準備工作完成以後，菲爾索夫率商隊於一七四〇年出發。由於中國邊防官員來往行文的耽擱，商隊在伊爾庫次克滯留了很久。直到一七四一年五月商隊才從契科伊河口鎮動身，九月底到達北京。十月二十三日，駐紮俄羅斯館的俄國商隊對外開放，自由進行交易，但是貨物銷售並不多。商隊的貿易活動直到一七四二年四月才結束。四月二十日，菲爾索夫率商隊離京，一七四三年二月六日返抵莫斯科。八月菲爾索夫把他的出國日誌交給俄外務委員會。回國後，菲爾索夫向外務委員會做了詳細的彙報，其中提到駐北京的俄宗教人員大都是酗酒、互相吵架、胡作非為混日子。而天主教傳教士則相反，他們比較持重，守規矩，有的還當上了大官，管理中國的國家事務。

---

❶　這封介紹信和護照寫於一七三九年十一月二十九日，上面沒有人簽字，但蓋有國璽。

❶　（俄）尼古拉・班蒂什——卡緬斯基編著，《俄中兩國外交文獻匯編》（一六一九至一七九二年），中國人民大學俄語教研室譯，商務印書館出版，一九八二年十一月，第一版，第二七〇頁。

五、第五支商隊：格拉西姆·列勃拉托夫斯基率領

一七四四年五月三日，俄國樞密院根據西伯利亞事務衙門的呈請，決定派遣第五支商隊前來中國。任命八等文官格拉西姆·列勃拉托夫斯基 (Герасим Дебратовский) 為商隊總管。三月二十七日，俄樞密院給列勃拉托夫斯基寫了致理藩院的公函，請理藩院派官員到邊境接待，並護送商隊前往北京。俄國外交部給商隊發了護照，四月又下命令，要他將修士大司祭格爾瓦西及其傳道團全體人員帶往北京，而西伯利亞事務衙門則發給他一份詳細的訓令。

這支商隊於一七四五年八月二十五日抵達恰克圖，九月一日進入中國國境。此次商隊來華仍然受到清廷的禮遇，當商隊進入北京時，受到敲鑼打鼓的歡迎。十一月二十七日，理藩院派遣扎爾固齊前去接待商隊。十二月十五日，理藩院召見商隊總管和隨商隊而來的修士大司祭格爾瓦西，以及傳道團全體成員。然而，當貿易活動開始以後，列勃拉托夫斯基仍然對中國政府的防衛措施不滿意，因為每天都有四名扎爾固齊坐在俄館大門口，中國商人要經過許可才能進館貿易，理藩院還派遣一千多名衛兵看守俄羅斯館，商隊成員不能自由上街與中國人來往，為此商隊又多次與理藩院交涉，但情況一直沒有很大的改變。

不過列勃拉托夫斯基商隊在北京貿易期間，雖然有一些不愉快事件發生，但所有貨物都完全出售，並在離開北京前，該商隊總管曾向中國理藩院提出兩點要求：第一、准許他取道克魯倫返國；第二、准許他帶領學習語言的兩名俄國學生阿列克雪·弗拉迪金和伊凡·貝科夫 ❶⑧ 隨他一道返國（貝科夫回國後於一七四八年三月二十八日被提升為中尉，並派科學院擔任翻譯工作）。理藩院准許了他這兩項要求，但同時下令讓隨同修士大司祭格爾瓦西一起到北京的三名教堂輔助人員回國，因為中國不准兩名以上的教堂輔助人員留在中國。在交涉完這些事情之後，列勃拉托夫斯基就帶領商隊於一七四六年六月六日離開北京，八月二十一日到達恰克圖。該商隊於到達伊爾庫次克後，分為兩個分隊：總管本人率第一分隊從伊爾庫次克出發，經托博爾斯克、赫雪諾夫、莫斯科，於一七四七年三月三十日抵達聖彼得堡；第二分隊則由商

---

⑱ 商隊總管決定帶領他們回國，是因為他們向領隊提供了一些相當重要的秘密情報，這些情報對俄羅斯帝國非常有利（但究竟是什麼情報，檔案中沒有記載）。

務專員格里戈里・卡爾塔紹夫率領，於同年八月十七日到達。

六、第六支商隊：阿列克謝・馬特維耶維奇・弗拉迪金率領

一七五三年二月二十日俄國政府決定派遣第六支商隊前來北京。該商隊由在華學習過的俄國學生、跟隨前次商隊回國的阿列克謝・馬特維耶維奇・弗拉迪金（其官銜已從九等文官升為八等文官）率領。商隊出發前，俄國樞密院派遣專門信使到北京送公函，把商隊出發的消息通知中國政府，並請求給予必要的照顧。該信使——伊凡・雅科比准尉於一七五三年七月二十七日到達北京，理藩院於乾隆十八年（一七五三年）八月二日回函，答應一切依舊例執行。信使拿到回函後，於八月二十一日自北京啟程，一七五三年十二月送達莫斯科。

商隊總管弗拉迪金率商隊於一七五四年九月五日，離開契科伊彼得羅巴甫洛夫卡要塞，十五日離開恰克圖，十二月二十三日抵達北京。一七五五年一月二十六日，俄羅斯館開始開放，中國商人紛紛前來貿易。買賣完畢後，弗拉迪金率領商隊，修士大司祭格爾瓦西・林采夫斯基率領傳道團，於六月四日從北京啟程回國，九月五日到達恰克圖。

在弗拉迪金歸國後寫給樞密院的幾份報告中，彙報了他來華的經過，以及中國政府對他的態度。俄國政府讓他帶往北京的四名學生，中國政府沒有接受，多於兩名的教堂輔助人員也被要求帶回俄國。

以上六次來華之俄國商隊的情況大致如上所述。但自第六支商隊回國後，俄國基本上未再派遣正式國家商隊來京貿易，此中原因，一方面與中俄在邊界上發生一系列的衝突案件有直接關係；另一方面與俄國貿易在制度上改革措施亦有關連。

第二節　中俄貿易市場之變化

一、北京貿易之衰落與停止

俄國商隊前來北京貿易，開始於康熙三十一年伊斯勃蘭德・義傑斯的東來，而終止於乾隆二十年，其間共歷六十餘年。然而北京貿易市場其衰落與

停止的原因究竟在那裡呢？就表面來看，北京貿易衰落與停止的原因，一方面與中俄兩國在邊界上的爭執有關；另一方面也是由於恰克圖貿易的興起，北京貿易被冷落。不過，如果我們進一步作更深入之研究與分析，就會發現，北京貿易衰落與停止除了上述之原因外，還有下列數種因素 ⑲：

㈠中國擔心俄國商隊人員窺探國情，有強制其放棄北京貿易的意思

北京是清王朝的政治、經濟、文化中心，自然不能容許外國人雜處其地，窺伺隱秘。康熙年間雖然允許俄國商隊來京貿易，但是俄國商人居有定地，行有定期，對他們防範很嚴，不允許他們自由出入。世宗繼位以後，對於內情的洩露，尤其戒慮。如因用兵西北兩路，恐怕軍機外露，於是設立了軍機處，又如因懷疑西方傳教士溝通宗室等原因，遂有驅逐傳教士及禁止傳播天主教的命令。俄商在這種時機來華，而且來華俄商時有不法行為發生，他們必然更為清政府所注意，因而對他們持監視的態度。《會典·理藩院事例》（卷七百四十六）有以下一段文字，最足以表示當時中國政府的態度，其中說：

雍正九年理藩院奏准：俄羅斯買賣人來時，喀爾喀土謝圖汗等報院具奏請旨，委官一人，馳驛前往恰克圖地方伴接，沿途照看。其買賣人仍依原議不給口糧食物，一應夫馬聽其自備。由張家口至京，路途歇寓，令官兵護送看守。到京進館後，兵部奏派副都統及官兵看守。買賣人出館行走，皆令護軍等伴行。特簡內大臣部院堂官數人，總理俄羅斯事務，其監視貿易官二人，並列侍讀學士科道等職名引見簡用。

又說：

雍正十年，奏准：俄羅斯貿易事畢，起程時，照例委官撥兵，沿途護送，並開列監視貿易官等職名，候欽點一人送至邊界。

由此可知，俄國商隊來京時，有軍士伴接；到京之後，有軍士看守，商人出入住處有軍士隨行；返國時還有軍士護送，對俄國人防範的嚴格，可想而知。降至乾隆初年，清朝政府對於俄國商人的戒慮倍增，處在這種形勢之下，俄商在北京的貿易之不能如願發展，乃勢所必然。所獲利益既然大減，行動又很不自由，焉有不放棄之理？自康熙朝以來，中國所最顧慮的，是俄

⑲ 同⑫，第二八一至二八六頁。

國與厄魯特的勾連，到乾隆時清廷用兵西北，決定徹底征討厄魯特，在軍事行動之前萬一洩露軍機，關係甚大，因此這時對俄商嚴加防範。如果沒有《恰克圖條約》的締結，清廷必然不願俄商隊繼續來京貿易。就實際情況來看，不論是數次來華的郎克，還是眾多的學習滿漢語言的俄國學生，還是已在北京建立教堂並長期留居的東正教教會人員，都曾在北京搜集大量有關中國各方面情況的秘密情報，對於中國內部的秘密，也瞭解甚多，這都足以證明中國政府所採取的防範措施，並非出於過慮。清政府既然有意禁絕，俄商自然難於立足，終必歸於停止了。

㈡**俄國政府在十八世紀最初二十五年間的末期，不得不傾向於某種程度的自由貿易**

　　由於政府壟斷的逐漸放寬，使得私商日增，邊地貿易轉盛，皮貨通過各種途徑大量傾銷北京，致使毛皮價格降低，北京貿易，無利可圖，故漸歸停止。俄國在西伯利亞的貿易政策，在彼得大帝時期，是把對華貿易強力控制在國家手中的。隨後因官吏貪污，私販日增，杜絕無策，管理甚難，於是逐漸採取允許某種程度的自由貿易政策，嚴厲苛刻的壟斷政策逐漸放寬。十八世紀初葉，俄國政府廢除了許多種專賣權，並宣布在西伯利亞境內貿易自由。一七一九年四月十九日和五月二十二日，俄國政府首先宣布，在西伯利亞境內，除了瀝青和鉀鹼、貂皮和毛皮以外，一切商品都可以自由貿易❷。一七二三年十二月三十一日，俄樞密院根據商務部和礦業部的建議，修改了有關收購中國黃金的條例，允許商人自由地從中國帶回黃金，但是只能把黃金賣給國家造幣局。一七二七年七月七日，俄國樞密院決定廢止在西伯利亞境內對貂皮的一切限制，只禁止向中國出口。俄國政府同時宣布允許大黃自由貿易。金銀輸入俄國仍然繼續不收關稅，以鼓勵金銀由中國輸入俄國。同年十月七日，俄最高樞密院宣布准許在西伯利亞開發礦藏和寶石礦；允許煙草自由貿易。貂皮、大黃和煙草的貿易，以前是由財政部壟斷和由政府包給專利商的，違者處以死刑，放寬了這些物品的貿易政策，說明俄國政府對西伯利亞地區的貿易政策進行了重大調整。自此以後，俄國私商多設法至蒙古地區經營，從而促成庫倫等地的繁榮。

---

❷　一七二五年十一月二十二日和十二月三日在發給商人米哈伊諾夫的護照中提起。《莫斯科外交部檔案》，一七二五年，第四號。

　　庫倫成為俄商貿易的重心以後，自西伯利亞等地輸入的貨物，多由漢商之手輾轉販賣到中國各地區，因此，俄國在北京的貿易市場受到一定影響。加之當時駐西伯利亞各地的俄國官吏，經常瞞著俄國財政部，派遣許多使者和私商到北京去，這些使者和商人，為了替他們的長官謀利，也為了自己的利益，不顧設在庫倫的俄國的檢查官吏的監督，把大量毛皮非法運往北京，使俄國在北京的市場受到更大的影響。當康熙末年，郎克留居北京時，已注意到這一問題，他認為為了俄國的利益，北京、庫倫二地對抗的形勢，決不可使其長久存在。他曾向俄國政府建議減少商隊來華的次數，使貨物輸入的數量不致過剩，以解決這一矛盾，然而由於各種原因，這些建議未被採納。雍正初年，薩瓦東來，也注意到了這一問題的嚴重性。在一七二六年九月十一日和一七二七年十月九日，他分別就這一問題寫成兩份報告，申述個人的意見。在他回國後，於一七三〇年寫成的秘密報告中，又加以補充，使他的對華貿易的整個設想更加完備，然後呈交俄國政府。由於薩瓦的地位比郎克高，又是俄國政府和沙皇非常信任和重用的一個人，薩瓦的意見不久就得到政府的考慮並制訂成法律：一七二七年和一七三一年，沙皇下令把他的建議制訂成組織整個十八世紀俄國對華商務的規章。

　　按照薩瓦的建議，為了扭轉俄國對華貿易江河日下的趨勢，必須採取強有力的補救措施：以死刑的懲罰來絕對禁止與中國本部進行的一切私人貿易。應該在邊界上，在靠近色楞格和尼布楚的地方建立貿易中心，以控制私商進入中國貿易。只有商隊才能夠到北京去，而且要每隔三年去一次。商隊的官員都領取固定薪金，不許隨行人員以任何藉口進行經營私人貿易和謀求私人利益的活動。而且為防止發生弊端起見，他們一定要保持良好的秩序。每次商隊完畢後，要上交一份詳細的報告書，並且製作精確詳盡的帳目，以備政府稽核。薩瓦的意見認為，北京可以經營規模較大的俄國國有商業，而恰克圖等地，可以經營規模較小的私人貿易，這樣公私兼顧，雙方並行，可以不致發生衝突。俄國政府認為薩瓦的建議可以實行，就在一七二七年一月十日和一七三一年一月三日分別頒布諭旨，嚴禁在中國進行私人毛皮貿易，並提出了改組對華貿易的詳細措施，其中規定：從今以後商隊每隔兩年到三年去中國一次。商隊由一個事務官和西伯利亞部的一個官員來領導，配備兩名專員、兩名記帳員、兩名錄事和兩名譯員。商隊中所有人都領薪金，其中事務

官年薪二千盧布；他的同僚年薪一千五百盧布；專員一千盧布；宣誓評價員三百盧布；書記至少二百盧布；譯員一百盧布；錄事五十盧布❷。一名事務官伴隨商隊到北京去，另一名事務官留在西伯利亞為下一商隊準備給養。另外，科學院學習數學的四名年輕學生應隨商隊同行，他們要根據地形學會繪製商道圖，負責管理商隊帳目。他們中的一兩人，要以學習為掩護，留在北京以便熟悉中國的商業。

雖然俄國政府做了改組商隊的工作，但自邊地市場建立之後，私商貿易日趨繁盛，外貨輸入，也較日增，更使北京市場達到不能維持的地步。所以自《恰克圖條約》訂結之後，來華的俄國商隊，僅數次而已，其主要原因，即由北京市場衰落所致，由此可知薩瓦對於中俄貿易的設想，雖自鳴得意，而不知僅可彌補一時，終不可施之長久。

二、邊地貿易市場之建立

㈠恰克圖貿易之興起

恰克圖一名，古所未聞，自雍正五年闢為市場之後，其地始著。恰克圖佔有重要的地理位置：色楞格居其北，近二百里，庫倫居其南，近八百里，恰克圖處在兩大都會之中。色楞格、鄂爾渾、哈拉等河自南匯流，北入西伯利亞，總稱之為色楞格河，其山口岔道，是自色楞格入中國蒙古地區的唯一孔道，而恰克圖即處其要衝。松筠《綏服紀略》詩注，曾略言及其地理位置，說：

> 余在庫倫，曾兩赴恰克圖詢悉卡倫形勢，恰克圖迤東車臣汗部屬之十四
> 卡倫，地多平甸。……由此迤西一帶多山，且多叢林，僅有恰克圖為通
> 衢大路。自恰克圖至庫倫，連亙八百餘里，一路扼要，有色楞格大河，
> 東岸連岡，自此迤南，直至袞圖達巴罕，其間或有峽溝，或有叢樹，諸
> 險隘皆屬天然。

這裡也談到自色楞格南入蒙古，恰克圖為天然的通衢大路，中俄兩國在這裡建立貿易市場，是因其地理位置而決定的。

❷ （法）加斯東・加恩著，《彼得大帝時期俄中關係史》（一六八九至一七三〇年），江載華、鄭永泰譯，商務印書館出版，一九八〇年，第一版，第二四七至二五〇頁。

恰克圖既然居於兩國邊界適中的地方，又是天然的通衢，商人們自然會聚在那裡進行貿易。況且色楞格處其北，貨物轉輸，水陸俱方便，更足以助長其繁榮，自康熙中葉，俄國商隊來華的商路改取蒙古以後，色楞格已經形成商業與交通的重要地點，無論是自西伯利亞進入蒙古，還是自蒙古前往西伯利亞，都以這裡為出入之地。圖理琛在《異域錄》中曾談到該地的情形，說：

> 楚庫柏興（即色楞格）係俄羅斯國界，相隔我國喀爾喀部長臺吉車陵扎布之邊界博拉地方二百餘里，其間皆山，不甚大。沿途皆林藪，唯有杉松樺樹而已。色楞格河寬四、五十丈不等，水清溜急，自西南向東北而流。楚庫河來自東南，流至柏興之南十里外，歸入色楞格河，沿岸皆叢柳櫻莫榆樹。二河交匯處，有俄羅斯收蓄貨物倉房十餘間，居舍數間，皆樓房，用大木營治。河內有船二十餘隻，其船頭聳尾齊，寬丈餘，長七、八丈不等。自二河交匯處，以北十里外，色楞格河之東岸，有大木營治樓房百餘間，無城垣，四面皆山。此處俄羅斯與蒙古人等二百餘戶，相雜散處。有天主堂三座，小舟艇數百隻，設管轄柏興頭目一員，駐兵二百員。

由此可知在色楞格地方，俄國設有倉庫、有船隻、有民居、有教堂、有官吏、有守卒，規模雖然不很大，但是在當時那一荒冷地區，也是儼然一重鎮了。俄國商人以此為根據地，進而可至恰克圖與中國商人互市，前後毗連，呼應敏捷，非常便利。就如中國商人以庫倫為根據地，北至恰克圖市易，可以進退接應一樣。

恰克圖因居於適中，便利及交通要道的位置，故在中俄邊界談判中，雙方都同意在這裡和祖魯海圖建立貿易市場。恰克圖建立市場的具體年代，為雍正六年（一七二八年），即條約簽訂的當年，此項工程的完成，可謂迅速。

㈡薩瓦在恰克圖建立「貿易圈」

恰克圖的建築工作是由薩瓦一手安排的，薩瓦在《恰克圖條約》簽訂後，又在恰克圖留住了數日，以安排恰克圖的修建工作。他首先命令在恰克圖河上游的一個池塘邊上建立了一個小寨堡，方圓二百四十俄丈，稱為新三一節堡。在該堡還建立了一座木結構的聖三一教堂，並配備了神職人員。又蓋了

一棟有六間房的大木屋，以辦理關稅事務。在該房前面的河上架了一座橋，橋上設有稅卡；還建造了一座監獄、幾座倉庫、馬廄及其他必需設施。另外，他命令托博爾斯克團的三百五十名俄國士兵和當地居民在離上述三一節堡四俄里的地方，即在恰克圖俄國邊界盡頭處，按照圖紙建立一處貿易圈。他還命令把酒館建在離貿易圈較遠的地方，以免俄國人喝醉後，在中國人面前吵架鬧事。同時，他命令克尼阿金肯大尉偕同貴族阿列克謝‧特列季科夫率領一班士兵駐在恰克圖，以為護衛 ❷。關於建築恰克圖貿易市場的指示是很詳細的：市場應是正方形，每邊各長二百公尺，市場的四角各築一個城樓；市場內部分設三十二個貨攤，每個貨攤安置一個火爐。貨攤的大小可分二種，一種是長寬各五公尺的正方形貨攤，一種是長六公尺，寬三公尺的長方形貨攤。還應修建一個商品陳列所，長三十二公尺，寬六公尺。底層修建三十四所商店，商店的上面一層是倉庫，每個商店還應有一個像聖彼得堡的商店一樣有屋頂的走廊，等等 ❷。由於當地居民都不願到庫倫去貿易，所以積極參加貿易市場的建設工作，使恰克圖市場以很快的速度建成，到一七二八年底即已完工。

㈢中國在恰克圖建立「買賣城」與對華商的規範

在恰克圖市場修建以前，中國商人至蒙古地區貿易，多薈集於庫倫，自恰克圖完工後，則迅速移往恰克圖，故不久這裡就發展成為一個繁華的市落。松筠《綏服紀略》記其事說：

> 所有恰克圖貿易商民，皆晉省人，由張家口販運煙茶緞布雜貨，前往易換各色皮張氈片等物。初立時，商民俗尚儉樸，故多獲利。

又說：

> 先是沿邊市貿易，並無定所，時疆界既明，因即附近相度有恰克圖地處適中，雍正七年，奉旨著於該處設立市集，……由是，俄羅斯咸歸恰克圖貿易矣。……貿易商民，建立木城，起蓋房屋，費力無多，頗為堅固。對面俄羅斯建有市圈，其貿易商民，亦皆恭順。

---

❷　同 ⓱，第一八三至一八四頁。
❷　同 ㉑，第三三七頁。

這裡所說漢商到恰克圖去貿易者，多山西人，而且自立市集，與俄國人所建的貿易市場相對而立，即「買賣城」。松筠所說的這兩件事，確切時間不詳，以意度之，當在恰克圖市場建立之後不久，也即雍正末年或乾隆初年的事情。至於買賣城一名，最初不見有此稱呼，或稱之為商集，或與恰克圖混稱，尚未使用「買賣城」三字來稱呼它。恰克圖是俄國人所建市場的稱呼，位於邊界以北的地方，買賣城是中國人所建的市場，位於邊界以南的中國境內，兩市場雖然相距很近，但各有居地，不相混雜，在管理上也較便利。

恰克圖建立市場之後，在短期間內即達到相當繁榮的程度，但是對於具體的情況，如每年的貿易總額，貨物出入數目等，因文獻不足，未能詳證。大體來說，自俄境輸入中國的貨物，仍以毛皮為大宗，自中國輸往俄國的貨物，則以茶、煙、絲綢、棉布、大黃等物為大宗。私商販賣，很少限制，但也有若干器物，如硝礦、牛角、鋼鐵及盔甲、弓箭各項軍器，視為禁品，不得買賣。當時理藩院兵部等處均有明文規定，犯者依例治罪。乾隆二十四年，因內地到邊疆經商者日眾，清廷重申康熙五十九年之例：凡要求到庫倫或恰克圖貿易的商人，都由理藩院發給票；由直隸出口者，在察哈爾都統或多倫諾爾同知衙門領票；由山西出口者，在綏遠城將軍衙門領票。另外，要把領票的商人的姓名、貨物、前往的地點以及起程的日期，寫一清單，附在理藩院的票後。當商人到庫倫或恰克圖時，由各地的駐守官分別檢查，如有不符，即行究辦。該商人已經到了所要去的地方，又想去其他地方者，准許該商人向當地的駐守官員呈明情況，改給執照。凡是這樣的票商都令以現貨現銀交易，限定一年催回，不准藉索欠為名，滯留各部落，安家立業，也不准取蒙古名字。無票的商人即屬私商，查出照例治罪，退回貨物，一半入官。至於恰克圖的中國商集，其時分設八行，選擇良善殷實的商人做行首，與眾商會一同估定貨價，依到商集日期的先後，令商人們依次交易。如果蒙古札薩克及哲布尊丹巴呼圖克圖等差人來貿易，價值百兩白銀以下的貨物聽其自由交易，百兩白銀以上的貨物，由札薩克等以印文通知中國恰克圖駐守官，交各行首交易後，復文遣回。如有不肖商人貪圖利益冒名頂替，查出後將該商與喇嘛蒙古等一併治罪。

由上所述，可知自雍正末年至乾隆初年，三十年內，恰克圖形成為中俄貿易的唯一重要地點，百貨雲集，市肆喧鬧，昔日荒涼之地，已成繁富之區。

㈣祖魯海圖貿易情況不佳

　　另按《恰克圖條約》的規定，在尼布楚附近，還闢有祖魯海圖市場，但因那裡地理位置偏僻，不當交通要衝，所以始終未能發展起來，自不可與恰克圖相比。當此之時，北京市易已由衰微而歸停止，庫倫貿易則仍如舊日的狀態，恰克圖可謂首屈一指。這種局面維持時間很久，直到西方各國勢力侵入中國內地之後，恰克圖的地位始漸減低。

㈤恰克圖貿易發展後中國設官管理

　　恰克圖既然成為中俄貿易集會的重要地方，商民出入，糾紛時生，於是清政府根據《恰克圖條約》的規定，在此設官管理。在恰克圖新闢之初，清廷即仿康熙五十九年庫倫設官之例，由理藩院內檢派司官一人，赴恰克圖監視一切，名之為「監視官」，二年一次更代。該官地位低微，所食薪俸，自雍正十年始，每日僅折給廩給銀一兩。《會典・理藩院事例》（卷七百四十六）載其事，說：

> 又議准：駐箚喀爾喀庫倫、恰克圖兩處監視貿易司官，向例皆馳驛前往，二年一次更代，自備盤費，惟駐箚喀爾喀三部落偵探之司官，每日各折給廩給銀一兩，嗣後駐箚庫倫、恰克圖兩處監視司官，亦照此例，每日各折給廩給銀一兩。

　　乾隆十二年，又改為三年一次更替制度，事亦見《理藩院事例》（卷同上），說：

> 議准：恰克圖駐箚司官改為三年一次更代。

　　乾隆二十七年，因蒙古對外交涉增繁，遂設庫倫辦事大臣二人，一名由在京滿洲蒙古大臣內簡放；一名由喀爾喀札薩克內特派。這兩名辦事大臣都有權直接與俄國政府行文。自此以後，對俄交涉事務直接由辦事大臣負責，而恰克圖的司官，也漸歸其管理。《理藩院事例》（卷同上）載其事，說：

> 乾隆四十九年諭：恰克圖事務甚屬緊要，所有恰克圖部員，亦著隸駐箚庫倫大臣管理。

　　降至嘉慶朝，這一制度未變，《理藩院事例》（卷同上）中也有記載：

設庫倫辦事大臣二人……所屬庫倫本院司官一人，筆帖式二人；恰克圖
本院司官一人；轄卡倫會哨之各札薩克，以理邊務……。

第三節　薩瓦的建議與俄國政府貿易政策的改革

薩瓦在上述兩次向政府的報告，以及一七三〇年呈俄皇的密奏中，關於
中俄貿易問題都提出了頗為詳盡的檢討分析和許多的建議。對此，法籍學者
加斯東・加恩則有以下的說明。

一、薩瓦對貿易情況的檢討分析

……他所根據的出發點是：西伯利亞是個資源豐富的地區，前途無限，
中國又是一個人口稠密而防禦差的富饒國家。因此，俄國在遠東經濟方面和
領土方面發展的可能性幾乎可以說是無限的。俄國既然處於這樣有利的地位，
怎麼會在它的對華關係中只得到如此微不足道的利益？過失幾乎完全在於俄
國本身，或者不如說完全在於西伯利亞的代表們身上，如總督、商人等，他
們都在欺騙財政部，長官們剋扣軍餉，使得西伯利亞的各個要塞處於荒廢狀
態，而這些也不能不引起中國派往土爾魯特的使臣途經西伯利亞時的注意。
他們還瞞著財政部派了許多使者和商人到北京去，損害了財政部的利益。他
們還私自用人，並且利用財政手段，頒佈上千種苛捐雜稅。一些商人們，為
了替他們的長官謀利，也為了他們的利益，不顧設在庫倫的官方監督，把大
量毛皮非法運往北京，使得毛皮貿易在幾年之內無利可圖。何況在外國領土
上，有什麼檢查能夠嚴格而且有效的執行呢？甚至在西伯利亞境內的軍隊和
要塞都不是處於正常狀態，又怎能相信這種檢查呢？對於事情這種悲慘狀態，
必須採取強有力的補救措施❷。

二、薩瓦的建議

針對過去在貿易方面所存在的弊端，所以薩瓦堅決建議，要以死刑的懲
罰來絕對禁止與中國本部進行的一切私人貿易。為了達到長期控制的目的，

---

❷　同❷，第二四八至二四九頁。

不應在俄國勢力所難於達到的庫倫和齊齊哈爾，而應在邊界上，在靠近色楞格斯克和尼布楚的地方建立貿易中心。只有商隊才可以到北京去，而且只是每隔三年才去一次。商隊的官員都領取固定的薪金，他們一定要保持良好的秩序，並且應製作精確的帳目。……應該在北京出售財政部的毛皮。西伯利亞應逐步佈置據點，駐軍應得到很好的給養，在西伯利亞地區內部如人盡其責，那麼經濟生活不久就會出現一種驚人的繁榮；河道改善了，運輸加速了，由白令建立一支艦隊，這樣，通往東方的道路就打開了，東方的中國和日本就可以為俄國提供豐富的利潤。對於打進東方和同東方進行經濟交往這一任務，俄國比西方國家更處於有利地位，因為西方國家很遙遠，被大海隔絕，又被嫉忌和猜疑。荷蘭人、葡萄牙人、法國人和英國人都不能夠永久立足，俄國難道不能取而代之嗎❷❺？

三、俄國政府對貿易的改革措施

對於薩瓦的建議，俄政府於一七二七年一月十日用第一道嚴禁在中國進行私人毛皮貿易的諭旨來回答❷❻。一七三一年一月三日另一道諭旨補充了前述法令，並提出將來改組對華貿易的詳細措施❷❼。其中規定，從今以後，商隊每隔兩年或三年到中國一次。商隊由一個事務官和西伯利亞部的一個官員來領導，配備兩名專員、四個宣誓商人、兩個記帳員、兩個錄事和兩個譯員。任何人都不能自己做買賣，所有的人都有固定的薪金❷❽。由一隊兵士來負責商隊的秩序❷❾。一個事務官伴隨商隊到北京去，另一個事務官則留在西伯利亞為下一個商隊準備給養，商隊應每日記帳，所有的貨色都應當登記和加蠟封。伊爾庫次克、托博爾斯克、維爾浩土爾城和莫斯科的西伯利亞部負責檢查和防止一切詐欺行為的發生❸⓪。科學院四個數學研究生應隨商隊前去，根

---

❷❺　同❷①，第二四九頁。

❷❻　樞密院訓令，由女皇簽署。訓令的依據是薩瓦一七二六年九月十一日的報告，訓令部分引用了這報告。《莫斯科外交部檔案》，一七二六年，第一號。

❷❼　樞密院訓令十八條。《俄羅斯帝國法律匯編》，第八卷，第五六六六號，第三五四至三五八頁。

❷❽　事務官二千盧布，他的同僚一千五百盧布，專員一千盧布，宣誓評價員三百盧布，書記至少二百盧布，譯員一百盧布，錄事五十盧布，都是年薪。

❷❾　一個伊爾庫次克的「五十人隊長」和一百士兵，第六條。

據地形學去繪製商隊道圖。其餘年輕人在北京學習語言，並負責瞭解當地商業情況❸。

第四節　中俄爭端與恰克圖貿易之停市

自雍正帝以後，中俄關係無論是政治方面還是商業方面，其重心都逐漸移至漠北。庫倫是蒙古地區的行政中樞，也是經濟、文化、宗教中心，清廷為了有效掌握和辦好中俄各方面的關係，於是在此設官置守。庫倫設官後，官吏的權勢很重，對俄國與中國有關一切作為的控制也很嚴密，恰克圖貿易發生過三次停市事件。

一、中俄爭端之起因

㈠俄對準噶爾部進行誘降活動

乾隆帝初年，準噶爾部又發生叛亂，清廷乃立即用兵西北。俄國不顧中俄條約的限制與清廷的關係，竟加緊利用這一時機進行誘降活動，使清廷深感不安。而準部人眾，在潰敗時往往逃入俄境，俄國則容納下來，毫無顧忌，更促使中國痛恨，兩國嫌隙即於此時開其端。

㈡設置木樁侵佔中國領土

清廷指責俄國在邊界所置的木樁侵佔了相當多的中國領土，而俄國色楞格斯克城防司令官雅科比少將又違背以前俄樞密院在致中公函中所作之承諾，即根據共同檢查，如這些木樁確實設在中國領土上，應立即拆除。但雅科比卻藉故不把這些木樁從被侵佔的地方拆走。在這裡並引理藩院的一段原話：「茲請說明，究係雅科比不聽貴院之指示，抑或貴院故意命令他如此行事」❸。

---

❸ 事務官和他的同僚管理商隊事務，他們缺席時由專員代替。宣誓評價員應知悉商隊事務，以便發生死亡時，首席宣誓評價員能立刻代替商隊領隊，第八條。

❸ 熟悉「幾何和三角」的科學院的年輕學生，負責管理商隊的帳目。必要時他們可以代替學習語言的學生。他們中一兩人，將以學習為掩護，留在北京，以便熟悉中國的商業，第十七條。

❸ 同❶，第三四七頁。

㈢違反恰克圖免稅貿易之條約

　　根據一七二七年中俄簽訂《恰克圖條約》，第四條載明……有因在兩國交界處所，零星貿易者，在色楞格之恰克圖、尼布楚本地方……亦勿庸取稅之規定，雙方在恰克圖之貿易均應免稅。而俄國竟違反條約規定，對中國入口貨物和俄國出口貨物都苛徵重稅，雖經多次交涉未獲合理解決。所以中國理藩院針對這個問題曾指責俄國對貨物苛收重稅並禁止買賣不應禁止買賣的貨物，致使中國商人不願再把自己的貨物運往恰克圖，而博格德汗則諭令他們，如他們在此項貿易中無利可獲，也不願再進行此項貿易，就可停止貿易；因此貿易將永遠中斷❸。

㈣失散牲畜要求中國賠償

　　俄國商人帶入中國邊界的牛馬羊群，時常發生失散，均要求中國賠償，其數常達數千頭之鉅。此外，又常有俄商賄賂清廷監督和蒙古領主，以換取走私貨物通融過關，以及俄方盜賊或牲畜常闖入中國疆界，中國守邊兵卒防阻者常遭殺害等等。

　　本來，外番市易，中國一向視為一種額外恩惠，並不以平等互惠的觀念來對待，而是作為一種所謂的羈縻之術處理。如肯恭順無違，則准予市易；如不遵守約束，則停止市易，以為威脅。歷史上的成例數見不鮮，乾隆帝時駐紮庫倫的辦事大臣，也存在這種態度與心理，所以在辦理外交事務，以正常方法行不通感覺棘手時，就以貿易停市相威脅，而恰克圖三次停止市易，就是以此為背景而發生的。

二、恰克圖三次停市之經過

㈠第一次停市

　　第一次停止恰克圖市易，發生於乾隆二十九年（西元一七六四年），終止於三十三年（一七六八年）。關於這次停市的原因，在中國載籍中說法不一：椿園《西域見聞錄》「俄羅斯篇」中，認為第一次停市的原因，是由於俄羅斯收納中國叛逃，說：

　　　乾隆二十年後，以阿睦薩納（按：此為準部首領，後敗死俄境，中國索

---

❸ 同❷，同前頁。

之數次，俄國才交還屍體，後章將詳細論述）之故，土爾扈特之嫌，絕
其貿易，不復與通。

俞正燮《俄羅斯事輯》又認為停市的原因是因為俄國收納舍稜，其中說：

厄魯特舍稜和我副都統唐喀祿而逃於俄羅斯，察罕汗受之，以屬土爾扈
特，我使索之又不與，高宗怒，嚴禁新疆喀倫，絕恰克圖貿易。

松筠《綏服紀略》又認為停市的原因是俄遺失馬匹後，以少報多，說：

乾隆二十九年，因附近卡倫之喀爾喀俄羅斯互有遺失馬匹，數目逾千，
無從稽查，而俄羅斯以少報多，殊為狡猾，奉諭嚴行申飭，遂閉恰克圖，
不與市易。

《皇朝文獻通考》「俄羅斯」條中載有乾隆三十年十一月的諭旨，又認為
停市是由於俄國私增貨稅引起，說：

恰克圖貿易一事，近因俄羅斯不遵舊制，違背禁約，甚且多收貨稅，苦
累商人，是以降旨停止。

眾說紛紜，不知所從。何秋濤采集群書，而折衷其說，認為後兩說可從❸❹。
第一次停止恰克圖貿易，發生於乾隆二十九年（西元一七六四年），終止
於三十三年（一七六八年），關於這次停市的原因，在中國載籍中各種說法頗
不相同。但究其主因，則是由於清廷征剿準噶爾部時，準噶爾部人投入俄境
者極眾；清廷以引渡無效，乃命官兵越境搜捕，俄方因而提出抗議。乾隆二
十二年（一七五七年），復有準部酋目阿睦撒納逃入俄境，清將官順德納越界
追捕，與俄邊境守備官喀畢譚會議於額爾齊斯河畔，而理藩院復行文引渡；
嗣以阿睦撒納病死，俄方始以其屍首交付恰克圖中國官憲。此外，復以蒙古
人之攘奪俄商牲口，及蒙古人臣恭扎布之逃入俄境等事件之爭執，致兩國邦
交破裂，乾隆二十九年（一七六四年），清廷遂飭諭停止恰克圖互市之貿易❸❺。

❸❹　同❶❷，第二九五至二九六頁。

❸❺　李定一、包遵彭、吳相湘編纂，《中國近代史論叢》，第一輯，第三冊，正中書局出
　　　版，中華民國四十五年十二月臺初版，第三九頁。

　　另據何秋濤在其《朔方備乘》第三七卷「俄羅斯互市始末篇」記曰：臣何秋濤謹案：初次關市，諸書記載不一，理藩院舊檔謂俄羅斯私增貨稅之故，《綏服紀略》則云因俄羅斯遺失馬匹，以少報多之故。按私增貨稅之事見於聖訓，妄報失馬之事，係松筠在庫倫大臣任內稽查檔案，見聞較確。伏查聖訓有云：「近因俄羅斯不守舊制，違背禁約」，蓋違背禁約非止一事，即妄報失馬，亦在其中。但舊檔記其事為二十七年，與《綏服紀略》年分不同，恐抄寫或偽，今以《綏服紀略》載於二十九年。若《西域見聞錄》載二十年後，以阿睦撒納，一土爾扈特嫌絕其貿易，不復與通。今按年月考之，二十二年，彼國來詣黑龍江運糧；二十三年，獻阿睦撒納屍；二十四年，購馬於彼國；二十七年，彼國縛獻瑪沁色卜騰等，並非絕不與通，亦未停其貿易也。俞正燮知《西域見聞錄》之非，而所作《事輯》，以為二十三年正月，彼國獻阿逆屍；四月舍楞叛投彼國，檄索不與，高宗怒，絕其貿易，至四十四年開市云。按二十三年，雖有舍楞投入彼國之事，然恰克圖並未閉關，二十四年方以貿易事繁，添給部員關防，又連年令蒙古購馬於彼國，則非因舍楞事絕市甚明。俞正燮所記，亦係揣摩失證。魏源等因而述之，皆非也。且四十四年，乃二次閉關之時，而以為開關，尤謬。乾隆間三次閉關，雖第三次凡歷八年，為時最久，若如所云，二十三年閉，至四十四年始開，則是已閱二十一年，考之諸書，無一合者。總之，官書於三次閉關，原委均未詳載，《四裔考》載三十年上諭云「恰克圖貿易近因俄羅斯不遵舊制，違背禁約，甚且私收貨稅，苦累商人，是以降旨停止恭繹」。聖諭是前數年停止，非指本年也。俞正燮以為《四裔考》載三十年閉關，亦屬誤會，今並不取。由以上這一段文中，可知何秋濤認為停市的原因，一方面因俄國私收貨稅，另一方面因俄國遺失馬匹以少報多。

　　以上是中國載籍中關於停止恰克圖市易原因的記載。下面再看俄國史料中的有關記載，據《俄中兩國外交文獻匯編》所記，在停市之前，中俄兩國關係已很緊張，一七六三年五月二十五日至六月二十一日，兩國曾在恰克圖舉行邊界會議，中國大臣提出的問題有：關於邊境地區發生的案件問題；關於俄國私自在邊界設置木椿侵佔了相當多的中國領土問題；關於俄國人在恰克圖收稅問題。這實際是當時存在於中俄兩國間的爭議問題，不過此次會議毫無結果而結束。乾隆二十七年六月八日，理藩院在寫給俄樞密院的一封信

中，再次提出以上問題，而且把設立木椿問題作為第一個問題提出，同時提出了要停止貿易的警告❸。一七六三年，俄國派遣信使克羅波托夫前來北京遞交公函，理藩院在給俄樞密院的覆函中，提到以下問題：首先，指責色楞格城防司令官雅科比「頑固地強調俄方設置木椿是奉女皇之命」，還表示不願取消徵收貨物稅。另外，就派遣使臣問題、歸還逃人問題、俄國公函中措詞狂妄自大不禮貌等問題表示了中國的不滿。並表示，如果俄國執意破壞和平條約，理藩院將拭目以待，並準備以停市、不准俄使來華，以及把俄神父驅逐出境來回應❸。鑑於以上問題不得解決，中國政府終於在一七六四年關閉了恰克圖市易。同年（乾隆二十九年六月十八日），理藩院於停市後再致俄樞密院兩封公函，以更激烈的言辭反駁俄國在公函中對中國的攻擊與無禮，共提到十一個問題：⑴關於在恰克圖附近設立木椿問題，認為俄國在公函中附來的木椿位置圖與實際木椿位置不符，佔領了中國領土。⑵由於俄人徵收貨物稅，使中國人受到極大損失。⑶互派使團問題，中國方面不認為有此必要。⑷–⑺是歸還逃人問題，中國表示可以不再提及。⑻因為俄樞密院公函中指責中國似乎殺害了俄國神父，還編造謊言，態度極為傲慢，所以中國也使用了令人不快的言詞。⑼俄函中聲稱俄國幅員遼闊，幾乎佔有半個地球，理藩院的答覆是：「真是可笑之極！現今那個國君能與我君主博格德汗相比，何況統治俄國的乃女流之輩。」⑽關於兩國界務官不和睦問題，是由於俄界務官一味追求單方的利益所致。⑾關於克羅波托夫見到皇帝一事，那又是他碰巧遇到了這種機會❸。

綜觀以上記載，可知此次停止恰克圖市易是由多種原因所致。俄國一再蠶食中國領土，私自增收恰克圖貨物稅，歸還逃人問題不按條約辦理，不實事求是地反映處理邊界發生的各種糾紛，公函中語言傲慢、狂妄自大等等，都是停市的原因，而最直接的原因，則是設立木椿、增收貨物稅和邊界案件問題。

停止恰克圖市易後，兩國關係一度緊張。但由於此時俄國正忙於干涉波蘭內政，尋找出海口，清廷也正征討在天山南路稱兵抗命的回部首領和卓木

---

❸　同❼，第三四七頁。

❸　同❼，第三五一至三五二頁。

❸　同❼，第三五二至三五四頁。

兄弟，都不可能採取大規模的軍事行動，所以結果雙方都主張談判解決爭端。一七六八年，俄廷派遣克羅波托夫再度來華，阿列克謝・列昂季耶夫做他的秘書兼翻譯，前來進行談判，以解決邊界案件和爭端。

在克羅波托夫受命的同時，俄廷把這一消息用信函通知中國政府，並要求中國方面也派遣談判代表到邊界與克羅波托夫會談，於是中國派出庫倫辦事大臣慶桂同喀喇沁貝子瑚圖靈阿，前往會談。最初克羅波托夫提出要求准許俄國商隊再赴北京貿易，並能夠在沿途經商，清廷拒絕了這一要求。以後經過談判，雙方締造了《通商章程》，特別修改了《恰克圖條約》的第十條，對於引渡及懲交逃犯作了更嚴格的規定。此時俄方已把違約在中國土地上設立木椿拆除，於是清廷在一七六八年開放恰克圖市易。《朔方備乘》「俄羅斯互市始末」記此事說：

> 俄羅斯後知悔過，於三十三年八月遣使申請，馬匹舊事概無庸議，懇乞開關交易。時庫倫辦事大臣慶桂同喀喇沁貝子瑚圖靈阿遵訓旨，會同彼國廓密薩爾定議章程，以俄羅斯恭順情形入奏。欽奉恩旨，俯准市易如初，並諭曰：「此次通商，特因俄恭順誠切，一切遵奉章程，是以俯准所請。瑚圖靈阿等當妥協辦理，從前俄羅斯漸欲增稅，亦因內地商人圖利，私增價值之故，以致停止貿易。今復行通商，毋得仍蹈故轍」。

第一次停市就這樣結束了。

㈡第二次停市

第一次停市後，中俄之間的邊界案件問題並沒有完全解決，俄方也無意去嚴格執行條約規定，因此逃人引渡及懲處等問題仍紛至沓來，終於又導致第二次中國關閉恰克圖市易，時間是乾隆四十四年（西元一七七九年）至四十五年（一七八○年）。

據中外史籍記載，第二次停市的原因，主要由於俄方不依條約規定引渡逃人，懲治罪犯所引起。據理藩院舊檔記載，「乾隆四十三年，俄羅斯瑪玉爾妄自尊大，有傷和氣，因而閉市。」根據中俄一七六八年簽訂的《通商章程》的規定，雙方國家對於彼國的逃人，要互相引渡，對於罪犯要及時會審，嚴刑峻法，以維持邊界的治安。然而，俄方一直沒有嚴格遵行，清廷深為不滿。一七七九年，俄方又收容中國逃人，拒不引渡，甚至於收納中國逃犯。當時

俄方有一名應該通知中國會審的逃人，即俄國逃人費奧多爾‧沙林，俄方沒有及時通知中國參加關於這一逃人案件的會審，鑑於中國為類似事情已向俄抗議多次，於是庫倫辦事大臣一面閉關一面奏請暫停市易。不過此次停市，時間很短，至一七八〇年一月就又開市了。《朔方備乘》「俄羅斯互市始末」記載此次停市說：

> 四十四年，再停恰克圖互市。……時俄羅斯有應會審夷犯，彼國頭目瑪玉爾並不即時會辦，經庫倫辦事大臣索林一面閉關，一面奏請暫停市易，未免過於急迫，因奉諭旨，嚴行責飭，時尚書博清額奉命馳往，率同土謝圖汗徹登多爾濟悉心查辦。俄羅斯悔罪，懲治夷犯，請開市易。於四十五年奉旨，准其仍前交易，是年開關，一應章程均照舊例辦理。並諭曰：「嗣後沿邊地方，有拏獲私走或逃出之俄羅斯男婦，訊無別項情故者，或將伊等放回，或遣人送回俄羅斯，以示天朝不留彼處人民大體；倘有成群私來偷竊馬匹等項事故者，著拏獲後奏明」。

(三)第三次停市

　　第二次停市時間較短，導致停市的問題也沒有得到很好的解決，所以事隔五年之後，清廷在乾隆五十年第三次停止了恰克圖市易。第三次停市的時間是乾隆五十年（一七八五年）至乾隆五十六年年底（一七九二年年初）。

　　此次停市的原因，《朔方備乘》「俄羅斯互市始末」中有詳細的記載，內容如下：

> 是年（乾隆四十九年），庫倫有商民靳明者，前赴卡倫附近之烏梁海遊牧貿易，被俄所屬之布哩雅特等數人劫去貨物，例應會同彼國緝犯正法，以示懲警。時庫倫辦事大臣勒保，同喀爾喀副將軍郡王蘊敦多爾濟、盟長貝子遜都布多爾濟三人共理邊務，設法訪知盜首夷名，奏請檄行俄羅斯駐箚額爾口城之固畢納托爾（俄守邊首領）名拉木巴者，飭令補盜會審，旋即弋獲烏呼勒咱數犯，遣其噂納喇爾（俄管士兵頭目名稱）送赴恰克圖，同該處駐箚司員審明，遂將照例罰賠之十倍貨如數呈交，正宜將賊犯明法示眾，乃其噂那喇爾人本糊塗，意以呈出罰賠貨物，事已完結，遂將數犯鞭笞，鉗其鼻耳，發遣伊境東北無人處所，並未詳細知會

恰克圖司員，其辦理殊屬率謬。庫倫大臣發檄詰之，固畢納托爾拉木巴者愚頑無知，一如噯納喇爾推諉，竟以結案為辭。庫倫大臣遂以烏呼勒咱持械進卡搶奪，彼國嚴不交犯劾奏，因奉諭旨，著理藩院行文與薩那忒，飭令換回其固畢納托爾等秉公治罪。乃薩那忒於五十年春申文，亦僅希冀了事，理藩院奉旨發檄責飭，旋撤恰克圖貿易。

據《俄中兩國外交文獻匯編》記載，處理這次事件的俄國人員是伊爾庫次克省省長雅科比和邊防軍少校納拉巴爾金，他們未經中方人員會審，就私自把拿獲的罪犯烏拉勒齋及同伙處以笞刑後流放了。乾隆五十年二月六日，理藩院奉命致函俄樞密院，質問此事。公函中並引證了一七六八年中國同克羅波托夫簽訂的修改條約中的一段話，即：凡被揭發有盜竊行為的中國人或俄國人，在向雙方界務官通報後，應殺頭；凡被盜之物，應按十倍科罰。俄樞密院接到公函後，仍含糊其詞，百般推諉，並說俄國已經頒佈了有關處死刑的新法令，尚未通知中國，要求中國派人到邊界談判，修正《通商章程》中的「正法」條文。理藩院對於俄國的態度極為不滿，於是在乾隆五十年停市。同時於五十六年六月再次致函俄樞密院，一面反駁他們的謊言，一面表示只有一條解決問題的辦法：「如果你們俄國人接到本函以後表示改悔，並對以往過錯表示歉意，假如你們希望同我方保持和好關係，假如你們設法把烏拉勒齋及其同伙送到邊界，那麼此事即可圓滿結束❸。」但是俄國政府並沒有同意這種解決方法。

此次停市，清廷態度很堅決，並嚴防大黃、茶葉偷運入俄，松筠曾協助辦理這一工作。《朔方備乘‧俄羅斯互市始末》記載道：

時松筠方奉使吉林，查辦參務旋京，復命之日即派往庫倫協理其事。召見時聖諭諄諄，以邊務宣示大公，俾荒夷畏威懷德，方為盡善。松筠凜遵訓旨，馳抵庫倫會同辦理，諭令俄羅斯悔過自省。旋以閉關後例應嚴禁私販，而卡倫兵役以及沿邊蒙古必需之煙茶布匹自宜酌辦，勿使乏用。因遵旨查其人戶多寡，擬定章程，凡卡倫兵所需者，行令各該旗兩月一送。卡倫官兵各有打牲，所獲皮張隨時發給該旗，歸還商民。沿邊蒙古所需者，令商民領票前往發賣，並飭令各旗扎薩克留心查察，不使商民

❸　同❶，第三六四頁。

潛出卡倫與俄羅斯私行貿易。時議以大黃、藥料尤為俄羅斯必需之物，

恐商販私為偷漏，諭嚴禁之。

為了防止商人從其他地方轉售俄國，清廷甚至於令：「盛京、直隸、山東、江南、浙、閩、粵東各督撫等，飭屬沿海口岸，實力稽察，毋許奸商偷運大黃出洋，致轉售於俄羅斯，希圖厚利。」

三、俄國準備對中國用武

第三次嚴厲的停市，給予俄國以沉重的打擊，不僅俄國最必需的日常生活用品大黃、茶葉、布匹等斷絕了來源，而且直接影響到俄國的國庫收入，因為這時中國仍然是俄國最大的輸出國之一，每年從恰克圖進出口的貿易額，平均達八百餘萬盧布，為了達到恢復貿易的目的，俄國君臣之間又有人提出以武力來解決問題。

自《尼布楚條約》訂結後，俄國一直沒有放棄侵吞黑龍江地區的野心，彼得一世曾把涅瓦河口、頓河口和黑龍江口作為俄國必須佔有的戰略要地，並多次派人前往探察。一七二五年彼得一世死後，凱薩琳一世繼位，她曾專門研究入侵黑龍江的問題，並指示前來中國談判的薩瓦搜集有關情報，所以薩瓦後來向俄廷遞呈了武裝佔領黑龍江的方案，並設計了六條從西伯利亞向中國擴張的道路，其中三條要通過黑龍江。隨後，俄國先後兩次派出「堪察加勘察隊」，搜集了有關黑龍江的情報，並繪製了地圖。沙皇伊莉莎白・彼得洛夫娜時期（一七四一至一七六一年），俄廷於一七五七年向中國提出了讓俄國船隻借道黑龍江，運載糧食及其物品以供應東北海岸各要塞及城堡的俄屬民的需要。中國對此的答覆是：「自古以來中國未曾有過准許俄國經黑龍江運輸糧食的先例，現在也絕不應准許，因為條約中沒有此項規定。」並進而命令黑龍江地區官員「務須加意防守卡座，勿令私過；倘不聽阻止，恃強前行」，「即酌派官兵擒拿，照私越邊界辦理」。凱薩琳二世（Catherine II，一七六二至一七九六年）繼位後，仍念念不忘佔領黑龍江，只是由於俄國兩次對土耳其發動戰爭，三次參加瓜分波蘭，才無力考慮這個問題。

在以上兩次停止恰克圖市易期間，俄國都考慮到以武力解決問題，第一次在一七六四年，俄國已作好一切戰爭準備，並派遣六個團開赴中俄邊界準

備作戰，只是因俄土戰爭爆發，俄國才改為和平解決爭端。第二次是在一七七五至一七七七年間，俄國派兵侵入恆滾河，清廷以停市相威脅，俄國不得不命哥薩克兵撤去。自一七八五年始，俄國又在中俄邊境集結軍隊和物資。凱薩琳二世指示其寵臣，俄軍事委員會主席波爵姆金加強西伯利亞防務。第二年波爵姆金即企圖入侵黑龍江，並聲稱俄只要發兵一萬，即可橫行中國！

自俄國試圖以武力解決第三次停市問題後，中俄邊境一時戰雲密佈，形勢緊張。然而，不久俄國開始了俄土戰爭（一七八七至一七九一年）和俄瑞戰爭（一七八八至一七九〇年），無力東顧，與中國作戰的計劃只得作罷。武力不行，俄國又決計與清廷和平解決爭端。恰在此時，中俄邊境地區又發生了一起案件，俄方厄爾口總管色勒裴特盡力幫助中國搜捕罪犯，並按照條約規定把罪犯送給恰克圖交中俄雙方會審，極力表示俄國已經改變了以前的作法，使中俄關係又有了轉機。《朔方備乘·俄羅斯互市始末》記載道：

> 俄羅斯因撤貿易，實知悔過，將其債事之固畢納托爾拉木巴撤回，另派妥人駐箚額爾口，遍覓遣犯烏呼勒咱，並無蹤跡。屢行申文懇求，均經理藩院遵旨飭駁。迨乾隆五十四年秋，有衛勒干卡倫巡兵齊巴克等出卡踏蹤，忽遇俄羅斯打牲之哈哩雅特數人，查問來歷，哈哩雅特恐被補捉，遂放鳥槍，以致齊巴克受傷斃命。松筠曰，此舊事未了，又生旁枝矣。然亦可謂了事之機耳。所有槍斃齊巴克一案，因不知凶首夷名，即時具奏。遂發檄喻以緝捕之方。其新固畢納托爾色勒裴特人頗恭謹，奉到檄文即於境內竭力嚴緝。至五十五年春，將行強之正犯二名，從犯一名先後拿獲，縛送恰克圖會審，聲明舊犯烏呼勒咱已無蹤跡，懇將現獲之犯示眾辦理並完舊案。松筠等因即繕折具奏，遂赴恰克圖，督令司令員等審明，即於界所將正犯二名先後處死示眾，其從犯一名重責發遣，奏請以結新舊之案。

此事發生不久，俄國即照會理藩院，極力表示對中國的友好，並請求中國開關貿易：「所有從前未結各案，懇求早為判斷。至土爾扈特久已投誠大國，生聚有年，安居得所，豈敢冀其復還故土，想蒙大皇帝俯念忱悃，信其無他。從前恰克圖貿易通商，於俄羅斯大有神益，敢乞轉奏大皇帝，施恩復准開市。❹」乾隆帝見俄國有所轉變，也和緩了態度，於五十六年冬頒旨，「著理

藩院檄行俄羅斯，准其所請開關市易」，但同時命令：「此次開關市易，必須詳查情形妥為定擬章程，明白曉諭，俾俄羅斯永遠遵奉方為盡善。」於是松筠與副都統普福、協辦貝子遜都布多爾濟等奉旨前往恰克圖與俄方色勒裝特等會商，松筠奉旨宣稱：此後如有會辦逃犯事件，應照例即速完結，不得「仍前延緩，以至追悔無及。」色勒裝特表示「一切敬聽指示遵行，斷不敢再有推諉。」關於命案，松筠申明：「嗣後邊地設有犯者，無論喀爾喀俄羅斯，各宜按限緝獲，送赴恰克圖會審明確，各照本例正法後，彼此移文知會於犯事處所，明白曉示其沿邊一帶，應愷切曉諭，以禁盜竊，兩相和睦，勿再滋事。」

四、新訂恰克圖互市規約

該條約共為五條，其內容如下：

第一條　恰克圖互市，於中國初無利益，大皇帝普愛眾生，不忍爾國小民困苦，又因爾薩那特衙門❹籲請，是以允行；若再失和，固希冀開市。

第二條　中國與爾國貨物，原係兩邊商人自行定價，爾國商人，應由爾國嚴加管束；彼此貨物交易後，各令不爽約期，即時歸結，無令負欠，致起爭端。

第三條　今爾國守邊官皆恭順知禮，我遊牧官群相稱好，若爾從前守邊官皆能如此，有何至數次失和。以致絕市乎？嗣後爾守邊官當慎選賢能，與我遊牧官遜順相接。

第四條　恰克圖以西，十數卡倫，爾之布里雅特、哈里雅特等不法，致有烏呼勒咱之事，今爾國當嚴加管束，杜其盜竊。

第五條　此次通市，一切仍照舊章，已頒行爾薩那特衙門矣。兩邊人民交涉事件，如盜賊人命，各就近查驗，緝獲罪犯，會同邊界官員審訊明確後，本處屬下人由本處治罪，爾屬下人由爾處治罪，各行文照知示眾。其盜竊之物，或一倍或數倍罰賠，一切皆照舊例辦理。

此規約簽訂之後，中俄在恰克圖之貿易，即於一七九二年二月恢復開放。

以上是三次主要的停止恰克圖市易的經過。由停市及其開市的經過可以看出，恰克圖市易對於俄國確實至關重要，所以清廷才得以滿意地解決了爭

<hr />

❹　《朔方備乘》「俄羅斯互市始末」。

❹　薩那特 (Senate) 衙門──當時俄政府貴族有世爵者組合之機關謂之薩那特，公推數人為主任，近於集議政體，即元老院。

端。清廷以停市來威脅俄國，是抓住了問題的關鍵。當然，清廷之所以能夠停市成功，也與當時清廷王朝強大的經濟、軍事實力有關，此時外國還不敢小看中國，不敢貿然採取武力手段。另外，中俄關係在這一時期一直能夠得到和平解決，還與當時的國際形勢、俄國的外交處境有關，正是因為俄國當時陷在西方不能自拔，它才無力實現其在黑龍江及中俄邊界地區採取軍事行動的計劃。

第十一章　中國使團出使俄國

第一節　清廷遣使赴俄之原因

一、雍正對傳統外交觀念之改變

在中國古代歷史上，所有帝王一向視中國為天朝上國，只能應允外藩前來朝貢，卻很少派使節到其他國家訪問或報聘，即使出現過像鄭和下西洋這樣規模宏大的使節出訪活動，但其宗旨也是前去「宣諭聖命」、「降旨頒賞」。而發生在清朝雍正帝時期的兩次派遣使團往俄國，其任務卻是「慶祝俄皇繼位」，這是兩個主權平等國家間的外交活動，其性質與形式都和以往的外交活動有明顯的區別。這說明，到了近代世界，尤其十八世紀三十年代，滿清王朝在與外國日益頻繁的交往中，已經逐漸增進了對外部世界的瞭解。因而雍正帝在處理外交事務時，則轉變了自古以來的一些片面認識和不合時勢的觀念與作法，以適應在近代世界中國際關係及交往之要求。

二、表面的原因

從表面原因來看，這兩次使團的派遣，是因俄新皇帝繼位而引起的。自中俄兩國間開始外交活動以來，俄國曾多次派遣使節來華，遇有俄國皇帝去世、繼位等大事，均派遣使節持國書正式通知中國。俄國還要求中國派遣使臣去俄國訪問。一七二二年十二月九日康熙皇帝逝世，由他的第四子胤禛於一七二三年一月繼位，是為雍正皇帝，俄國曾派遣使臣薩瓦前來北京祝賀，同時簽訂了《恰克圖條約》。這個條約簽訂後，清廷為了表示維護和平的誠意，遂於一七二九年（雍正七年）及一七三一年兩次派遣使團赴俄國，祝賀該國

新任皇帝繼位。

三、根本的原因

　　事實上，當時中國兩次派遣使節赴俄，其根本原因，主要是與清廷謀圖平定厄魯特部割據叛離有關，自清康熙朝以來，厄魯特時叛時服，俄國經常乘機引誘其歸順俄國，致使厄魯特部割地成為清廷心腹大患。一六九七年準噶爾部噶爾丹敗亡後，策妄阿拉布坦稱雄西北。一七二七年策妄阿拉布坦死，其子噶爾丹策零繼位，名義上雖與清廷保持著隸屬關係，但策零時常心懷異志，違抗君命，擁兵自重。因此清廷決意興師問罪，以求徹底降服準部。但要降服準部，先要斷絕準部與俄國的勾連，以免準部於敗亡後逃入俄境和被俄國所收容。由此可知，中國使團兩次赴俄的重要目的正在於此。

　　此外，俄國史學家尼古拉·班蒂什——卡緬斯基編著的《俄中兩國外交文獻匯編》一書中，對於中國派遣使團赴俄之原因，曾有如下的記載，為了探明中國使團出使俄國的原因，陪同中國使團的俄國官吏格拉祖諾夫，曾設法詢問中國使團的成員，但他們首先答稱：中國使團是奉博格德汗派遣，帶著禮物前來祝賀大君主彼得二世登基的；沒有攜帶致大君主的國書，只是向大君主口頭報告關於有利於俄羅斯帝國的重大問題，但帶有理藩院致樞密院的公函。隨後，陪同使團的這位官吏便繼續探詢此事，以後便從某些善意的使臣隨員那裡得知，博格德汗為了徹底摧毀主要敵人渾臺吉，他不僅派遣三十萬大軍同渾臺吉進行了三年戰爭，而且還派遣使臣請求俄國皇帝派軍隊予以幫助。而如果渾臺吉企圖逃往俄國，那就請俄國逮捕他，並把他交出，送往北京❶。這也可證明此次出使確與清廷希望解決準噶爾部割據有關。

　　中國使團赴俄的另一重要任務，是前往伏爾加河下游，探望土爾扈特部。自從土爾扈特部西遷至伏爾加河下游後，一直與清廷保持密切的聯繫，一再遣使入貢。清廷對他們也念念不忘。早在一七一二年，清廷已曾派遣由太子侍讀殷扎納、理藩院郎中納顏、內閣侍讀圖理琛等一行三十四人組成的使團，行程約兩萬餘里去探望土爾扈特部。在那次赴俄使團則由兩部分人組成，一

❶　尼古拉·班蒂什——卡緬斯基編著，《俄中兩國外交文獻匯編》（一六一九至一七九二年），中國人民大學俄語教研室譯，商務印書館出版，一九八二年十一月，第一版，第一九五頁。

部分專門赴俄國首都從事外交活動；另一部分則直接赴土爾扈特部❷。

第二節　第一次使團出使經過

一、中俄兩國交換信息

雍正七年（一七二九年）五月六日，清廷發出〈理藩院為遣使往賀俄皇繼位等事致俄薩納特衙門咨文〉，通知俄國政府，中國即將派遣使臣前往俄國。同年五月十八日，再發「理藩院為派使往賀俄皇即位及派大臣前往土爾扈特事致俄薩納特衙門咨文」，更進一步說明了中國派使赴俄的原因❸。

貴使臣薩瓦於勘定邊界之時，曾稱俄羅斯女皇業已崩殂。繼而繼承皇位之費奧多爾亦奏聞我聖主曰：本察罕汗已繼承我祖母之位等語。我大聖主得知後，特降諭旨：俄羅斯國與我國友好會盟多年，接連兩次派使前來。今值其孫費奧多爾繼位慶典之時，著派使臣前往祝賀。欽此，故遵旨特派原侍郎托時、原副都統廣西、原參領宰三為使前往貴國。按我大中國之例，凡派使外國均降敕諭。因我國與爾俄羅斯國原為鄰國，今不再降旨而僅派使臣前往。

再，土爾扈特阿玉奇汗派官員前來請安時，蒙貴國給其方便。據聞阿玉奇已故，由其子繼承汗位。土爾扈特本是恭順之部落，與爾國亦甚友好，我大聖主格外施恩，特遣大臣前往存問，並降旨令伊等與派往爾國之使臣一同前往。待抵達爾界之後，驛站、盤費、隨護官兵各項如何辦理之處，務請預為酌定。對派往土爾扈特之大臣，往返所需驛站、盤費，由爾處照例供給。另，隨護官兵應用何例供給之處，亦請斟酌辦理。該大臣等已奉命與派往爾處之使臣一同返回。該大臣及所派使臣不論何路先達爾界，均需等候一同返回。我國此次派使爾國及派大臣前往土爾扈特，均出我大聖主至誠之意，實乃和好之舉。使臣到後，恐口述不一，為此

---

❷　張維華、孫西著，《清前期中俄關係》，山東教育出版社，一九九七年六月，第一版，第三一〇頁。

❸　《清代中俄關係檔案史料選編》，第一編，第五二八頁。

咨行知照。（譯自《滿文俄羅斯檔案》）

俄國政府接到該咨文後，很快回函，表示要派專員前來邊界迎接中國使團，並供給沿途所需諸物。因為這是中國第一次派遣使團去俄國，又值兩國界約剛剛簽訂不久，所以俄國比較重視。俄曆一七二九年十月二十三日，俄國作了「俄薩納特衙門大臣為兩國恪守界約及迎接往賀俄皇即位使臣事致理藩院咨文」❹送來中國，其中說：

> 我察罕汗聞得大博格德汗遣使前來參加我察罕汗即位典禮，甚為欣慰。
> 特諭令我等：爾等應和好從事，以表朕之至意。該使臣來時，應派一名近侍要員前往色楞格迎接，凡沿途所需諸物，供給充足，用心照顧，迎至我莫斯科城，返回之時，亦應照此辦理等諭。
> 為此，請大臣等將該使係何等大臣，隨從者有無官銜，並人數多少，一併諭告我處，以便我等易於籌辦。（譯自《滿文俄羅斯檔案》）

理藩院在接到該文後，於雍正八年正月十五日，又作了〈為告知赴俄使臣及去土爾扈特大臣情形事覆俄薩納特衙門咨文〉❺。

二、使團人員及編組

中國使團人員分為兩組：一組由托時帶領，前往莫斯科；另一組由滿泰帶領，赴土爾扈特處。在俄國的載籍中，也有有關的記載❻，其中提到前往莫斯科俄朝廷及土爾扈特的使臣共有十人，及隨行人員組成，其姓名如下：

㈠前往莫斯科俄國朝廷人員：

　　1.理藩院的第三號要員阿思哈尼昂邦托時

　　2.梅勒章京廣西

　　3.首席扎蘭章京宰三

　　4.顧問丹津溫布一策凌（皇族）

　　5.將軍章京吳乃蓋

---

❹　同❸，第一編，第五二六至五二七頁。

❺　同❷，第五三〇至五三一頁。

❻　同❶，第一九四至一九五頁。

及他們的隨行人員二十人。

㈡前往土爾扈特處人員

　　1. 梅勒章京滿泰

　　2. 梅勒章京布達西

　　3. 梅勒章京阿斯海

　　4. 坦斯里公格齊旺（皇族）

　　5. 梅勒章京顧魯扎布

　　及他們的隨行人員二十八名 ❼。

三、行經路線

　　一七二九年六月，清廷派遣扎爾固齊索洛姆前往色楞格，通知俄方中國使團即將啟程。俄國旋於十一月初命令九等文官伊凡·格拉祖諾夫 (Иван Глазунов) 迅速前往邊界接送中國使團去莫斯科，並指示他沿途盡量對中國使團表示友好，和要求在色楞格、伊爾庫次克與托博爾斯克三個城市鳴放禮炮，以示尊敬。還要他設法在托博爾斯克留住去土爾扈特的使臣，並探明中國使臣出使土爾扈特的原因。

　　中國使團於一七二九年夏自北京啟程，八月底抵達恰克圖，因為莫斯科的命令未到，使團在邊界等待了半年之久，直到一七三〇年二月十八日才前往色楞格。而使團的護送差官格拉祖諾夫，直到三月十四日才趕到色楞格。

　　在俄廷的命令中，希望格拉祖諾夫把俄國政權更迭一事告知中國使臣，勸說他們繼續前往莫斯科，不要讓他們等待北京就此事發其他的命令。格拉祖諾夫曾千方百計地想對使團大臣們隱瞞這件事。但未瞞住，因為他們於五月三十一日乘六艘小木船由水路從色楞格出發後，在路上從護送官差役那裡已得知俄皇彼得二世逝世的消息。於是，中國使臣私下對格拉祖諾夫說，倘若大君主逝世的消息公開向他們——中國使臣們宣佈，就會立即迫使他們停下來向博格德汗稟報此事，並須等待皇上的諭旨，這就需要很長的時間。倘若在使團抵達或臨近莫斯科時再向他們宣布，他們就可繼續前往俄國的路程而不停留，於是，就這樣辦了 ❽。八月二十二日抵達托博爾斯克。十二月十

---

❼　同❻。

❽　同❶，第一九九頁。

一日乘大車由托博爾斯克出發去莫斯科，在出發前，格拉祖諾夫說服了要分途去土爾扈特的中國使團，要他們按照俄國政府的意思先去莫斯科，然後由莫斯科去土爾扈特處，所以中國使團兩個分組都隨格拉祖諾夫前往莫斯科。

四、中國使團進入莫斯科

一七三一年一月二十日，中國使團到達莫斯科附近阿列克雪耶夫斯科耶村作短暫休息。他們到達那裡的第二天，俄國政府就派了辦公廳參事彼得・庫爾巴托夫代表俄國各位大臣前往祝賀他們順利到達，並給他們運去了各種葡萄酒和蔬菜。一月十三日，在護送差官奇里科夫中校的陪同下，中國使臣們從阿列克雪耶夫斯科耶村遷往二等文官瓦西里・費奧多羅維奇・薩爾蒂科夫的座落在城郊亞烏扎河邊的官邸。為設宴款待他們，從宮廷運來了豐富的食物、飲料、糖果，並派來了樂隊，次日（一月十四日）他們乘坐九輛轎式馬車，在禮炮聲（在紅門發射了三十一發）、鼓聲和佈置在兩個地方的四個野戰兵團的樂隊奏樂聲中，隆重地公開進入莫斯科❾。

五、女皇召見

中國使團來到莫斯科的第二天，三等文官斯捷潘諾夫代表俄女皇前來祝賀他們順利到達京城。使臣們向他表達謝意並說，他們對昨天的歡迎和護送感到非常滿意。由於不瞭解俄國，他們未料到會受到如此盛情的接待和敬重。一月二十一日斯捷潘諾夫又到使臣處詢問：他們使團的任務是什麼？博格汗那裡有什麼口諭？使臣回答說：他們奉派前來祝賀女皇陛下登基；呈獻博格德汗贈送的一些禮品；遞交中國理藩院給俄國樞密院的公函，在遞交公函時，他們將說明博格德汗給他們的口諭。——當問到他們在觀見時，將對女皇講些什麼話時，他們回答說，他們是受理藩院派遣到樞密院來的，並未指望觀見女皇陛下，博格德汗對此也無諭旨。但是，如果女皇樂意接見，那麼他們在觀見時，將向她恭賀順利繼承俄皇。此後，上述三等文官斯捷潘諾夫又曾兩次來使臣處。這兩次都是同使臣議定一月二十六日觀見女皇陛下的程序❿。

俄國女皇接見中國使團的程序如下：在乘坐九輛轎式馬車的使臣們的前

❾　同❶，第二〇二至二〇三頁。

❿　同❶，第二〇三頁。

面，士兵們抬著中國皇帝贈給女皇陛下的禮品，共裝在十八個中國製的漆木
箱和匣內，使臣進入克里姆林宮時，士兵們擊鼓奏樂，表示致敬。首席使臣
在女皇陛下的宮殿前從轎式馬車中走出，拿出博格德汗的國書後，親自用雙
手舉在前頭。為他們安排了三次迎接儀式，即在下層平臺上，在大門口的前
廳和宮門口。使團中只有在轎式馬車中的使臣們才進入了宮廷。當他們看到
身著長袍、頭戴小皇冠坐在寶座上的女皇後就停了下來。首席大臣奉女皇諭
令離開座位，走向中國使臣。首席使臣手持國書跪下，首席大臣接過國書，
放在寶座旁的一張桌子上。……這時，首席使臣致詞說：「最英明最有威力的
偉大的君主、女皇，全俄羅斯的女獨裁統治者！博格德汗陛下派遣我等，他
自己的使臣，前來恭賀女皇陛下繼承俄國皇位，轉達博格德汗陛下對女皇陛
下的永恆友誼，並向女皇陛下呈獻國產之禮物一宗。博格德汗陛下諭令我等
向女皇陛下問安，博格德汗陛下祝願女皇陛下，永遠順遂如同太陽永放光芒。」
三等文官斯捷潘諾夫唸完這一祝詞的譯文之後，首席大臣回答他們說：「女皇
陛下把貴使團前來慶賀視為博格德汗陛下特別友好的標誌，同樣請博格德汗
陛下深信，女皇自己也將維護永恆不渝的友誼與和睦關係。」讀完這答詞後，
全體使臣立即跪下向女皇恭賀，行了三叩首禮，並一直跪著，直到斯捷潘諾
夫唸完他們講話的另一譯文為止。……這時，首席大臣向中國使臣宣佈，女
皇要設宴款待他們。而後自宮殿退出，仍由迎接他們的那些人陪送著，照來
時的儀式返回自己的住所❶。

六、中國使臣的建議及俄國的答覆

女皇接見後，中國使臣與俄國大臣進行了一系列的會議，其主題是討論
中國理藩院公函中有關的問題。此一文書的開始，把中亞的情況作了一個簡
要的敘述，隨後即提出四項建議，並獲得俄方的書面答覆❷。

㈠中國的建議

第一、中國皇帝在其征討準噶爾的軍事行動中，清軍或有越入俄境之必
要，在此項行動發生之時，希望俄方不要採取抗禦的措施。第二、清軍得在

❶　同❶，第二〇三至二〇五頁。
❷　李齊芳著，《中俄關係史》，臺北：聯經，二〇〇〇年十二月，初版，第一二〇至一
　　二一頁。

俄境追捕準噶爾的逃兵。第三、如果準噶爾的部眾有降俄方者，希望俄方將其部酋解送清方議處，部眾則請俄方將其禁錮於有嚴密防禦設備的地方，以免其再聚結邊境作亂。第四、請求俄廷盡速護送使節團的人員到土爾扈特去，並請設法早日護送兩個使節團返回中國。這些建議都陳述得非常有技巧，以企圖解決滿清帝國在中亞所面臨的一些問題為主旨，希望俄國允許清兵越界追擊敵人，防止準噶爾的領袖有重整兵力與東山再起的機會。最有趣的是要求俄國的合作，呼籲土爾扈特歸向滿清。此類似於締結同盟的條款之要求，雖然並未獲得俄方的全部讚許而滿足滿清的期望，但後來在實質上卻予滿清以最大的協助，使其能收中亞軍事行動的全功。

㈡俄方的答覆

第一、女皇的願望是兩國邊境的安寧，因之滿清的軍隊應該以友好的態度來維持和平。第二、女皇雖不贊同外國軍隊進入俄國的領土，但她為保持兩國的友誼之故，願勉從滿清皇帝的要求。第三、如果與滿清皇帝為敵的軍隊逃入俄國領土，俄國官吏將受命去監視那些越界的亡命之徒，使他們不致有任何反抗滿清的舉措。至於解送個別部酋至清方議處之事，將視日後情況而定，如有必要，雙方屆時當再舉行談判。最後有關滿清遣使至土爾扈特一項，女皇為兩國親善之故，特允該使節團前往，但自後滿清與土爾扈特之一切溝通，均需經由俄國參政院轉達，而且土爾扈特業已被認為女皇陛下的臣民，有關該部事務，還需聽候女皇陛下的命令。由此可以看出，滿清朝廷所獲得的是俄方對清兵越界追擊敵人與羈留逃亡之徒的承諾，但締結引渡條款的請求被婉拒。此次以後，與土爾扈特的直接溝通也遭到否定。

此外，中國使團訪俄期間，恰逢安娜女皇二十二歲生日，因此，中國使團又被邀請至宮中宴會。三月二日，使團再度覲見，向其告辭，一切禮節與第一次覲見相同。俄方並以禮物答謝中國：贈與清廷皇帝者為金銀絲織錦緞三件，價值一千三百盧布；黑貂皮四十七件，價值二千零七十盧布；黑色與棕色貂皮十八件，價值七百三十盧布。同時，還賜予使團人員黑貂皮、狐皮及白底黑斑的貂皮等多件，價值四千盧布。

七、使團返國及往訪土爾扈特處

中國使團於三月十九日自莫斯科啟程，一組自莫斯科回國，他們是阿思

哈尼昂邦托時及四位同僚率領的一隊，由俄國大尉德米特里‧別雷及中尉奧庫尼科夫護送到托博爾斯克。一組前往伏爾加河土爾扈特駐地，由梅勒章京滿泰及三位同僚率領，俄國外務委員會秘書瓦西里‧巴庫寧負責護送。巴庫寧出發前得到指示，要監視使團與土爾扈特的接觸，「要細心地注意中國使臣將向卡爾梅克人提出什麼建議❸」。

前往土爾扈特處的中國使臣在四月初到達薩拉托夫，在這裡等待了二個多月的時間，直到六月初，土爾扈特的策楞敦多布汗才派了專差前來迎接中國使臣，於是使團通過伏爾加河草地到達了策楞敦多布汗的駐地。

六月十六日，策楞敦多布汗會見中國使團，參加者有汗的母親達爾瑪布拉、尚固爾喇嘛，以及俄國的別克列米舍夫中校。該中校在土爾扈特事務管理局任職，兼任薩拉托夫軍政長官。他是代替巴庫寧出席的，因為當時巴庫寧赴察里津探親，七月十八日才返回薩拉托夫。會見時，策楞敦多布汗及其母親、喇嘛都對祖國使團表現出極大的熱情。策楞跪接雍正的諭旨，諭旨中說到：「已故阿玉奇汗竭誠希望得到先帝的恩典，曾遣使假道俄羅斯奉表入覲，並進貢方物。先帝皇恩浩蕩，諭令收納貢物，並曾派使往阿玉奇處宣告聖安，以示恩待。❹」後面接著說到此次遣使的目的：「現因朕已即位，尚記著阿玉奇過去熱誠遣使入覲先帝之事，為此，朕特垂恩，遣使向土爾扈特汗問候，欽此。❺」雍正九年五月，除宣示以上諭旨外，使臣還與土爾扈特人談到了厄魯特的問題，要求他們在與厄魯特接觸時，設法扣留其頭領並送往北京。

中國使臣在土爾扈特處停留到六月二十六日，這期間，使團與土爾扈特人避開俄國人的監視又進行了多次接觸，以致於後來別克列米舍夫中校在給外務委員會的報告中請求原諒自己，說：「他未能看出卡爾梅克（土爾扈特）汗是否交給了中國使臣致博格德汗的任何其他內容的信函，因為卡爾梅克的宰桑們同中國使臣經常秘密會晤，在汗會見中國使臣時，若有他在場，尚固爾喇嘛（首要神職人員）就感到極不愉快。」並說「俄國宮廷似乎不信任他們，擔心卡爾梅克人遊遷到中國人那邊去❻。」

---

❸　同❶，第二一一頁。

❹　同❶，第二一二頁。

❺　同❶，同前頁。

❻　同❶，第二一三頁。

中國使團帶著策楞給雍正的信及禮物：銀鐘、幾支土耳其製火繩槍和弓箭等等，於六月三十日返回薩拉托夫。隨後，中國使臣由蘇哈列夫和巴庫寧陪同，取道喀山前往托博爾斯克。自莫斯科返回的另一支使團正在托博爾斯克等待他們，於是使團的兩部分人在托博爾斯克會合，並住下來，等到冬天繼續登程。十二月十一日，使團從托博爾斯克出發，一七三二年初到達托姆斯克。一月十九日，在楚雷姆河附近的一個小村莊，使團與前往俄國的第二個中國使團相遇，兩團聚宴交談，然後返國使團由彼得羅夫中尉護送繼續登程。二月二十五日，使團到達恰克圖，與俄人最後告別，兩個多月後使團返回北京，第一次使團出使活動順利結束。

八、使團費用

中國使團第一次出使俄國，費用由俄國負擔，俄國做了統計，用於第一批中國使臣的費用共計二萬六千六百七十六盧布九十九戈比，其中：自恰克圖至莫斯科的車馬費及旅費共六千七百五十一盧布八十二戈比；在莫斯科用於修飾賓館及三個月的伙食費二千五百七十八盧布五十九戈比；交給使臣帶回獻給中國皇帝的毛皮價值四千一百盧布；賞給使臣及其隨員的毛皮價值四千盧布；由莫斯科返回托博爾斯克前一半路程的伙食、乘車和貨車等費用一千六百五十六盧布七十五戈比；前往土爾扈特處的另一半路程的費用三千七百九十四盧布八十五戈比；由托博爾斯克至邊界共用三千七百九十四盧布九十八戈比。為了報答俄國給予中國使團的接待，中國向接待和護送中國使團的俄國工作人員贈送了價值十萬兩白銀的禮物，其中包括皮革、銀錠、緞料、毛料、染織品、蓆子、絲絨等。這些物品於一七三三年二月運到莫斯科，分送諸人。以上是第一個赴俄國使團的情況，出使時間是一七二九年夏至一七三二年夏，歷時三年❶。

---

❶　同❷，第三一六至三三一七頁。

第三節　第二次使團出使情況

一、俄廷通知中國俄皇更替的消息

　　當第一個赴俄祝賀彼得二世繼位的中國使團行至途中時，彼得二世於一七三〇年一月二十九日逝世。新皇帝安娜・伊凡諾芙娜繼位。同年八月二十五日，俄國政府把皇帝更替的消息正式通知中國政府，在〈俄首席辦事大臣為通報彼得去世及女皇繼位事致清議政王大臣咨文〉中說：承蒙天主之命，統領我全俄羅斯國之察罕汗彼得，經患病十二日後，於一月十八日（俄曆）午夜子時病故。俄羅斯國全體大臣官員一致擁戴已故察罕汗彼得之親姑母安娜・伊凡諾芙娜為俄羅斯國君主，繼察罕汗之位。我女皇繼位後，立即諭令我等曰：我俄羅斯國既與中國和好，應將此消息往告。並告朕斷不違背兩國所定條約，諒中國皇帝亦能遵行所定條約等語。故按我仁主諭旨，特派二人持此書馳驛往報中國大臣❸。（譯自《滿文俄羅斯檔案》）

二、中國派遣使團赴俄祝賀

　　清廷接到該咨文後，於雍正八年十二月八日覆函俄薩納特衙門，告知中國即將派遣第二個使團前往俄國，其中說：「聖主聞得爾察罕汗彼得病故之情，甚為哀切，並得知爾國女皇繼承汗位，擬稍後即派使前往爾國❸。」此函發出後不久，清廷就正式派遣了由內閣學士德新、侍讀學士巴延泰以及秘書福盧和隨從人員二十名組成的新使團，前去祝賀俄女皇繼位。在雍正九年二月初三日的〈理藩院為遵諭旨派使前往祝賀俄女皇安娜即位事致俄薩納特衙門咨文〉中說：

　　　今我聖主降旨我等：俄羅斯國與我接壤，多年友好往來。今女皇念及和
　　　好之道，特派使前來奏聞繼承汗位之事，對此，朕甚為嘉許，今女皇繼
　　　承彼得汗位，可派使攜帶禮物前往慶賀，欽此欽遵。

---

❸　同❸，第五三八頁。
❸　同❸，第五三七頁。

為此派內閣學士德新、侍讀學士巴延泰為使臣，攜帶禮物前往貴國，特
此咨照 ❷。（譯自《滿文俄羅斯檔案》）

三、土爾扈特遣使來京

正當清廷與俄國交涉派遣第二個使團赴俄時，土爾扈特派遣以納木奇呼
楚力等四人為首的使團前來北京，他們於一七三一年五月九日乘六十六輛大
車抵達北京。該使團的到達，使清廷決定再派使團赴土爾扈特處，關於再派
使節去土爾扈特的原因，在雍正九年六月十四日理藩院致俄薩納特衙門的兩
封咨文中說得很清楚，在第一封咨文〈理藩院為代前往土爾扈特大臣轉送文
書事致俄薩納特衙門咨文〉中說：

大清國派往土爾扈特大臣內閣學士班第、總管內務府大臣賴保、原侍郎
色楞額咨行俄羅斯薩納特衙門，為知照事。前我理藩院為請將我欽派大
臣前往土爾扈特事報聞貴汗，並請預先備辦我大臣等沿途所用驛站、物
品不致耽擱等事，業已咨行在案。今我聖主業已欽命我等前往。我等即
將啟程，並帶土爾扈特之人同往。
準噶爾噶爾丹策零父子世代作惡，擾害四鄰，使各部落不得安寧，悖逆
至極。故我聖主派大兵進剿。為此，前曾派使臣持書前往告爾國。去年
因噶爾丹策零派人奏請並解送羅卜藏丹津前來，聖主大發慈悲，憐其準
噶爾數萬生靈，故命大兵暫勿往征。對此一節亦曾派人攜帶咨文追趕我
使臣，令其告知爾等。然噶爾丹策零屬狡詐奸滑，反趁我冬季西路大兵
不備之時，偷襲我牧場馬群。此種行徑斷不可饒，故發數路大兵進剿。
惟因噶爾丹策零亦與土爾扈特為敵，若情勢緊急，伊等難免前往土爾扈
特侵擾隱匿。故特派本大臣等前往土爾扈特，以便明示此情，令其嚴加
防範。我等此行甚屬緊要，亟宜速行 ❷。（譯自《滿文俄羅斯檔案》）

在第二封咨文〈理藩院為兩次派大臣前往土爾扈特原由事致俄薩納特衙
門咨文〉中也闡述了類似的內容。在這些咨文中，清廷明確告訴俄國政府，

---

❷　同❸，第五四一頁。
❷　同❸，第五四六至五四七頁。

此次使團去土爾扈特處的目的，一是通知土爾扈特人做好準備，嚴防受清廷圍剿的噶爾丹策零敗亡之後侵擾土爾扈特部，二是試圖說服受噶爾丹策零迫害的羅布藏蘇努回國報仇。羅布藏蘇努是噶爾丹策零的兄弟，因與策零不和，「為噶爾丹策零所迫，避於土爾扈特地方，且其母、弟均被殺害，無力報仇，只得忍氣吞聲❷。」

這樣，清廷不久就又組成了一個赴土爾扈特處的使團，該使團包括三名大臣：內閣學士班第、總管內務大臣賴保、原侍郎色楞額，還有五十三人組成的隨員隊伍。

俄國外務委員會在接到中國理藩院的咨文，得知中國新使團即將赴俄後，於一七三二年一月二十三日和六月十一日向管理中國邊界事務的伊爾庫次克副省長若洛鮑夫和布霍利茨上校下達命令：⑴將正在前來俄國朝廷的中國使臣，盡量妥善安全地從伊爾庫次克護送到托博爾斯克；⑵在原先的一批使臣從莫斯科返回到伊爾庫次克之後，將他們送至邊界外，任何地方都不要阻留他們，而且也不要讓他們在任何地方停留；⑶絕對不准新派往見卡爾梅克汗（土爾扈特汗）的中國使臣進入俄國❷。

清廷於雍正十年四月二十日收到俄駐尼布楚上校的來文，得知俄國不准派往土爾扈特處的中國使團入境。清廷為此在同年閏五月初一日，再致函俄伊爾庫次克城副長官及俄薩納特衙門，申述赴土爾扈特部駐處的理由，雖經再三交涉，俄國仍然不准中國使團赴土爾扈特部駐處。此時該使團已抵達恰克圖多時，被阻攔在邊界處不能前進。最終該使團也沒能成行，清廷第二次派使團赴土爾扈特的願望只得作罷。

四、使團成員及旅途經過

這個使團由兩名重要人物組成，一是內閣學士德新，另一是侍讀學士巴延泰，秘書福盧及隨從人員二十名。於一七三一年四月二十一日抵達恰克圖，並在此等候俄國護送官。十月十九日使團到達伊爾庫次克，一七三二年一月十九日，在楚雷姆河附近的恰爾達特村莊與返國的第一個中國使團相遇，二月底，使團隨秘書巴庫寧抵達托博爾斯克，在此，巴庫寧接到俄政府的命令，

---

❷ 同❸，第五七〇頁。

❷ 同❶，第二一八至二一九頁。

須在四月底帶領使團抵達彼得堡，於是他們兼程前進，大約在四月十八日他們越過了莫斯科及其近郊離宮別院，到達了亞歷山大羅夫斯基 (Alex Sandrovsky) 修道院的所在，在那裡與俄國派遣來的一位代表舉行會談。四月二十七日到達首都聖彼得堡，舉行入城的儀式：使臣們坐的是宮廷馬車，有三個步兵團的陸軍士兵夾道迎衛，鼓樂齊奏，並由海軍鳴炮三十一響，以示熱烈歡迎。

五、覲見女皇

使團到達聖彼得堡的第二天，正值女皇加冕紀念日，俄國女皇選在這一天（四月二十八日）召見了使臣，因此禮儀也極為隆重。首席使臣在大廳中央跪著向副首席大臣❷❹，奧斯特曼伯爵遞交了中國理藩院致樞密院的兩封公函。當時女皇坐在華蓋之下。這兩封公函即放在她的御座旁的桌子上，這位使臣跪著講了兩次話，兩次都向他答了話。在第一次講話中，他以博格德汗名義請女皇相信，中國一定維護同俄國持久和睦關係和牢固的友誼，並告知說，中國第二次派出的他們這些使臣，前來謹向女皇陛下祝賀，並祝願她萬壽無疆。在第二次講話中，首席使臣說他們很高興能在女皇陛下加冕紀念日這天，有幸親觀懿容，同時對這個節日表示祝賀，並希望得到女皇陛下對他們的眷顧。在這一天，使臣們蒙召於午宴時覲華蓋下的女皇及兩位公主。他們受到盛宴款待，由許多男女顯貴作陪，酒宴時有樂鼓演奏，晚間還受邀參加舞會，並觀看燄火及各種彩燈❷❺。

六、致贈禮物

一七三二年五月十二日，雍正帝致贈俄國女皇的禮物運到冬宮，共計有十九箱。其中包括玉石製器皿、瓷器、皮革製器皿、玻璃器皿、書房用木器物品、小桌、首飾盒、香袋、各色緞料四十幅等物。使臣們贈送的物品則有：各種緞料、日本器皿及中國器皿。同時，俄廷也有禮物回贈，贈予雍正帝的為豔紅與金絲的錦緞，都鑲有天鵝絨的花彩，並有價值三千盧布的西伯利亞的毛皮。又賜給使臣每人現金一千盧布及四匹羽紗，賜予每一位秘書五百盧

---

❷❹　首席大臣戈洛夫金伯爵因患痛風症，沒有參加這次儀式。

❷❺　同❶，第二三〇頁。

布及兩匹羽紗 **㉖** 。

中國使臣團於一七三二年七月十五日離開聖彼得堡，十二日後到達莫斯科，俄樞密院設宴款待了中國使團，並安排使團參觀若干工廠。八月十三日，使團在兩名大尉護送下，乘一輛大車離開莫斯科。在下諾甫哥羅德城 (Nizhni Novgorod) 改乘兩艘大船，順伏爾加河到達喀山 (Kazan)，再換乘馬車繼續前進，於九月二十一日抵托波爾斯克。十月七日到托姆斯克。十二月二十四日到達伊爾庫次克。一七三三年一月二十日到達色楞格。從那裡再經過二十三天的行程就到達了中國的邊界，使團在該處發表正式聲明，感謝俄國官方一切盛情與榮寵的招待。然後告別護送官，越過邊境逕自返回北京。

七、俄方的花費

關於第二次中國使團赴俄國的花費，俄國也做了精確的統計，共計二萬二千四百六十盧布，其中自邊界至彼得堡車費和膳費共計六千七百五十一盧布八十三戈比；在聖彼得堡的膳費和裝修賓館費用共二千七百零八盧布八十四戈比；贈給雍正帝及各使臣的禮物共七千五百六十盧布八十七戈比；自彼得堡至邊界的膳費和車費共五千四百三十九盧布六戈比。以上是一七三一年至一七三三年第二個中國使團赴俄的大致情況 **㉗** 。

綜觀以上兩個中國使團赴俄的外交活動後，就可以明白的看出，在康熙初年清廷即已查覺俄羅斯是歐洲的一個大國。在兩國的交涉中，清廷也沒有以天朝自居和以卑視的態度對待俄國。雍正帝派遣托時大使遠赴俄廷舉行談判，其動機完全基於當時事實的需要，沒像十九世紀以後為列強所迫的情勢存在。德新率團出使俄國這是基於尊重一位新繼位的俄國女皇的國際禮節，同時謀取雙方對托時大使所達成的協議的肯定與保證。就這兩次使團出使俄國所負外交任務而言，大體上是成功的 **㉘** 。在此以後，清廷在圍剿準噶爾叛離的戰爭時，俄國未再公開支持準噶爾，足可證明兩次使團出使俄國的外交活動，確已發生了很大的正面效果。

此外，一七七一年一月五日，駐牧在伏爾加河下流土爾扈特人首領渥巴

㉖ 同**➊**，第二三一頁。

㉗ 同**➊**，第二三二頁。

㉘ 同**➊**，第一三七頁。

錫率領三萬三千多戶，十六萬九千餘人，決意回歸中國，而第一次赴俄國使團另派大臣往訪土爾扈特，宣達雍正皇帝對他關心之恩德，必定對促成這項行動也發生不少的作用。

第十二章　俄國東正教在中國

第一節　俄國與東正教

一、東正教的起源

東正教 (Eastern Orthodoxy) 亦稱正教（希臘文 Orthodxia，俄文 Право-славие），為正統之意。因流行於羅馬帝國東部希臘語地區，故又稱為希臘正教 (Греческое православное вероисповедание)。東正教、天主教 (Католичество)、新教（Протестантизм，通稱耶穌教 (Протестантство)）並立為基督教 (Христианство) 的三大主要教派。

基督教 (Christianity) 起源於一世紀的巴勒斯坦地區，為猶太的拿撒勒人耶穌 (Иисус) 所創立，信者稱耶穌為基督。

二、東正教在俄國的發展

早在伊戈爾 (Игорь) 時期，即九八八年以前的半個多世紀，基輔已經有了一座紀念伊利亞的教堂，它是供伊戈爾的一部分親兵使用的。據編年史記載，這些親兵信奉基督教，並且在與希臘人簽訂條約時是以基督教上帝的名義發誓的。而其他親兵則是以佩倫神❶的名義發誓的。到弗拉基米爾統治時期，大公親兵中的基督教人數必定大有增加。這一情況也說明了大公宗教改革的原因：就像當年君士坦丁大帝因其軍隊已有四分之三是基督教徒，而不

❶　（蘇聯）尼科利斯基著，《俄國教會史》，丁士超等譯，商務印書館出版，二〇〇〇年十二月第一版，第二二頁。見譯者註：佩倫神 (Перун) 古代東斯拉夫人信奉的雷神。

得不使基督教合法化，並且自己也成為一個基督教徒一樣。當基輔大公的大部親兵都已皈依基督教的時候，他也就不能堅持舊的宗教信仰了。同時，拜占庭為了自身的利益而在基輔的軍事商人階層居民中大力傳播基督教。君士坦丁堡樂於成為這個原料豐富的第聶伯河國家大權在握的主人。由於相距遙遠，當然不可能行實際上的征服，宗教就必然成為鞏固拜占庭影響和控制的手段。如果說在九八八至九八九年的改革後希臘人沒有能夠把第聶伯河的俄羅斯變成殖民地，那麼這並不是由於他們的過失，而是由於形成了對他們不利的歷史環境❷。

　　可見，一方面是親兵的壓力，另一方面是弗拉基米爾已娶姊妹為妻的希臘皇帝的壓力，迫使弗拉基米爾接受了基督教並宣佈它為官方宗教，隨著大公夫人一起來到基輔的有君士坦丁堡為新教會任命的都主教米哈伊爾，還有一些「皇家和科爾松的牧師」，即來自君士坦丁堡和克里米亞這一最靠近基輔的希臘移民區的科爾松的神父。他們立即開始工作，給親兵們施洗想必是沒有發生任何事故。關於給其他頑固堅持舊信仰的居民階層施洗的情況，編年史講了一些非常有趣的細節，它們證明，處於親兵控制下的居民是被棍棒趕進基督教教堂的。按照大公的命令，把所有的基輔人「無論是富人、窮人、還是乞丐、僱工」，即主要是基輔的小市民，都趕到第聶伯河去受洗，而佩倫神像則被推倒，並趕出基輔。但是，即使被推倒的神，還可以再回來並對離教派行為進行懲處；因此弗拉基米爾下達了一些關於驅除佩倫神的專門命令：由專人將佩倫神像扔進水中並將其推過不能逾越的急流險灘。繼基輔之後就輪到其他城市，那裡也都是通過與基輔一樣的正式傳入基督教的❸。

　　不過，當俄國於九八八年正式崇信東正教時，東正教教會已發展出一套完美的體制，而且有了一套成熟的教義內容，對於聖禮儀式，祈禱時間，祈禱儀式皆有詳盡之規定，這些宗教的詩篇和儀式成為俄國各教堂神父們向俄人傳教的唯一所本。傳到基輔的這一派宗教，純粹源自希臘正教而非源自羅馬公教。所使用的文字是希臘文字而非拉丁文字。但是當它的教義向俄國的非教徒傳播時，則改用當地的斯拉夫土語翻譯，這對俄國來說，產生了很好的效果和收益，使基督教可以廣泛的傳播到大眾的心中❹。

---

❷　同❶，第二二頁。

❸　同❶，第二三頁。

三、莫斯科——第三個羅馬城

在蒙古人進入俄羅斯以前，俄國教會為整個基督教世界中之一員，隸屬東正教，受君士坦丁堡教會的保護和督導。蒙古人統治以後，重新建立起來的俄國教會，其大主教則改設教座於新都莫斯科。至一三二六年，當彼得大主教逝世後，錫奧格諾斯特繼位為俄羅斯大主教區之大主教，就職後，立即決定將莫斯科城定為永久的大主教駐地。其後，東正教首都君士坦丁堡在殘暴的土耳其人之不斷攻擊下，於一四五三年陷落。

一四五三年及一四八〇年為東歐史上兩個最重要的年代，前者表示拜占庭帝國的滅亡；後者表示俄國自蒙古的統治枷鎖中獲得了解放。這兩件大事對於東正教會本身而言，均具有十分重要的影響。莫斯科當局曾稱，東正教由於君士坦丁堡之失陷，雖受打擊，但並非表示東正教會已成為無人照顧之孤兒狀況；東正教在近東的保護者雖已滅亡，但莫斯科大公可以合理合法的接過盾牌，繼續擔負起保衛真理的任務。經過莫斯科當局的呼籲之後不久，俄國這一塊荒僻的北部邊區乃被宣佈為東正教的主要教區，換言之，莫斯科就變成君士坦丁堡的繼承者。此項理論在十六世紀初，為普斯科夫修道院一位修士費羅西亞斯 (Philotheous) 首先提出。他在致莫斯科大公瓦西里三世（一五〇五年十月十七日～一五三三年十二月三日）的一封信（一五一〇年左右）裏說：「第一個羅馬城因為倡言異端而告毀滅，第二個羅馬城——君士坦丁堡已經陷入土耳其人之手，現在第三個新的羅馬城——莫斯科已經在北方崛起了，它像太陽一樣的照耀著全世界……第一和第二個羅馬城雖已淪亡，但是第三個羅馬城必將與世界同存，因為它是最後的羅馬城，莫斯科不會再有繼承者。第四個羅馬城的想法是無法令人置信的 ❺；您是全世界基督徒唯一的沙皇」。

四、國家政權漸高於教權

自君士坦丁堡陷落後，最明顯的變化是國家政權漸高於教權。自拜占庭

---

❹ Dr. Anatole G. Mazour 著，*Russia, Past and Present*，上冊，李邁先譯，政工幹部學校印，中華民國四十九年三月，初版，第四五頁。

❺ 同❹，第四九至五〇頁。

帝國首都為土耳其人攻破後，教長處境，日趨危險，他原先所擁有的指派莫斯科大主教的權力亦隨之衰落。自一四四八年起，俄國教區各大主教，均係由莫斯科特別會議決定後指派，沙皇則為此項會議之主要影響人。其後不久，沙皇即不必再經會議的建議而逕行指派大主教了。此種辦法，使沙皇權力大為擴張，對教會前途更有極大的影響。在上述情況下，國家對教會的控制就由莫斯科王公們逐步地繼承下去了。

　　當彼得一世（一六八二至一七二五年在位）決心要使俄國現代化時，他認為教會的牧首制，不僅對專制君權是一個危險的敵對者，而且對它現代化的改革也是最大的障礙。藉著幾個心甘情願幫助實現狂妄計劃的教士，他取消了牧首制。並於一七二〇年把教會完全置於國家控制之下。他組織了一個教士團 (College of Ecclesiastics)，執行牧首職能，由他任命一個信徒來領導。這個機構後來叫做「俄羅斯東正教神聖會議」(Holy Synod)，他是模仿新教國家教會的式樣建立的。這次改革的目的是使教會服從國家的利益，並且利用它鞏固集權化獨裁君權。事實上，彼得一世對純粹宗教問題幾乎沒有興趣，因此他和他的繼承人都很少過問教會的教義與禮儀之事。而神聖宗教會議也沒有權力規定教義，不過是教會的一個普通管理機構，一切作為都是接受國家的控制。

五、教會完全失去了獨立性

　　自神聖宗教議會成立後，表面上它具有之權力雖甚廣泛，但均需沙皇之裁可，遇有政權糾紛發生時，由政府之元老院 (Senate) 與議會會同解決，參加會議人員就職前之誓詞中，包括下列詞句：「承認並確信本會議之最高權為統治全俄的皇帝」。此項詞句，至一九〇一年始被刪去。

　　蓋神聖宗教會議組成分子包括各大主教、主教、各宗教團體之代表，由沙皇指派一位教士主持會議，稱為「沙皇之耳目」(The Ear Eye)，此人有權指導正教教會，監督會議進行，並且也有內閣大臣之行政權力。此種組織，形成了以下的情形：「現在神聖宗教會議與元老院之間的勢力均衡問題，已無關重要。參加會議的代表們集聚在會議的一方，人數雖多，卻呈群龍無首狀態，在會議席次的對方，卻只有一位檢察長孤孤單單的獨自坐在那裡」。但獨坐一方的檢察長，事實上並不孤單，因為他可以利用沙皇的權力，決定一切 ❻。

表 12-1　俄羅斯東正教的歷史幾個時期

㈠完全隸屬君士坦丁堡教權時期	九八八至一二四〇年
㈡逐漸獲得自主權的過渡時期	一二四〇至一四四八年
㈢從莫斯科大主教區 (Metropolitan) 的獨立到俄羅斯牧首制的設立時期	一四四八至一五八七年
㈣牧首制 (Patriarchate) 時期	一五八七至一七二〇年
㈤廢除牧首制後的神聖宗會議時期	一七二〇至一九一七年
㈥重新設立牧首制教會與國家分離時期	一九一七至一九二三年

第二節　俄東正教教會在中國早期的情形

一、中俄兩國早期在宗教方面的關係

　　俄東正教會進入中國活動的歷史，最早可追溯到沙皇開始侵入中國黑龍江流域之時。一六六五年，切爾尼果夫斯基率領六十多名逃犯重新佔領雅克薩城故址，在哈巴洛夫所建堡寨的廢墟上，新建一座被稱為「阿爾巴津賊堡」的城堡。在這伙逃犯中，就有一名東正教士，叫葉爾莫根，他們曾經在城堡修建一座教堂，稱為「基督復活教堂」。一六七一年，他們又在附近建立了一座「仁慈救世教修道院」❼，並且強迫當地居民信仰東正教。這是首次在中國土地上出現的東正教會教堂。

　　俄國東正教會初期之傳入北京，開始於兩次雅克薩戰爭之後。在雅克薩戰爭中，清廷陸續俘虜了一些侵擾雅克薩地區的俄哥薩克，如：一六八一年俘獲三十一人，一六八四年俘獲米哈伊爾等二十二人，一六八五年俘獲瓦西里·扎哈羅夫等四十六人，根據康熙帝諭旨，前兩批均送往北京戶部處理，後一批只有六人送往北京，其餘四十人送往盛京安置。又據俞正燮《癸巳類稿》：計所獲俄羅斯人「順治五年一人，康熙七年宜番等，二十二年三十三人，二十三年、二十四年七十二人，而還歸者十二人，總得羅剎近百人，居東直

---

❻　同❹，第六七至六八頁。

❼　（俄）塞雷伯列尼科夫著，〈阿爾巴津與阿爾巴津人〉，載《中國福音報》，第九〇頁。

門內胡家圈胡同」。

二、在北京改建第一座教堂

　　到一六八五年止，清廷「總得羅剎近百人」❽，清政府將他們編入鑲黃旗，滿洲第四參領第十七佐領，俄國史籍史稱為「俄羅斯百人隊」。他們被置在鑲黃旗駐地北京城東北角胡家圈胡同❾，受到和旗人同等的待遇，由清政府供給住房、衣食、發給年俸，允許和中國人通婚，並給予信仰自由。康熙帝為使之便於做禮拜，特地頒賜給他們一座小廟，由一六八三年自雅克薩投誠來北京的馬克希姆·列昂捷夫神父主持教務。他利用清政府的優待，在俄國人的中國籍妻子及其親屬中宣傳教義和吸收教徒。為了活動的方便，他極力模仿中國的生活習慣，甚至薙髮留辮，喬裝打扮成中國人。

　　俄國東正教會和沙皇政府對馬·列昂捷夫神父在北京的活動都十分重視。一六九五年，托博爾斯克教區主教伊格那提給馬·列昂捷夫送來證書，把當時被中國人稱為「羅剎廟」的這一東正教堂正式命名為「聖尼古拉」教堂。後來這一教堂被稱為俄羅斯「北館」❿，即爾後蘇聯大使館地址。這是東正教會在北京建立的第一座教堂。而伊格那提暗示馬·列昂捷夫要繼續努力，俾能吸收更多人改為信仰東正教。一六九八年西伯利亞事務總督向彼得一世奏報馬·列昂捷夫在北京東正教活動情況，彼得聞後極為興奮，情不自禁地批示說：「此事甚佳」⓫。

三、俄陸續要求在北京建造東正教教堂及派教士來華

　　自從北京的東正教教堂建立後，俄國政府乃盡量運用各種辦法與其加強聯繫。早在康熙三十三年，俄國政府就向清廷提出：「請至聖皇帝降旨，准予中國地方建造教堂，並稱俄羅斯國商人願於中國建造教堂，如蒙至聖皇帝指

---

❽　俞正燮著，《癸巳類稿》，第九卷，第一三頁。

❾　同❽。

❿　德貞著，《中俄政教志略》，一八七三年北京出版，第五部分，第四五頁；《中國福音報》，第四八、九九頁。

⓫　《中國福音報》，第五頁；格列勃夫著，〈北京東正教傳教士團的外交職能〉，載《東正教之光》，一九三五年，哈爾濱出版，第二三頁。

給地址，我俄國君主等，將按價出資建造❷。」這顯然是直接要求清廷為他們撥出土地建造教堂。清廷以沒有先例，拒絕了這一要求。在康熙三十三年二月初六日，「索額圖為俄請還逋逃及建造教堂等事覆俄使咨文❸」中回答俄國：

> 所稱我俄羅斯商人願於中國建造教堂，請捐指地址，我俄羅斯君主將按
> 價出資建造等語。查得，西洋各國之人來中國，只是永久居留者曾建教
> 堂，並無於我國續建教堂之例。故此事亦毋庸議。特此咨行查照。（譯自
> 《滿文俄羅斯檔案》）

俄曆一七〇〇年六月二十九日，彼得一世發佈一道「特諭」，要求遴選有名望的教士充任托博爾斯克的主教，「使其在中國和西伯利亞」吸收教徒和發展教務，並選派青年教士數人來華傳教，「引導中國皇帝及其親信大臣和全體居民贊助此項神聖事業」❹。

俄曆一七〇二年三月十四日，俄議政大臣又致函索額圖，要求更換駐北京的教士，其中說：

> 經奏報貴聖主而在北京城敕建之我國東正教教堂，因其主持唸經等教務
> 之馬克希姆‧列昂捷夫，如今已年邁眼花，不宜管此教堂事務，現經報
> 我察罕汗後，特派本國二名教士，與商人同往中國京城。如蒙大臣憐憫，
> 望轉奏聖主，准此二名留住京城，並將我教堂移交伊等居住。望勿阻攔
> 前往中國貿易之商人去該教堂禮拜。再者，貴國已按例償賜馬克希姆‧
> 列昂捷夫食用之物，亦望照例賜給此二名教士❺。（譯自《滿文俄羅斯檔
> 案》）

此文於康熙四十二年（西元一七〇三年）十二月送達理藩院，由侍讀學士拉都渾主事，華善、柏壽，三等侍衛羅多渾、傳教士張誠等在十二月十六

---

❷　《清代中俄關係史料選編》，第一編，上冊，〈俄使為請還逋逃及建教堂等事致清近侍大臣咨文〉（俄曆一六九二年七月九日）（譯自《滿文俄羅斯檔案》）。

❸　同❷。

❹　《一六四九年以來帝國法令全集》，第四卷，第一八〇〇號。轉引自巴德瑪耶夫，《俄國與中國》，一九〇五年，彼得堡出版，第三一至三二頁。

❺　同❷，第二二六頁。

日翻譯繕清，呈交康熙審閱。經大臣部議後，理藩院於康熙四十三年三月十五日復函俄議政大臣 ❶❻，一方面對於俄國來文給予答覆，一方面因俄繼續行文索額圖而退回來文，其中說：

> 據查，該教堂乃係由中國與貴國等出力建房三間而成，以供其所祀之神。該教堂，由爾國中能唸經之七品官馬克希姆主持唸經，並未專設人員，亦非報本院具題後修建之教堂。況且去年六月，曾由本院議奏：嗣後凡有議事，該尼布楚長官不必行文索額圖。……今閱為教堂事宜所寄之三文書既仍寄送索額圖，並不送本院，故勿庸議，應將原文交伊凡・薩瓦捷耶夫退回。（譯自《滿文俄羅斯檔案》）

俄國這次要求派遣教士的企圖沒有實現。除了公開要求清廷准許俄國派遣教士來華外，在這一時期來華的俄國商隊中，一般都有東正教教士隨行，以便加強與北京的東正教徒的聯繫。例如一七〇三年，薩瓦捷耶夫商隊中就有東正教士數人 ❶❼。

四、為求中國使團順利通過俄境破例允准俄傳教士來華

一七一一年，奧斯柯爾科夫率領俄國商隊到達北京，他在北京逗留期間，再次向清廷理藩院提出了派遣東正教教士來華的要求。理由是北京沒有俄國司祭為住在中國的各界東正教信徒主持神事活動及舉行各種宗教儀式。而從雅克薩投誠的馬克希姆年事已高，除他以外再無別人，因此請准予由俄國派出司祭 ❶❽。當時清廷正準備派遣太子侍讀殷札納、郎中納顏、內閣侍讀圖理琛等人經西伯利亞俄境前去伏爾加河流域，訪問土爾扈特首領阿玉奇汗，為了使使團順利通過俄境，康熙破例允准了這一請求，並要俄國教士隨自俄國回國的中國使團一同來京。在一七一四年十二月，中國使團完成任務回到托博爾斯克時，遵照康熙的旨意，帶領俄國政府組成的一個「北京傳教士團」同行，該團由修士大司祭伊拉里昂、司祭拉夫連季、輔祭菲利蒙、頌經士奧

---

❶❻　同 ❶❷，第二二五頁。

❶❼　王之相、劉澤榮譯編，《故宮俄文史料》，第七件，第二七九至二八〇頁。

❶❽　尼古拉・班蒂什—卡緬斯基編著，《俄中兩國外交文獻匯編》，中國人民大學俄語教研室譯，商務印書館出版，一九八二年十一月，第一版，第一〇二頁。

西普·季亞科諾夫等七名教堂輔助人員和外役組成。他們於一七一五年五月抵達北京❿。

第三節　俄國東正教歷屆傳道團來華活動概況

一、第一屆傳道團

　　一七一五年隨同中國使團來華之「俄羅斯東正教駐北京傳道團」即為其第一屆傳道團，他們到京後住在俄羅斯「北館」，加強了北京東正教會的力量。

　　伊拉里昂等教士到北京後，受到清廷特別的禮遇，康熙帝恩賜修士大司祭伊拉里昂五品官，並撥給住房、生活費用、糧秣以及他們要求的一切物品。為了使奧西普及其他七名俄國人能娶妻成家，還另外賞有銀兩❷⓿。後來，誦經士奧西普·季亞科諾夫學會了滿語，理藩院還要他幫助翻譯俄國樞密院公文，以及管理俄樞密院公文，倍加重用❷①。

二、第二屆傳道團

　　一七二九年，伊拉里昂病故，理藩院「為喇嘛拉里萬（即伊拉里昂）病故事」，專門致函俄西伯利亞總督噶噶林（康熙五十七年一月二十四日）詢問善後事宜，並談到優遇教士一事，其中說：

> 貴總督先前為在我大清國之俄羅斯廟內唸經，祈禱上帝，以使兩國永相
> 和好事，曾派遣喇嘛拉里萬、拉夫林鐵、費里門以及隨行之七名俄羅斯
> 人與我侍讀學士殷札納一同來京城。經奏聞我聖主，業已將爾來京之喇
> 嘛拉里萬封為五品官，喇嘛拉夫林鐵、費里門封為七品官，隨同前來之
> 七名俄羅斯人皆命為披甲，並賞給房子、奴才、俸祿、錢銀以及一切食
> 用等物。隨同前來之烏西夫等七人，在娶妻時均賞給銀兩，於我處俄羅
> 斯廟內唸經居住。

❿　何秋濤，《朔方備乘》，第一二卷；「俄羅斯館考」，第四四卷。卡緬奇科夫，《俄國漢學史概要》，一九七七年莫斯科出版，第三五八頁。

❷⓿　同❿，第一〇五頁。

❷①　同⓬，第三九九頁。

茲因爾所派喇嘛拉里萬已於今年病故，念我兩國議定邊界以來，甚為友好，故派爾喇嘛費里門、披甲格里戈里，往告彼喇嘛拉里萬病故情形。至於嗣後或由爾處另派喇嘛前來，或將該人等撤回之處，可由爾噶噶林定奪，並希復文告知。（譯自《滿文俄羅斯檔案》）

該函於一七二一年三月送至莫斯科，彼得一世立即決定再派傳教團來華，並於當月任命庫爾齊茨基主教為在北京的東正教會新領導人，帶領修士司祭、修士助祭各二人，以及其他人員八人前來北京。然而，這一傳教團沒能進入中國。一七二二年十月，當庫爾齊茨基一行到達色楞格後，得到理藩院的通知，因為邊界已於一七二一年一月發生七百二十七名蒙古叛民逃入俄境之事，清廷要求引渡，俄方拒不交還，雙方爭論甚久，不能解決，於是理藩院通知俄方：中俄兩國的逃犯與邊界問題未解決之前，不允許該傳教團進入北京。庫爾齊茨基在一七二三年七月三日發信給俄宗教會議，請求指示。俄樞密院於十二月下命令要他留在伊爾庫次克，他在伊爾庫次克一直停留到一七三一年死亡為止。這次使團只得作罷。就在這同一時期，伊茲瑪依齒夫率領商隊於一七二〇年年底到達北京，同行者有修士大司祭安東尼・普拉特科夫斯基。安東尼在京期間學習了蒙語，回國後根據沙皇的旨意辦了一所語言學校，由他給教會兒童教授蒙語。

本來對西方傳教士素無好感的雍正皇帝（一七二三至一七三六年）在中俄談判中最後讓步，允許俄國所提有關東正教駐北京傳道團的要求，在一七二八年六月十四日中俄簽訂之《恰克圖條約》內予以明訂，該條約第五條有如下的規定：

在京之俄館，嗣後僅由來京之俄人居住。俄使伊里禮伯爵薩瓦・弗拉迪斯拉維奇請造廟宇，中國辦理俄事大臣等將協助蓋廟於俄館，現在住京喇嘛（神父）一人，復議補遣三人，來京後居住此廟，供以膳食，與現住京喇嘛同等。俄人照伊規矩，禮佛唸經不得阻止。此外，按俄使伊里禮伯爵薩瓦・弗拉迪斯拉維奇之意留京學習外文之四名學生及兩名較年長者（伊等懂俄文及拉丁文），則均置於俄館，由俄皇皇室供其膳費，學成後，即允其如願回國。

根據此一條約的規定,俄羅斯東正教駐北京傳道團成為正式的常設機構。自後,俄國每隔十年,可改派傳教士組團前往北京,接替前屆的領隊及其他神職人員。每屆的名額均為教士四名和學習滿漢語文的學生六名。

事實上,早在《恰克圖條約》簽訂以前,俄國政府已經組織好了由修士司祭安東尼·普拉特科夫斯基率領的一個傳教團,由安東尼及兩名神父、三名學生(舒利金、波諾馬廖夫、羅索欣)和兩名教堂輔助人員,一共八人組成。當中俄兩國在恰克圖互換條約時,中國方面已經表示將按照條約規定准許該團前來北京。在這之前,中國一直沒有同意俄國要求再次派遣傳教團進入中國的請求。

由安東尼率領的這一俄國東正教傳道團,於一七二九年六月十六日到達北京。同年八月三日,雍正帝諭令給學習漢語和滿語的俄國學生指派教師。該傳教團到北京後,在京的東正教教會人員共有三名教士:安東尼·普拉特科夫斯基、約瑟夫、費力蒙諾夫,六名學生:盧卡斯·沃依科夫、伊凡·樸考特、西奧多爾·特列季亞科夫、吉拉西姆·舒利金、米契爾·波諾馬廖夫、伊拉里昂·羅索欣。另外在北京城東北角的聖尼古拉教堂,還有從一七一五年起就住在北京的教士拉夫連季、聖器看管人約瑟夫·狄阿科諾夫和尼卡諾·克林索夫,敲鐘手彼得·雅庫多夫以及年老的狄米特立·聶斯切洛夫。一七二八年清廷遵照《恰克圖條約》的規定,為俄國東正教會在東江米巷(今東交民巷)建立了另一座教堂,稱為「奉獻節」教堂(即俄羅斯南館) ❷ ,以作為教會人員及學生的駐地。清政府還負擔這些教會人員的一部分生活費用。

安東尼到北京後致力於健全在京東正教會的設施。他在一七三一年一月寫信給弗拉季斯拉維奇伯爵,要求從莫斯科富有的修道院中給在北京的俄教堂撥祭服、各種教堂用具和教堂用書,要求規定教堂經費數額,還請示在北京的教堂內應有什麼規格的聖像壁,等等。安東尼想盡力領導好在京的教會人員,然而這點很難辦到。例如:新教堂建好後,他命神父拉夫連季從聖尼古拉教堂遷到新教堂,拉夫連季執意不搬,雙方為此竟鬧到理藩院。安東尼

❷　(法)加斯東·加恩著,《彼得大帝時期俄中關係史》(一六八九至一七三〇年),江載華、鄭永泰譯,商務印書館出版,一九八〇年三月,第一版,第二六九至二八四頁。

為此也給俄國最高宗教會議寫了信。在北京的俄國宗教人員品行不好，他很難讓那些人服從他的命令，整個教會一片混亂，有時甚至要由清廷來幫助維持秩序。例如：菲利波夫喝醉酒後還要殺人，安東尼勸阻無效，只得請求清廷把菲利波夫拘禁起來。理藩院為此特在雍正九年八月六日給俄樞密院發出公函，其中說：修士司祭伊萬不能同駐敝國的貴國學士平靜相處，經常發生不睦，他嚴重地砍傷了修士大司祭安東尼的手，因此現將伊萬送交貴國邊防長官❷❸。安東尼也向俄國外務委員會寫了報告，並要求把菲利波夫送交法庭審判，並對他本人的傷殘給予優恤❷❹。其他大多數人員也酗酒無度，胡鬧一氣，學生不好好地學習，安東尼本人也與教堂輔助人員相處不睦，中國朝廷對他的行為很不滿意。一七三三年，沙皇給即將赴中國的郎克發命令，要他到北京後依照最高宗教會議的指示，把北京教堂中的修士司祭伊拉里昂・特魯索夫和修士輔祭約瑟夫監禁起來，押回國內受審。於是伊拉里昂於一七三三年十一月初被帶到莫斯科。鑑於北京教會的問題嚴重，俄國政府在一七三四年給安東尼送去指令，命他遵照一七三〇年下達給他的指示，繼續監督學習滿漢語言的學生，他們如不服從和蠻橫無禮，可予以處罰。同時又給俄國學生們下令，要他們服從安東尼，努力學習滿漢語言。

　　東正教會內部的混亂，也給中國政府帶來許多麻煩。一七三三年來北京的信使彼得羅夫曾記載說，安東尼大司祭本人不顧俄國的榮譽，多次要求理藩院為他準備全部教堂用品，使中國官員很厭煩。後來理藩院要他送上標明價格的教堂用品清單，他竟提出高達二萬盧布的用費要求，最後理藩院僅給了他一部分。駐北京的俄國學生也到理藩院去借銀兩，要求每人五十兩，遭到拒絕。諸如此類的事情很多。另外還要為他們解決糾紛，如在雍正十年七月十三日「鄂爾泰等奏為遵議俄商頭郎克等分批啟程返國等事件」❷❺中記載說：

　　今曉諭郎克：我大聖主念兩國友好之道特准爾喇嘛、學生住於館內。去
　　年，爾喇嘛持刀行刺達喇嘛後，爾喇嘛、學生等請求捉拿凶犯，故經捉

---

❷❸　同❶❽，第二一七頁。

❷❹　同❷❸。

❷❺　同❶❷。

拿後送交爾國。今郎克既然返回，亦應嚴飭在我處之所有俄羅斯人等不
准伊等夜宿於館外，或酗酒滋事。再，飭交守衛俄國館人員，禁止帶酒
入內及俄羅斯人夜間外出。

關於要舊館人員搬往新館問題，安東尼指揮不靈，求助於郎克，郎克又
請清廷處理，在上述文件中又記載說：

> 據郎克呈稱：達喇嘛安托尼已向鄙人請求，將舊廟頌經人鄂希夫及其他
> 頌經人調至新廟協助頌經。按本廟規矩，凡頌經叩頭者，均應協助該達
> 喇嘛為是。今該項頌經人居住於舊廟，皆帶有妻室，而新廟周圍又無房
> 屋，故請大臣等決定辦理是荷等語。據此，查得：舊廟頌經佐領下等，
> 居住舊廟唸經日久，倘新廟有頌經之事，則令舊廟之人協助即可。奉旨：
> 依議。（譯自滿文錄副奏折）

經清廷裁斷後，搬遷一事才算了結。

北京俄國東正教人員的劣跡傳到俄國，俄國政府大為不滿，立即採取應
急措施。俄最高宗教會議在一七三四年十一月十七日，樞密院在一七三五年
一月二十日和二十六日先後發佈指示，以挽回在中國的惡劣影響。俄女皇也
在一七三五年九月二十日專門下達諭旨，徹底整頓在北京的東正教會。諭旨
的主要內容是：

(1)把修士大司祭安東尼‧普拉特科夫斯基及教堂輔助人員由北京帶回俄國，
　並把安東尼送交最高宗教會議審判後監禁，生活費自理。另派一七三三年
　自北京回莫斯科的修士祭司伊拉里昂‧特魯索夫前去接替他的工作（伊拉
　里昂被帶回俄國後已被宣判無罪）。同時將特魯索夫提升為伊爾庫次克教區
　修士大司祭。還命特魯索夫立即前往北京，以便主持那裡的神事，並向他
　提供教堂用書等物。

(2)由西伯利亞事務衙門撥給北京的奉獻節教堂一千盧布，用於購買教堂用具
　和鐘。

(3)從伊爾庫次克領取價值約二千盧布的貨物，用於購買教堂附近的宅院、建
　築宿舍、裝飾教堂等。

(4)每年從伊爾庫次克領取五十盧布，作為北京兩處教堂的經費。

(5)教堂人員從伊爾庫次克領取薪俸，修士大司祭每年六百盧布；修士司祭每年三百盧布；修士輔祭每年二百盧布；教堂輔助人員每年六十盧布，全年共為北京教會開支一千七百盧布。

(6)進一步加強修士大司祭的權力，要嚴加看管俄國學生，如不服從，不勤奮學習或行為不端，有權制裁，並可把他們禁閉在俄館特定的房間裡。同時要特魯索夫定期彙報工作❷。

三、第三屆傳道團

　　一七三四年十月，俄國神聖宗教會議接受郎克的建議，解除安東尼駐華的職務，任命特魯索夫 (Trusov) 為東正教第三屆駐北京傳道團團長，前往接替。一七三六年六月，特魯索夫與郎克所率領的商隊一同抵達中俄邊境，十一月到達北京。不久郎克即對安東尼行為舉行調查，然後嚴刑拷打，予以扣押，解送回俄❷。

　　第三屆傳道團的成員除團長特魯索夫自己而外，與他同行的僅有修士司祭安東尼・盧霍夫斯基 (Antony Lukhovskii) 一人，另外兩名修士司祭：拉夫連季和約瑟夫都是上屆成員留任的，不過隨後就有三名教堂服務人員和四名學生到達。此次俄廷對魯氏提供了不少的資助：給予一千盧布購買用具，另給二千盧布的貨物，將在中國市場出售，再將本利去購買教堂附近的三個宅院❷，作為教會供職人的居住之所。舉行聖禮的經費及各種神職人員的薪俸都予以確定，以期都能安心工作。然而教會的情況沒有多大的改善，特魯索夫的領導能力和品德並不比上屆的主持人高明。他到任不久，就有屬下人員控告他有辱職守，說他常常穿著中國女人的衣服，自稱是處女，在院中教堂中到處招搖，惹出許多笑話。又揮霍無度，甚至將教堂中的銀質祭品都偷出變賣，約瑟夫發現贖回❷。學生伏拉迪金寫信給俄國神聖宗教會議，列述他的這些敗行，此案到一七四一年才著手調查，但特魯索夫因酗酒過量而患了

---

❷　同❶，第三四七至三四八頁。

❷　E. Widmer, op. cit., pp. 125, 130, 131.

❷　同❷。

❷　張綏著，《東正教和東正教在中國》，上海，學林出版社出版，一九八六年，第二〇九頁。

癲癇症，早已於是年四月去世。

　　神聖宗教會議派到北京的調查員是鮑勃羅尼科夫 (Bobrovnikov)，既然特魯索夫已死，神聖宗教會議就命鮑氏留在北京，擔任此過渡時期的領袖，繼續領導第三屆傳道團，此事非鮑氏所願，自稱未進過神學院，缺乏領導能力，上書請求解職，然上級認為他不安心工作，加以申斥，他因此異常煩惱，憂鬱成疾❸，終於一七四四年在北京逝世。

　　此時留任的第一屆成員狄亞柯諾夫 (Diakonov) 已於一七四四年在北京去世，克柳索夫 (Kliusov) 已於一七三七年去世，學生中的沃伊科夫和舒利金荒於酒色，先後於一七三四年及一七三五年死於北京。波諾馬列夫也於一七四〇年死於北京，希希羅夫死於一七四二年。羅素欣早於一七四一年返俄，弗拉迪金和貝科夫也於一七四六年隨同商隊回國，駐北京傳道團再度陷入淒涼冷落的境地。

四、第四屆傳道團

　　為了改進傳道團成員徵選狀況，俄國神聖宗教會議只得以提高薪俸、獎勵、榮譽為條件，向各方徵求下屆赴北京傳道團團長的人選，各教會先後應命提出的候選人共達七名，但均視去中國供職為畏途，多方規避，最後選中基輔一個修道院的副院長林采夫斯基 (Lintsevskii)❸，要他擔任第四屆駐北京傳道團的團長，他一再以腿疾請辭，均未獲准。一七四三年八月，他被晉升為修士大司祭。次年，與赴華商隊同時啟行，旅程艱困緩慢，至一七四五年十一月始到達北京。隨行的兩名修士司祭：魯勃列夫斯基 (Vrublevskii) 和斯莫爾熱夫斯基 (Smorzhevskii)。此外增派的三名教堂輔助人員也同時抵達北京❸。

　　林氏接任之後，發現教會陷於一片破敗之象，諸事待理，他力圖振作，對內積極改進工作環境，督導教士和學生行為趨於正軌，對外交接清廷官員和耶穌會士，以圖獲取一些情報資料❸，惟他不識中國語文，吸收新教徒方

---

❸　同❷，第二一〇至二一一頁。

❸　同❷，第一三六頁。

❸　同❶，第二八〇至二八一頁。

❸　同❷，第二一一至二一二頁。

面毫無成就。然而他是第一個能任滿十年又能安全離華返俄的一位大司祭。當他於一七五五年離華之際，傳道團只有他和一位修士司祭斯莫爾熱夫斯基二人尚健在人間，其他的人員都先後去世了❸。

五、第五屆傳道團

由於給第四屆傳道團規定了在華停留的時間，俄國在一七五五年又派出了第五屆傳道團，前來接替工作，俄最高宗教會議決定由修士大司祭安福羅西・尤馬托夫（在中國不稱修士大司祭，而稱正神父）領導這屆重要的傳道團。另外給他配備二名修士司祭西爾威斯特和索夫羅尼，一名修士輔祭謝爾基，三名教堂輔助人員斯捷潘・齊明、伊里亞・伊萬諾夫和阿列克謝・達尼洛夫，另外有私人差役三名，同時命令上屆傳道團在該團到京後回國。

一七五五年，弗拉迪金率領商隊前來中國，奉命帶領該傳道團及四名俄學生同行。然而，理藩院沒有同意這四名學生留在北京，理由是「條約中沒有規定在北京經常要有六名學生，而只寫明留下六名學生，學成之後即讓他們回國，條約中並沒有規定由別人來補他們的遺缺。雖然以往曾經有過補缺的事，但這都是條約規定之外的作法，只是中國大臣大力奏請皇上開恩的結果」❸。基於同樣的理由，中國也沒有接受修士司祭的三名私人差役及一名教堂輔助人員，只接納了另外兩名教堂輔助人員。關於這一決定，理藩院在給俄樞密院的覆信中做了同樣的說明，簽署日期是乾隆十九年五月六日。該傳道團到北京後，東正教會的情況稍微好了一些。一七五七年，勃拉季謝夫曾作為信使前來北京，回國後報告說：修士大司祭本人為人正派，他一向管教屬下等嚴守規矩，順從聽話；他建立了聚餐會制度，每天在教堂從事神事活動。……在北京的東正教男女哥薩克信徒勉強夠二十人；與此相反，僅在北京一地，信奉天主教的中國人就達二千多人，但不是滿人，因為滿人中沒有一人信奉天主教的❸。同一年，中國又同意接受俄國學生學習語言，但不是有約在先，只是為了中俄兩國交往的需要。

---

❸ 李齊芳著，《中俄關係史》，臺北市聯經出版社，二〇〇〇年十二月，初版，第一五〇頁。

❸ 同❶，第二九四頁。

❸ 同❶，第三一一頁。

六、第六屆傳道團

第六屆傳道團的主持人茨維特 (Tsvet) 原是一所神學院的法、德語教師，一七六八年神聖宗教會議晉升他為修士大司祭，命他率領第六屆傳道團前往北京，接替前屆尤馬托夫的職務，隨行的屬下有修士司祭兩名，修士輔祭一名，教堂輔助人員兩名，在一名監護人、三名哥薩克、十二名僕役的陪同之下，於一七七一年年末抵達北京。當時南北兩個教堂中人員淪亡殆盡，器物也被盜賣一空，以致成員無心工作，茨氏沮喪萬分，困居北京九載，經常借酒澆愁，返俄以後，且因工作無所成就，而遭降職處分 ❸⃝。

七、第七屆傳道團

一七八〇年十月，希什科夫斯基 (Shishkovsky) 受命以大司祭的身分率領第七屆傳道團自俄啟程，於一七八一年十月二日與隨團成員和學生共九人抵達北京。當時教堂的破敗冷落情形如故，死亡的陰影依舊揮之不去。四名學生中僅安東・伏拉迪金 (Anton Vladykin) 一人能活著回國，到外交部去擔任譯員，其餘三人都因酗酒死在北京。宗教方面，僅有三十五人經常到北館作禮拜，其中二十五名為阿爾巴津人的後裔，十名為當地人。當時北京的環境非常安寧，傳道團的成員和學生均可自由到城中及郊區的溫泉或勝地遊玩，有時學生還受邀前往皇宮擔任外文的翻譯工作 ❸⃝。

八、第八屆傳道團

希什科夫斯基在北京任職十四年，卸職後於一七九五年五月二十一日啟程返俄，行至張家口附近忽然患病，次日逝世。同行人草草地將他葬於附近荒地，轉瞬就失其墳塋的所在 ❸⃝。接替希氏的是第八屆的領隊格里鮑夫斯基 (Gribovsky)，他於一七九四年十一月二十七日到達北京，在中國居留了十三年，因不識中國語文，沒有任何建樹。他為了斂財，竟至苛扣下屬的薪金，對中國商人放高利貸，結果發生債務糾紛，他向中國官廳求助，才將他的二

---

❸⃝　同 ㉙，第二一四頁。

❸⃝　同 ㉗，第一四四至一四五頁。

❸⃝　Ibid., p. 146; Dudgeon, op. cit., p. 34.

千二百銀盧布追還❹。

九、第九屆傳道團

第九屆傳道團到達北京時為一八〇八年一月，領隊的修士大司祭就是日後的名漢學家俾丘林 (Bichurin)，他的教名是雅金甫 (Hyacinrh)，出身於司祭家庭，畢業於神學院，曾任教文法教師，精通漢、滿、蒙、拉丁、法等語文。當他初到北京的時期，行為也是放蕩不端，引起理藩院的不滿，一度傳召他和教士人員當面訓斥一番，自後他竟能努力於學術研究，成為俄國漢學家行列中的集大成者。他在北京任職十三年，於一八二二年返俄，反而遭降職及被捕的處罰❹。

十、第十屆傳道團

第十屆傳道團於一八二〇年十二月二日到達北京，領隊是修士大司祭卡緬斯基 (Kamensky)，他原是隨第八屆北京傳道團到過北京的學生，返俄後在外交機構中任蒙、滿語的譯員，受命赴北京為主持人時，沙皇賜以多項殊榮，還配備了一名醫生隨團到北京服務。一八三一年任期屆滿返俄，又得到優厚的獎金。隨他到北京的修士司祭丹尼伊爾・西維洛夫 (Daniil Sivillov) 與醫生伏伊特謝克霍夫基 (Voitsekhovskii) 後來都到喀山 (Kazan) 大學擔任過滿漢語文講座❹。

十一、第十一屆傳道團

第十一屆傳道團的領隊前後有兩位：一八三〇年至一八三五年是原來第十屆成員魏若明 (Beniamin) 擔任，只因他個性專橫，引起很多人事糾紛，俄國外交部於是出面干涉，改派團內成員阿瓦庫姆（Avvakum，漢名安文公）擔任主持人，阿氏才智出眾，糾紛因而平息。這一屆人才不少，除神職人員而外，還有醫生、畫家、天文家以及大學教授數人，且與清廷的王公大臣都

❹　Albert Party, *Russian (Greek Orthodox) Missionaries in China* (1689).

❹　同❷, p. 103；及同❷，第二一一至二一二頁。

❹　J. K. Faurbank 編，《劍橋中國史》，張玉法主譯，臺北天南書局出版，一九八七年，第十冊，第三九〇頁。

維持良好的關係 **❹** 。

十二、第十二屆傳道團

第十二屆的主持人為波利卡爾普（Policarp，漢名佟正笏），他原是第十一屆的修士輔祭，由於俄國神聖宗教會議很賞識他的學問和能力，特別召他返國，晉升他為修士大司祭，外交部又特別賦予他前所未有的信任和權力。一八四○年他以領隊的身分再度到達北京，遵照俄廷的指示，竭力取得清廷重要人物的好感，以期能順利的獲得中國政府重大政策的有關情報，但他為人專橫，使內部成員們的工作受到阻礙，收穫不如前屆。然而本屆成員中也有不少的人才，知名漢學家符·普·瓦西利（V. P. Vasiliev）、修士司祭固里 (Gury)、修士輔祭巴拉弟 (Palladius)、醫生塔塔里諾夫（Tatarinov，漢名明常）。這些人固然對漢學研究都有所成就 **❹** ，但也是十九世紀俄國侵華浪潮中推波助瀾的人物。

十三、第十三、十四屆傳道團

第十三屆的主持人就是巴拉弟，他的任期是從一八五○年到一八五八年，正是帝俄侵佔中國黑龍江以北的關鍵時期。第十四屆的主持人就是固里，他的任期是從一八五八年到一八六四年，正是帝俄乘英法聯軍之際，脅迫清廷割讓烏蘇里江以東之地的關鍵時期。這兩位修士大司祭都因時勢的需要而捲入了外交的漩渦之中，並且扮演了相當重要的角色，致使傳道團的非宗教性活動達到了前所未有的頂點 **❹** 。

然而這些宗教人士在外交工作上活躍的參與，正是他們在這方面職責消減的原因，由於中俄兩國情勢的改變，俄廷決定於一八六一年設立常駐北京的正式外交使館，並以南館為辦公之所。傳道團的全體人員只得遷回北館的聖索菲亞教堂，從此以後，他們只是教民的牧師或神學家，所關心者僅為教民的精神生活，而非風雲變幻的外交事務與政治問題 **❹** 。

---

❸ R. K. I. Ouested 著，《一八五七至一八六○年俄國在遠東的擴張》，陳霞飛譯，北京商務印書館出版，一九七九年，第四二頁。

❹ 同 **❸** ，第四三至四四頁；及同 **❹** ，第二三三至二三四頁。

❹ 同 **❹** ，第一五三頁。

第四節　俄國東正教在華活動之檢討

一、恰克圖條約使俄國獲得定期派遣傳教團來華的權利

一七二八年《恰克圖條約》的簽訂，使俄國最後取得了向北京定期派遣傳道團的權利。條約第五條規定：中國同意自條約簽訂之日起，每屆可派遣傳道團教士四人來北京傳教，由中國政府供其食宿等費用。此外，中國方面還應允俄派學生六名隨傳道團來華。

爾後俄國每隔十年[47]，改派傳道團來北京，接替前屆傳道團。每屆傳道團一般包括修士大司祭（中國稱作喇嘛）一名、修士司祭二名、修士輔祭一名，加上學習語文的學生等，共計十名[48]。

在宗教事務上，俄國在對華關係方面似乎得到了勝利。它獲得了在北京建立永久性教會的權利，這個教會得到中國認可，甚至還得到清廷許多的鼓勵[49]。

二、俄國東正教教會在中國的主要任務

在未論及東正教會在中國的主要任務以前，首先簡要敘述自彼得一世實施全國性的大改革後，教會在俄國所處的地位以及它的功能：

教會在帝國政府的管理下，並不像一般人民所想像的那樣愉快，也不是一套小心培養起來的新制度。彼得所定的傳統政策，是利用教會協助政府推行政務。結果，將近二百年來，教會只有在跋扈的貴族階級之前，卑躬服務，在整個國家的政治機構之中，只能擔任次要的角色[50]。

[46] 同[34]，第一五三至一五四頁。

[47] 從第十三屆起，改為每隔六年改派一次，見（俄）斯卡奇科夫著，《俄國漢學史概要》，第一五五頁。

[48] （俄）維雪洛夫斯基編著，《北京俄國傳教士團史料》，一九〇五年，彼得堡出版，第三三、三八、四七、五一頁。修士大司祭是俄國傳道團的首領。參見（俄）雪格洛夫著，吉村柳里譯，《西伯利亞編年史》，一九四四年，東京出版，第一五頁。

[49] 同[22]，第二七三頁。

[50] Dr. Anatole G. Mazour, *Russia, Past and Present*, 李邁先譯，政工幹部學校印，中華民

在教會方面，彼得所實施的一項重大改革，為教長之撤銷，此舉使教會主幹為之破壞，迫使教會屈服於政府之下，聽其驅遣❺。

關於俄國東正教會在中國北京以及其他各地所作之一切活動，自然與其國內一脈相承，密切配合，而以執行國家對華政策為主要之任務。概括言之，約有下列諸項：

㈠為俄國政府「政治利益」服務

東正教會在華期間，大多都是為俄國政府服務，完成不少政治、外交方面的任務。起初到北京之俄國東正教會，一度由其西伯利亞總督領導❺，自十九世紀上半葉開始由俄國外交部指揮❺。俄國學者格勒勃夫在談到這一時期東正教會的實際作用時指出：彼得一世巧妙地利用俄國駐北京傳教士團「作為外交政策的工具，以打開中國之窗戶」❺。修士大司祭英諾森也稱，東正教會在這個時期「起著俄國政府的官方代表的作用」，教會的經費是由俄國政府供給，一切指示也是來自俄國政府，不言而喻，政府的願望是通過教會促進俄國的政治利益❺。在華俄國東正教會的使命就是如此。

㈡探聽消息蒐集情報

刺探情報，結交清廷官吏及獲取機密等，乃是俄國政府賦予北京東正教會的一項經常性的任務。例如：

一七八一年，以希什科夫斯基為首的第七屆傳道團來北京時，俄國外交委員會曾明確指示他們設法獲取「有關中國人的意向和活動的情報」❺。同時東正教神聖宗教會議，責成他們及時「報告當地的情況和動態」❺。

國四十九年三月，初版，第六六頁。

❺　同❺，第六六至六七頁。

❺　塞北斯著，《耶穌會教士與尼布楚條約》，第三〇頁。

❺　（俄）波茲德涅耶夫著，《蒙古與蒙古人》，第一卷，一八九二年，莫斯科出版，第二四頁。

❺　（俄）格勒勃夫著，〈北京東正教傳教士團的外交職能〉，載《東正教之光》，一九五三年，哈爾濱出版，第二二頁。

❺　修士大司祭英諾森，〈在華的東正教會〉，載《教務雜誌》，一九一六年十月號，第六七八至六七九頁。

❺　（俄）郭索維茲著，《中國人及其文化》，一八九八年，彼得堡出版，第三九二頁。

❺　（俄）維雪洛夫斯基編，《北京俄國傳教士團史料》，第五七頁。

一八一八年，俄國政府訓令在華東正教會，規定其今後的主要任務不是宗教活動，而是對中國的經濟和文化進行全面研究，並應及時向俄外交部報告中國政治生活及重大事件❺❽。一八三〇年，第十一屆傳道團的首領先後由魏若明和阿瓦庫姆擔任。這個傳道團的監護官拉狄仁斯基，原是俄國總參謀部的一名上校；由軍事人員來擔任這項職務，這是第一次。此人曾利用「宗教人員」的身分，非法進入中國黑龍江地區，刺探情報，回國後，撰寫了一份武裝佔領黑龍江的詳細計劃❺❾，受到俄國政府的獎賞。

一八三六年七月三日修士大司祭魏若明給俄外交部的報告，是東正教教士進行商業情報工作的一個最典型的例子❻⓿。

一八四〇年佟正笏等人啟程來華，行前俄國政府一再訓令他們要進行情報及行賄活動❻❶，並指示佟正笏要想方法「取得中國政府中那些能以某種方式影響中華帝國政治事件進程的人物的好感」❻❷。……他在北京到處蒐集情報，「觀察和注意中國政府與社會的動向」❻❸，及時向俄國政府報告。俄國學者格勒勃夫說：「他（指佟正笏）的情報總是非常周到細緻，……他對中國正在形成的局勢，總是瞭若指掌。所以他向聖彼得堡外交部提供情報時，儼然以此指導外交部的行動路線」❻❹。

(三)監管來華學生和培訓語言及漢學人才

1. 俄國來華留學生的起源

俄國學生來學習滿、漢、蒙語言的歷史，可追溯到《尼布楚條約》訂結之後，當時俄廷要求派人來京學習滿、漢語言，康熙允其所請，在北京玉河橋西設立俄羅斯館，讓俄羅斯商人學生都住在裡面。館中設監督一員，俄羅斯學提調官一員，助教漢滿各一員。《恰克圖條約》訂結後來華的學生，例受

---

❺❽ 右納科夫，〈十九世紀上半葉俄中關係史的一頁〉，載蘇聯《東方學》雜誌，一九五六年，第二期，第一〇一頁。

❺❾ 巴托爾德編，《歐洲和俄國的東方研究史》，第二三六頁。

❻⓿ 格・爾著，〈十九世紀三十至五十年代北京傳教士團和俄中貿易〉，載蘇聯《紅檔》雜誌，一九三二年，第五三卷，第一六五頁。

❻❶ 德貞，《中俄政教誌略》，第三六頁。

❻❷ 帕雷，〈在華的俄國東正教士（一六八九至一九一七年）〉，載《太平洋歷史評論》，

❻❸ 同❺❹，第二四頁。

❻❹ 同❻❸。

國子監選漢滿助教各一，任俄羅斯館教授。自俄國學生來華後，為了培養自己的俄文譯員，以滿足對俄交涉外交活動的需要，理藩院也設有「俄羅斯館」，選八旗官學生二十四人入館學習，五年考試一次，考中一二等者，授八九品官，課目除俄文外，還設有蒙、藏、拉丁等文。

俄國正式定期派遣學生來華學習，則始於薩瓦來華進行《恰克圖條約》談判工作時，當時他帶有四名俄國學習語言的學生來京。隨後締造的中俄《恰克圖條約》，則正式承認了「留京學習語言之四名學生及兩名較年長者」在京學習的權利。以後學成的學生回國，俄國又一再派遣學生隨傳道團來華，有時碰巧皇帝開恩，就得以留京學習。這樣自十八世紀初到鴉片戰爭止，先後來華的學生共有三十八人❻❺。而同一時期，任何西方國家都沒有取得派遣學生來華的權利。

2. 造就了不少傑出的漢學家

到了十八世紀末期，俄國派駐北京的教士和學生大致上不僅已經克服中國語文上的困難，而且對中國之文化學術思想也已有所瞭解，最為人所稱道的幾位是：伏拉迪金、羅索欣、阿列昂捷夫 (Alexis Leontiff)、巴克雪夫 (Baksheev) 等。他們在中國研讀的成果，對奠定俄國漢學的基礎，都有一定程度的貢獻❻❻。

教士中最傑出的漢學家應為第九屆傳道團的主持人俾丘林，他漢、滿、蒙語文的造詣遠超過他的前後同僚，留華十餘年中，他搜集了大量有關中國本部、滿洲、蒙古、新疆、西藏等地的文獻，都能充分應用，撰纂成有系統的著作，重要的譯著有：《資治通鑑綱目》、《大清一統志》、《四書》、《西藏紀事》、《蒙古扎記》、《準噶爾和東土耳其斯坦的遠古和現狀記述》、《成吉思汗前四汗本紀》、《三字經》、《北京記事》、《北京城廓平面圖》等等。後期的著作還有：《西藏青海史》、《十五世紀到現在的衛拉特和卡爾梅克歷史》、《中華帝國詳志》、《中國國風與民風》。其他有關中國的語言、人口、階級的短篇論文也時常見諸雜誌，且曾得獎多次。一八二〇年他自華返俄時，用十五頭駱駝，馱運了幾噸重的中國書籍回去❻❼。還有數次到過中國的蒙古學專家科瓦

❻❺　（俄）卡斯奇科夫著，《俄國漢學史概要》，第三五八至三六一頁。

❻❻　同❸❹，第一五五頁。

❻❼　派克著，《中國與宗教》，一九〇五年，紐約出版，第二三九頁。

列夫斯基 (Kovalevsky) 回俄時，也攜帶了大量的書籍，他贈送給喀山大學的就達一百八十九種，共計一千四百三十三卷。並贈送給博物館許多文物 ❻。其數量多於前八屆傳教士團帶回的圖書資料的總和 ❻。

　　第十三屆傳道團的主持人巴拉弟，與第十四屆的主持人固里，都可稱之為中國通，然而他們非宗教性的活動與寫作多偏向對華外交策略與政經情況的關注，不過巴拉弟還有幾種學術性的著作和譯述，其中重要的如:《佛陀傳》、《早期佛教史略》、《佛教神祇概述》、《金七十論》、《長春真人遊記》、《邱幾機著》、《中國伊斯蘭教文獻》、《漢俄大辭典》等。他居留中國達三十三年之久，精通中國語文，在《漢俄大辭典》內共收集了一萬一千六十八個常用漢字條目的注釋，又首創中文的俄譯法則，至今價值猶存。

　　留華學生的成就多在翻譯方面；第二屆傳道團學生羅索欣在這方面的專精頗為人稱道，他在北京居留了十一年，從一七三五年起，即任理藩院的譯員，並在內閣俄羅斯文館教授俄語，憑他的工作與教學經驗，編譯了一部《俄羅斯翻譯提要全書》，又編輯了一部《中國絲織廠資料》❼。一七四一年返俄以後，一方面翻譯《八旗通志》❼和圖理琛著的《異域錄》，另方面從事漢反語文的教學。第三屆隨團學生阿‧昂捷夫翻譯了《大清律例》、《理藩院則例》，還編譯了一本《中國地理手冊》。上述作品涉及清朝家族的源流，清廷的組織機構、法律、經濟、對外關係和中國地理等各個方面。第六屆學生巴克雪夫對中國的秘密社團有很高的興趣，他多方面訪問調查，記錄資料，寫成了一本《一七二二年至一七八二年清帝國的秘密活動、意向、事件和變化記要》。此外他還編撰了一部《滿俄辭典》。第十一屆學生扎哈羅夫 (Zakharov) 利用中國資料寫了《中國西部疆域記述》一書，又繪製了一份「中國西部疆域圖」。因此他於十九世紀六十年代出任塔城總領事，成了俄國侵佔中國西域邊區主要的設計人。

---

❻　同❹，第四〇、四二、四三頁。

❻　同❻，第五部分，第三五頁。

❼　塞雷伯勒尼科夫著，《亞洲史論叢書》，第一卷，一九一一年，天津出版第四三一至四三九頁；及同❻，第九部分，第四五頁。

❼　斯卡奇科夫著，《俄國漢學史概要》，第六七頁。

三、東正教教會在華傳教績效不彰的原因

俄國在十七世紀末葉，曾經為叛逃之根忞木爾施過洗禮，這就是使中國人對俄國人產生敵意的原因之一。以後，俄國又無所忌憚地給伏爾加河流域的土爾扈特人強施洗禮，以至於鄰近俄的喀爾木克人的渾臺吉所以反對喀爾木克聯盟的主要原因之一，就是他們害怕改信正教⓻。……俄國之所以在外貝加爾區和西伯利亞中部建立一些修道院不就是期望異教徒皈依正教和開採這一地區的財富嗎？但有一個結果是相同的，那就是激起信奉佛教的遊牧民族起來反對改信正教⓽。相反地，中國本身信奉佛教，一直非常注意以佛教僧侶來感化蒙古人，並使蒙古傾向親華⓾。

阿玉奇向一七一四年出使土爾扈特的全體中國大使宣稱他是信仰同一宗教和反對正教的⓻。半個世紀以後，伏爾加河流域土爾扈特人一部分就是由於宗教上的考慮，才決定回到他們的故土準噶爾⓼。

俄國東正教會在華傳教失敗的另一個原因，乃是自一七一五年第一個傳道團來到北京，以及爾後歷屆所進行的一切活動大多偏離了宗教行為。因此，來華的東正教會與其他西方教派相比，其政治色彩更加濃厚。與其說它是一個宗教組織，不如說它是俄國政府派駐中國的一個外交機構。傳道團的許多教士，於十八世紀末及十九世紀期間，他們在助長帝俄攫取中國領土及其他權益的策略固然成功，但此種作為，都構成了中俄兩國長期不能和睦相處的因素。

溯自傳道團成立至此有一百五十餘年，其間由俄國一方派到中國的各級

⓻　「我聽說有些窮苦的人從阿玉奇那裡逃到沙皇俄得城市裡，而且接受了洗禮；我，我害怕這件事；甚至應該為這件事派出一個使節」。渾臺吉對稱瑞多夫談話。《莫斯科外交檔案》，準噶爾事務，一七一九年六月二十八日，第二十四條。

⓽　尤其是在一六八二年的基蘭・布遲爾的議會上。參閱波茲尼葉夫，《蒙古與蒙古人》（俄文），聖彼得堡，一八九六至一八九八年，八開本，二卷，第一卷，第四九六至四九九頁。

⓾　同㉒，第二七二頁。

⓻　司當東著，《異域錄》，倫敦，一八二一年，八開本，第十章，各頁。

⓼　阿米奧著，《土爾扈特人遷移史料》，載《關於……中國歷史的回憶錄》，第一卷，巴黎，一七七六年，四開本，第四一〇至四一八頁。

傳教人員至少有一百五十五人，有姓名可考的學生先後共計有三十五名。然而到一八六一年時，在北京地區的教徒尚不足二百名，其中還包括阿爾巴津人在內❼。這與天主教和基督教在中國傳教的情況相比，顯然大為遜色。其原因應是來華的東正教會人員中大多個人素質較差，他們品行惡劣，文化修養不高，生活行為散漫，缺乏親和與友愛精神，自然無法與那些傳教士兼科學家的耶穌會傳教士相提並論。

---

❼ Archimandrite Innocent, "The Orthodox Mission in China," in *The Chinese Recorder* (October, 1916), pp. 679, 680.

政治學　薩孟武／著

　　本書是以統治權為中心觀念，採國法學的寫作方式，共分為五章：一是行使統治權的團體——國家論；二是行使統治權的形式——政體論；三是行使統治權的機構——機關論；四是國民如何參加統治權的行使——參政權論；五是統治權活動的動力——政黨論。書中論及政治制度及各種學說，均舉以敷暢厥旨，並旁徵博引各家之言，進而批判其優劣，是研究政治學之重要經典著作。

比較政府與政治　李國雄／著

　　本書採用共同的分析架構，探索英、法、德、日、俄、中、歐盟等的歷史背景、地理因素、社會結構、文化因素，以及政經關係等客觀環境，藉以說明各國正式及非正式政治制度成形的背景，及實際運作的真相，以作為各國相互比較的基礎。

現代西洋外交史　楊逢泰／著

　　漫長的戰爭並未換來長期的和平，第二次世界大戰即因前次戰爭的惡果爆發，演變成一場全球性的長期戰爭。戰爭帶來的災害，成為人們的夢魘，因此兩次大戰結束，都曾建立國際性的組織，期望以外交方式解決國際紛爭，消弭戰火。人類面臨新穎的世界，有悲觀的看法，也有樂觀的態度，如何進入一個沒有戰爭的時代，成為一個莊嚴、偉大和責無旁貸的任務和挑戰。

邁向「歐洲聯盟」之路　張福昌／著

　　本書追溯五十年來歐洲統合的歷史，從 1950 年舒曼計畫開始到「歐洲聯盟」的誕生，剖析歐洲統合的思想緣起、統合的方法與成果，「歐洲聯盟」的組織架構、十五會員國的概況以及「歐洲聯盟」的擴大與影響。期使讀者能夠掌握歐洲統合的脈動，以作為分析歐洲現實動向的基礎；並從歐洲統合的經驗當中，思索出兩岸未來的和平方向。

政治學　呂亞力／著

　　本書共分四篇三十三章，第一部份是政治學學科的介紹，教學上可把這兩章放在最後講解。第二部分基本上遵循傳統的政治學，但也增添一些行為學者的研究而與坊間其他同類型著作有所不同。第三部份自第二十章起至第二十四章，為純粹行為政治學的素材；第四部份介紹一些國際關係的知識，主要是針對無法修習國際關係課程的讀者之需要。而意識型態與地方政府兩方面的常識，為政治學入門者所不可缺乏，故特使其自成單元，一併列入。

行政學　吳瓊恩／著

　　自六〇年代起，我國行政學已發展將近五十年之久。多年來，行政學作為一門獨立學科，始終難以突破學術西方化的限制。本書宏旨即在因應本學科的特性，透過吸收西方理論的精華，而以哲學的角度透析理論的預設及條件，並批判過度理性主義的謬誤，藉此擺脫韋伯預言的「鐵的牢籠」，從而提出具有人文特色亦即中國式的行政學理論，允為治行政學研究者最重要的參考依據。

西洋古代政治思想家——蘇格拉底、柏拉圖、亞里斯多德　謝延庚／著

　　本書以希臘三哲為主題，剖析其學術旨趣與彼此間的思想傳承。從蘇格拉底之死到後亞里斯多德時代的亂世哲學——亦即城邦沒落，個人與國家分離所衍生的引退或遁逃思想。其間不乏引人入勝的關鍵論點，諸如知識與道德的關係、如何在亂世中自求多福。作者默察繽紛與寥落，頗能執簡馭繁，以敏銳的筆觸提出精闢的論述和詮釋，絕對值得您一讀。

俄羅斯史　周雲舫／著

　　本書始於俄國於 862 年建立第一個政府「基輔羅斯」，終於 1999 年 12 月 31 日葉爾欽辭去總統職務為止，依時間順序展開敘述，旁及各時期的政治、外交、經濟、社會、文化等各層面，希冀將俄羅斯千餘年來的發展特色呈現給讀者，為您解開俄羅斯這個俄國詩人布洛克口中的「難解的迷」。

社會學理論——從古典到現代之後　　石計生/著

　　「社會」，一個日常生活中經常聽到的詞彙，一般人通常不假思索地接受它，卻鮮有認真觀察社會樣貌的能力；本書正是一本提供讀者經由閱讀社會學家所提出的各式解釋「社會」的理論，而從中發現理解之道的途徑。

社會運動概論　　何明修／著

　　社會運動本是一種複雜的現象，因此作者不預設社會運動的本質，而從各種經驗現象出發，導入諸多理論觀點，容納更豐富的議題討論，一同描繪出社會運動的萬千風貌。此外，本書更以本土經驗與外國理論對話，援引臺灣社會運動的研究成果，讓抽象的概念與理論，也能融入本土的參照點！

社會學概論——蘇菲與佛諾那斯的生活世界　　王崇名／著

　　本書作者從事通識教育社會學課程多年，並曾於臺中監獄的戒毒戒治所擔任講師，對於非社會學本科系入門者的啟蒙工作擁有豐富的經驗，能帶領您以最輕鬆有趣的姿態來認識社會學，藉此為國內大眾揭開「社會學」這門新興學問的神秘面紗。

韋伯論中國傳統法律——韋伯比較社會學的批判

林端／著

　　長久以來，西方人對中國的看法，一直受到韋伯比較社會學的影響：為了彰顯現代西方的獨特類型，韋伯將中國作為對比類型的傳統社會代表。本書以中國傳統法律為例，嘗試對韋伯提出批判：指出其比較法律社會學裡二元對立式的理念型比較的侷限，並說明了韋伯對中國傳統法律與司法審判看法上的誤解與限制。